神市의 혼

神市의 혼

上 북방유목민족의 흥망

박 영 규

〈상권〉 북방유목민족의 흥망

차례

〈하권〉 중국 본색

들어가는 글

1. 태초의 정복자

시작은 한의사들에게 마늘과 쑥이 몸이 찬 사람에게 약이 된다는 이야기를 들은 데서 비롯되었다. 그때 마늘과 쑥이 동굴에 사는 사람들에게 약이 될 수 있겠느냐는 질문을 했었고 그럴 수 있을 것이란 답을 들었다.

필요 없는 질문이었다. 마늘과 쑥이 약이 된다는 것을 알고 있을 정도면 상당한 문명을 지닌 것이고 그런 문명을 지닌 사람들이라면 곰 무리를 승복시키는 일은 당연한 일이다.

더구나 마늘에는 열쇠가 들어 있었다. 내가 어릴 때는 마늘은 장건이 서역에서 가져온 것이라고 배웠고 그 때문에 마늘의 원산지가 서남아시아라는 것도 분명히 기억하고 있었다. 환웅은 서남아시아에서 이동해 왔을 가능성이 있었다. 단군신화의 실마리가 잡히는 순간이었다.

다음에는 초원의 길이다.

한나라 때 한무제 유철이 흉노와의 끝없는 전쟁을 벌이면서 중국인들이 서역에 관심을 갖게 되었고 당나라 때는 지금의 우즈벡에 있던 소그디아나 상인들이 동서를 연결하는 활발한 무역활동을 벌이며 실크로드가 만들어졌다. 그 실크로드는 험한 산길과 사막 같은 황무지를 구절양장 통과하는 길이지만 그 사막지대 북쪽에는 몽골을 중심으로 동서로 이어지는 드넓은 초원이 펼쳐져 있다. 그 길이 초원의 길인데 고대에는 문명의 고속도로였다. 초원의 길은 동쪽의 만주에서 몽골을 지나 흑해연안에 이르고 서쪽으로는 헝가리 평원을 지나 핀란드까지 이어져 초원의 길을 따라 빗살무늬토기를 시작으로 청동기와 철기 문명이 전파되었다.

결론의 일부를 미리 말하면 이 초원의 길은 정복자의 길이었으며 지배종족의 길이었고 환웅 무리가 이 길의 지배자였다.

다음에 문명이 어디에서 시작되었는지 살펴보았다. 인류 역사에 의미 있는 문명은 신석기문명인데 놀랍게도 빙하시대의 극한지대에 살았던 사람들이 신석기문명을 가장 먼저 이룩했었다.
그들은 빙하시대에 설원을 누비며 들소와 매머드를 쫓던 사냥꾼들이었고 놀랍게도 근력과 두뇌용량이 월등한 네안데르탈과의 전쟁에서 승리했을 뿐 아니라 매머드를 멸종시키고 들소의 씨를 말려버렸다. 그렇게 전쟁을 하고 대형 짐승들을 사냥하기 위하여 그들이 발전시킨 무기가 신석기시대를 열었다. 그들은 또 무리지어 거대한 동물을 사냥하면서 협동하여 적을 공격하는 방법, 즉 전쟁의 기술도 습득하였다. 거기에 더하여 선천적인 무기까지 얻었는데 이는 몇 만 년인지 모르는 세월 동안 혹독한 추위와 싸우면서 몸집이 커진 것이다.
이렇게 비교 우위의 문명과 전쟁을 하는 전술과 뛰어난 완력까지 갖춘 사람들이 나타난 때문에 인류의 고대사에는 하나의 정형이 만들어진다. 극한지대에서 내려온 사람들의 후예가 정복자가 되고 지배자가 되어 많은 후손을 퍼트리게 된다.

혹독한 북방에서 지배종족이 유래됨에 따라 지배종족의 특징이 나타난다.
첫째는 푸른색을 지극히 귀하게 여긴 것인데 이는 그들에게 가장 무서운 것이 북방의 눈보라였기 때문일 것이다. 갑자기 하늘이 검은색으로 변하며 세찬 눈보라가 몰아치면 사냥을 나갔던 사람들은 집으로 돌아오지 못하고 얼어 죽는 위험에 처하게 된다. 다행히 집에 돌아와도 눈보라 몰아치는 며칠 동안은 동굴 속에서 굶주린 배를 움켜쥐고 버텨내야만 했을 것이다. 그들은 이를 하늘에 있는 신들의 작용으로 이해했을 것이며 눈보라 뒤에 나타나는 파란 하늘을 신의 은총으로 찬미했을 것이다. 그리하여 푸른 하늘의 색깔은 가장 은혜로운 신의 상징이 되었다.
서양문명의 요람이 된 메소포타미아문명을 이룩한 수메르 사람들이 푸른

색의 보석인 청금석을 찾아 숱한 식민지를 개척한 것도 그 때문이고, 동아시아 최고의 문명인 요하문명 사람들이 옥을 푸른 하늘로 여행하는 신표로 여긴 것도 그 때문이고, 현대를 사는 시베리아의 샤먼들이 영원한 푸른 하늘을 가장 높은 신으로 모시고 있는 것도 그 때문이다.
두 번째는 7을 신성한 숫자로 생각하는 것이다. 그들은 북위 50도 이상의 높은 고도에 살았기 때문에 하늘 가장 높은 곳에 빛나는 북극성과 그 주위를 도는 북두칠성을 숭배했다. 그리하여 북두칠성의 숫자인 7이 신성한 숫자가 되었고 숫자 7은 지배종족의 숫자가 되었다.

세 번째는 새가 되고 싶어 했던 것이다.
그들은 하늘의 자손으로 보이기를 원해 하늘의 동물인 새처럼 보이려했다.
새의 특징은 머리가 작고, 앞으로 튀어나온 부리가 있으며 깃털이 있는 것이다.
편두는 새처럼 머리를 작게 만들려고 한 것이다. 고구려의 지배층은 뒤통수가 튀어나온 모습으로 그려지곤 했는데 이는 편두를 해서 뒤통수가 튀어나온 것이다.
신라의 금관은 어린아이에게 맞을 정도로 작았는데 이것도 왕족의 머리를 새처럼 작게 보이려고 머리를 눌렀기 때문이다. 하지만 그렇다고 머리가 작아질 리가 없어 지배종족은 가장 강력한 증거로 커다란 두개골을 남겼다.
메소포타미아의 지배종족은 수메르 사람들이었는데 수메르는 머리라는 뜻이다. 머리가 컸기에 정복자들을 수메르라고 불렀을 것이다. 수메르 사람들은 이집트 원정도 했는데 그곳 무덤에 남은 지배종족의 두개골도 원주민의 두개골과 크기 차이가 완연하다.
황하유역을 지배한 은나라 사람들도 정복자들이었다. 그들도 황하유역의 원주민보다 더 큰 두개골을 무덤에 남겼다. 정복자들은 (추운 북쪽에서) 내려온 사람들이었던 것이다.

빙하시대 때 이들의 활동무대는 시베리아였는데 그 중심지는 바이칼 호수였다. 바이칼에는 곳곳에 겨울에도 얼지 않는 온천이 솟아났기 때문이다. 그런데 바이칼은 서남아시아와는 거리가 멀다. 마늘이 나오는 지역이 아니므로 환웅과 연결시키기 곤란하다.

여기에서 창세기가 답을 한다. 창세기는 수메르 사람들의 정체를 밝히고 있어 거기에서 환웅의 유래를 찾을 수 있다. 그래서 이 글을 쓰는데 창세기를 첫 번째 기둥으로 삼았다.

2. 창세기로 찾는 역사

창세기를 주제로 글을 쓰는 것은 가슴 뛰는 일이다. 태초부터 시작하기 때문이다.

하지만 창세기의 태초, 즉 천지창조 이야기 역시 신화인데 신화의 세계에서는 천지창조가 태초가 될 수 없다. 신화는 인간의 지식으로는 이해할 수 없는 자연 현상들을 설명하는 것부터 시작되었으니 해가 지고 달이 뜨는 일이나 비와 눈이 왜 오는지, 나뭇잎은 겨울에 왜 사라지는지 등을 설명하는 신화들이 태초의 신화가 된다. 다음에 "우리 인간은 어떻게 해서 생겨나왔을까?"를 설명하는 신화가 나오고 그 다음에야 비로소 세상의 시작, 즉 천지창조에 대한 신화가 나온다.

창세기를 첫 번째 기둥으로 삼았다고 했지만 실은 창세기 전체가 아니라 1장에서 4장까지다. 5장부터 26장까지는 이스라엘민족의 서사시가 이어지는데 1장에서 4장까지는 다른 분위기가 풍긴다. 기독교의 유일신사상이나 가부장제 혹은 살인에 대한 계명들과는 다른 논리도 보이고 문장의 분위기도 어쩐지 모호하다. 이는 성경이 기록되기 시작할 즈음에 세상에 널리 전하던 이야기, 즉 역사가 거기에 반영되었기 때문이다. 그렇기 때문에 창세기 1장에서 4장까지는 고대사 연구에 매우 귀중한 자료가 된다.

창세기 1장은 천지창조에 대해 이야기한다.
하나님은 6일 동안 천지를 창조하시고 7일째 안식을 취하였다. 여기에서 7이란 숫자가 신성한 숫자로 등장한다. 7을 신성하게 만든 사람들의 영향력이 나타나는 것이다.

2장에는 에덴동산 이야기가 나온다. 동방의 에덴, 동쪽을 강조한다. 이어서 에덴에서 흘러내린 물이 동산을 적시고 네 개의 강을 이룬다는 설명이 붙는다. 어디쯤인지 짐작할 수 있는 단서도 나오는데 서남아시아 산악지대의 우르미아 호수다. 그리고 환웅이 떠나온 곳일 가능성도 나타난다.
사람을 만드는데 **"우리의 형상을 따라 우리의 모양대로 우리가 사람을 만들고"**라는 말이 나온다. 여호와가 유일신이 되기 전 이야기임이 분명해진다.

3장은 너무나 유명한 선악과와 에덴에서 쫓겨나는 이야기다.
사건의 전개는 뱀이 등장하면서 시작된다. 뱀은 선악과를 먹으면 눈이 밝아질 것을 예언하고 여자가 뱀의 말을 따른즉 실제로 눈이 밝아진다. 이에 남자도 여자의 권유에 따라 선악과를 먹고 눈이 밝아지자 여호와가 에덴에서 쫓아낸다.
이때 여호와가 **"보라 이 사람이 선악을 아는 일에 우리중 하나같이 되었으니"**라고 말한다.

뱀은 허물을 벗고 새로운 몸을 얻을 뿐 아니라 땅 속에서 겨울잠을 자고 봄에 다시 부활하는 동물이라 고대에는 지극히 신성한 동물이었다. 그리하여 뱀을 신으로 모시는 신앙은 거의 보편적인 현상이었음을 신화를 통하여 짐작할 수 있다. 그런데 하와는 뱀의 말을 알아들었다. 하와는 신과 소통하는 존재였던 것이다.

고대에는 신과 소통하는 사람이 무리의 지도자였다. 영화 아바타에서는 신의 소리를 듣는 사람과 부족을 다스리는 사람이 다르지만 이는 관객의 상식에 부합하기 위해 카메룬 감독이 짜낸 고육책일 뿐이다. 고대는 제정일치의 사회로 신과 소통하는 사람이 지도자였다.
뱀과 소통하는 능력을 지닌 하와가 **'모든 산 자의 어머니'**가 되는 까닭이 여기 있었다.
4장은 카인과 아벨의 이야기다. 인류 최초의 살인자 이야기라고도 하는데 최초의 살인자가 여호와의 보호를 받고 세속의 영광을 누리게 되는 이유가 무엇일까?
여호와가 카인에게 행한 일 속에 열쇠가 있다.
4장의 앞부분에서 여호와는 아벨의 제물은 받으나 카인의 제물은 받지 않는다. 그리고 카인이 아벨을 죽이자. 카인에게 "네가 땀을 흘려도 땅이 다시는 소출을 주지 않을 것이고 너는 땅에서 피하며 유리하는 자가 되리라" 고 저주를 내린다.
4장의 뒷부분에 나오는 여호와는 카인에게 다른 태도를 보인다. **"카인을 죽이는 자는 벌을 7배를 받으리라"**고 카인을 축복하고 카인을 보호하는 표를 준다. 여호와의 축복 속에 카인의 후손들은 번영하고 또 번영한다. 급기야 라멕에 이르러서는 라멕을 죽이는 자는 벌을 77배 받을 것이라는 말도 나온다.

앞부분의 신과 뒷부분의 신은 달라진 것이 아니라 원래 다른 신이었다.
카인의 제물을 거부하고 카인에게 저주를 내린 신은 수메르에서 이름 앞에 항상 '거룩한'이라는 수식어를 붙이는 인안나였다.
카인을 보호하고 후손들에게 번영을 안겨준 신은 이야기 끝에 항상 '엔키에게 영광을'이라는 마무리를 붙이는 엔키였다. 즉 카인은 인안나의 세계에서 추방되어 엔키의 세계로 내려왔고 그곳에서 번영을 누렸던 것이다.
이 이야기가 고대세계의 너무나 중요한 역사여서 성경에까지 기록됐던 것이다. 다만 여호와 외에는 신이 없고 여호와만이 유일한 신이었던 기독교의 성전이기에 그 신들의 이름은 사라지고 여호와의 이름으로 기록되었다.

인안나와 엔키. 이 둘은 고대 메소포타미아에서 매우 중요한 신이었다.

아벨의 제물을 받은 인안나는 하늘의 여주인이며 사랑과 전쟁을 관할하는 신이었다.

사람이 사랑을 해야 자손을 보고 가축이 사랑을 해야 번식을 하고 식물이 사랑을 해야 많은 소출을 본다. 그래서 사랑은 중요하다. 전쟁은 더 중요하다. 사랑을 통해 많은 것을 얻어도 전쟁에 지면 그 모든 것을 빼앗긴다. 인안나는 이렇게 중요한 두 가지 일을 관장하는 하늘의 여주인이었다.

사실은 이랬다. 카인이 살던 우르미아 호수의 환경이 급격히 나빠져서 농사를 짓던 카인의 무리는 소출이 없어 고향을 떠나야 했다. 이것을 항상 신을 앞세우고 모든 것을 신의 뜻으로 해석했던 당시 사람들은 인안나가 카인을 버려(제물을 받지 않아) 그렇게 되었다고 해석했다.

그렇게 고향을 떠나 새로운 땅을 찾아간 카인의 무리가 바로 수메르 사람들이다. 그런데 그들은 여호와가 **"보라 이 사람이 선악을 아는 일에 우리중 하나같이 되었으니"**라고 말했던 대로 지혜가 있는 사람들이라 메소포타미아의 원주민들을 정복하고 영광을 누렸다. 그들이 내려온 장소가 페르샤 만 입구의 삼각주로 그들이 세운 도시 이름이 에리두이다.

그리하여 〈수메르 왕명록〉에 **"왕권이 하늘에서 내려온 후 에리두에 왕권이 있었다."**고 기록된다.

이들이 모신 신은 엔키다. 엔키는 대지의 신인데 엔키의 대지는 물도 포함한다. 수메르어에서 '키'는 사람을 뜻하기도 한다. 사람을 만든 신이므로 대단히 중요한 신이다. 엔키는 후에 수메르 사람들의 시대가 종언을 고한 후 이스라엘민족의 신이 되어 여호와가 된다.

수메르 사람들은 B.C. 4500년 즈음에 메소포타미아로 이주하기 시작했는데 인안나 여신은 그로부터 1,000년 이상 지난 다음에야 모셔왔다. 인안나를 모셔온 왕은 우루크의 엔메르카르다. 하지만 그가 모셔온 것은 살아있는 신인 인안나가 아니라 온갖 보석으로 치장한 인안나의 동상이었다.

카인 후예들의 행적은 서양문명의 모태가 되었다.
인안나를 메소포타미아로 모셔온 엔메르카르의 선대가 메스키앙가쉐르인데 그는 이집트 원정을 단행하여 선왕국을 무너트리고 고왕국을 세우고 빛나는 이집트문명을 이루었다. 그리고는 나일 강을 타고 내려가 지중해로도 진출한다.
서양에서는 그들을 신비의 해양민족이라 부른다. 그들은 크레타문명을 건설하여 최초의 지중해 지배자가 되고 그 여세를 몰아 페니키아도 건설한다. 그러다가 서기전 17세기에 산토리니 화산 폭발로 종말을 맞는다. 그 다음에 비로소 미케네와 아테네가 순서대로 지중해로 진출한다.
믿기 어렵겠지만 인더스문명도 그들이 세웠다. 인더스 지역은 푸른빛으로 빛나는 청금석의 생산지다. 어떻게 알았는지 모르지만 수메르 사람들은 청금석을 찾아 인더스 강을 거슬러 오르고 거기에 인더스문명을 건설했다.
이런 사실들은 2장에 자세히 설명했다. '빛은 동방에서'라는 말처럼 서양의 고대문명은 동방에서 유래했던 것이다.

실제와 다른 내용이 하나 있는데 그것은 아벨의 죽음이다. 아벨은 히브리어로 허무하다는 뜻인데 상당히 복합적인 이유로 그런 이름이 붙은 것 같다.
아벨은 양치는 자인데 실제로 수메르 도시국가들 중에 양치기들의 나라인 바드티비라가 있었다. 그 나라는 여왕의 나라였는데 에리둑 다음에 패권을 잡은 나라였다. 두무지는 그 나라에서 남성으로서는 처음으로 왕이 된 사람인데 안타깝게도 그의 시대에 나라가 망했던 모양이다. 그래서 아벨이란 허무한 이름이 나왔는지도 모르겠다.
두무지는 서사시에서 더 유명한 인물이다. 수메르에서 〈인안나와 두무지의 이야기〉는 매우 유명한 이야기였는데 남자 주인공인 두무지는 신이 되어 인안나와 결혼하는 영광을 누린다. 그러나 그는 인안나에게 잘못을 저질러 결국은 인안나에게 버림받고 저승으로 끌려간다. 허무한 종말을 맞는 양치기의 왕 이야기가 아벨이란 이름을 창조했을 수도 있다.

그러나 유목민의 무리는 죽지 않았다. 그 확실한 증거는 본문에 있거니와 정말로 중요한 이야기는 엔메르카르가 메소포타미아로 데려간 인안나는 보석으로 치장한 동상이었고 진짜 인안나는 초원의 길을 따라 동쪽으로 이동한 것이다.
인안나를 모시고 동방으로 이동한 유목민 무리 역시 '선악을 아는 일에 신들의 반열에 오른'자들인데 그들의 이동 이야기가 들어간 책을 이 글의 두 번째 기둥으로 삼았다. 《산해경》이다.

3. 샤먼의 바이블

《산해경》은 은나라 시절에 만들어진 책이니 중국에서 가장 오래된 책이다.
은나라 사람들은 귀신을 모시는데 온갖 정성을 쏟은 사람들이고 그 시대 책답게 《산해경》도 온갖 귀신들이 난무한다. 그러나 폄훼할 것은 없다. 옛날 사람들은 모든 자연현상을 신들의 소행으로 여겼기 때문이다.
그렇기 때문에 귀신 이야기가 난무하는 《산해경》도 고대인의 시각으로 정독하면 내재된 역사적 사실을 탐구할 수 있다. 더구나 옛날에는 임금이나 명망 있는 인물들은 죽은 다음 모두 신이 되었다. 그러므로 옛사람들의 귀신이야기에서 역사적 사실을 찾아내는 일은 너무도 당연하다.
더구나 《산해경》은 은나라 시대의 책이지만 은나라 사람들의 저작이 아니라 초나라 사람들의 저작이다. 초나라 사람들은 은나라 사람들이 황하

유역을 점령한 다음에 신시를 떠나 중국으로 들어간 사람들이다. 그렇기 때문에 환인, 환웅에 대한 이야기를 더욱 생생하게 기억하고 있다. 그리고 단군조선을 겪은 사람들은 아니지만 단군조선을 군자국이라 부르며 풍편에 들은 것들을 기록하고 있다.

묘하게도 《산해경》은 중국 책인데도 중국 사람은 제대로 해독할 수 없다. 물론 한자로 된 책이고 중국 이야기가 많아 註를 붙이는 데는 중국 사람이 제일 유리하겠지만 《산해경》의 맥락을 이해하는데 중국인은 큰 어려움을 겪는다. 중국 책이면서 중국의 이야기가 아니기 때문이다. 《산해경》은 초나라 사람의 저작인데 은나라 시절에 초나라 사람들은 아직 중국인이 아니었다. 또한 《산해경》에 기록된 초나라 조상들 이야기 중에는 중국 대륙에 진입하기 전의 이야기들이 많은데 이것도 중국인들은 이해하기 쉽지 않다.

《산해경》의 성지는 곤륜이다. 매우 신성한 곳이지만 신화의 속성이 그렇듯이 곤륜도 상상 속의 장소만은 아니다.
곤륜은 곤륜산과 곤륜허로 구분되는데 곤륜산은 사방 팔백 리에 높이가 만 길로 동이의 예羿 같은 사람이 아니면 오를 수 없는 곳이고, 곤륜허는 세상의 모든 물을 받아들이고 세상의 모든 물이 그곳에서 나오는 엄청나게 커다란 호수다.
곤륜에는 주수, 불사수, 만태가 있다고 했는데 《산해경》에 관한 한 세계적 석학으로 꼽히는 원가(袁珂위안커 1916-2001)는 주수의 열매는 먹으면 불노불사하고, 불사수는 죽지 않는 나무, 만태는 먹으면 지성스럽게 만들어주는 나무라고 설명한다. 선악과와 생명나무 이야기와 다를 바 없다.
곤륜허에서는 6개의 강이 흘러내리는데 흐르는 길은 4개뿐이다. 이 또한 에덴에서 나오는 강의 숫자와 같다.
곤륜을 지키는 짐승은 호랑이 몸에 9개의 사람 머리가 달린 개명수라는 괴물이다. 에덴을 지키는 구룹(맹수)을 생각나게 한다.
이 정도면 당연히 곤륜과 에덴을 연결시켜야 하는데 원가는 그러지 않는다. 《산해경》을 지은 사람들이 떠나온 고향이라는 말도 하지 않는다. 다만 《山海經》의 經자를 경전이 아니라 이동의 뜻으로 해석해야 한다는 주장을 할 뿐이다.
그것이 중국 사람으로 태어난 원가의 한계다. 대부분의 중국학자들이 그러했듯이 원가도 아는 것을 안다고 말하지 못한다.
그래서 원가가 설명하는 《산해경》은 문제가 있을 수밖에 없다. 《산해경》에서 가장 중요한 인물들인 제帝와 제준帝晙을 각각 황제와 순임금으로 해석함이 그것이다. 《산해경》에는 황제, 순, 제, 제준이 각각 여러 번씩 등장한다. 각각의 캐릭터도 다르다. 제는 환인이고 제준은 환웅이라 해야 내용이 통하건만 원가는 《산해경》의 난해성에 의지하여 제가 황제고 제준이 순이라고 강변한다. 그것이 중국인의 한계다.

사실 《산해경》은 사람 이야기가 아닌 요괴 이야기로 보이기도 한다.
예를 들면 **"삼수국三首國이 그 동쪽에 있는데 몸 하나에 머리가 셋이다."** (해외남경 20)같은 식이다. 그러나 무용의 기법을 도입하면 이것도 사람이야기가 된다.
춤을 추면서 세 사람이 일렬로 서고 뒷사람들이 양쪽으로 머리를 내밀면 머리가 셋인 인간이 된다. 반대로 팔다리만 옆으로 내밀면 얼굴은 하나인데 몸은 셋인 삼신국三身國 사람이 된다.
지금도 원시 부족들은 치장을 과하고 괴이하게 하니 옛날도 마찬가지였으리라. 게다가 후세에 전해지는 이야기는 특징만 남는 법인데 그것을 더욱 기이하고 과장되게 표현한 것이 《산해경》이다.

"그들은 사람의 얼굴에 날개가 있고 새의 부리를 하고 물고기를 잡고 있다."

이것은 환두국에 대한 설명인데 환두국은 산동에 있었다. 이 사람들이 새의 모습을 하려고 했던 것에서 이들이 지배종족이었음을 짐작할 수 있다. 그런데 산동의 지리적 요건은 지배종족인 북방계의 남하가 어려워 보인다. 그러나 자세한 지도로 보면 묘도군도라 불리는 섬들이 요동반도에서 산동까지 이어진다. 즉 산동은 요하문명권의 사람들이 남하하기 좋은 위치에 있었던 것이다. 그리고 황하의 토사가 산동을 육지와 연결시킨 때는 전국시대 말이었으니 당시는 섬이었고 섬에 살았던 사람들이 어업에 종사함은 당연한 일이다. 즉 B.C. 4000년 즈음에 산동은 중국의 문명권이 아니었던 것이다. 이들이 이룩한 문명을 대문구문명이라 하는데 당시에는 중국에서 가장 발달한 선진문명이었다.
《사기》에 환두讙兜라는 인물이 등장하는데 讙은 시끄럽다는 뜻이고, 兜는 투구를 의미한다. 《산해경》에 환두驩頭라는 인물이 등장하는데 驩은 기쁘다는 뜻이고 頭는 머리의 뜻이지만 얼굴로 해석하고 싶다.
이 둘은 물론 같은 인물로 대문구문명을 이룩한 사람들을 지칭하는 말이다. 글자가 달라진 것은 《사기》의 기록은 유학자들이 기록한 것을 전재했기 때문이다. 유학자들이 이렇게 부정적 의미의 글자를 사용한 이유는 요임금을 괴롭혔기 때문이다. 환두는 요 임금에게 임금 자리를 공공共工에게 물려주라고 권했다가 거절당하고 순임금 때는 변방으로 쫓겨난다.
여기에서 환두가 개인이 아니라 동방의 세력임을 짐작할 수 있는데 《산해경》의 기록이 아니면 이런 사실을 유추하기 힘들었을 것이다.

《산해경》을 읽을 때는 고대의 부족들이 토템을 지니고 있었던 것도 감안해야 한다. 동물을 토템으로 하는 부족들의 이야기가 동물이 주인공인 전설이 되고 신화가 된다.
일반적으로 고대의 지식인들은 지식을 독점하려 했기에 지식에 접근하는 일을 어렵게 만들곤 했다. 샤먼도 당대에는 최고의 지식인이었기에 그런 경향이 있는데다 그들이 영적인 세계에 접속하여 신에게 들은 지식은 모호할 수밖에 없어 샤먼의 구술에 의해 전수된《산해경》은 더욱 모호하고 신비롭다.

그런데 역설적으로 여기에서《산해경》의 가치가 나온다. 오염이 되지 않은 것이다. 대부분의 중국 역사서는 화이문화론과 춘추필법으로 오염되어 있다. 화이문화론은 중국이 세계의 중심이란 사상이고 춘추필법은 왕을 위해 역사를 기록한다는 원칙인데《산해경》은 이 두 가지에 오염되지 않았다. 그리하여《산해경》을 두 번째 기둥으로 삼았다.

4. 가장 오래된 나라의 역사서

세 번째 기둥은 역시《환단고기》다.

《환단고기》는 위서라고 주장하는 쪽과 믿을만한 기록이라고 주장하는 쪽의 대립이 심한 책이다.《환단고기》는〈삼성기 전〉으로 시작하는데 첫 구절은 '吾桓建國最古', **우리 환국은 가장 오래 전에 건국되었다.**'로 시작된다.

이를 중국인들의 화이문화론처럼 아전인수식 민족주의의 발로라고 해석하는 사람들도 있겠지만 알고 보면 그렇지 않다.

세계 最古의 문명을 메소포타미아 문명이라고 하는데 그 문명을 일으킨 수메르 사람들은 내려온 사람들이었다. 구체적으로 밝히면 인안나의 나라에 살다가 메소포타미아로 내려온 사람들이었다. 그러므로 환국이 인안나와 관계있으면 가장 오래된 나라가 되는 것이다. 환국과 인안나와의 관련은 본문에 자세히 설명했으니 결국 '吾桓建國最古'는 정확한 사실이 되는 것이다.

환국의 역년이 7세에 전하여 3,301년 혹은 63,182년이라고 나온 것도 이상하다. 그러나〈수메르 왕명록〉에 나오는 왕들의 통치기간을 살필 필요가 있다.

에리둑의 아룰림 왕은 3,600×8년을 **다스렸다. 아랄갈이** 3600×10년을 **다스렸다.**
바드티비라의 엔멘루안나는 3600×10+3600×2년 **다스렸다.**
이렇게 옛날 한때는 연도를 계산하는 방식이 달랐으니 오히려 63,182년이라는 숫자가 근거를 가지고 기록되었음을 알 수 있다. 물론 7세에 전했다는 말은 사실과 다르다. 7이란 숫자가 신성한 숫자였기 때문에 그렇게 전해졌을 뿐이다.

또 하나 황당하게 여겨지는 것이 환국의 영역으로 **"파나류산 아래 환인의 나라가 있는데 위치가 천해**天海 **동쪽의 땅에 있다. 넓이가 남북 5만 리 동서로 2만 리고, 환국에는 비리국부터 수밀이국까지 12개의 나라가 있다."**는 내용이다.
남북 5만 리는 2만km로 남극에서 북극까지 거리보다도 길다. 하지만 시각을 달리하면 설명이 된다.
파나류산 아래 천해의 동쪽이라 했는데 天海를 하늘처럼 높은 바다로 이해하면 해발 4,000m가 넘는 높은 산들 사이에 있는 우르미아 호수에 어울리는 표현이다. 그리고 환인의 이동 방향은 동쪽이었다. 그들이 그저 걸어오기만 한 것이 아니라 나라들을 세우면서 왔다면?

세계에서 청동기문명이 가장 먼저 시작된 곳이 자그로스 산악지대라고 한다. 우르미아 호수가 있는 곳이다. 그런데 청동기를 만들려면 구리, 주석, 아연 등의 금속과 높은 열을 낼 수 있는 나무를 필요로 한다. 그렇다면 인안나(환인으로 기록되었지만)의 무리는 숲이 있는 산악지대를 따라 이동했을 가능성이 크다. 이는 《산해경》에 산들의 이야기가 특히 많이 나오는 것과도 부합한다.
그런데 아시아의 험준한 산악지대는 대부분 북동방향으로 비스듬하게 늘어서 있다. 높이도 높이려니와 길이도 만만치 않아 곤륜산맥은 2,500km,

천산산맥은 3,000km, 대흥안령 1,200km 등이다. 이들 외에도 기련산맥 음산산맥 등 중국을 서북방으로 에워싸고 있는 크고 작은 산맥들은 엄청나게 많다. 그 길을 따라 이동하면서 그곳에서 조우한 크고 작은 부족들을 복속시키며 이동했으면 남북 5만 동서 2만km의 영역 이야기가 가능하다.

그리고 환국이 12개 나라로 이루어져 있다고 했는데 12라는 숫자는 일 년 열두 달의 숫자로 이해할 수도 있을 것이다. 그런데 12개 나라의 마지막에 수밀이국이 나온다. 수밀이국을 수메르로 주장하는 사람들이 있는데 환국의 정의를 인안나를 모시는 나라로 한다면 틀린 얘기도 아니다.

《환단고기》에는 엄청난 역사가 실려 있다. 그런데 한국에는 《환단고기》를 신뢰하지 않는 역사학자들이 상당히 많다. 그들이 《환단고기》의 기록을 믿는 사람들을 '환빠'라고 노골적으로 멸시하는 예도 상당히 많이 접할 수 있다. 물론 그들이 말하는 환빠 중에는 황당한 주장을 펼치는 사람들도 있긴 하다. 그렇다고 《환단고기》를 위서라고 패대기치는 태도는 참으로 이해하기 곤란하다.

앞에 《산해경》 이야기를 했지만 《산해경》의 내용은 참으로 황당하다. 그렇지만 거기에서 역사를 찾아내려고 골몰하는 것이 역사학자들의 태도인 것으로 알고 있다. 설령 《환단고기》가 위서라고 하여도 황당한 소설이 아닌 이상 거기에는 역사적 사실이 바탕이 되어있는 법이다. 중국에서조차 위서로 확실하게 판명이 난 《상서》도 중요한 역사적 사료로 연구되고 있다.

《위략魏略》이라는 책은 어수룩한 내용이 가득하고 그나마 원본이 유실되어 후세 사람이 다시 만들었다고 하는데 역사학자들은 그 책도 뻔질나게 인용한다. 그런데도 《위략》을 인용하면 학자 취급을 받고 《환단고기》를 인용하면 약장사 취급을 받는다.

중국학자들도 예전에는 《산해경》을 쓰레기 취급했다. 그러다 서양학자들이 관심을 보이자 중국 학계 사람들도 관심을 보이기 시작했다. 이런 일은 부끄럽고 낯간지러운 일이 아닐까?

《환단고기》는 매우 중요한 역사적 기록이다. 특히 신시에 대한 기록은 《환단고기》가 독보적이다. 이런 내용들이 있다.

"天坪에 子井과 女井을 파고 그곳을 청구라 했으며..."

"농사를 지어 곡식을 비축하고(耕種有畜) 시장을 열어 교환토록(置市交易) 했다."

"온세상(九域)이 공물을 바치고(貢賦) 새와 짐승이 춤을 추었고(鳥獸率舞), 후세 사람들이 지상최고의 신으로 받들었다(後人奉之爲地上最高之神)고 했다."

천평은 높은 곳의 평지니 신성한 넓은 마당이고, 자정 여정은 샘과 우물이다. 이런 유적이 실제로 발견되었다. 적봉시 교외의 우하량과 동산취에 걸친 드넓은 유적으로 넓은 벌과 신전과 제단과 무덤이 있어 중국학자들이 B.C. 3500년경에 신비의 왕국이 있었다고 추정하는 곳이다.

이곳에서 무슨 일이 있었다는 말일까?

바로 《환단고기》에 열거한 일들이 여기에서 벌어졌던 것이다. 새와 짐승을 토템으로 하는 온 세상 사람들이 공물을 가져와 하늘과 신시의 신에 제사 지내고 춤추며 즐긴 후에 시장을 열어 온갖 물건들을 교환했던 장소가 바로 신시였던 것이다. 그렇게 많은 사람들이 몰려왔기에 자정(샘)과 여정(우물)을 팠던 것이다. 《환단고기》에 기록한 바로 그런 장소가 실제 유물로 발굴된 것이다.

그 유적 가장 돋보이는 곳에 신전터가 있다. 그곳에서 크고 작은 7개의 여신상이 발견되었는데 그 여신상이 인안나이며 환인이다. 《환단고기》에 7대 환인이 있다고 했는데 7개의 여신상이 발견된 것이다.

그 여신은 다름 아닌 《산해경》에 帝라고 기록된 인물이다. 帝는 홍익인간을 추구한 인자한 임금이 아니라 샤먼의 우두머리였으며 구약의 여호와처럼 자기 사람만 아는 무서운 존재였다. 이 모든 것을 설명해주는 글자가 갑골문의 帝다. 帝()자는 높은 곳의 여성을 상징한다. 인안나는 최초의 帝가 되었던 인물이기도 하다. 인안나는 하늘의 신이 아니라 살아있는 신으로 직접 권력을 휘둘렀던 인물이었던 것이다.

이와 같이 《환단고기》에는 귀중한 역사가 수록되어 있으니 당연하고도 당연하게 《환단고기》를 이 글의 세 번째 기둥으로 삼았다.

5. 《사기》를 읽는 법

네 번째 기둥은 사마천의 《사기》다.

고대사에서 《사기》가 차지하는 비중은 계량하기 어려울 정도로 크다.

사마천은 자신의 저작에 원래 《태사공書》라는 제목을 붙였다. 태사공은 사마천이 스스로를 이르는 말이니 자신이 썼다는 것으로 제목을 붙인 것이다. 그런데 후세 사람들이 그 책에 《사기》라는 이름을 붙였다. 사기史記는 원래 역사서의 총칭이니 사마천의 《사기》를 대표적인 역사서로 인정한 것이고 그 평가는 현대에 와서도 흔들리지 않는다. 그러나 《사기》를 읽음에 있어 고려해야 할 점은 사마천이 공자 이후의 사람이라는 것이다.

사마천은 공자보다 400년 후의 사람이다. 그 400년 동안 중국 사회의 학문은 유학이 중심이 되었다. 그리고 사마천이 산 시대는 유학자를 대거 등용한 한무제 시대였고 사마천 자신도 저명한 유학자인 동중서와 공안국에게 사사했고, 사마천이 《사기》에 전재한 글들도 유학자들이 기록해 놓았던 것들이 많다.

유교는 흔히 허례허식에 치우친다고 하는데 그것이 역사에서는 임금과 중화중심주의에 치우치는 현상으로 나타난다. 심지어는 역사서를 그를 위해 봉사하는 수단으로 여기기도 한다. 이런 현상은 공자가 《춘추》를 집필한 이래로 나타난 현상인데 사마천은 그래도 역사는 역사에 입각해서 서술해야 한다는 확고한 신념을 지니고 있었다. 그리하여 명분보다는 실제를 중시했다는 평가를 받지만 그럼에도 불구하고 《사기》가 역사적 진실만 기록했다고 믿는 것은 환상이다.

《사기》는 오제본기로 시작하는데 오제본기는 황제부터 요순까지의 출생과 공적을 찬양하는 분위기다.

그런데 자세히 읽으면 모순된 기록이 많다. 황제가 천하를 평정했다고 하는데 치우는 평정할 수 없었다는 말이 있고, 하루도 편히 쉰 적이 없었다는 말도 나온다.

요 임금 시절이 태평하다고 했지만 요에 대한 찬사만 있을 뿐 실제 내용은 그와 판이하다. 요의 덕은 춘하추동의 사계절을 바로잡은 것과 순에게 임금을 물려준 것뿐이다. 그런데 순에게 아들 아홉과 딸 둘을 바쳤다. 행간을 읽으면 나라를 준 것이 아니고 나라를 빼앗긴 것이다. 그리고 순은 요에게 나라를 뺏은 다음에는 각지를 횡행하던 무리들을 제압하여 제대로 정복군주의 면모를 행사한다.

주목할 일은 순이 기주 사람이라는 점이다. 기주는 지금의 북경 지방으로 북방유목민족이 중화의 농민들을 약탈하러 오는 길목이었다. 즉 순은 동이족이며 유목민족이었고 이는 맹자도 인정한 바 있다.

《사기》에 의하면 순은 남쪽을 순수하다가 창오의 들에서 붕어했다고 하는데 진晋나라의 《산해경》 연구자 곽박郭璞의 설명을 참조하면 요의 아들 단주가 남만의 군사들과 합세하여 창오의 들에서 순과 일전을 벌였다고 한다. 여기에서 순과 단주가 모두 전사한다. 그리고 순의 아들도 같이 죽는 바람에 힘의 공백이 생겨 우가 세력을 잡게 된다. 이것이 행간을 통해서 알아낼 수 있는 진실이다.

《사기》는 세 부류의 저작을 합쳐놓은 것이라 생각하면 이해가 편하다.

황제부터 주나라 초기까지의 일은 유가儒家의 영향을 받은 기록을 전재했으니 유학자들의 저작이라 생각하고, 춘추전국시대는 많은 제후국에 역사서가 있었고 사마천이 이를 입수하였으니 각 제후국 역사가들의 저작이라 보고, 한나라 때의 일은 사마천이 직접 사실을 확인하고 기록하였으니 사마천의 저작이라고 보면 된다.

유가의 저작은 역사를 기록하였으되 유학자의 검열을 통과한 기록이니 유신이나 5공 때의 신문처럼 작은 글씨나 행간을 살펴야 한다. 춘추전국시대의 역사는 유학이 성행하기 전에 기록한 역사지만 왕실의 미화는 여전하고 신문의 사회면이 없는 격이니 잠자리만 보고 하루살이는 보지 못한 것과 같다.

하루살이는 짝짓기를 위하여 단 하루 물 밖으로 나와 군무를 추는데 그 때가 잠자리의 식사시간으로 하루살이의 군무는 잠자리에 의하여 허무하게 스러진다. 즉 《사기》에서 춘추전국시대의 역사는 백성들의 처참한 삶이 배제된 상태라고 보면 된다.

하지만 한나라 시대의 기록, 특히 한무제 때의 기록은 다르다. 사마천이 직접 보고 듣고 확인한 것이 《사기》에 기록되는 것이다. 그래서 《사기》에 기록된 한나라의 역사에서는 하루살이처럼 살았던 백성들의 생활을 파악할 수 있는데 특히 한무제 때 백성들 삶이 매우 참혹했음을 확인할 수 있다.

여기에서 유학자들이 미화한 중국의 고대사를 유추해야 한다. 통일된 국가의 강력한 황제가 통치한 사회가 이 정도였는데 중국이 통일되기 전의 사회가 어떤 사회였을까?

고대 중국의 임금들은 한무제 만큼 탐욕적이었고 더구나 당시엔 최소한의 도덕이나 법도 없었고 전쟁은 앞뒤 계산도 없이 벌이던 시절이었다. 즉 황제나 요순시대가 이상사회라고 했던 것은 유학자들의 희망사항에 지나지 않는 것이다.

한무제 유철이 있기 전에 한나라가 희망을 보여준 적이 있었다. 무제 이전의 효문제와 효경제는 전란을 피하고 국력을 키우는데 주력했다. 그 결과 한나라는 고대세계에서 유래를 찾을 수 없을 정도로 부강한 나라가 되었다. 그리고 그 나라를 한무제 유철이 이어받았다. 그런데 한무제는 권력을 틀어쥐자 유학자들을 등용하기 시작했다. 그리고 결과적으로 나라 인구가 반 토막이 나버렸다.

이는 한무제 유철이 전쟁과 토목공사와 봉선에 끝없이 재화와 인력을 투입한 때문인데 상황이 그렇게 된 것은 군주에게 권력은 마음대로 휘두르되 책임은 지지 않는 권한이 있었기 때문이다. 누가 군주에게 그런 권한을 부여했는가?

물론 공자다. 공자는 군주의 군주에 의한 군주를 위한 정치를 애타도록 갈망했는데 400년 후 한무제 유철이 그런 군주가 되었고 그 결과 백성들은 철저하게 유린되었다.

유가의 사상은 仁義禮智라고 할 수 있는데 그 첫 번째인 仁은 측은지심, 불쌍히 여겨는 마음이다. 그런데 공자의 仁에서는 백성을 불쌍하게 여기는 개념을 찾아볼 수 없으니 공자가 생각하는 仁이 무엇인지 나는 지금도 이해할 수 없다. 공자는 군주를 앞세우는 사회가 되면 세상의 仁이 저절로 이루어질 것이라 생각했던 모양인데 군주의 군주에 의한 군주를 위한 정치가 실현되니 仁이 사라지고 法만 존재하는 사회가 되어 하루살이 같은 백성들은 법의 그물에 걸려 퍼덕거리다 생을 마치는 사회가 되고 말았던 것이다.

《사기》는 이렇게 고대 중국사회의 실상을 밝히는 데도 매우 중요한 자료이지만 동이의 계보를 밝히는데도 매우 중요한 자료를 제공한다. 이는 신시의 많은 부족들이 이동을 했기 때문이다. B.C. 3000년경부터 요하유역의 기후가 추워짐에 따라 농업생산력이 계속 떨어져 많은 사람들이 남쪽의 중국으로 이동했다. 이때 중요 이동통로가 중국 동해안을 따라가는 길이었다. 그리하여 중국 동해안을 청구라 했다가 훗날에는 더 동쪽인 한반도를 청구라고 부르게 되었다.

그렇게 이동했던 동이족의 세력이 치우와 전욱과 제곡으로 표현되고 그들이 만든 나라가 은나라 초나라 오나라들이다. 은나라가 가장 먼저 황하유역으로 거슬러 올라가 자리를 잡았고 초나라 사람들은 황하로 진출하다 은나라 사람들이 자리를 잡고 있어 남쪽 양자강으로 발길을 돌렸고 동해안을 따라 계속 내려간 세력이 吳나라 사람들이었다.
뿐만 아니라 은나라에 이어 세력을 잡은 주나라와 처음으로 중국을 통일한 秦나라 역시 동이의 일파다. 그러므로 중국의 고대사는 본래 동이의 고대사인데 이를 화하족의 역사로 바꿔놓은 것이 중국고대사다.
이 같은 일은 비단 동북아에 국한 된 일이 아니다. 서양에서도 19세기까지는 심지어 수메르란 단어도 몰랐었다. 그런데 지금도 수메르 사람들의 정체, 즉 그들이 황인종인 것을 밝히지 않고 있다. 또한 그들이 이집트문명과 지중해문명을 창조한 주역들이라는 사실도 밝히지 않고 있다.

나는 이 시점에서 공자를 생각한다. 공자는 자신이 동이족인 은나라 사람의 후손임을 알면서도 주나라 사람으로 살았고 임종 직전에야 자신이 은나라의 후손임을 밝히고 장례를 은나라식으로 치러달라는 유언을 남겼다.
현대의 사람들과 공자의 차이는 공자는 자신의 핏줄을 알았고 현대의 사람들은 자신의 핏줄을 모른다는 것이다. 동서양을 막론하고 수많은 사람들이 에덴에서 기원한 사람들의 유전자를 이어 받았다. 그 유전자가 중요한지 여부는 차치하고 최소한 민족의 기원이나 문명의 기원은 알아야 하지 않겠는가.

원고를 마무리하는 시점에 챗GPT가 나타났다. 미래는 챗GPT가 사람들의 판단을 대신할 시대가 될 것 같은 예감이 든다. 한국은행 총재가 한글 문서를 거기에 입력시키는 일이 급선무라는 견해를 밝혔는데 챗GPT에 주입된 자료들이 국가경쟁력과 상관관계를 이룰 것을 예감한 발언이라고 하겠다. 나도 그런 생각이 든다.
챗GPT가 화이문화론으로 도색된 중국의 기록들을 먼저 받아들이면 역사를 바로 잡을 기회는 점점 멀어질 것이다. 마음이 조급해진다.

1장. 인안나를 찾아서

1. 최초의 신
2. 사람을 만든 이야기
3. 대홍수
4. 에덴 찾기
5. 카인의 후예
6. 엔키, 에야, 여호아
7. 인안나

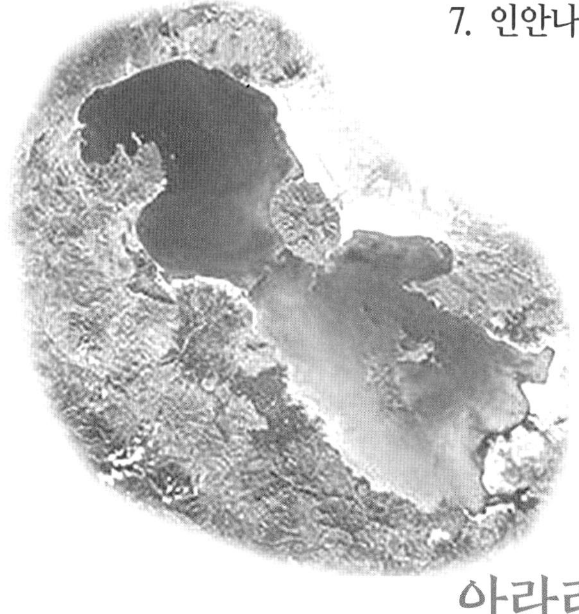

아라리 아라리

1장. 인안나를 찾아서

인류가 문명사회를 이루면서 사람들은 세상의 시작에 대해 궁금해 했다. 이에 대해 아리스토텔레스는 세계는 시작도 없고 끝도 없다는 철학자다운 설명을 하기도 했다.
기독교가 유럽의 대세로 자리 잡은 후에는 창세기의 천지창조가 얼마나 오래되었는지 알아보는 것으로 세상의 시작을 궁리했다. 많은 사람이 이에 도전하였는데 가장 유명한 이론은 북아일랜드의 성공회 대주교를 역임한 제임스 어셔(James Ussher 1581-1656)의 주장이다.
그는 성경에 기록된 이스라엘 조상들의 나이와 천문과 중동의 역사를 연구하여 천지창조의 시간이 B.C. 4004년 10월 22일 밤이라고 결론을 내렸다. 비슷한 시기에 캠브리지 대학의 부총장이었던 존 라이트풋(John Lightfoot)은 같은 해 10월 23일 오전 9시라고 더욱 단호한 결론을 내렸다. 그리하여 기독교 신자 중에는 천지창조가 B.C. 4004년이라고 믿는 사람이 많았다.

그런데 창세기에는 이스라엘 조상의 족보가 상세하게 기록되어 있어서 아담이 태어나고 1656년 후에 노아의 홍수가 있었던 것을 확인할 수 있다. 1928년 영국의 고고학자 레너드 울리(L. Woolley)가 메소포타미아문명의 고대도시인 우르의 왕릉을 발굴하면서 2.5m두께의 모래만 쌓인 퇴적층을 발견했다. 울리는 이것을 노아의 홍수 때 만들어진 퇴적층이라고 생각했고 그 시기는 B.C. 3000년경이었다. 이를 근거로 천지창조가 B.C. 4656년이라고 주장한 사람들도 있었다.

레너드 울리

아이작 뉴턴

만유인력의 발견자이며 위대한 수학자(미적분의 창시자)이며 물리학자인 아이작 뉴턴(Isaac Newton1642-1727)은 독실한 크리스천이며 신학자이기도 했다. 하지만 그는 창세기의 천지창조에 구애받지 않았다.

그는 태초에 지구가 불덩어리였으며 지구는 표면만 흙과 바위일 뿐 지구 내부는 금속처럼 무거운 물체로 되어 있을 것이라고 믿었다. 실제로 지표면의 두께는 평균 30km로 지구 부피의 1%밖에 되지 않고 지구 중량에서 철이 차지하는 비율은 35%나 된다. 뉴턴은 지구 크기의 타오르는 쇳덩어리가 식는 시간을 계산해서 5만년 이상 걸린다는 결과를 얻었다. 그는 지동설의 원리를 설명한 유명한 논문인 〈프린키피아〉를 발표하면서 지구의 나이를 계산한 내용도 포함시켰다. 그러나 뉴턴은 지구의 핵이 자체중량의 압력과 방사능으로 스스로 열을 만들어내는 것을 몰랐다. 그래서 터무니없이 적은 숫자가 나왔다.

제임스 허튼

스코틀란드의 의사이며 지질학자인 제임스 허튼(James Hutton 1726-1797)은 지구의 크기는 도외시하고 지표면만 관찰했지만 뉴턴보다 훨씬 정확한(?) 결과를 얻어냈다.

그는 스코틀랜드 남쪽 해안선의 절벽을 관찰하여 해저에서 생성된 지층이 화산으로 형성된 지층 위로 올라왔다는 사실을 확인했다. 이는 화산이 폭발하고 거기에서 나온 용암이 식은 후 바다 속에 있던 지층이 화산암 위로 올라왔다는 증거였다. 게다가 그 퇴적암에 화강암이 뚫고 들어가 있었는데 이는 퇴적암이 바다 속에 있을 때 해저화산이 폭발하여 퇴적암을 뚫고 올라갔기 때문에 생긴 것이었다.

허튼은 1788년과 1794년 두 차례에 걸쳐 지층이 어떻게 생성되는지 설명하는 〈지구론〉을 발표하여 이런 절벽을 만들려면 인간의 계산을 뛰어넘는 장구한 세월을 요구한다는 결론을 발표했다.

1953년 미국의 클레어 패터슨(Clair Patterson1922-1995)은 납의 방사선 동위원소를 조사한 결과 지구의 나이가 45억 5천만년(오차 7000만년)이라고 발표했다.

클레어 패터슨

이 연구는 이론적으로는 간단하다. 우라늄 원자는 일정한 시간이 지나면 일정한 비율로 납으로 변한다. 지구에 있는 암석의 우라늄원소의 몇 %가 납으로 변했는지 측정하면 지구의 나이를 알 수 있는 것이고 그것을 우주에서 떨어진 운석에서 나오는 우라늄과 비교하면 되는 것이다. 그러나 패터슨의 연구는 난항을 거듭했다. 청정하게 만든 실험실이 납 성분에 오염되어 측정치가 오락가락했던 것이다. 패터슨은 오염된 납 성분의 원천을 찾아 제거하는데 무려 6년을 소비했다. 그만큼 우리 지구의 대기가 납 성분에 오염이 되어 있었는데 이는 인류가 사용한 휘발유에서 나온 납 성분 때문이었다. (휘발유가 납 성분이 없는 무연휘발유로 대체된 것도 패터슨의 공로다.) 패터슨이 그렇게 힘들게 연구한 보람이 있었는지 패터슨이 지구의 나이를 발표한 지 70년이 지난 지금도 그가 제시한 수치는 별로 변하지 않고 현재는 지구의 나이가 46억년으로 통용되고 있다.

천지창조 혹은 세상의 기원을 찾으려면 지구를 초월하여 우주의 탄생까지 찾아가야 한다.

아인슈타인(1879~1955)이 상대성 이론을 발표한 이래 이 분야의 연구도 차원이 다를 정도로 발전되었다.

아인슈타인

그러나 우주는 신비한 존재다. 정말 믿을 수 없

을 정도로 뛰어난 과학자들이 상상을 초월하는 정밀하고 엄청난 관측 장비를 이용하여 연구하고 또 연구하지만 아직 우주의 본질도 파악하지 못하고 있는 것 같다. 우주의 95%를 차지하고 있는 물질이 암흑 에너지와 암흑물질이고 관측 가능한 물질은 5%밖에 되지 않는다고 한다. 그야말로 인간에게 우주는 암흑의 베일로 덮여있는 셈이다.
우주의 나이도 그렇다. 외계 은하(안드로메다)를 처음 발견하여 우주의 크기를 10만 광년에서 100만 광년 이상으로 확장시킨 허블이 우주의 나이를 처음 계산한 결과는 20억년이어서 지구의 나이보다 적다고 핀잔을 받은 일도 있었고 몇 년 전에는 137억에서 138억이 되더니 요즘은 초신성의 폭발을 관측해 정밀한 계산을 거듭한 끝에 140억 살이 넘는다는 결론을 도출했다. 하지만 140억 살의 나이도 엄청나게 틀릴 것 같은 생각이 든다. 빅뱅 이후 우주는 끊임없이 팽창하고 있다는 것은 상식에 속했는데 그 팽창 속도가 더 빨라지고 있다는 것이다. 그렇다면 필자 같은 사람의 생각으로는 과거에는 팽창 속도가 느렸을 것이니 우주의 나이가 더 늘어날 수밖에 없다는 결론이 나온다. 하지만 이것은 공간과 시간을 별개의 것으로 인식할 수밖에 없는 사람의 계산이다.

아인슈타인은 일반상대성이론을 발표하며 빛도 중력에 의해 굴절된다는 결과를 예측했고 시간과 공간이 별개의 것이 아니라 씨줄과 날줄처럼 얽혀있다는 시공간의 개념을 처음으로 밝힌 사람이다. 그리고 우주가 팽창하고 있다는 이론을 세운 사람이기도 하다. 우주가 팽창하고 있다면 그 시작이 있어야 한다는 것이 상식적이다. 그러나 아인슈타인 자신은 빅뱅을 믿지 않았다.

조르주 르메르트

성직자이면서 과학자였던 조르주 르메트르(1894~1966) 신부는 우주의 기원이 원시원자에서 대폭발을 일으킨 데서 기원했다는 연구결과를 얻어 아인슈타인에게 그 내용을 편지로 보냈다. 그런데 아인슈타인의 답장은 "당신은 수학은 잘하는데 물리학은 전혀 모르는군요." 라는 답장을 보냈다. 이는 아인슈타인 자신이 우주가

정적인 존재였으면 좋겠다는 희망을 지니고 있었기 때문이다.
수소와 헬륨 이외의 모든 원소는 항성의 내부에서 만들어져서 폭발한 잔해라는 사실을 처음으로 발표한 프레드 호일은 우주의 공간에서 물질이 생성된다는 정상우주론을 발표하고 방송에 나와서 빅뱅설을 맘껏 조롱해서 대중의 인기를 얻어 스타가 되었던 사람이다. 하지만 빅뱅 당시의 열과 잔해가 관측되는 바람에 그의 학설은 쓰레기통에 버려지고 학자로서의 인생도 종말을 고해야 했다. 하지만 그는 2001년 작고할 때까지 빅뱅설을 인정하지 않았다. 우주에 시작과 끝이 있다는 사실을 정말로 믿고 싶지 않았기 때문이다.
우주는 영원하고 아름다워야 한다는 것은 아인슈타인과 호일뿐 아니라 인류 대부분의 소망이기도 하다. 하지만 그런 간절하고도 소박한 소망도 과학과는 별개다. 개인적인 편견으로 진실을 가린다면 진실을 탐구하는 사람들에게 고통을 준다. 지동설을 발표했던 갈릴레이는 종교재판에 회부되지 않기 위해 교황을 찾아가서 무릎 꿇고 빌어야만 했다.

진실을 받아들이는 일은 새로운 이론이 나오면 귀를 열고 듣느냐의 문제다. 지금부터 이야기하려는 여신에 대한 이야기도 귀를 열고 들어주었으면 좋겠다.
지금 세상은 신이 하나만 있다고 믿으면 배운 사람이고 신이 여럿 있다고 믿으면 무식하다고 평가하는 세상이다. 그리고 그 유일신은 남성격이라고 믿는다.
수많은 신들이 등장하는 그리스신화도 그렇다. 수많은 신 중에 가장 높은 신은 제우스다. 그래서 사람들은 아주 오래된 옛날에도 가장 높은 신은 남성 신이었다고 철석 같이 믿고 있다. 하지만 세상은 변한다. 그리고 신들이 지배하는 세상도 변한다. 나는 변해 왔다고 말하는 것이다.

1. 최초의 신

만주와 이스라엘의 여신

청나라 강희제 때 만주에 '버어더인무'라는 신통력이 아주 뛰어난 샤먼이 있었다고 한다. 그녀는 아홉 가닥 뿔이 난 하얀 순록을 타고 급류가 흐르는 송화강을 거침없이 건너다녔고, 신성한 하얀 사슴 털로 점을 치면서 강 양쪽 마을 사람들의 병을 고쳐주었고 굿을 할 때면 백발이 성성한 몸으로 하늘을 나는 듯이 춤을 추었다고 한다.

그런 비범한 샤먼인 버어더인무가 어느 날 신들의 이야기를 시작했다. 그녀는 칠성장어(칠성장어는 특별한 신통력이 있다고 믿었다.) 뼈로 만든 짝짝이를 치며 하늘을 날아다니는 듯 춤을 추면서 며칠 밤을 계속하여 신들의 이야기를 전했는데 그것이 만주 말로 '우처구우러본'이다. 우처구는 신들을 모신 공간을 말하고 우러본은 이야기라는 뜻이다. 그것을 나중에 학자들이 한자로 기록하면서 〈천궁대전天宮大戰〉이란 제목을 붙였다.

〈천궁대전〉은 모두 9편으로 되어 있는 대서사시인데 창조의 여신이 물거품에서 탄생하여 스스로 많은 분신들을 만들어 그 신들과 함께 세상을 만들어나간다는 내용이다. 그런데 그 신들 대부분이 여신들이다.

창조의 신이 여신이라는 주장은 사실 자연스러운 면이 있다. 탄생은 여성, 혹은 암컷의 몫이기 때문이다. 〈천궁대전〉이 아니라도 만주에서 채집된 신화는 여신들 이름이 수백 명씩 등장한다. 세상이 여성성에서 시작되었다고 믿은 결과이다.

사실 이런 현상은 세계적인 것이다. 남성격인 여호와를 유일신으로 믿는 이스라엘에도 이런 이야기가 전해 내려온다.

신은 원래 하와를 먼저 만들었다. 하와는 혼자 지내기 심심해서 친구를 만들어달라고 신을 졸랐다. 신이 동식물을 만들어주었는데도 여전

히 따분해 자신을 닮은 남자 친구를 만들어달라고 했다. 신은 조건을 걸었다. 아담을 만들어줄 터이니 아담에게 하와가 먼저 창조된 사실을 절대 말하지 말라는 것이었다. 그 사실을 말하면 아담의 자존심이 상한다는 것이었다. 둘은 새끼손가락 걸고 약속했다. "이건 우리 여자들만 아는 비밀이야." (르누아르 《신의 탄생》에서)

만주의 창세신화에서도 여성신이 먼저 있었고 이스라엘의 오래된 이야기도 여성신이 먼저 있어 여성을 먼저 만들었다고 한다. 이집트의 창세신화도 이와 비슷하다. 세상만물을 만든 것은 태양신 '라'지만 라는 물의 신 '눈'의 아들이다. 태초에 눈이 있었던 것이다. '눈'이 남신인지 여신인지 밝히지는 않았지만 분위기로 봐서는 여신이다. 최소한 태초에는 여신이었을 것이다.

이런 신화들은 "닭이 먼저냐? 달걀이 먼저냐?" 는 질문에 명확한 답을 준다. 닭이 먼저인데 그 닭은 암탉이라고 답했던 것이다.

정리하면 옛사람들이 만든 신화는 모성을 가진 여성신이 세상을 창조하기 시작했다는 것이니 여성신이 당연히 최고의 자리에 올랐을 것이다.

아라타의 인안나

그런데 인류 최고의 문명인 메소포타미아문명의 신들 족보는 다르다. 메소포타미아문명을 이룬 사람들은 수메르 사람들이고 수메르 사람들은 도시마다 가정마다 각각의 수호신이 있었다. 지금까지 밝혀진 신들의 숫자가 3,000이 넘는다고 한다. 그렇게 많은 신들 중에 중요한 도시의 수호신이 높은 신의 반열에 올랐고 그들 중요한 신을 아눈나키로 불렀다. 수메르 사람들은 이 아눈나키 신들의 숫자를 항상 7명으로 맞추었는데 이 7명의 신은 모두 큰 도시국가의 수호신이었다. 메소포타미아에 수메르 사람들의 지배가 수천 년 동안 이어지면서 각 도시도 흥망성쇠가 있었고 그에 따라 신들의 위상에 조금씩 변화가 있기도 했지만 수메르의 아눈나키는 대체로 다음의 7명을 꼽는다.

서열 1위의 신은 하늘의 신이다. 이름은 안, 혹은 아누라고 한다. 숫자는 60이다.
서열 2위의 신은 대기의 신이다. 이름은 엔릴이라고 한다. 숫자는 50.
서열 3위의 신은 대지의 신이다. 이름은 엔키라고 한다. 숫자는 40.
서열 4위의 신은 달의 신이다. 이름은 난나라고 한다. 숫자는 30
서열 5위의 신은 태양의 신이다. 이름은 우투라고 한다. 숫자는 20.
서열 6위의 신은 하늘의 여주인이다. 이름은 인안나라고 한다. 숫자는 15.
서열 7위의 신은 천둥의 신이다. 이름은 이쉬타르라고 한다. 숫자는 10.

이 7명의 신 중에서 여성 신은 서열 4위의 난나와 6위의 인안나뿐이다. 세계에서 가장 오래된 문명의 중요한 신들 일곱 중에 여신이 둘뿐이면 신들의 세계도 원래 남성 우위의 세상이었다고 생각할 수 있다. 그러나 메소포타미아문명의 시대만 해도 세상이 변한 다음이다. 농경사회가 제대로 자리 잡은 때다. 농경사회에서는 남성들의 역할이 중요해서 남성본위의 세상이 된다. 그렇기 때문에 수메르 사람들이 농사를 짓기 전 신들의 세계를 알아볼 필요가 있다.

여기서 알아야 할 일은 수메르 사람들은 원래부터 메소포타미아에 살던 사람들이 아니라는 점이다. 그들은 자그로스 산악지대에 살다가 메소포타미아로 내려와 그곳 원주민을 제압하고 지배종족으로 군림한 사람들이다. 그리고 수메르의 신들 이야기에 천지창조, 즉 세상이 어떻게 만들어졌는지에 대한 이야기가 없는 것도 염두에 두어야 한다. 앞에 본 7명의 아눈나키는 문명사회가 이루어지기 전의 신들이었던 것이다. 세상이 만들어지는 신화는 사람들이 문명을 이루고 나서 비롯되었고 수메르 사람들이 모시던 신들은 그들이 자그로스 산악지대에 살 때부터 모시던 신이었다.

그런데 수메르 아눈나키들의 내력을 보면 인안나가 하늘의 여주인이다. 하늘의 신인 안이 서열 1위인데 하늘의 여주인은 서열이 6위다. 서열이 2위라도 서운할 텐데 심지어는 달의 신 난나보다도 밑이다. 무언가 이상하지 않은가? 이는 인안나가 다른 신들이 모두 메소포타미아로 내려온 다음에 뒤늦게 내려왔기 때문이다. 인안나의 상징 숫자가 15인 것도 그 때문이다. 다른 신들이 모두 10단위의 숫자를 가지고 있어서 인안나는 가질 숫자가 없었다. (수메르 사람들은 60진법을 썼다.) 그래서 15를 받았는데 이를 두고 태양신 우투의 여동생이어서 그렇다고도 하고 여자 나이 15세가 여인이 되는 나이라는 설명도 있지만 변명일 뿐이다. 인안나의 위상은 실제로는 정말 대단했지만 그건 차차 살펴볼 것이고 인안나가 수메르로 온 이야기부터 알아보자.

엔메르카르 흉상

수메르 사람들이 인안나를 모셔온 이야기는 〈엔메르카르와 아라타의 왕〉이라는 서사시로 만들어져 전하는데 이야기가 두 가지 남아있다.
첫 번째 이야기는 우루크의 왕 엔메르카르가 이미 인안나의 동생이 된 상태에서 시작한다.

태양신 우투의 아들 엔메르카르는 아라타 왕국의 풍부한 보석들을 갖고 싶었다. 그래서 그의 누이인 인안나에게 아라타 왕국을 속국으로 만들고 그곳의 보석들을 가지고 올 수 있게 해달라고 청한다.
"오 나의 누이 인안나여! 우루크를 위해 아라타 사람들이 금과 은을! 그들이 순결한 청금석판을 가지고 내려오게 해주오!"
거룩한 인안나가 답한다.
"엔메르카르여. 내가 그대에게 주는 지시, 내가 그대에게 하는 말에 귀를 기울여라! 그 말을 기억하여 사절을 보내 나의 말을 전하게 하라. 아라타는 굴복할 것이다. 아라타의 사람들이 산의 돌들을 가지고 내

려올 것이다."
인안나는 엔메르카르를 위해 지혜를 빌려주었고 엔메르카르는 인안나의 말대로 아라타 왕국에 사절을 보냈다.
(이때 전할 말이 너무 많아 엔메르카르의 말을 점토판에 기록하였는데 이것이 문자의 시초라고 한다.)
사절은 7개의 산맥을 넘는 멀고먼 길을 가서 아라타의 왕에게 우루크의 속국이 되라고 했다. 아라타의 왕은 천국과 지상의 여왕인 거룩한 인안나가 아라타에 있으므로 굴복할 수 없다며 단호히 거절한다. 이에 엔메르카르의 사절은 인안나가 이미 우루크로 가서 에안나(인안나의 집)에 머물고 있으며 엔메르카르의 누이가 되었다는 이야기를 한다.
아라타의 지배자 엔쿠쉬시르안나는 그 말을 믿지 못하고 아라타의 사제를 우루크로 보내 암소와 염소를 설득하여 젖을 생산하지 않게 만든다. 이에 우루크의 현자가 지혜로 아라타의 사제를 제압하여 그 시체를 유프라테스에 던진다. 그리하여 아라타의 지배자는 인안나가 떠난 것을 알고 우루크에 굴복하여 곡물을 받고 막대한 보물을 보낸다.

엔메르카르가 인안나를 모셔온 것은 역사적 사실이고 그 일이 있던 때는 서기전 3000년경인데 이 이야기가 점토판에 기록된 때는 서기전 2000년경이다. 1,000년의 세월이 지나는 동안 각색이 되었을 수도 있다. 그 사건을 기록한 또 다른 서사시는 내용이 조금 다르다.

엔메르카르는 인안나를 모시기 위해 사절을 아라타로 보낸다.
사절은 당나귀에 곡식을 바리바리 싣고 7개의 관문(산맥)이 있는 머나먼 길을 떠나 아라타 왕국에 도착한다. 그리고 엔메르카르의 무시무시한 협박을 전한다. "인안나를 우루크에 보내라.

그러지 않으면 군대를 끌고 와서 아라타를 쓸어버리겠다."
사절은 이 임무를 위해 7개의 관문이 있는 머나먼 길을 7번 왕복한다. 때마침 우루크에서는 대풍년이 들어 곡식을 당나귀에 바리바리 실어서 아라타로 보내고 아라타는 보석으로 잔뜩 치장한 여신상을 만들어 우루크로 보낸다.

이 이야기도 천년이 지난 다음 기록된 것이니 정확한 사실이라고 단언할 수는 없지만 현대적 판단으로는 이것이 사실에 더 가까울 것 같다. 당시 수메르는 청동기를 많이 사용했는데 메소포타미아에서는 청동기를 만들 구리와 주석이 나지 않았고 청동기를 만들려면 열을 1,000도 가까이 올려야 하는데 그 열을 올리기 위해 땔 수 있는 나무도 귀중품에 속했다. 그러므로 당시에 메소포타미아와 자그로스 산악지대 사이에는 활발하게 교역이 있었음을 알 수 있는데 두 번째 이야기가 우루크의 식량과 아라타의 금속 교환을 이야기하고 있기 때문이다.

'아라타'라는 이름에 주목하는 독자도 있을 것이다. '아라랏'이 연상되기 때문이다. 창세기에 의하면 대홍수 때 인류가 몰살했고 노아의 방주에 탄 사람들이 아라랏 산에 도착하여 자손을 퍼트렸다고 했으니 노아의 방주가 이르렀던 곳이 에덴에 이어 인류의 두 번째 발상지가 된다. 그런 의미 있는 장소에 대한 궁금증이 없을 수 없다.
중동과 중앙아시아 일대에는 대홍수의 전설이 널리 퍼져 있는데 페르시아 사람들은 노아의 방주가 도착한 곳이 아라라트 산이라고 주장했었다. 터키 동쪽 끝에 두 개의 아라라트 산이 있고 거기에서 방주의 잔해를 보았다고 주장하는 등반대도 있었다. 터키의 아라라트 산은 작은 것은 높이가 4,000m에 가깝고 큰 것은 5.000m가 훌쩍 넘어간다. 노아의 방주가 도착할 만한 커다란 산이지만 아라타 왕국이 아라라트 산에 있었다고 보기는 어렵다.

아라라트산의 위치

아라라트 산은 흑해와 카스피해를 북쪽에 두고 있고 반 호와 우르미아 호를 남쪽에 두고 있는데 우르미아 호 북단에서도 500km는 더 북쪽으로 가야한다. 거리도 엄청나지만 그 지역은 험악한 산악이 중첩된 곳이니 우루크에서 쉽게 오갈 수 있는 곳이 아니다. 더구나 엔메르카르의 사절은 그 길을 7번 오갔다고 했다. 7이란 숫자는 곧이곧대로 받아들일 숫자는 아니지만 터기에 있는 아라라트 산은 한 번 다녀오기도 힘든 거리다. 그리고 우루크와 아라타 왕국은 평소에도 곡식과 광물을 주고받을 정도로 수시로 왕복했다. 그러니 아라타 왕국과 튀르키에의 아라라트 산과는 관계가 없다고 하겠다.

그런데 우루크에서 인안나를 모셔오자 다른 수메르 도시국가들도 다투어 인안나를 모시는 성전을 짓고 인안나를 모시기 시작한다. 왜 그랬을까? 이는 수메르 사람들이 메소포타미아로 내려올 때 인안나를 모시지 못하고 내려왔다는 것을 의미한다.

다른 신 때문에 인안나를 놓고 온 것이 아니라 인안나를 소유하지 못했기 때문에 인안나를 모시지 못하고 내려왔던 것이다.

이는 수메르 사람들이 아라타에 남아 있던 사람들보다 세력이 우월하지 못했다는 증거가 된다. 그럼에도 불구하고 수메르 사람들이 인안나를 갈망한 것에서 인안나가 매우 중요한 신이었던 것도 확인할 수 있다.

전쟁과 사랑의 신

사무엘 노어 크레이머

저명한 수메르 학자 크레이머(Samuel N. Kramer 1897-1990)는 인안나를 전쟁과 사랑의 신이라고 말했다.

사랑의 신은 매우 중요하다. 수메르 사람들은 화수분의 결과 곡식이 자라는 것을 알고 있었고 가축들도 사랑을 해야 새끼를 낳는 것도 알고 있었다.

물론 전쟁의 신도 고대인에게는 매우 중요한 신이었다. 사랑의 신보다 더 중요한 신이 전쟁의 신이었을 것이다. 전쟁에 지면 농산물이든 가축이든 모든 재산과 생명을 잃기 때문이다.

예전에는 역사 시기 이전에는 전쟁이 별로 없었다는 주장이 우세했다. 전쟁은 인류의 문명이 발달하면서 문명의 충돌로 비롯되었다는 것이다. 그럴 듯하게 들릴 수도 있지만 고고학적 발굴이 진행되면서 이런 주장은 자신의 희망을 투영했을 뿐이라는 것이 증명되었다. 문명이 발달하기 이전에도 전쟁이 치열했던 것이다.

이는 인류의 집단과 집단은 모두 경쟁자였기 때문이다. 동물들의 경우도 그렇다. 배부른 사자는 사냥감이 곁에 있어도 공격하는 법이 없다. 그러나 하이에나나 표범 등 경쟁이 되는 포식동물들은 예외다. 자신들의 사냥감을 축낼 가능성이 있는 동물에게는 예외도 없고 자비도 없다. 인간이 그렇다. 사냥감을 공유하는 집단은 경쟁자이기 때문에 용서가 없다. 고대의 전쟁은 특히 잔인해서 전투에 참가한 인원의 70%가 사상을 당했다고 한다. 인간 사이의 전쟁이 치열했던 것은 사냥하는 화살과 전쟁에 사용하는 화살이 달랐다는 데서 실감할 수 있다.

고대에는 화살도 귀중품이었다. 그래서 사냥에 쓰는 화살은 짐승을 잡은 후에 회수하기 좋게 만들었다. 그러나 전쟁에 사용하는 화살은 화살촉을 삼각형으로 만들어서 화살에 맞은 사람이 화살을 뽑을 수 없도록 만들었다.

고대의 전쟁에서 전쟁의 신은 매우 중요한 역할을 했다. 전쟁의 신이 자기편에 있다는 믿음이 있으면 사기가 올라가고 전쟁의 신이 상대에게 있다고 믿으면 사기가 떨어지기 때문이다. 게다가 전쟁의 신은 실제로 지는 법이 없었다. 전쟁의 신을 보유한 사람들이 전쟁에 지면 전쟁의 신이 (무슨 이유인지 확실히는 모르지만) 분노해서 상대의 편을 들어주었다고 믿었기 때문이다. 그러므로 엔메르카르 이전까지는 인안나를 모시고 있던 아라타 사람들이 전쟁에서 승리했음을 확인할 수 있다.

여하튼 엔메르카르는 인안나를 모셔오자 나라 이름까지 에안나(인안나의 집)로 바꾸었다. 그리하여 〈수메르 왕명록〉에 우루크의 나라 이름이 에안나로 기록된다. 그렇게 우루크에서 인안나를 모시기 시작하자 수메르의 다른 도시국가들도 다투어 인안나를 위한 성전을 짓고 인안나를 모시기 시작한다.

그런데 전쟁의 신이 여성이었다는 점은 언뜻 이해하기 어려울 수도 있다. 그러나 무리의 지도자가 여성이었기 때문에 전쟁의 신이 여성이었다면 이해가 갈 것이다. 수렵채취 사회에서는 무리의 지도자가 샤먼이었다. 이는 샤먼의 무덤이 증명해준다. 고대의 무덤 중에는 특히 부장품이 많고 무덤을 만들 때 정성을 많이 들인 무덤이 발견되는데 이는 예외 없이 여성의 무덤이었다. 이 무덤들은 무리의 지도자인 샤먼의 무덤이었고 샤먼의 역할을 여성들이 담당했던 증거다.

"여자가 무리의 지도자였다고?"

그렇게 질문하는 사람이 있겠지만 수렵채취시대에는 여자가 무리의 지도자가 되는 일이 너무도 당연했다.

샤먼이 여성인 이유

사냥은 실패하는 경우가 많다. 가장 훌륭한 사냥꾼인 사자도 성공률이 40%가 안 된다. 짐승들은 먹지 않고 상당한 기간을 버틸 수 있지만 사람은 머리에서 소비되는 에너지가 많아 사흘을 굶을 수 없다.

그래서 여자가 필요하다. 여자들이 준비한 과일 푸성귀 등이 사냥을 공치는 날의 비상식량으로 쓰인다. 굳이 샤먼이 아니더라도 여자들의 우두머리가 식량의 분배권을 쥐고 있으니 여성이 지도자가 될 여지가 다분하다.

사냥에 성공하여 큰 짐승을 갖고 돌아왔을 때의 분배 문제도 여자가 담당하는 것이 공평하다.

사냥에 성공하면 공을 세운 사냥꾼들만 배불리 먹는 것이 아니라 여자와 아이들도 모두 배불리 먹는다. 무엇으로 공을 세운 사람들에게 상을 줄까?

젊고 혈기 왕성한 사냥꾼들에게 주어야할 보답은 너무 쉽게 답이 나온다. 여자다.

사냥꾼들이라고 모두 평등하게 선물을 주는 건 아니다. 사냥한 고기를 뜯으면서 사냥꾼들은 그날의 무용담을 신나게 이야기할 것이고 우두머리는 각자의 공로에 합당하게 여자를 배정할 것이다. 여자 중에는 사정이 있는 여자도 있고 임신한 여자도 있다. 그런 점까지 배려하는 데는 여자 우두머리가 합당하다.

그리고 이런 생활이 또 모계사회를 탄생시킨다. 아버지를 모르니 당연히 모계사회가 될 수밖에 없다.

남성 중심의 사회는 농경생활을 하면서 비롯되었다. 농기계가 없던 시절의 농사는 남성의 힘이 절대적으로 필요했다. 논이나 밭을 일구는 데도 남성의 힘이 절대적이었다. 남성들은 그렇게 힘들게 얻은 수확물과 논밭을 자기 유전자를 물려받은 자식에게 물려주기를 원했고 그로부터 부계사회화가 진행되었다.

돌이켜 생각하면 모계사회가 더 평등한 사회였다. 농경사회는 힘의 저울추가 너무 기운다. 농경사회에서 어느 한 남자가 좋은 밭을 갖고 있고, 농사를 잘 지어 먹을 것이 많다고 하면 여자들은 당연히 그를 선택한다. 먹을 것이 모자라 굶주리는 형편에 먹을 것을 지닌 남자야말로 좋은 배필이 된다. 그리고 잉여 곡물이 있는 남자는 그 잉여 곡식만큼 여자를 더 확보하기 마련이다. 그러므로 불평등한 사회는 농경사회에서 비롯되었다고 말할 수 있다.
늑대들의 경우를 보면 여성이 지도자가 되는 것을 쉽게 이해할 수 있다. 개가 그렇듯이 늑대도 수컷이 암컷보다 크다. 그러나 늑대 무리의 우두머리는 암컷이 맡는 경우가 많다. 개나 말 같은 동물들은 별다른 신호가 없어도 우두머리의 마음을 읽는 능력이 있는데 그들의 마음이 우두머리 암컷에 가있어서 암컷이 우두머리 역할을 하는 경우가 많은 것이다.

수렵채취 사회에서는 낮이면 남자들은 사냥을 나가고 여자들은 채취를 하러 나간다. 그래도 집을 비울 수는 없다. 누군가 어린아이들과 불씨를 지켜야한다. 그 누군가가 특정한 한 사람일 수 없으므로 아이들은 모두의 아이가 된다. 그래서 우두머리 여자가 모두의 어머니가 되어간다. 또 남녀가 함께 어울려 살다보면 여자가 주도권을 쥐게 되는 것이 보편적이다. 이것도 신체적인 불리함에도 불구하고 여자가 우두머리가 되는 이유일 것이다. 하지만 가장 중요한 이유는 무리를 위험에서 보호하는 일에서 비롯되었을 것이다.
수렵채취시대에 현실적으로는 맹수들의 위협이 커다란 문제였을 것이다. 맹수들은 인간보다 더 참을성이 있고 기회 포착이 능하다. 특히 밤은 더 위험하다. 낮에는 창과 활을 든 사냥꾼들이 맹수를 사냥할 수 있지만 눈이 보이지 않는 밤에는 맹수들이 사람을 사냥한다.
밤에 이루어지는 맹수들의 은밀한 사냥에서 벗어나려면 위험을 감지하는 청력이 절실했다.
일반적으로 여자가 청력이 더 좋은 것 같은데 나는 그 사실을 확인하지 못했다. 하지만 당시의 상황을 고려하면 남성들은 낮 동안 짐승을 쫓아 뛰고 창을 던지는 격렬한 사냥을 했을 것이다. 그러니 잠에 골아 떨어져 민감한 소리를 잘 듣기가 어려웠을 것이다. 당시 사람들은 그런 사실까지는 생각하지 못했을 것이니 당연히 여성이 무리를 위험에서 보호하는 소중한 능력을 지녔다고 생각했을 것이다.

여성 중에서도 특별히 예민한 귀를 지닌 사람이 있을 수 있고 그런 사람은 무리에 큰 도움이 되었을 것이다. 그런데 그것이 성인이 갖추어야 할 자질이었다. 그 사실을 갑골문의 聖()자에서 확인 할 수 있다. 성인이 귀가 큰 사람으로 그려져 있다. 이는 실제로 귀가 커서 그렇게 그린것이 아니라 잘 듣는 사람이라 그렇게 표시한 것이다.
이 시기는 애니미즘의 시대로 사람들이 자연에 경외감을 지닌 시대라 자연의 소리가 신의 소리였다. 그리하여 맹수들의 소리만 잘 듣는 것에서 자연의 소리, 신들의 속삭임까지 잘 듣는 수준이 된다. 그 사람이 샤먼이고 갑골문은 그런 사람을 성인이라고 표현한 것이다.
고대인에게 자연은 신비스러운 존재였다. 자연에는 눈으로는 볼 수 없는 영적인 무엇이 있었다. 인간들은 그것을 신이라고 했는데 여성들이 신들과 가깝고 신들과 보다 잘 소통할 수 있었다. 한의학에서는 남자는 감독할 독 독맥督脈이 발달했고 여자는 맡을 임 임맥任脈이 발달하여 남자는 의심이 많고 여자는 믿기를 잘한다고 설명한다. 신을 믿는 사람이 신과 더 가까울 것은 지당하다. 이것이 여성이 샤먼이 되고 무리의 지도자가 되는 이유다.
창세기에는 남성인 카인이 성을 쌓고 그 아들의 이름이 성 이름이 되었고 그 다음 에리둑 때도 남성이 왕이 되었다. 그러나 다른 나라의 경우는 좀 달랐다.
〈수메르 왕명록〉에 의하면 하늘에서 왕권이 내려온 후 에리둑에 왕권이 있었고 그 다음에는 왕권이 바드티비라로 넘어갔다. 그런데 바드티비라의 왕 이름이 엔메루안나였고 그 뒤를 엔멘안갈라가 잇고 그 다음에 두무지가 왕위를 이었다.
두무지는 인안나와 두무지의 이야기에 남자주인공으로 나오는 인물이었다. 그러나 엔메루안나와 엔멘안갈라는 여자 이름이다. 우리가 옛날에 순희네, 철수네 하면 그 집의 안주인을 지칭하는 것이듯 수메르에서는 여자 이름에 '나'가 붙었다. 그러므로 바드티비라는 수메르의 패권을 획득할 만큼 나라의 기틀이 제대로 선 뒤에도 여자가 2대나 나라를 다스렸던 것이다.

바드티비라 다음에 패권을 잡은 도시가 라라크인데 여기의 왕 이름도 엔시파지안나, 여자였다. 엔메르카르가 인안나를 모시러 사절을 아라타 왕국에 보낸, B.C. 3000년 즈음 그때 아라타 왕국의 임금도 엔쿠쉬시르안나, 여왕이었던 것이다.

인안나를 우루크에 모신 왕이 엔메르카르고 다음이 루갈반다, 그리고 길가메시로 이어지는데 길가메시 시대에 키쉬에 패권이 있었는데 키쉬의 왕이 길가메시의 누나인 엔메바라게시, 여자였다. 엔메바라게시를 이은 왕이 그녀의 아들인 악카였는데 삼촌의 나라인 우루크를 치려다 실패하여 패권이 길가메시의 우루크로 넘어갔다.

여왕들 이름에는 엔이란 접두사가 공통으로 붙는다. 이는 제사장을 겸했다기보다는 제사장이었기 때문에 왕까지 맡았던 것으로 생각된다.

서남아시아에서 목축과 농사가 시작된 때가 B.C. 8500년 즈음이다. 여성에게서 남성으로 왕위가 넘어가기 시작한 때로부터 5,000년도 더 옛날이니 에덴 시절의 인안나 위상은 상상으로 짐작할 수 있을 것이다.

창세기에도 모계사회의 흔적이 나온다.

선악과 이야기에 뱀이 하와에게 선악과를 권하고 하와는 자신이 먹은 다음 아담에게 선악과를 권한다. 여기에서 결정권이 하와, 여자에게 있었음을 알 수 있다.

그리고 2장 24절도 그러하다.

이러므로 남자가 부모를 떠나 그의 아내와 합하여 둘이 한 몸을 이룰지로다

조용준의《한국인의 얼굴 몸 뇌 문화》에 흥미로운 이야기가 실려 있다. 옛날 사람들은 4km 이내에서 짝을 구했는데 그 거리는 여성의 페로몬이 도달하는 거리라는 것이다.
페로몬은 곤충이나 분비하는 것으로 알았는데 사람도 여성이 페로몬을 분비하고 남성의 코에는 서비후각계라는 페로몬 감지기가 있다는 것이다. 즉 남자가 자손을 퍼트릴 수 있을 정도로 성숙하면 이 페로몬 탐지기가 작동하는데 그 감지 범위가 4km까지여서 그 범위 내의 여자를 찾아간다는 것이다. 그런데 근친상간을 막는 장치가 있는데 이게 또 묘하다.
남성이 같은 페로몬 냄새를 이년 정도 맡으면 그 냄새가 싫어진다는 것이다. 어머니나 누이들도 분명 페로몬을 발산할 것이다. 그런데 그 페로몬에 흥미를 느낄 때에는 생식 능력이 없을 때였고 번식 능력이 생길 정도로 성숙한 다음에는 누이 등의 페로몬에는 흥미를 느끼지 못할 정도가 아니라 지겨울 정도가 된다. 그래서 새로운 페로몬을 찾아 떠난다는 것이다.
그런 사실을 알고 나면 사자, 코끼리 늑대 등 온갖 동물들이 수컷의 구실을 하게 되면 무리를 떠나는 일이 새롭게 보인다. 기존에 알려진 대로 쫓겨나는 것이 아니라 자의로 떠나는 것이다. 그런데 이것 때문에 부작용이 생긴다. 남자가 천생연분을 만나도 2년이 되면 부인의 페로몬이 지겨워질 수밖에 없다. 그러니 조용준의 페로몬 이론이 사실이라면 결혼 2년 이상 지난 남자가 다른 여자를 힐끗 거리는 일을 크게 나무랄 수도 없을 것 같다. 더 심각한 일은 사랑의 세레나데가 단순명료해지는 일이다. "내 코가 당신의 페로몬을 선택했소."가 진실한 사랑고백이 되니 예술의 입지가 좁아질까 걱정된다.

여하튼 창세기에도 남자가 부모를 떠나 여자를 찾아간다고 했으니 이것은 분명 모계 사회의 흔적이다. 그리고 하와를 만든 이야기에도 수메르 문명의 흔적이 남아있다. 아담의 갈비뼈를 취해 하와를 만들었다는데 수메르어로 ti는 갈비뼈라는 뜻 외에 생명이라는 뜻도 있다. 아담의 갈비뼈로 하와를 만들었다는 말이 수메르어로는 아담의 생명으로 하와를 만들었다는 뜻도 있는 것이다. 하와의 이름도 의미심장하다. 히브리어로 생명이라는 뜻이다. 하와는 살아있는 모든 생명의 어머니가 될 것이라는 의미다.

샤먼이 죽은 다음 신이 되는 일은 자연스런 일이다. 현대인들도 잘되면 조상 덕이라는 말을 자주 하는데 이것도 무의식중에 조상이 죽어 신이 된다고 믿기 때문에 나오는 말이다. 옛사람들도 죽음이 끝이 아니라고 믿었다. 아리스토텔레스 같은 철학자도 죽음은 육체와 영혼이 분리되는 것이라고 정의한 바 있다.

《환단고기》는 〈삼성기 전 상편〉이 맨 앞에 나오는데 거기에 신이 되는 일로 해석할 수 있는 구절이 있다.

有一神在斯白力之天 爲獨化之神 ---於是桓因亦以監羣居于天界,

사백력의 하늘에 한 신이 있었는데 홀로 변하여 신이 되었다.
---이에 환인이 하늘에 거하면서 역시 감군(임금)이 되어,

이 뜻은 살피면, 사백력의 하늘(높은 곳)에 스스로 신이 된 사람(환인)이 있었는데 환인은 하늘로 올라간 다음 (죽은 후) 하늘에서도 역시 감군(왕)이 되었다는 것이다.

이 문장에서 사백력의 하늘이 어디를 말하는지는 알 수 없다. 다만 여기서의 하늘은 높은 곳이라고 해석을 하고 싶다. 부연 설명을 하자면 수메르 사람들은 메소포타미아를 지배할 때 산등성이같이 높은 곳에 신전을 지었다. 이는 나중에 메소포타미아를 지배한 다른 민족들이 평지에 신전을 지은 것과는 분명히 구별이 된다. (그리하여 수메르 사람들이 우랄산맥에서 이동해온 사람들이라고 해석하는 사람도 있는데 이에는 동의할 수 없다. 이들은 자그로스 산악지대 높은 곳에서 온 사람들이다.)

환인은 (고대사회의 지배자가 항상 샤먼이었던 것처럼) 샤먼이었음이 틀림없다. 그러나 특별히 위대한 샤먼이었을 것이다. 당시는 부족마다 샤먼이 있었고 그들 모두 죽은 다음에 신이 되어 각 부족의 수호신이 되었을 것이다. 그런데 환인의 부족이 항상 승리를 거두어 가장 강한 부족이 되자 사람들은 환인이 신들의 왕으로 군림한다고 생각했을 것이다. 앞에 본 《환단고기》의 기록은 그렇게 전해진 이야기를 기록한 것으로 해석함이 맞을 것 같다.

여기에서 태초의 신은 여자였고 샤먼 역시 여자였음을 상기하자. 환인이 인안나였다는 것은 전혀 억지스런 이야기가 아니다. 환인이 남자라는 생각은 선입견에 지나지 않는다.

인안나와 환인은 이름도 비슷하다. 인안나의 인(IN)은 왕의 뜻이다. 왕도 그냥 왕이 아니라 제사장을 겸하는 왕이다. 세속의 모든 권한뿐 아니라 영적인 세계의 권한까지 한 몸에 지닌 존재를 표시하는 말이다. 인안나의 안(AN)은 하늘이고 나(NA)는 여성에게 붙는 접미사였다. 환인의 이름은 어떤가? 환은 한, 하늘과 통한다. 그리고 인은 수메르어에 있던 말이 그대로 옮겨온 것이라면 환인 역시 하늘의 임금이다.

환인이 남성이었다는 생각은 떨쳐버리자. 그리고 인안나가 죽은 다음에 신이 되었는지 살아있을 때 신이 되었는지 여부에도 관심을 지녀야 한다.

이집트의 파라오는 살아 있는 신이었음을 우리는 알고 있다. 살아 있으면서 신이 되는 경우는 고대세계에만 있었던 것도 아니다. 티베트의 달라이라마 역시 신적인 존재다. 인안나도 살아있을 때 신이 되었을 가능성은 다분히 존재한다.

2. 사람을 만든 이야기

수메르 사람들은 원래부터 메소포타미아에 살던 사람들이 아니었다. 그들은 북부의 산악지대에서 내려온 사람들이었다. 그리고 메소포타미아에서 농사를 짓던 원주민들을 노예로 부리면서 관개농업을 시작했다.
그들이 실시한 관개농업은 수위가 높은 유프라테스의 강물을 수위가 낮은 티그리스로 흘려보내 그 수로 주변을 농경지로 만든 것이었다. 이렇게 하니 농업 생산량이 엄청나게 늘어나 찬란한 메소포타미아문명을 이룩할 기반을 마련했지만 강 사이에 수로를 파고 수로로 강물을 흘려보내기 위해 수로를 관리하고 주변의 밭에 물을 대는 일은 매우 힘들었을 것이다.
이 일을 원주민들이 담당했으니 그들의 고통은 대단했으며 불만도 튀어나왔을 것이다. 그것을 수메르 사람들은 교묘한 이야기를 만들어 원주민들은 원래 노동하기 위해 만들어진 사람이라고 인식시켰다. 그 이야기를 살펴보면 수메르 사람들이 얼마나 머리가 잘 돌아가는 이야기꾼인지 알 수 있을 것이다.
이 이야기는 〈사람이 태어난 이야기〉와 〈아트라하시스의 태초 이야기〉 두 가지 점토판이 있는데 〈아트라하시스의 태초 이야기〉의 줄거리를 소개한다.

옛날, 아주 옛날에 신들이 강 사이에 수로水路를 파서 농지에 물을 대며 농사를 지었다. 그런데 그렇게 강바닥을 파내서 물을 흘려보내고 밭에 물을 대는 일은 무척 힘이 들었는데 그 일을 지위가 낮은 신들이 도맡아 했다. 지위가 높은 신들은 편히 쉬고 낮은 신들만 죽어라고 일을 해야 하니 낮은 신들이 반란을 일으켰다.
낮은 신들은 '웨일라'라는 지도자의 지휘 아래 노동하던 작업도

구들을 불살라 버리고, 무기가 될 만한 것들을 손에 들고 높은 신들이 있는 곳으로 몰려갔다.
그들이 몰려간 곳은 대기의 신인 엔릴의 집이었다. 그때는 엔릴이 제일 높은 신이었고 높은 신들이 모두 엔릴의 집에 모여 있었다. 거기에 데모대가 몰려와서 "엔릴 나와라!, 엔릴을 처단하라!" 고함을 질러댔다. 엔릴이 겁이 나서 직접 나가지 못하고 그의 시종을 내보내 성난 데모대를 달래려 하였으나 데모대는 더욱 기세가 등등하여 "우리는 투쟁하고, 또 투쟁하겠다."고 소리 높여 외쳐댔다.
엔릴이 새파랗게 질려 안절부절 못하고 허둥대자, 보다 못한 시종이 하늘의 신과 지하수의 신을 모셔왔다.
하늘의 신은 한때 서열 1위의 신이었으나 그 자리를 엔릴에게 내어주고 자신은 은퇴하여 하늘에서 편히 쉬고 있는 신이었고, 지하수의 신은 엔릴보다는 서열이 낮으나 지혜가 높고 덕망이 있어 존경받는 신이었다.
엔릴은 그들을 보자 지옥에서 부처님을 만난 것처럼 반가워하며 넋두리를 시작한다.
저 더러운 낮은 신들이 분수도 모르고 여기로 몰려와 소란을 피워대니 그들을 야단쳐서 쫓아달라는 이야기였다. 그러나 하늘의 신과 지하수의 신은 오히려 데모대 편을 들었다. 노동하는 신들이 그동안 너무 고생을 했으니 일어날 때도 됐다는 것이다.
엔릴은 하늘의 신과 지하수의 신이 자기를 도와주기는커녕 오히려 데모대를 두둔하자 불같이 화를 내고 하늘의 신에게 이렇게 말한다.
"나도 당신처럼 은퇴하여 하늘로 올라가겠습니다."

하늘같이 높아 하늘에 거처하는 신이 하늘로 올라가는 일은 현대적 감각으로 보면 너무 당연한 일이지만 이때는 신이 하늘로 올라가겠다는 말이 협박에 가까운 말이었다. 당시 사람들은 신이 사람들 곁에서 사람들을 보살펴주는 존재라고 생각했다. 그래서 자기들이 모시던 신이 하늘로 올라가버리면 사람들은 신에게 버림받은 가여운 신세가 된다.

엔릴이 사람들을 버리고 하늘로 올라가겠다는 협박을 하자 지혜가 무궁무진한 지하수의 신 엔키가 사람을 만들어 신들의 노역을 대신하도록 하자고 제안한다.
"산파 여신 벨레트일리가 있습니다. 그녀가 인간적인 사람을 만들어서 사람들로 하여금 노동의 멍에를 지게 합시다. 사람들을 만들어서 신들의 노역을 대신하게 합시다."
엔키가 이런 제안을 하자 모든 신들이 찬성하여 사람이 만들어진다.

웨일라의 처형 / 원통형 인장

엔키는 대지의 신이면서 지하에 아부쥬라는 창고를 지니고 있었는데 그곳은 맑은 물을 저장해 지상으로 샘물을 보내주는 곳이었다. 그 지하 창고의 천장에 붙은 깨끗한 진흙에 반란의 주모자인 지능 있는 신 웨일라를 처형하여 그 피를 섞어 인간을 만들었다.

웨일라를 지능 있는 신이라고 한 것은 인간이 지능을 갖게 된 내력의 설명인데, 불공정한 일을 바로 잡으려고 반란을 일으킨 웨일라의 피가 인간에게 섞인 일은 어떻게 판단해야 할까?
이 일을 초기 유대교 성서 해석서는 **"인간에게는 죄를 짓는 악한 성**

향이 항상 있다."로 설명한다고 한다. (조철수 《수메르 신화》에서)
경상도 사투리는 함축적이다.
"왜 일라?"

수메르의 사람을 만든 이야기는 창세기에서 여호와 하나님이 아담을 만든 이야기를 떠올리게 만든다. 흙으로 만든 공통점이 있고 여호와는 생기를 불어넣었는데 수메르에서는 반란의 주동자인 웨일라의 피를 섞은 것이 다르다.
그런데 창세기에 묘한 구절이 있다. 여섯째 날에 하나님이 사람을 만들어 바다의 물고기와 하늘의 새와 가축과 온 땅에 기는 모든 것을 다스리게 하려고 할 때 이렇게 이야기를 시작한다.
"우리의 형상을 따라 우리의 모양대로 우리가 사람을 만들고" (창세기 1장 26절)
유일신사상의 기독교 경전에 복수형이 쓰인 것도 이상하지만 신들의 회의를 통해서 사람을 만들고자 했던 수메르 큰신들의 회의 장면이 떠오르는 것도 당연한 일일 것이다.

그런데 창세기는 어느 때의 일을 기록한 것일까?
아일랜드의 성공회 주교 제임스 어셔가 B.C. 4004년이라고 주장한 이래 기독교에서는 수백 년 동안 그렇게 믿어왔다. 어셔는 이 계산을 할 때 아담부터 시작하는 이스라엘 조상들의 나이가 비정상적으로 길다는 점은 전혀 염두에 두지 않았다. 이쯤 되면 종교와 과학의 분리를 주장한 사람을 언급하지 않을 수 없다.

벨기에에서 태어난 르메트르는 케임브리지와 하버드, MIT를 거쳐 천문학박사를 받은 성직자다. 그는 1927년 프리드만 방정식을 통해 은하 밖 성운들의 후퇴가 우주의 팽창 때문이라는 사실을 발표하고 1931년 우주가 원시원자에서 출발하였다(빅뱅)는 연구를 발표하였다. 이때는 호일의 정상우주론과 르메트르의 빅뱅설이 첨예하게 대립하고 있었는데 1951년 교황 비오 12세가 르메트르의 이론이 천지창조에 부합한다고 르메트르를 지지한다는 성명을 발표했다. 그러자 르메트르는 과학과 종교는 분리하여 생각해야 한다고 교황을 설득하여 교황이 더 이상 그 논쟁에 끼어들지 않도록 했다.

어셔는 아담이 930년을 살고 그 아들 셋이 912년, 에노스가 905년을 살았다고 믿었지만 그것은 신앙이고 현실세계에서는 있을 수 없는 일이다. 그리고 옛사람들의 수명은 현대인들보다 많이 짧았다. 현대의 과학으로 옛사람들의 수명을 조사해보니 40년을 살면 장수한 축에 속했다. 이는 이스라엘 조상들도 마찬가지다.

그런데 창세기에 기록된 이스라엘 조상들의 수명이 노아 이후 점점 짧아지는데 이런 현상은 〈수메르왕명록〉에 기록된 왕들의 나이에도 비슷하게 나타난다.

에리둑의 아룰림 왕과 바드티비라의 엔멘갈안나, 라라크의 엔시파지안나 같은 왕들은 모두 3600×8년을 다스렸고 다른 왕들도 보통 3600×n으로 나타난다.

그런데 홍수가 지나간 다음에는 3600 대신 600이 나온다.

사파르의 엔멘두르안나가 3600×5+(600×2)×2+600년 다스렸다.
슈루파크의 우부르투투가 3600×5+600년을 다스렸다.
홍수가 휩쓸어 간 뒤에 키쉬의 가나우르가 600+600년을 다스렸다.
(조철수 《수메르 신화》에서)

이들의 나이나 햇수 셈법이 어떤 것인지 어떻게 변했는지는 알 수 없으나 조철수는 〈수메르왕명록〉과 창세기는 사용한 진법은 다르지만 같은 전통에서 만들어졌다고 말한다.

창세기에는 아담부터 요셉까지 27대의 족보가 기록되어 있고, 이스라엘 민족이 애굽에 정착한 지 430년이 지나 모세의 출애굽기가 시작되었다고 한다. 당시는 첫 아들을 낳은 때도 20세 전이었으리라. 창세기에 나오는 이스라엘 민족의 족보는 한 세대에 대략 20년씩을 잡으면 600년이 되지 않는다. 모세의 연대에 대해서는 신뢰할만한 정보는 없지만 대체로 람세스 2세 때로 추정하므로 서기전 13세기다. 그렇게 계산하면 창세기의 태초는 서기전 19세기가 된다. 그런데 성서학자들은 창세기가 서기전 20세기의 역사를 다루고 있다는 말들을 한다. 아담의 시대를 서기전 19세기로 잡으면 실제의 역사와 아귀가 맞아 들어간다.

서기전 25세기에서 20세기는 메소포타미아에서 수메르 사람들의 시대가 종언을 고하는 시기다. 수메르 사람들의 이야기는 그들이 남긴 점토판에만 남아 있고 그 후의 기록에서는 아주 사라지는데 창세기의 태초 이야기에 그렇게 사라진 수메르문명의 전설이 윤곽선이나마 남아 있는 것이다.

3. 대홍수

최초의 대홍수

대홍수의 전설은 세계 공통이라는 이야기도 있다. 노아의 홍수는 B.C. 3000년 즈음이라는 견해가 있지만 실제로 메소포타미아에 엄청난 규모의 대홍수는 없었던 것으로 판명 났다. 세계 곳곳에 남아 있는 대홍수의 전설은 빙하기가 끝났을 때 일어난 홍수와 관련 있을 것이다. 그때는 날이 급격하게 더워지면서 산 위에 두텁게 쌓였던 만년설이 녹으면서 세계 곳곳에 대홍수가 일어났으니까.
창세기에는 노아의 홍수 이야기가 나온다. 그런데 대홍수 이야기는 그 옛날의 메소포타미아에서도 매우 유명하고 인기 있는 이야기였다.

수메르의 점토판에는 대홍수를 소재로 한 이야기들이 많다. 내용은 약간의 차이밖에 없지만 〈지우수드라의 홍수〉, 〈아트라하시스의 홍수〉, 〈우트나피시팀의 홍수〉, 심지어는 고대 세계에서 가장 유명한 영웅인 〈길가메시의 홍수〉 이야기까지 있다. 그리스로 가면 〈데우칼리온의 홍수〉도 있는데 모두 주인공 이름만 다를 뿐 줄거리는 대동소이하다. 그 대홍수 이야기의 대략을 살펴보자.

엔키가 앞장서서 사람을 만들고 사람들이 신들이 하던 노동을 대신 하게 되자 신들의 세계는 안정을 되찾았다. 그런데 이번에는 사람들이 문제였다. 사람들은 사랑을 한다. 그리고 사랑을 하면 아이들이 태어난다. 그 아이들이 자라서 사랑을 하여 또 아이들을 낳으니 세상에 사람들이 아주 많아졌다. 그 많은 사람들이 말을 하는데 그 말들 대부분이 신에 대한 이야기였다. 신들에 대한 이야기는 대부분 신들의 왕 노릇을 하는 엔릴에게 향했던 모양이라 엔릴은 사람들의 이야기 때문에 불편해서 잠을 잘

수 없었다. 그래서 엔릴은 중대한 결심을 하고 신들의 회의를 소집해 이렇게 말한다.
“사람을 만든 일은 잘못한 일입니다. 그들이 하도 떠들어대서 내가 잠을 이룰 수가 없습니다. 그래서 세상에서 사람들을 모두 없애버리려 합니다.”
그러자 사람을 만들자는 제안을 했고 사람을 만드는데 앞장섰고, 사람들에게 애정이 많은 엔키가 묻는다.
“어떻게 하시려고요?”
“홍수를 일으키겠소. 여태까지 듣도 보도 못했던 대홍수를 일으켜 사람들을 모조리 쓸어버리겠소.”
엔릴은 이렇게 말하고 이 일을 절대로 사람들에게 발설하지 말라고 신들에게 다짐을 받는다.
그러나 대지의 신 엔키는 지혜가 무궁무진한 신이라 꾀를 낸다. 엔키는 엔릴과 약속을 했으므로 사람들에게는 그 사실을 직접 알리지 못한다. 하지만 꾀를 내어 자신의 충직한 종인 갈대에게 이야기 한다. 그리고 홍수를 피하기 위한 대책, 즉 방주를 만드는 방법까지 자세하게 설명한다.
엔키는 갈대에게 설명을 마친 다음 인간의 왕인 지우수드라의 꿈에 나타나 말한다.
“일어나 강가에 나가 갈대의 이야기를 들어라!”
지우수드라는 강가로 가서 갈대를 찾는다. 갈대는 엔키가 당부한대로 모든 이야기를 지우수드라에게 들려준다.
엔릴이 홍수를 일으켜 사람들을 쓸어버리려고 하는 것, 홍수에서 살아남으려면 방주를 만들어야 한다는 것, 그리고 방주를 만드는 방법까지 이야기하자 지우수드라는 갈대가 전해준 엔키의 말을 그대로 행하여 모든 것을 준비한다.
이윽고 때가 되어 대홍수가 나고 7일 동안 온 세상을 휩쓸어버린다. 그러나 지우수드라가 미리 준비해 두었기에 사람들은 목숨을 건진다. 대홍수가 끝나자 사람들은 신들에게 감사의 제물을 올린다. 희생물을 태운 연기가 하늘로 올라가자 홍수가 계속되는 동안 굶주렸던 신들이 파리떼

처럼 모여든다. 그러나 거기에 엔릴을 위한 제물은 없었다. 엔릴은 홍수를 일으켰다는 이유로 높은 자리에서 내려오고 엔키가 최고의 신으로 올라선다.

그때부터 수메르의 문학작품에는 "엔키에게 영광을!"이라는 마무리가 붙는다. 지우수드라의 홍수 이야기도 그렇게 끝을 맺는다.
"엔키에게 영광을!"

노아의 홍수

이제 노아의 홍수를 살펴보자.
노아의 홍수는 규모가 다르다. 지우수드라의 홍수는 7일 동안 계속되었는데 노아의 홍수는 노아가 방주로 들어간 7일 후에 시작되어 무려 40일 동안이나 계속된 어마어마한 홍수였다. 물이 땅에 넘친 날이 150일이며, 150일 후에 줄어들고 일곱 달째의 17일에 방주가 아라랏 산에 머물고 열 달째의 초하룻날에 산들의 봉우리가 보였으며 그 40일 후에 까마귀를 놓아 보냈다가, 7일 만에 첫 비둘기, 그 다음 7일 만에 두 번째 비둘기, 또 7일 만에 세 번째 비둘기를 보냈을 때 비로소 물이 빠졌을 정도였다.

노아의 홍수는 노아가 600세 되던 해 둘째 달 10일에 방주에 들어갔고, 17일에 비가 내리기 시작했으며 노아가 601세 되던 첫째 날 지면에서 물이 걷혔으며 둘째 달 20일에 땅이 말랐다.
이렇게 1년에 가까운 세월을 방주에서 보냈는데 이때 방주에 사람들만 탄 것이 아니라 동물들도 같이 탔다. 정결한 짐승들은 7쌍씩 실었고, 부정한 짐승들은 두 쌍씩 실었는데 그 대목에서 신앙심 깊은 사람들이 고민하기 시작했다. 그 동물들의 뒤처리를 어떻게 감당했을까 하는 문제였다. 그래서 다음과 같은 이야기가 생겨났다.
노아는 뱃멀미에 지쳐서 화가 난 사자에게 물려 절름발이가 되었다. 그러나 그보다 더 큰 문제는 쥐들이 끊임없이 번식하는데다 동물들의 분뇨가 쌓여가서 견딜 수 없었다. 그래서 노아는 코끼리의 몸을 쓰다듬어 돼지를 만들었고, 돼지가 동물들의 배설물을 깨끗이 먹어치웠다. 쥐들 문제는 노아가 사자의 코를 쓰다듬자 고양이가 생겨났고 고양이가 쥐를 잡아먹어 쥐가 확 줄어들었다고 한다.

그러나 문명이 발달되어 고고학적 연구가 이루어지자 옛날 사람들이 신앙으로 이룩한 이런 노력들은 허사가 되었다. 메소포타미아에서 대홍수의 흔적이 발견되지 않은 것이다.

영국의 유명한 고고학자 레너드 울리(1880-1960)가 1930년대 초반 우르의 왕릉을 발굴하면서 2.5m에 달하는 깨끗한 충적층을 발견했을 때만 해도 창세기에 나오는 대홍수 지층을 발견한 것으로 생각했다. 그러나 이라크 남부의 유적지들이 잇달아 발굴 되면서 우르의 충적층(B.C. 3000년)에 해당하는 연대에는 충적층이 발견되지 않았다. 그리고 수메르의 점토판에 〈길가메시의 홍수〉 이야기가 있는데 실제로 길가메시의 유적에서는 홍수의 흔적이 발견되지도 않았다. 결국 대홍수는 실체가 없는 이야기였을 뿐이라는 분위기다.

대홍수의 흔적은 오히려 흑해 연안에서 발견되었다.

흑해의 홍수는 초대형 빙하가 대홍수를 일으켰다는 지질학자들의 주장이 있다. 북미대륙에서 상상을 초월할 정도의 엄청나게 큰 빙하가 바다로 미끄러지는 바람에 대서양의 물이 크게 출렁거려 그 물이 지브랄타 해협, 지중해, 보스포로스 해협을 통해 흑해로 밀려들었다는 것이다. 이때 흑해의 수위가 하루에 15cm씩 높아졌으며 해안선이 하루에 1.6km씩 뒤로 밀려나며 결국은 흑해의 수위가 145m나 높아졌다고 한다. 이는 비가 내리지 않은 대홍수라 구태여 뚜껑이 있는 방주는 필요 없었을 것이다.

노아의 홍수 이야기는 규모가 훨씬 컸지만 지우수드라의 홍수 이야기와 비슷한 면도 많다.

노아도 홍수 말미에 비둘기와 까마귀를 정찰조로 보냈는데 지우수드라의 홍수에서도 비둘기와 까마귀를 보냈다.
방주 이야기도 비슷하다. 노아에게는 여호와가 직접 방주를 만드는 법을 세세히 알려주었고 지우수드라에게는 엔키가 갈대를 통해서 방주 만드는 법을 알려준 것이 차이다.
홍수가 끝난 후에 올린 번제의 차이는 지우수드라가 제물로 번제를 올렸을 때는 수메르의 신들이 파리떼처럼 모여들었는데, 하나님과 동행하는 노아가 번제를 올리자 여호와는 즐거운 냄새를 맡은 것이다.
창세기에 나오는 노아의 홍수가 수메르 홍수 이야기의 확대 재생산인지, 표절인지를 두고 논쟁을 벌일 사람도 있을 것이고, 여호와의 권능이 그만큼 위대하다고 칭송하는 사람도 있을 것이다.

홍수의 원인

그런데 우리가 주목할 일은 오히려 창세기에 나오는 노아의 홍수에 있으니 그것은 홍수를 일으킨 이유 때문이다.
지우수드라의 홍수는 엔릴을 끌어내리기 위해 만들어진 것이지만 노아의 홍수는 신의 아들들을 벌주기 위해서 만들어졌다는 것인데 그 의미가 심상치 않다. 창세기의 기록을 보자.

여호와께서 사람의 죄악이 세상에 가득함과 그의 마음으로 생각하는 모든 계획이 항상 악할 뿐임을 보시고 (6장 5절)
땅 위에 사람 지으셨음을 한탄하사 마음에 근심하시고 (6절)
이르시되 내가 창조한 사람을 내가 지면에서 쓸어버리되 사람으로부터 가축과 기는 것과 공중의 새까지 그리하리니 이는 내가 그것들을 지었음을 한탄함이니라 하시니라 (7절)

지우수드라의 홍수 이야기에서 대기의 신은 사람들만 쓸어버린다 했는데 여호와는 가축부터 공중의 새까지 쓸어버린다고 했다. 무엇이 여호와를 그렇게 분노하게 했을까? 바로 앞 구절에 답이 있다.

사람이 땅 위에 번성하기 시작할 때에 그들에게서 딸들이 나니 (6장 1절)
하나님의 아들들이 사람의 딸들의 아름다움을 보고 자기들이 좋아하는 모든 여자를 아내로 삼는지라 (2절)
여호와께서 이르시되 나의 영이 영원히 사람과 함께하지 아니하리니 이는 그들이 육신이 됨이라 그러나 그들의 날은 백이십 년이 되리라 하시니라 (3절)

"그들의 날은 120년이 될 것이다."역시 아리송하지만 풀이가 가능한 내용이다. 1절과 2절은 뒤로 미루고 먼저 3절의 의미부터 살펴보자.
60진법을 쓰던 수메르의 숫자로 풀어야 한다. 수메르에서 가장 큰 숫자 단위는 60×60인 3,600이었다. 120년은 60이 둘이다. 그러므로 120년은 60×2로 상당한 시간이 지난 후에 사람의 아들들이 징벌을 당한다는 예언이지만 창세기의 다른 내용이 그러하듯이 이는 실제의 역사로 상당한 시간이 흐른 후에 하나님의 아들들 시대가 종말을 고했다는 이야기다.
그런데 3절과 5절 사이에 끼어있는 4절의 내용도 해석이 쉽지 않다.

당시에 땅에는 네피림이 있었고 그 후에도 하나님의 아들들이 사람의 딸들에게로 들어와 자식을 낳았으니 그들은 용사라 고대에 명성 있는 사람들이었더라 (4절)

네피림은 거인을 뜻한다. 고대에 거인이 공포의 대상으로 등장하는 전설이 많은데 이는 빙하시대를 북쪽에서 보낸 사람들이 체격이 컸기 때문이리라. 그들은 비교적 우수한 문명과 강한 체력을 지니고 있어 공포의 대상이었다.
이들의 행동은 일정한 패턴을 보이는데 처음에는 약탈자로 등장한다. 그러다가 약탈을 몇 번 거듭한 뒤에는 아예 이사를 와서 원주민을 노예로 부리면서 지배자로 눌러앉곤 했다.

민수기 13장과 14장에 모세가 보낸 정찰병들이 가나안 땅을 다녀와서 그곳에 거인들이 있다고 보고하니 이스라엘 자손 모두가 그들을 애굽 땅에서 이끌어낸 모세와 아론을 원망했다는 내용이 있는 것도 체격이 큰 사람들이 고대에 공포의 대상이었음을 말해준다.

창세기가 수메르 역사를 반영한 점을 고려하면 수메르의 왕족들이 실제로 거인이었을 가능성이 있다. 이를 사람의 아들인 셈족보다 체격이 큰 사람을 지칭한다면 수메르 지배족의 체격이 컸기 때문에 거인이라고 불렀을 수도 있다. 지금도 북방민족들은 체격이 큰데 이들의 조상은 수천 년 동안 극도로 추운 지역에서 매머드나 들소를 사냥하며 지낸 사람들의 후손들이다. 그러므로 네피림은 추운 지방에서 내려온 사람들의 후손일 수도 있는 것이다.

"당시에 땅에는 네피림이 있었고 그 후에도 하나님의 아들들이……"라는 표현도 네피림이 하나님의 아들, 즉 수메르 사람이라는 표현일 수 있다.

또 하나 중요한 것이 네피림의 다른 뜻이다. 네피림은 신체적으로는 거인이란 뜻이지만 정신적으로는 무법자, 난폭자, 가해자의 뜻이 있고 정신적으로 황폐한 사람을 뜻하기도 한다.

정복자의 권리를 행사한 일이 창세기에도 나타난다.

"사람의 딸들의 아름다움을 보고 자기들이 좋아하는 모든 여자를 아내로 삼는지라" (창세기 6장 2절)

그런데 창세기 6장에는 이들 정복자들을 '하나님의 아들들'이라고 표현한다. 이는 정복자들이 자신들이 하늘의 자손이라고 했던 것의 유산이다.

여하튼 하나님의 아들들이 사람의 딸들에게로 들어와 자식을 낳았다고 했는데 하나님의 아들들은 수메르 남자들이고 사람의 딸들은 원주민 여자들이다. 그런데 '사람의 딸들의 아름다움'이란 말이 나온다. 이는 양쪽의 외모가 확실히 구별된다는 의미일 수도 있다.

두 가지 언어

수메르 사람들과 원주민들의 언어는 서로 달랐는데 언어로 수메르 사람들의 출신을 짐작할 수 있다.

수메르 사람들의 언어는 교착어였다. 교착어는 한국어처럼 조사가 붙는 언어다. 말의 순서도 주어 목적어 동사의 순서로 구성된다. 그리고 메소포타미아의 원주민인 셈족의 언어는 영어와 같은 굴절어였다.

그런데 교착어를 쓰는 민족을 살펴보면 흥미로운 사실을 알 수 있다. 교착어를 쓰는 민족은 한국, 일본, 핀란드, 튀르키예 등인데 퉁구스나 투르크 계통이다. 중요한 사실은 이들의 분포가 초원의 길을 따라 분포되어 있었고 더 중요한 것은 빙하기를 북방에서 보낸 사람들의 후예라는 것이다. 이들은 고대의 거인족이며, 지배 종족이었던 것이다. 수메르 사람들은 언어를 통해서도 출신지가 북쪽이었음을 짐작할 수 있는 것이다.

수메르 사람들과 셈족 계통의 사람들은 이렇게 언어의 구조부터 달라서 1,000년 이상 지배종족과 피지배종족으로 같은 지역에 살았는데도 언어가 통일되지 않고 서로 달랐다.

그러나 수메르 남자들이 셈족 여자들을 많이 차지하면서 언어도 차츰 섞이는 것이 많아지고 지배종족의 개념이 점차 모호해진다. 초기와 중기의 수메르 왕들은 모두 수메르식 이름이었지만 후기에 갈수록 셈족식 이름을 지닌 왕들이 많아진다. 그리고 결국은 수메르 사람들의 시대가 막을 내리게 된다.

수메르 사람들은 메소포타미아에 B.C. 4000년 이전에 진출하기 시작하여 B.C. 3500년에는 지배종족으로 자리 잡은 것으로 보인다. 이들 수메르 사람들의 지배가 실질적으로 종식된 때는 B.C. 2335년 사르곤 왕이 아카드 왕국을 건설한 때로 잡는다. (B.C. 2110년 다시 수메르인의 국가가 세워졌다.)

수메르 사람들은 이렇게 긴 세월 동안 지배종족으로 군림했으나 19세기까지는 사람들이 수메르라는 이름조차 알지 못했다. 고고학자들은 메소포타미아에서 아시리아나 바빌로니아 사람들의 흔적을 찾으려고 발굴을 시작했다. 그리고 우루크와 니푸르에서 점토판이 대량으로 발견되면서 비로소 수메르가 존재했던 것이 알려지게 되었는데 그때가 20세기가 시작되던 때였다.

수메르 사람들은 스스로를 '웅상기가'(검은 머리의 사람들)라고 불렀다.

그리하여 수메르 사람들이 내려왔을 당시에는 메소포타미아 원주민들은 검은 머리가 아니었던 것을 짐작할 수 있다. 그런데 지금의 중동에는 검은 머리가 지천이다. 하나님의 아들들이 사람의 딸들에게로 들어가 자식을 낳았기 때문이다.

메소포타미아나 이집트 그리고 그리스의 문헌에 수메르 사람에 대한 언급이 없는 이유는 알 수 없으나 수메르의 점토판이 나타나자 학자들은 쐐기문자에 대한 연구를 시작하면서 수메르 사람들이 메소포타미아문명을 이룩했음을 알게 되었다.

쐐기문자는 서기전 3000년 전에 나타났고 당시에는 상형문자였으나 서기전 2000년 즈음에는 표음문자로 발전하여 문학작품도 기록할 수 있었다는 것까지 연구했고 수메르어 사전을 만들기까지 했다.

고대문자의 해독은 원래 어려운 일이지만 수메르의 쐐기문자는 인류 최초의 문자인 만큼 해독하기가 참으로 어려웠다고 한다. 그 일을 위해서 수많은 학자들이 눈이 짓무르도록 점토판을 들여다보고 그림을 그려 사본을 만들고 그것을 서로 편지를 교환하면서 지금의 수준에 이르게 되었다고 한다.

그 연구에 종사한 사람 중에는 영미계통의 학자가 압도적으로 많다. 물론 아리안 계통의 사람들이다.

그 사람들은 수메르가 셈족들의 나라일 것으로 철석같이 믿고 연구를 했으리라. 20세기 초반에 퉁구스나 투르크 계통의 사람들은 피지배민족이었다. 그리고 중국은 구미열강에 철저하게 유린당하고 있었다. 그런 퉁구스나 투르크 계통의 사람들이 아리안족을 지배하면서 인류 최초의 문명을 이루었다고 상상이나 했을까?

투르크는 굳이 계통을 따진다면 원래는 퉁구스였다가 아리안족과 유전자가 섞이면서 투르크가 되었을 가능성이 있다. 그들의 조상은 빙하시대에 정면으로 도전했던 사람들이다. 그들은 시베리아의 살인적인 추위와 싸우면서 지혜와 몸집을 키웠으며 가장 먼저 신석기문명을 이룩했다. 그리하여 지배종족이 되어 메소포타미아뿐 아니라 동서를 아울러 지배했었다.

4. 에덴 찾기

동방의 에덴

고대 그리스어 성경에는 에덴을 뜻하는 말로 paradeisos를 사용했으니 에덴은 낙원이다. 그러므로 에덴동산을 노래한 창세기 2장은 낙원의 향연이라 하겠다. 보기에도 아름답고 먹기에 좋은 나무들이 있었고 동산 가운데 생명나무와 선악을 알게 하는 나무도 있었다고 한다.

하나님이 지으신 최초의 장소이며, 아담과 이브를 창조한 곳이며, 아담과 이브가 뱀의 유혹에 넘어가 선악과를 먹고 쫓겨난 금단의 장소이기도 하다.

비록 여호와 하나님이 아담과 이브를 쫓아낸 후에 다시는 돌아오지 못하도록 그룹이라는 상상의 동물과 두루 도는 불칼을 두어 지키게 하였지만 그곳을 찾으려는 욕망이야 어찌 제어할 수 있을까. 게다가 창세기에는 에덴동산의 위치에 대한 설명도 자세히 나온다. 그리하여 에덴을 찾으려는 사람들의 노력은 그친 적이 없었다.

에덴에 대한 첫 번째 설명은 동방의 에덴에 동산을 창설했다는 것이다. 창세기에는 동방이 자주 나온다. 에덴도 동방의 에덴이고 아담을 쫓아낸 뒤 그룹들과 두루 도는 불 칼을 두어 생명나무의 길을 지키게 한 곳도 에덴 동쪽이며, 카인도 여호와의 앞을 떠난 뒤 에덴 동쪽 놋 땅에 거주했다. 해가 뜨는 동방은 그들에게도 신성한 방위였다.

에덴동산의 위치가 밑도 끝도 없이 그냥 동방의 에덴이란다. 무엇의 동방이란 이야기가 없지만 무언가 거대하거나 중심 역할을 하는 존재의 동쪽이라는 심증은 간다. 하지만 그것만으로는 아무런 단서도 잡을 수 없다. 에덴동산에는 생명나무와 선악과가 있었다는 이야기가 있으나 위치를 찾는 데는 이 역시 아무런 단서를 주지 못한다. 그러다 눈에 확 뜨이는 단서 하나가 등장한다.
강이 에덴에서 흘러나와 동산을 적시고 거기서부터 갈라져 네 근원이 되었으니 (2장 10절)

참 묘한 표현인 것이 2장 8절에는 동방의 에덴에 동산을 창설했다고 하고 10절에는 에덴과 동산이 따로 놀고 있다.
그런데 강이 에덴에서 흘러나와 동산을 적셨다고 했으니 에덴이 동산 위에 있다는 이야기가 된다. 산 위에 있을 수 있는 것, 그것은 만년설밖에 없다. 그리고 동산을 적신 후에 네 근원이 되었다고 한다. 여기서 백두산을 생각하면 무언가 느낌이 온다.
백두산 천지는 압록강과 두만강의 근원이 된다. 마찬가지로 에덴에서는 동산을 적신 물이 호수가 되었다가 네 곳으로 흘러나간다는 것이다.
그렇다면 동방의 에덴도 설명이 된다. 호수 주변에 펼쳐진 사방의 산악 중에 동쪽 산악의 만년설 아래에 에덴동산을 창설했다는 이야기가 된다.
여하튼 여기에서 확실한 것은 네 근원이 되었다는 말, 즉 네 개의 강이 여기에서 발원했다는 기록이다. 그리고 이어 네 근원에 대한 설명이 나온다.

첫째의 이름은 비손이라 금이 있는 하윌라 온 땅을 둘렀으며 (2장 11절)
둘째 강의 이름은 기혼이라 구스 온 땅을 둘렀고 (13절)
셋째 강의 이름은 히데겔이라 앗수르 동쪽을 흘렀으며 넷째 강은 유브라데더라 (14절)

네 강의 근원

네 번째 강 유브라데는 금방 감이 온다. 메소포타미아에는 유명한 유프라테스 강이 있는데 그 이름과 비슷하다. 원문은 페라테인데 유프라테스를 아랍권에서는 피라트, 그리스어로는 페라트라고 부르므로 유브라데는 유프라테스가 틀림없다. 유프라테스는 터키의 아나톨리아 고원에서 발원하지만 과거에는 에덴에서 흘러나온 강도 유프라테스에 합류했을 것이다.

세 번째 강 히데겔은 앗수르 동쪽을 흐른다고 했는데 앗수르는 앗시리아의 수도 이름이고 히데겔은 티그리스를 가리키는 히브리어 이름이다.

메소포타미아 지역을 흐르는 두 개의 대표적인 강 이름이 나왔으니 결론이 난 것이나 다름없다. 당연히 이라크 북부 산악지대 자그로스 산맥의 어느 지역이 아니겠는가.

그런데 뜻하지 않은 복병이 나타났다. 둘째 강의 이름이 기혼인데 아프리카에 그 이름을 지닌 강이 있었다. 다른 강도 아닌 나일의 다른 이름이 기혼이었다. 게다가 기혼은 구스 온 땅을 둘렀다고 했는데 이집트 남부에 쿠시 왕국이 있었다.

여기서부터 학자들의 머리가 복잡해졌다. 메소포타미아의 대표적인 두 강과 아프리카의 대표적인 강이 함께 나오니 스케일을 크게 잡아야 할 상황이 된 것이다. 그래서 첫째 강 비손을 갠지스 혹은 인더스 강으로 설정을 하는 학자들도 나왔다.

이렇게 되니 에덴은 도무지 찾을 수 없는 지역이 되었다.

그리하여 에덴에 대한 여러 가지 학설이 분분하게 제기되었다. 약속의 땅 가나안설이 있었고, 비손을 인더스로 상정했는데 그 지역에서 고대문명이 발견되자 인더스 유역이 에덴이라는 주장이 나왔고, 인도양 서남부의 세이셸 제도에서 최음제며 해독제로 쓰이는 거대한 코코넛이 발견되자 그곳이 에덴이라는 주장도 나왔다. 그런 주장 중에서도 가장 그럴듯하게 여겨진 주장은 페르시아 만이라는 주장이었다. 빙하시대에는 페르시아 만의 많은 부분이 육지였으므로 페르시아 만에는 숱한 동물의 유골과 함께 석기시대의 유물이 발견되었기 때문이다. 그러나 에덴이 실제로 존재했다고 믿지 않는 사람이 가장 많았을 것이다. 그러나 에덴이 실제

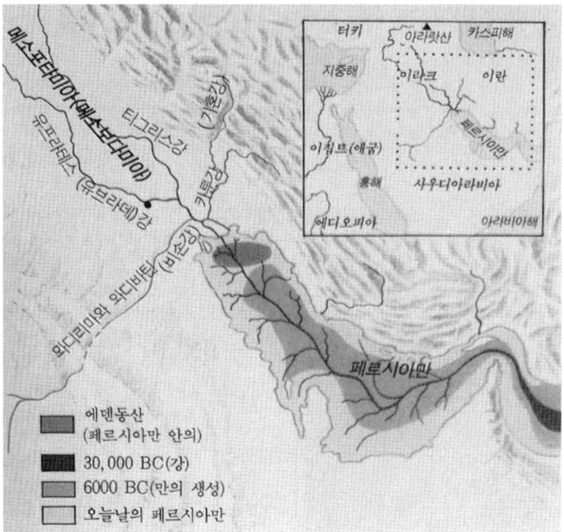

에덴 추측 지도/페르샤 만 주장 지도(《성서속의 불가사의》 25쪽)

로 존재하지 않았다면 창세기는 역사가 아니다.

훗날 우르미아 호수 근처 아라스라는 강이 8세기까지 가이훈이라고 불렸다는기록이 발견되었다.

그리고 그 아라스 강 유역에 쿠시 산(쿠시에다그)이 있었다. 드디어 "둘째 강의 이름은 기혼이라 구스 온 땅을 둘렀고"라는 조건을 만족시키는 세 번째 강을 찾아낸 것이다.

다만 맨 앞에 나오는 비손은 그 이름을 확실히 확인하지는 못했는데 근처의 우이준 강이 비손이었을 것이라고 추측하여 창세기에 나오는 네 강의 근원이 된 호수가 우르미아 호수라는 결론이 나왔다.

이라크 남동부에 유프라테스와 티그리스가 만나는 곳이 있는데 이곳에 아담 파크가 있다. 그곳 사람들 이야기로는 거기가 에덴이라는 것이다. 동쪽 티그리스와 남쪽 유프라테스, 그리고 둘이 합쳐 흐르는 시트 알아랍 수로가 있는데 그 마을 서쪽에 지금은 말라버렸지만 옛날에는 카르헤 강이 있었으니 그곳이 네 강이 흐르는 곳이며 에덴이라는 것이다. 그러나 이곳은 두 개의 강이 만나는 곳일 뿐 네 강이 아니다. 에덴은 네 강이 흘러나오는 곳이라고 했으니 일고의 가치도 없다.

가이훈과 아리랑

여기서 하나 짚고 넘어가야 할 일이 있으니 가이훈과 쿠시란 이름이 어떻게 메소포타미아와 아프리카에 같이 존재했을까 하는 점이다. 그것은 우연이 아니었다. 원정대가 있었던 것이다. 그 원정대에 대해서는 나중에 살펴보기로 하는데 그들이 자기 살던 곳의 이름을 가지고 가서 새로운 정복지에 그 이름을 붙인 것이 고대 동이족의 습관과 동일하다는 점은 관심을 가질 필요가 있다.

그런데 가이훈이란 이름은 어쩐지 가람, 혹은 강을 연상시킨다. 그리고 아라스라는 이름은 우리말에서 숙제로 남아 있는 아리랑을 연상시킨다.

아리랑 노래에는 '아라리'라는 단어가 자주 나오는데 아라리는 수메르어로 저승 넘어가는 길에 있는 신당을 뜻한다. 그 뜻을 차용하면 아리랑 노래는 금방 그 의미가 다가온다.

아리랑 아리랑 아라리요. 아리랑 고개를 넘어간다. 나를 버리고 가시는 님은 십리도 못가서 발병난다.

아리랑을 망자가 건너는 아라스 강, 아라리가 아라스 강을 바라보는 언덕에 서 있는 신당이라고 상상을 해보자. 그러면 아리랑 노래는 저승으로 떠나는 망자를 붙잡으려는 배우자의 애타는 절규라고 해석이 될 것이다.

우르미아 호수

다시 에덴 찾기로 돌아가자.

티그리스, 유프라테스, 아라스, 우이준. 이 네 강의 접점은 우르미아 호수다. 우르미아 호수는 터키와 이라크 사이에 있는 대단히 커다란 호수로 넓이가 5만km²가 넘는다. 그것도 지금은 물이 말라서 작게 나온 면적이란다. 한참 물이 많을 때는 그 2배가 넘는 크기였다고 한다. 두 배는 10만km²로 대단한 넓이다. 한반도 면적이 22만km²다. 북한이 12만, 남한이 10만km²니, 우르미아 호수가 한참 넓었을 때

우르미아 호수

는 지금 남한 면적보다 넓었다는 이야기다. 우르미아 호수는 넓이가 넓은 만큼 섬도 50개나 있다.

우르미아 호수는 높이도 높다. 사방에 4,000m가 넘는 봉우리가 병풍처럼 둘러싸고 있어 가히 산 속의 바다라고 불러도 손색이 없다. 이런 호수를 천해天海, 하늘의 바다라고 불러야 하지 않을까? 天海는 《산해경》에 자주 등장하는 단어다.

이제 앞에 나온 창세기 2장 8절의 수수께끼를 풀어본다. 밑도 끝도 없이 동방이라고 했는데 알고 보니 커다란 호수의 동방이었다. 그런데 호수의 동쪽, 혹은 바다의 동방이라는 말을 왜 쓰지 않았을까?

그 호수 자체가 그들이 모시는 신의 상징이었을 가능성이 있다. 그 신은 엔키이며, 에아, 에야로 불리기도 하다가 모세의 신이 된 신이다. 그 이야기도 나중에 살피고 먼저 우르미아 호수와 에덴동산부터 살펴본다.

가이아의 일

우리는 에덴을 찾아 우르미아 호수에 도착했다. 그러나 이 호수는 죽음의 호수다.

호수의 염분 농도가 23%다. 바닷물의 염분 농도가 보통 3.5%인데 그 6배가 넘는 대단한 염도다. 죽을 死자를 쓰는 사해死海 다음으로 염도가 높은 호수가 우르미아 호수다. 사해는 해발이 아닌 해저 300m 깊이에 위치한 호수라 그러려니 하지만 이렇게 산꼭대기에 있는 호수가 소금기 가득한 죽음의 호수인 것은 어찌된 일인가?

이곳은 정말 저주받은 땅일까? 호수뿐 아니라 호수의 물이 스며드는 산기슭에도 나무 한그루 살 수 없는 죽음의 땅이다. 여기 풍부한 것은 오로지 소금뿐으로 소금은 그냥 갈퀴로 긁어낸다.

창세기에 기록되기는 **"여호와 하나님이 그 땅에서 보기에 아름답고 먹기에 좋은 나무가 나게 하시니 동산 가운데에는 생명나무와 선악을 알게 하는 나무도 있더라"** (2장 9절) 하였는데 이 죽음의 땅에서 어떻게 그런 일이 가능했을까?

그것은 가이아의 일이었다. 살아있는 생명체인 지구의 환경 변화가 그런 믿기 어려운 일을 만들었다.

지구의 기후는 세월 따라 변하여 더워지기도 하고 추워지기도 한다. 250만 년 전부터 빙하기가 시작되었는데 그때부터 빙하기와 간빙기가 번갈아 찾아오면서 마지막 빙하기가 1만 년 전에 끝났다.

그즈음의 우르미아 호수 주변 상황을 상상해보자. 주변에 4,000m가 넘는 산이 즐비하고 그 산들마다 만년설이 1km가 넘는 두께로 두껍게 쌓여 있었다. 빙하기가 끝나고 날이 조금씩 따듯해지며 그 만년설이 시나브로 녹아 흘러내리니 골짜기마다 흐르는 맑은 시냇물이 모두 우르미아 호수로 흘러내렸을 것이다. 그때는 우르미아 호수에 맑고 깨끗한 물이 찰랑대다 못해 흘러 넘쳤으리라. 지금보다 호수 면적이 두 배 이상 넓었던 때가 바로 그때고, 그때가 창세기시대다.

에덴동산도 마찬가지다. 에덴동산도 머리 위에 이고 있는 만년설이 녹아 골짜기마다 시원한 물이 흘러 동산을 적시고 그 물이 우르미아 호수로 흘러들어간다. 이것이 강이 에덴에서 흘러나와 동산을 적신다는 구절의 설명이다.

눈 녹은 물은 특별한 의미가 있다. 눈이 육각형의 결정체여서 그런지 녹 녹은 물에서는 생명의 활동이 활발해진다. 봄 굴이 가을 굴보다 맛있는 것도 봄 굴은 눈 녹은 물을 먹기 때문이다. 에덴동산의 식물들도 눈 녹은 물을 먹고 더 맛있고 탐스런 과일들을 맺었으리라.

백두산 천지에서 흘러내린 물이 압록강과 두만강의 근원이 된다. 우르미아 호수는 천지와 비교할 정도도 아니다. 크고도 커서 남한 땅덩이만한 넓이였다. 게다가 우르미아 호수는 백두산 천지보다도 더 높은 곳에 있었다. 거기에서 물이 흘러넘치니 그 모습이 장관이었을 거다. 어느 곳은 시냇물처럼 잔잔하게, 또 어떤 곳은 폭포가 되어 우렁차게 여기저기서 흘러넘쳤으리라. 그 물들이 다시 만나고, 또 다른 곳에서 흘러온 물과 합쳐지며 결국에는 네 줄기의 강이 되어 흘러가니 그것을 창세기는 기혼과 비손, 그리고 유브라데와 히데겔이라 기록했다. 우르미아 호수가 네 근원을 이룬 것이 확실하니 이로써 창세기 2장 10절의 수수께끼가 풀리게 되었다.

실낙원의 전말

다음으로 에덴이 죽음의 땅이 된 경과는 요단강이 그 힌트를 준다. 요르단 강이 흘러가는 길에는 두 개의 호수가 있다. 하나는 갈릴리고 하나는 사해다. 갈릴리 호수는 생명의 바다로 베드로가 고기를 잡던 곳이다. 그러나 사해는 이름 그대로 Dead Sea다. 이유는 단 하나. 갈릴리는 들어온 물이 흘러 나가나 사해는 그 수면이 해발 300m 아래인 낮은 지대라 물이 흘러나가지 못해 아무 것도 살지 못하는 죽음의 바다가 되었다. 우르미아 호수는 세월이 지나며 갈릴리에서 사해로 변해갔다. 빙하시대가 끝난 뒤 세월이 흘러가며 에덴이 사라져갔다.

수정처럼 맑고 차가운 물에 수많은 물고기들이 노닐어 그물만 드리우면 찢어질 듯 물고기가 잡히고, 마을 주위로는 따사로운 햇살 속에 풍성한 과일과 채소가 그득한 그런 좋은 시절이 있었다. 그런 세월이 지난 뒤에 무엇이 남았을까? 사람들이 많아졌을 것이다.

먹을 것이 풍성하고 살기 좋던 시절이니 인구가 급속하게 늘어남은 너무나 당연한 일이다. 그러나 세상에 변하지 없는 것은 없으니 에덴도 그 운명을 벗어나지 못한다. 에덴의 동산이 저물어갔다.

한때는 호수의 물이 철철 넘쳐 4개 강의 근원이 되었던 시절이 있었지만 우르미아 호수를 둘러싼 커다란 산들이 이고 있던 그토록 엄청나게 두텁게 쌓였던 만년설도 어느덧 바닥을 드러낸다.

동방의 에덴은 물론 사면팔방의 에덴이 모두 사라지자 주변 산에서 우르미아 호수로 흘러내리는 물이 급격히 줄어들었다. 날은 날로 따듯해지고 햇살은 해마다 강렬해졌다. 그 따가운 햇살을 받아 호수의 물이 빠르게 하늘로 날아갔다. 이렇게 호수로 흘러들어오는 물이 햇빛에 증발하는 물보다 적어지면서 호수의 크기는 점점 줄어들고 호수의 물은 점점 짜졌다. 우르미아 호수는 생명의 호수에서 죽음의 호수로 서서히 변해가며, 물에서는 물고기가 죽어가고 땅에서는 초목이 죽어갔다. 그물이 찢어지듯 올라오던 물고기도 사라지고 가지마다 주렁주렁 달리던 과일들도 사라져 갔다. 그렇게 호수가 죽어가자 사람들은 먹고 살기 위해 농사를 지어야 했다.

변변한 농기구도 없이 농사를 짓는 일은 힘든 일이었다. 죽도록 땀을 흘려야 간신히 입에 풀칠을 하는 일이 당시의 농사였다.

그런 상황과 여호와 하나님이 아담을 에덴에서 내쫓으며 했던 말이 일치한다.

땅이 네게 가시덤불과 엉겅퀴를 낼 것이라 네가 먹을 것은 밭의 채소인즉 네가 흙으로 돌아갈 때까지 얼굴에 땀을 흘려야 먹을 것을 먹으리니
(창세기 3장 18-19절)

낙원을 잃은 실낙원失樂園의 전말은 에덴동산에서 쫓겨난 것이 아니라 에덴이 사라진 것이다.

히브리어에 아단이란 말이 있는데 이는 기뻐한다는 뜻이다. 수메르어로 에덴이란 말은 들판을 뜻하기도 하고 황무지를 뜻하기도 한다. 아담은 아단에서 에덴으로 간 것이다.

서남아시아는 목축과 농사가 상당히 오래 전에 시작된 곳이다. 농업이나 목축이나 B.C. 8500년의 유적이 발굴된 바 있다. 이 지역 유적의 특기할 일은 요르단 강 유역 같은 비옥한 저지대보다 척박한 고지대에서 초기 농경 취락지들이 발굴되었다는 점이다. 창세기의 기록을 제대로만 해석하면 이렇게 역사적 사실에 부합된다. 참고로 덧붙이면 B.C. 9000년경에는 세계 인구의 대부분이 지중해 연안과 자그로스 산맥을 잇는 비옥한 삼각지대에서 살고 있었다는 연구보고도 있다. 물론 우르미아 호수는 자그로스 산맥에 있다.

생명나무

에덴동산에 생명나무와 선악과가 있었다고 한다. 생명나무 이야기는 영생을 하고 싶은 인간 욕심의 발현으로 수메르에 이와 관련한 이야기들이 상당히 많이 나온다. 특히 수메르에서 가장 유명한 길가메시 이야기도 영웅인 길가메시가 영생을 찾아 여행하는 이야기다.

길가메시 이야기의 결말에 뱀이 등장한다. 길가메시가 천신만고 끝에 젊음을 되찾을 수 있는 회춘초回春草를 얻어 돌아오는 길에 연못을 발견한다. 날이 하도 더워 길가메시는 회춘초를 웅덩이 옆에 놓고 웅덩이에 들어가 미역을 감는다. 그때 뱀이 나타나 연못을 건너 회춘초를 달랑 먹어버린다. 그리하여 뱀은 허물을 벗고 새롭게 태어나는 존재가 되었고 길가메시는 고생만 하고 빈손으로 돌아온다는 내용이다. 길가메시는 그 이름이 늙은이(gilga)와 젊은이(mesh)의 합성어인 것이 묘하다. gilga(늙은)뱀이 회춘초를 먹고 mesh(젊은)뱀이 되어 길가메시라는 이름이 되었다는 이야기도 있다.

아담을 연상시키는 아다파에 대한 이야기도 있다. 아담은 히브리어의 흙을 의미하는 아다마에서 나왔다는 이야기도 있지만 수메르의 아다파(adapa)에서 나왔을 수도 있다.

수메르에는 대홍수 이전에 일곱 현인이 있었다고 하는데 이들이 아다파다. 아다파 중 첫 번째 현인은 인간에게 신에 대한 숭배를 처음으로 가르쳐준 사람이라고 한다. 그런데 그들의 형상은 반인반어의 모습, 물고기의 탈을 쓴 사람으로 표현된다. 어쩌면 사람들에게 물고기를 나눠주는 신이었는지도 모른다.

아다파에 대한 이야기 중에 이런 것이 있다.

아다파가 바다에 나갔다가 폭풍에 휘말렸다. 화가 난 아다파는 남풍의 날개를 부러트렸다. 그리하여 남풍이 7일 동안 불지 않자 하늘의 신 안이 사태를 파악하고 아다파를 불렀다. 아다파는 자기가 모시는 신인 엔키에게 의논한다. 엔키는 하늘에 가면 하늘의 신 안이 빵과 물을 줄 텐데 그것은 죽음의 빵과 물이니 절대로 먹지 말라고 했다.

아다파는 하늘로 올라가 안에게 사정을 설명했다. 아다파의 이야기에 화가 풀린 안은 아다파에게 생명의 빵과 생명의 물을 대접했다. 그러나 엔키의 당부를 들은 아다파는 그것에 손도 대지 않고 지상으로 돌아왔다. 그리하여 영생을 박탈당했다. (데이비드 롤 《문명의 창세기》에서.)

뱀 신앙

선악과 이야기에 뱀이 등장하는 것은 흥미로운 일이다. 선악과를 먹고 눈이 밝아지고 지혜로워졌으니 선악과가 무엇인지 궁금할 만하다. 애플은 선악과가 사과라고 단정하고 자기네 상표로 하와가 한 입 먹고 아담에게 건넨 상태의 사과를 선택했다. 하지만 선악과가 사과라는 증거는 아무데도 없다. 우리는 선악과가 어떤 과일인지 알지 못하고 알 수도 없겠지만 사실은 알아야 할 필요가 없어졌다. 우리는 이미 눈이 밝아지고 지혜로워 졌으니 더 이상 선악과를 먹을 필요가 없기 때문이다.

오히려 뱀이 선악과를 먹으라고 권했다는 점이 더 중요하다.

하와는 뱀이 권하는 바람에 선악과를 먹었다. 그때 뱀이 한 말이 이러하다.

뱀이 여자에게 이르되 너희가 결코 죽지 아니하리라 (3장 4절)

너희가 그것을 먹는 날에는 너희 눈이 밝아져 하나님과 같이 되어 선악을 알 줄 하나님이 아심이니라 (5절)

이 부분은 아다파의 이야기와 끈이 닿아 있는 것처럼 느껴진다.

아다파는 생명의 빵과 물을 앞에 두고도 엔키의 당부 때문에 손도 대지 않았다. 그런데 하나님은 지혜의 열매를 먹지 말라고 아담에게 당부했다. **선악을 알게 하는 나무의 열매는 먹지 말라 네가 먹는 날에는 반드시 죽으리라 하시니라** (2장 17절)

이 말은 엔키가 아다파에게 이야기한 내용과 비슷하다. 엔키는 아다파가 모시는 신이었고 여호와는 아담이 모시는 신이었다. 그런데 엔키는 생명의 빵과 물을 먹으면 죽을 것이라고 이야기하고 여호와는 선악과를 먹으면 죽을 것이라고 이야기한다. 더구나 엄청난 사실은 엔키가 바로 여호와라는 것이다.
엔키가 여호와라는 사실은 뒤에 설명하겠지만 창세기의 선악과 이야기에서는 수메르문명의 영향이 여인의 향기처럼 감지된다.

여하튼 뱀은 여자에게 이르고 여자는 뱀의 말을 따랐다. 여기에서 이들은 뱀을 수호신으로 모시는 무리였고, 여자는 뱀의 예지를 감지하는 샤먼이면서 무리를 이끄는 지도자였다는 추리가 가능해진다.
고대에는 뱀을 신으로 모시는 신앙이 풍미했던 모양이다. 알렉산더 대왕의 어머니도 필립 왕에게 시집 올 때 뱀을 한 마리 가지고 왔었다. 그녀가 뱀을 항상 침대에 두고 살아 필립 왕이 기겁을 했거니와 한때는 알렉산더가 뱀의 아들이라는 소문이 돌기도 했다. 헤로도토스의 《역사》에는 '팔레스타인 바이퍼'라고 양쪽 눈 위에 하나씩의 뿔이 나있는 뱀을 신성시 여겼다는 기록도 있다.
두 개의 뿔도 신의 상징이었다. 두 개의 뿔은 원래 황소의 물건이지만 황소 또한 레반트 지역에서는 신성한 동물로 숭상되었다. 황소는 여신이 낳은 신성한 동물이지만 황소는 여신을 넘어서지는 못한다. 어떤 그림에서도 여신보다 높은 위치는 차지하지 못한다. 다만 여신의 머리 위에 뿔 두 개를 그려 넣는 경우는 종종 있는데 이는 인안나를 의미한다. 알렉산

숫양의 뿔이 달린 알렉산더 은화

더를 기념하는 동전에도 머리에 뿔 두 개가 그려져 있다. 알렉산더도 신격화 되었던 것이다. 수메르의 원통형 인장에도 신이 뿔이 두 개 달린 모자를 쓰고 있는 모습으로 나오기도 한다. 뱀도 신을 뜻한다. 뱀 그림에 신을 뜻하는 dingir라는 글씨를 쓴 그림도 가끔 나온다. 그런데 후대에 와서 뿔 두 개가 악마의 상징이 되었는데 이는 기독교가 공인된 다음의 일일 것이다.

중앙아시아의 창세설화에서도 아부라가(뱀)가 세계수를 감고 있으며 가루다는 그것을 위협하고 있다고 한다. (북유럽 신화도 비슷하다. 신들의 나라 아스가르드에 하늘 높이 솟은 거대한 세계수 이그드라실이 있는데 그 끝에는 빛나는 수탉과 거대한 날개를 지닌 독수리가 살고 있고 그 뿌리에는 거대한 검은 뱀이 살고 있다고 한다.)

가루다는 힌두교에서 파괴의 신인 비슈누(시바) 신이 타고 다니던 독수리를 말한다. 이는 동서의 교류대인 중앙아시아에서 하늘과 땅을 이어주는 나무와 하늘의 전령사인 새, 땅의 힘을 상징하는 뱀이 신령스런 존재로 공존하고 있었음을 말해주는 신화다. 이렇게 고대 인류와 뱀 신앙은 밀접한 관계가 있었던 것이다.

고대 메소포타미아의 뱀신 그림 / 원통형 인장

조철수 《수메르 신화》의 글을 전재한다. 198쪽이다.

그림에 이렇게 설명이 붙어 있다.

고대 메소포타미아의 그림에 신은 두 뿔 달린 모자를 쓰고 있다. 뱀이 뒤에 서있는 것은 앉아있는 신이 뱀신이라고 알려주는 지시어이다. 뱀신은 열매를 손가락으로 가리키며 여자도 열매를 향하여 손을 펴고 있다. 이 원통형 인장의 그림은 에덴 동산 이야기와 비교하여

볼 수 있다. 서기전 23-22세기경 악카드시대

수메르 사람들의 이야기를 창세기를 통해 찾아보는 일은 확실히 의미가 있는 작업이다. 조금 더 나아가면 우리 민족과의 연결도 찾아낼 수 있다.

조철수가 《수메르 신화》에서 설명한 뱀 신앙에 대한 견해를 소개한다.
그는 메소포타미아 신화와 비교하여 에덴동산의 뱀은 뱀신 닌기쉬지다를 가리킨다는 견해를 밝혔다.
닌기쉬지다는 좋은 나무의 主로 저승의 좋은 신이며 뿔 달린 두 뱀이 어깨 위에 달린 형상으로 그려지면 가정의 수호신 역할도 한다. 닌기쉬지다는 치유의 신으로 저승에서 억울하게 죽은 자들의 혼을 달래주며 인안나와 두무지의 이야기에 나오는 포도주의 여신 게쉬틴안나가 6개월 동안 저승에 내려올 때면 그녀의 배우자가 되기도 한다.
치유의 신 닌기쉬지다는 서로 꼬고 있는 두 뱀으로 표현되기도 하는데 이 모습이 그리스로 전해져 헤르메스의 지팡이가 되고 이는 약국이나 병원 표시의 기원이 되었다고 한다.

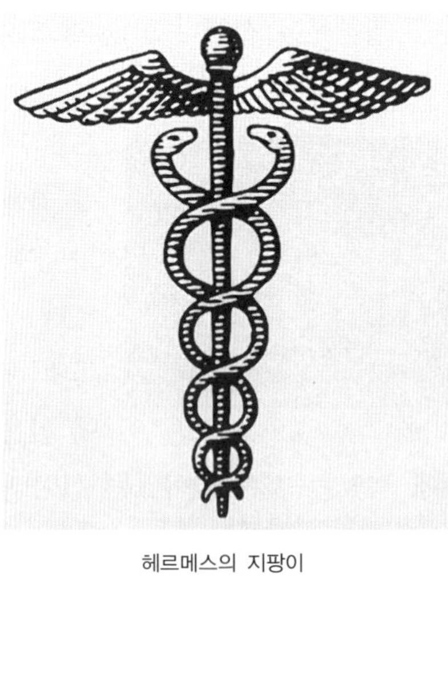

헤르메스의 지팡이

5. 카인의 후예

아담과 하와의 이야기는 에덴동산에서 쫓겨나는 것으로 사실상 끝이 난다. 다음은 카인의 시대다. 카인과 아벨의 이야기는 히브리어로 가인(qayin)은 얻었다는 동사이고 아벨(havel)은 허무하다는 뜻임을 감안할 필요가 있다. 은유적인 표현을 쓴데서 후세의 작명일 가능성이 감지된다.

카인은 농사짓는 농부고 아벨은 양치는 목동이었다.
그 시절 세상에 아담과 하와, 그리고 카인과 아벨, 이렇게 네 사람만 살지는 않았을 거다. 성경에서도 카인이 여호와 앞을 떠나면서 **"무릇 만나는 자마다 나를 죽이겠나이다."**라고 묻고 여호와가 카인에게 표를 주면서 **"그를 만나는 모든 사람에게서 죽임을 면하게 하시니라"**라고 답한 내용이 있다. 그러므로 카인과 아벨은 각각 농사짓는 무리와 양치는 무리의 상징일 뿐이다. 또 카인과 아벨의 이야기에 아담이나 하와의 이야기도 전혀 나오지 않는다. 그리고 카인과 아벨이 각각 여호와께 제물을 올린 데서 이들이 제사장을 맡아 무리를 이끄는 지도자였다고 짐작된다.

그들이 들에 있을 때에 가인이 그의 아우 아벨을 쳐죽이니라 (4장 8절)

이 부분은 와전된 것이다. 유목민들은 가축을 몰고 신선한 풀과 물을 찾아 돌아다닌다. 그들의 재산인 가축은 맹수들의 좋은 먹이이기도 하다. 그 맹수들을 쫓아내거나 잡으려면 유목민들은 사냥꾼이 될 수밖에 없다. 사냥은 또 하나의 전쟁이므로 유목민들은 전쟁에 능하다.
카인이 아벨을 쳐서 죽였다는 표현은 카인의 무리가 아벨의 무리와 전쟁을 해서 이겼다는 이야기지만 이는 수메르의 초창기 상황과도 맞지 않는다. 수메르 두 번째 패권국가가 유목민의 나라였기 때문이다.

유목민과 농경민

여기서 유목민과 농경민의 차이를 간단하게 살펴보자.

옛날 학교에서 가르친 사회발전 단계는 유목사회 다음에 농업사회가 나왔다. 그래서 농경민들이 유목민들보다 우위에 있었던 것으로 생각하는데 이는 사실과 다르다.

일단 목축과 농업은 같은 시기에 시작되었다고 보아야 한다. 서남아시아에서는 서기전 8500년 즈음에 유목과 농사를 같이 시작한 증거들이 출토된다.

사실 유목이나 농경이나 인류가 선택한 것이 아니다. 야생동물을 가축으로 길들이기 시작하여 목축이 시작되었고 야생식물을 농작물로 재배하는 방법을 알아냈을 때 농경을 시작한 것이다. 다만 목축사회거나 농경사회거나 모두 수렵채취시대보다는 한 걸음 나아간 것이라는 점만 인식하면 되는 것이다.

야생동물을 가축으로 길들인 일 중 가장 빠른 것은 늑대를 개로 길들인 것으로 구석기시대에 이미 시작되었다. 그러나 개를 길들인 것은 목축의 시작이 아니다. 개는 사냥이나 경계를 하는데 요긴했으므로 반려동물이었지 식량으로 쓰는 동물이 아니었다. 목축은 가축을 키워 먹을 것을 얻는 것이 본래의 목적인데 개는 먹는 것이 사람과 비슷하여 설령 키워서 잡아먹는다고 해도 이득이 될 것이 없었다. 사람이 먹지 못하는 것을 먹고 사람이 먹을 것을 만들어주는 짐승을 키우는 것이 목축이다.

현재까지도 목축의 대상인 짐승은 양, 돼지, 말, 소, 염소, 닭, 오리 등이다. 수없이 많은 동물 중에 가축이 될 수 있는 동물의 종류가 이 정도밖에 되지 않는데서 목축을 시작하는 일도 쉽지 않았다는 것을 실감할 것이다. 물론 농작물의 종류도 세상의 모든 식물에 비하면 엄청나게 적다. 하지만 식물은 수렵채취사회에서도 이용해왔던 경험이 축적되어 있었다. 인류가 지녔던 그런 지식들을 감안하면 농경과 목축이 같은 시기에 시작되었다는 것은 전혀 이상한 일이 아니다.

서남아시아의 경우 같은 시기에 농업과 목축이 시작되었는데 동아시아는 오히려 농업이 먼저 시작되었다고 볼 수 있다.
빙하기가 끝나면서 지구의 기후는 급격하게 온난화가 진행되었다. 그리하여 황하유역은 빙하 녹은 물이 질펀하여 저절로 농사가 시작되었다. 요하유역은 B.C. 4000년까지는 기후가 온난하여 농사짓기 좋았으나 B.C. 3000년이 다가오며 기온이 내려가 유목으로 전환한다. 이처럼 농사와 유목은 사회발전단계나 선택의 문제가 아니라 환경의 문제였던 것이다. 그렇기 때문에 농경사회가 유목사회보다 발전된 사회였다는 선입관은 버리고 들어가야 한다.

농경사회와 유목사회는 나름대로 장점도 있고 단점도 있었다.
사람 수는 농경사회가 압도적으로 유리했다. 이는 인구 증가의 측면에서 살펴볼 필요가 있다.
농경사회의 여인들은 보통 2년 터울로 아이를 낳았다고 한다. 여인의 나이 16세에 첫아이를 낳고 30세까지 2년마다 아이를 낳으면 8명의 자녀를 두게 된다. 사고사가 없고 자연적인 인구 증가가 이루어지면 한 세대에 인구가 4배로 늘게 된다.
유목민들은 보통 4년마다 아이를 낳았다고 한다. 어떤 학자는 이동의 문제 때문에 그랬다고 분석했는데 과연 그랬을까 싶다. 유목민의 걸을 수 없는 아이는 엄마가 안고 이동해야 하는데 엄마 품에 하나밖에 안을 수 없으니 터울을 4살로 조절했다는 것이라는 설명을 붙였다.
과연 옛 유목민들이 그런 식으로 출산을 조정했을지 의심된다. 인위적으로 출산을 조절할 특별한 방법이 있었는지도 의문이지만 마차가 생긴 뒤에 여인들은 주로 마차를 타고 이동했기 때문이다. 그들은 마차에서 아이를 낳고 아이를 키우고 마차를 타고 이동해 다녔다. 아이를 안아야 이동이 가능한 사람들이 아니었음은 명백하다.
아마도 남성들의 성기능 문제가 더 큰 작용을 했을 것 같다. 유목민 남성들은 말을 타고 생활하는 시간이 너무나 많다. 남성의 생식기가 사타구니와 말 잔등 사이에 끼게 되면 생식기능이 떨어진다고 한다. 이것이 유목민의 인구증가를 억제한 더 큰 원인이 되었을 것 같다.

유목민과 농경민의 인구 증가가 차이가 나는 이유로 나는 오히려 생태학적인 측면을 말하고 싶다. 일반적으로 살기에 가혹한 환경이면 2세를 많이 생산한다. 소나무가 솔방울을 유난히 많이 맺으면 사는 환경이 나빠졌다는 증거다. 벼 품종 중에 고시히카리가 있는데 이것을 재배할 때 이삭이 패기 전에 물과 비료를 충분히 공급하면 볍씨를 맺을 생각을 않고 그냥 줄기만 무성해진다. 환경이 좋으니 2세를 만들 생각을 하지 않는 것이다. 오히려 간신히 목숨을 유지할 정도로 힘든 환경을 만들어주어야 고개를 숙일 정도로 많은 볍씨를 만들어낸다.

동물도 그렇다. 먹이사슬의 하층에 있는 생명체들이 2세를 많이 생산한다. 물고기들은 수만 개의 알을 낳고 토끼나 쥐 등은 몇 달 만에 생식능력이 생긴다. 먹이사슬의 하층에 위치한 동물들이 종족보존을 하려면 계속해서 2세를 자꾸만 생산하는 방법밖에 없어서 자연적으로 그렇게 된다. 이런 자연의 법칙에서 사람도 예외가 아니다. 사람도 환경이 나빠지면 남성들의 정자가 증가하고 여성들도 위험을 느끼면서 성관계를 하면 임신하는 경우가 많아진다. 그래서 전쟁 중에 임신율이 높아진다는 것은 상식에 속한다. 사람도 역시 자연계에 존재하는 다른 생명체와 같은 반응을 보이는 것이다. 농민들도 살기 힘들어서 출산을 많이 하지 않았을까?

아니나 다를까 옛날의 유골을 조사해보니 농경민의 영양 상태는 지극히 나빴다고 한다. 농사짓던 사람들은 뼈 관련 질병이 만연했는데 이는 영양실조 때문이다. 치통도 많았는데 고탄수화물의 부족 때문이고, 구루병도 많았는데 이는 모유 수유 때 단백질 등의 영양부족 때문이다.

영양상태도 문제지만 농사를 짓는 일도 쉬운 일이 아니었다. 농사일이 원래 힘들기도 하지만 당시는 농기구라곤 작대기와 돌멩이가 고작이던 시절이다. 메소포타미아는 농사가 가장 먼저 시작된 지역임에도 불구하고 B.C. 2000년경의 문학작품인 〈암양 여신과 곡물 여신의 말다툼〉의 곡괭이와 쟁기가 서로 잘났다고 다투는 장면에 '물푸레나무 이빨을 지닌 포프라 곡괭이'라는 표현이 나온다. 그러니 그보다 이삼천년 전에야 오죽했을까. 나무 곡괭이에 박달나무 같은 단단한 이빨도 박아 넣지 못하던 수준이었을 것이니 정말 힘들게 농사를 지었을 것이다. 옛 유골에 농사짓는 사람들의 영양상태가 유목민들보다 나쁘게 나오는 것을 《총,균,쇠》의 재러드 다이아몬드 같은 학자들은 식량의 증산 속도가 인구가 느는 속도를 따르지 못해서 그랬다는 주장을 한다. 하지만 그런 주장을 믿기에는 농경민들의 환경이 너무도 가혹했다.

수메르의 쟁기질 / 니푸르 점토판

농경민들이 경작하는 품목은 제한되어 있었다. 그들이 경작하는 곡식에 의존하면 당연히 섭취하는 영양분도 편향될 수밖에 없었다. 당시에 경작하는 작물은 밀과 보리에 그쳤을 정도였으니 영양분이 편중됨은 예견된 결과였다. 그에 비하면 유목민은 지방과 단백질의 공급은 원활했고 푸성귀의 채취도 가능했으니 농경민보다는 영양상태가 훨씬 좋았다.

농경민들이 풍족하게 먹어 배라도 채울 수 있었는지도 알 수 없다. 당시의 경작지는 전형적인 천수답이었으니 때맞추어 비가 오거나 홍수가 지지 않으면 식량의 절대량이 모자라게 된다. 이런 저런 이유 때문에 농경민들도 가축을 기르게 되었다. 그러나 가축의 종류도 무엇이 있었을지 의문이다. 예로 닭은 종전에는 1만년 전부터 길렀을 것이라고 생각했지만 최근의 연구로는 기껏 3500년 전(B.C.2300년)에 닭을 기른 것으로 밝혀졌다. 소도 그렇다. 소의 원형은 오록스라고 지금은 멸종된 동물인데

B.C. 3000년 즈음에는 사냥하기 가장 힘들었던 동물이 소였다고 한다. 당시의 오록스는 키가 2m가 넘어 현존하는 어떤 소보다도 체격이 컸었다고 한다. 수메르의 원통형 인장에 영웅의 상징으로 한손으로 사자를 잡고 다른 손으로는 황소를 잡고 있는 그림이 자주 등장하는데 이는 황소가 그만큼 사나운 맹수였기 때문이다. 그러므로 농경이 처음 시작되었을 때는 소도 기르지 못했다. 오로지 돼지만 터키의 아나톨리아 고원에서 B.C. 7500년경에 사육된 것이 최초라고 한다. 그런데 돼지도 문제인 것이 먹는 것이 사람과 크게 다르지 않다. 현대의 대한민국에 사는 사람들은 이해하기 어려운 이야기지만 북한에서 나온 사람들 이야기로는 그런 이유 때문에 돼지 농사를 실패했다고 한다.

더 심각한 문제는 돼지를 집안에서 길러야 했다는 것이다.

시대에 따라 다르겠지만 기준을 B.C. 5000년으로 잡는다면 당시의 돼지는 멧돼지 수준이다. 집에서 기를 수 있는 상황이 아니었다. 그렇다면 우리를 만들어 야외에서 길러야 했을 텐데 그것이 가능했을까? 거의 불가능했다고 보는데 그 이유는 잠시 후 알게 될 것이다.

재러드 다이아몬드는 농경사회의 또 다른 이점으로 잉여 식량의 저장을 꼽는다. 이는 유목민족이 식량을 저장하지 못하는 것을 전제로 한다. 그런데 유목민들은 그들의 살아있는 가축이 바로 저장 식품이다. 그러므로 이런 비유는 적절치 않다고 본다. 그리고 재러드는 농경민이 그 저장한 식량 덕분에 전문가를 양성할 수 있었고 추장이나 왕이 나타나서 국가를 이룬다는 논리 전개를 편다.

국가의 성립에 대해서는 보통 두 가지를 기준으로 삼는다. 하나는 청동기고 또 하나는 고인돌이다. 청동기를 만들려면 강제 노동을 시켜 구리와 주석을 캐내야 하는데 국가가 형성되어야 그 노동을 강제할 수 있는 힘이 있다는 것이고 고인돌도 마찬가지다. 수백 톤의 돌을 움직이기 위해서는 노동을 강제하는 힘이 있어야 하는데 그 힘은 왕권에서 나온 다는 것이다. 여기서의 국가 개념은 부족 연맹체 정도로 이해하면 될 것이다.

중요한 점은 농경민들이 최초로 국가를 구성했을 때 누가 왕이 되었느냐는 것이다.

메소포타미아의 도시국가들은 내려온 사람들이 현지의 원주민인 농경민들을 정복하여 국가를 만들었다. 그리고 동북아 최초의 문명인 요하문명 역시 빙하기를 견디고 내려온 유목민족들이 원주민들을 정복해서 만들었다.

농경민들의 정착사회는 모여 살아야 했다는 점에서 또 하나의 문제가 발생한다.

농민들이 단지 농사를 지어 식량을 얻기 위해서는 모여 살아야 했을 필요가 없다. 오히려 농경지 부근에 한 가구나 몇 가구가 모여 살면 그뿐이다. 그러나 고대에는 현대의 이러한 목가적인 풍경을 기대할 수 없었으니 단지 몇 가구만 모여 살면 약탈을 피할 수 없었기 때문이다.

약탈을 방지하기 위한 취락이 형성된 대표적인 예가 터키 동남부의 차탈 휘익이다. B.C. 7000년 즈음에 형성된 이 유적은 농경지가 가까이 있는데다 뒷면이 산으로 막혀있어 저절로 취락이 형성되었고, 이것이 약탈

차탈 휘익 / 지붕을 설치한 유적지 전경

방지에 유리했는지 점점 사람들이 모여들고 취락이 확대되어 나중에는 육천 이상의 가구가 살게 되었다.

그런데 여기의 집들은 모두 벌집처럼 다닥다닥 붙어있었다. 출입구는 지붕으로 내었고 문을 안에서 닫으면 위에서 들어올 수 없었다. 그렇게 외부의 침입에 대해서는 철통같은 방어태세를 취했지만 농가 내부에서는 서로 통할 수 있게 개방적인 구조로 되어 있었다.

몇 천 가구나 되는 대규모 취락지가 이렇게 방어적으로 지어졌던 이유는 물론 유목민의 침입이 두려워서 그랬다. 이렇게 해야 힘들게 농사 지어 얻은 곡식과 사람들의 생명을 지킬 수 있었던 것이다. 그런데 이렇게 한 곳에 모여 살아야 하니 심각한 문제가 생긴다. 분뇨 처리가 제대로 되지 않는데다 사람들이 가까이 붙어살아서 전염병이 쉽게 번진다. 그런데 이것이 오랜 세월이 지난 다음에는 농경민들의 장점이 된다. 질병에 대한 면역력이 생기는 것인데 이는 유럽인들이 신대륙을 침략했을 때 엄청난 효과를 보았다. 하지만 이것은 먼 훗날의 이야기고 당시를 살던 농경민들에게는 대단한 고통을 주었을 것이다.

유목민들은 가축들을 기르니 분뇨는 더 많이 나온다. 그러나 버려두고 떠나면 그뿐이다. 뒤처리는 자연이 알아서 처리해주어 일년이 지난 후 다시 그 자리에 왔을 때는 처음처럼 청정한 환경이 그들을 맞이해준다. 하지만 농민들은 그것을 안고 살아야 하는 불편함이 있었다.

그러나 오랜 세월이 지난 후에는 농경민들에게 힘이 생기게 되었다. 지식이 축적된 것인데 아마 문자를 만들어 사용한 것이 가장 큰 힘이 되었을 것이다. 이 부분에도 고려할 문제가 있는데 농경민들은 여행을 다니지 않아 지식이 쌓여도 자기들의 지식만 쌓을 수 있었다. 하지만 유목민들은 여기저기 돌아다닌다. 그래서 정보에는 오히려 유목민들이 훨씬 밝았다. 간신히 부족국가나 이룰 정도의 사회에서는 어느 쪽이 강점이 있었는지 확실히 파악할 수 있을 것이다.

재러드 다이아몬드뿐 아니라 많은 사람들이 유목사회는 농경사회에 흡수되었든지 멸망당했을 것이라고 생각한다. 물론 사람 수는 농경사회가 많다. 병사들도 많이 차출할 수 있다. 그런데 병사의 수와 전쟁의 승패는 전혀 다른 문제다.

동물의 세계에서 아프리카 물소는 몸무게가 1톤 가까이 나가고 수 백 마리가 무리지어 다니는데 열 마리 미만의 사자들에게 사냥을 당한다. 누들은 말만한 짐승들이 수만 마리가 떼 지어 이동하면서 악어들의 먹이가 되고 만다. 심지어는 치타들에게도 사냥을 당한다. 그런데 이런 일이 인간의 세상에서도 수없이 일어났다는 것이다.

알렉산더의 군대가 다리우스의 군대보다 수가 많았던가? 마케도니아 양치기들로 구성된 알렉산더의 4만 군대는 농경민족인 다리우스의 10만 대군을 농락했다. 징기스칸의 군대는 중국과 유럽을 휩쓸었는데 몽골의 인구가 그들보다 많았을까? 심지어 17세기에 들어와서도 여진은 100만의 인구로 1억5000만의 중국을 쓸어버렸다. 가장 대표적인 사례는 우리나라에 있다. 고구려는 수와 당의 수십만 군대를 물리쳤는데 조선은 병자호란 때 10만을 넘는 병사들을 보유하고도 여진의 3만 군사에게 치욕을 당했다. 그 차이는 무엇인가? 고구려 때는 유목민이었고 조선시대는 농경민이었다는 차이가 가장 클 것이다.

1795년 머스킷장총(위), 1800년 플린트락(부싯돌) 라이플

이렇게 유목민이 강했던 것을 인정하는 사람들도 오해하는 부분이 총이 등장하면서 유목민의 강점이 사라졌다고 생각한다. 그러나 이것도 정확한 사실은 아니다. 총이 활과 칼보다 우위를 점한 때는 1776년의 미국 독립전쟁 때가 분수령이 된다. 당시 미국 독립군과 영국군이 사용한 총은 머스킷 장총이었다. 이 총은 겨냥할 수가 없었다. 그냥 수평으로 들고 쏘는 것으로

운 좋으면 맞는 것이었다. 당시의 전투장면이 이를 증명해준다. 그들은 수백 명씩 나란히 서서 사정거리인 30m까지 접근한 다음 사격을 시작했다. 사격도 특정인을 겨냥하는 것이 아니라 그냥 총을 수평으로 들고 쏘는 것이었다. 눈을 감고 주먹을 휘두르는 것과 별 차이가 없었다는 말이다.

총을 쏘는 일도 간단치 않았다. 초기의 총은 총알을 총구 깊숙이 박아 넣은 다음 노리쇠에 화약을 채우고 거기에 불을 붙여야 비로소 총알이 발사되었다. 이런 총이 활보다 낫다고 단정할 수 없었다. 미국독립전쟁 당시 라이플 장총이 나왔는데 이때 비로소 총구에 강선을 만들어 총알이 회전하며 나가게 되어 목표를 겨냥하고 쏠 수 있게 되었다. 이것이 총이 활에게 우위를 점한 분수령인 것이다.

북미대륙에 이주한 백인들과 원래 있던 인디언들과의 싸움에서 인디언들을 몰살시킨 것도 총이 아니라 백인들이 유럽에서 가져간 전염병이었다. 아시아에서도 총을 든 농경사회 사람들이 활을 든 유목민들과의 싸움에서 확실히 우세를 점하게 된 때는 19세기에 이르러서였다.

16세기 말에 벌어진 임진왜란도 그렇다. 일본군은 그때 조총으로 무장하고 있었고 당시 일본의 조총은 세계적으로 평판이 있을 정도로 우수한 것이었지만 전쟁에서 특별한 위력을 과시하지는 못했다. 그런 것을 필자가 어릴 때는 일본은 총을 갖고 있었고 조선군은 칼과 활로 총을 대적해야 했다는 이야기만 들어야 했다. 조선은 결코 무기의 차이 때문에 패한 것이 아니었는데 이것을 무기의 차이 때문에 패한 것처럼 포장된 교육을 받았던 것이다.

일본은 17세기에 접어들면서 차츰 총을 포기하고 말았다. 사무라이 정신과 맞지 않아서 그랬다고 하지만 총이 칼과 활보다 매우 효과적인 살육 수단이었다면 포기할 리가 없었을 것이다.

와전의 가능성

앞에서 살펴 본대로 B.C. 40세기 이전에는 유목민이 농경민에 비해 절대 강자였다. 그런데 농경민의 수장으로 추정되는 카인이 유목민의 수장으로 추정되는 아벨을 쳐죽였다는 말이 어떻게 창세기에 기록되었을까? 와전 가능한 몇 가지 추리를 해본다.

〈수메르 왕명록〉에 의하면 왕권이 하늘에서 내려온 후 에리둑에 왕권이 있었고 에리둑이 무너지자 왕권이 바드티비라로 옮겨갔다. 바드티비라는 여왕의 나라였는데 남자로서 최초로 왕이 된 사람이 양치기 두무지였다. 그런데 〈수메르 왕명록〉에 의하면 두무지 다음에는 왕권이 다른 나라로 옮겨 간다. 이것이 아벨이 죽었다고 전해졌을 첫 번째 가능성이다.

수메르에서 〈인안나와 두무지 이야기〉라는 서사시가 대단히 인기를 끌은 것도 이유가 될 수 있다. 그 이야기 말미에 두무지가 저승으로 끌려가고 다른 문학작품인 〈두무지의 꿈〉이나 〈두무지의 애가哀歌〉 같은 이야기에서도 두무지가 죽는다. 이 이야기들이 하도 유명해서 양치기의 왕이 죽는 이야기가 창세기에 실렸을 가능성도 있다.

또 다른 추리가 가능한 역사도 있다.

카인의 후예들이 메소포타미아에 내려오고도 길고 긴 세월이 흐른 뒤인 B.C. 13세기에 있었던 살만 에세르 1세의 원정과 B.C. 8세기(이 시기에 성경이 기록되기 시작했다.) 사르곤 2세의 원정에서 찾을 수 있다. 이들은 일곱 개의 산맥을 넘어 자그로스 산악지대의 아라타 왕국을 공격하였다. 특히 살만 에세르 1세는 아라타 왕국의 병사들을 난도질 하여 시체들이 골짜기를 채웠고 희생된 병사들의 피가 절벽에서 폭포수처럼 떨어져 협곡이 피의 강을 이루었다고 한다.

아라타 왕국은 검은 머리의 사람들이 살고 있던 곳이다. 그들은 산악지대에 사는 유목민들로 아벨의 후예들이었다. 이 일이 창세기에 카인이 아벨을 죽였다고 기록되었을 가능성도 있겠다.

카인을 버린 여호와

사실 카인이 아벨을 죽였다는 이야기보다 우리가 주목해야 할 일은 창세기 4장 4절과 5절의 여호와가 아벨의 제물은 받았으나 카인의 제물은 받지 않았다는 것과 12절의 카인이 저주를 받아 밭을 갈아도 다시는 그 효력을 받을 수 없게 되었다는 대목이다.

카인의 시대는 아담의 시대보다 상황이 더 악화 되었을 것이 명백하다. 땅은 가물어 갈라지고 물은 더욱 짜졌을 것이다. 그래도 목축을 하는 사람들은 이리저리 돌아다니며 양에게 풀을 먹일 수 있었지만 농사를 짓거나 우르미아 호수에서 고기를 잡던 사람들은 굶어죽게 생겼을 것이다. 그리하여 아벨의 제물은 받았으나 카인의 제물은 받지 않았다는 말이 나오는 것이고 농사를 지어도 소출이 없으니 밭을 갈아도 그 효력을 주지 않았다는 이야기가 나왔을 수도 있다. 또 카인의 무리가 전쟁에서 이기지 못했기 때문에 카인의 제물을 받지 않았다는 이야기가 나왔을 수도 있다.

그런데 카인과 아벨이 에덴에 살았던 때는 B.C. 4,000년 이전이다. 이 시대에는 유일신이 없었고 사람들이 여호와를 모르던 때다. 그렇다면 이때 아벨의 제물은 받고 카인의 제물을 거부한 신은 어떤 신이었을까? 물론 인안나다.

다만 이 시절에 인안나가 말 그대로 영적인 존재인 신이었는지 신의 가호를 받은 살아있는 여성이었는지는 우리가 확인할 길이 없다. 추측컨대 이 시절 카인의 무리는 인안나의 능력을 믿고 자신들에게 인안나가 없음을 한탄했을 것이다. 그러나 힘이 없는 현실은 냉혹한 법이라 그들은 유목민이 차지한 인안나를 포기하고 자신들의 수호신을 모시고 유랑의 길을 떠났을 것이다.

그리하여 카인의 무리는 에덴 동쪽을 향해 떠나게 된다. 분명한 것은 카인의 무리가 놋 땅으로 이주한 후에도 인안나를 모시는 에덴의 양치기 무리들은 건재했던 것이다.
카인이 동쪽으로 이동했는데 아벨의 후예들이라고 동쪽으로 이동하지 않았을까? 아벨의 후예들도 황무지로 변한 에덴을 버리고 동방을 향해 떠난 사람들이 많았을 것이다. 그런데 아벨의 후예들이 떠난 동방은 카인의 길과는 달랐다. 아벨의 후예들이 간 곳은 고대문명의 신작로가 된 초원의 길이었다.
아벨의 후예들이 간 길은 나중에 살펴보고 지금은 창세기 4장에 기록된 카인의 후예들 족적을 살펴본다. 그들의 첫 번째 행적은 놋 땅으로 옮긴 것이다. 자그로스 산악지대에 노디라는 마을이 있다지만 크게 의미를 둘 수 없는 것 같다. 히브리어로 놋은 방황하는 자, 도망자라는 뜻이기 때문이다.

가인이 여호와 앞을 떠나 에덴 동쪽 놋 땅에 거주하더니 (4장 16절)
아내와 동침하매 그가 임신하여 에녹을 낳은지라 가인이 성을 쌓고 그의 아들의 이름으로 성을 이름 하여 에녹이라 하니라 (17절)

히브리어로 성은 城을 뜻하기도 하지만 궁전이나 마을을 의미하기도 한다. 그 중 어느 것이라도 카인 혼자 건설할 수는 없고 카인의 무리들이 건설했을 것이다. 그런데 카인의 무리는 먹을 것이 없어서 고향을 떠났는데 어떻게 성을 쌓는 일이 가능했을까? 먹을 것이 없어 고향을 등져야 했던 카인의 무리는 도적 떼이며 거지 떼다. 그런 카인의 무리가 성이나 마을을 건설할 방법은 단 한 가지, 그 지역에 살던 사람들을 정복하여 그들의 노동력과 그들의 재산을 약탈하는 것이다. 그런데 가난한 도적떼들이 어떻게 그 싸움에서 승리할 수 있었을까?
헝그리 정신? 불굴의 투지? 신의 가호? 그런 것은 공염불에 불과하다.
무언가 이길 수 있는 실력을 갖고 있었기 때문이다.
아담이 선악과를 먹은 죄를 짓자 여호와가 그를 에덴에서 쫓아내며 이렇게 말한다.

보라 이 사람이 선악을 아는 일에 우리 중 하나 같이 되었으니 (3장 22절)

아담의 무리가 신들처럼 지혜로워졌다는데 그 지혜가 무엇이었을까? 농사에 대한 일일까? 그것은 아니라고 본다. 싸우는데 도움이 되지 않기 때문이다. 가능성 있는 일 중 하나는 청동기다.

고고학자들은 청동기가 처음 만들어진 곳으로 지그로스 산맥 일대를 지목한다. 그곳은 청동기의 3요소인 구리와 주석, 그리고 연료가 되는 나무가 풍부하다. 거기에 불을 다루는 기술만 갖춰지면 청동기를 생산할 수 있게 된다.
아담이 선악을 아는 일에 신들과 같은 경지에 올랐다는 이야기도 불과 관련해서 해석이 가능하다. 불을 선악을 심판하는 잣대로 생각할 수 있기 때문이다.
그런데 이런 추정을 고고학적 발견들이 뒷받침하고 있다. 세계 최초의 구리를 이용하는 야금술이 아르메니아로부터 이란고원을 연결하는 산악지대에서 시작되었다고 한다. 게다가 그 시기를 B.C. 4000년 이전으로 잡고 있는데 연대 산정에 있어 항상 보수적인 입장을 견지하는 학계의 관행으로 볼 때 이 지역 청동기의 편년은 B.C. 5000년까지 올라갈 수 있겠다.
물론 이 지역에 아담의 후손들만 있었던 것은 아니므로 다른 부족이 청동기를 만들어 사용했을 가능성도 있다. 그러나 놋 땅의 부족을 가볍게 제압한 결과를 감안하면 아무래도 카인의 무리가 청동기를 이용한 보다 우수한 무기를 지니고 있었다고 보아야겠다.
카인의 무리가 청동기를 개발했다는 추정은 수메르 사람들이 메소포타미아를 지배할 때 청동기를 많이 사용했다는 이유를 들고 싶다. 메소포타미아 평원 일대는 금속이 나지 않는다. 게다가 나무가 있어야 높은 열을 얻을 수 있는데 당시 메소포타미아가 사막은 아니었지만 나무는 귀중품이었다.
수메르 사람들은 자그로스 산맥의 사람들과 교역하여 금속을 수입했으므로 카인의 무리가 청동기를 가지고 있었다는 추정은 충분히 타당성이 있다.

카인을 보호한 여호와

아내와 동침하매 그가 임신하여 에녹을 낳은지라 가인이 성을 쌓고 그의 아들의 이름으로 성을 이름 하여 에녹이라 하니라 (17절)

카인의 무리는 놋 땅을 점령하고 그들을 노예로 삼는다. 그리고 성을 쌓았는데 그 이름이 에녹이란다. 카인의 성인데 왜 그 성의 이름이 카인이 아닌 에녹이 되었을까?
에녹이란 이름에 의미가 있다.
한글성서에는 에녹이라 했지만 원문은 하노크(Hanok)다. 그리고 하노크는 신전을 짓는데 헌신한다는 하나크의 명사형이다.
수메르 사람들은 그들의 도시를 세울 때 제일 먼저 신에게 다가갈 성전부터 건설하곤 했다. 카인의 무리도 신전부터 건설하는데 하나크(헌신)하며 신전을 지었다. 그 신전은 당시 사람들에게는 구경거리였을 것이고 그들은 하나크해서 지은 신전을 하노크로 불렀을 것이다. 그 이름이 신전을 짓고 성을 쌓은 다음에도 그대로 불려서 성의 이름이 하노크, 즉 에녹이 된 것이다.
창세기에는 하노크(에녹)라는 이름이 또 한 번 나온다. 카인의 후손이 아닌 이스라엘민족의 조상인 셋의 후손이며 아담의 7대손으로 등장하는 에녹이다. (에녹 외에도 셋의 후손들 이름이 카인의 후손과 같은 것이 상당히 많다.) 에녹이 등장하는 구절을 보자.

에녹은 육십오 세에 므두셀라를 낳았고 (5장 21절)
므두셀라를 낳은 후 삼백년을 하나님과 동행하며 자녀들을 낳았으며 (22절)
그는 삼백육십오 세를 살았더라 (23절)
에녹이 하나님과 동행하더니 하나님이 그를 데려가시므로 세상에 있지 아니하였더라 (24절)

셋의 후손 에녹이 하나님과 동행한 이유는 창세기에 나와 있지 않지만 에녹의 이름이 그 이유를 설명한다. 에녹의 이름은 신전을 헌신하고 다녔기 때문에 붙은 이름이다. 에녹이 하나님과 동행했다고 한 것도 그가 하나님을 모시는 신전을 짓는 사람이기 때문이다. 하나님이 그를 데려가 세상에 있지 아니 했다는 이야기는 신전을 짓고 다닌 공덕으로 하늘로 올라가 신이 되었다는 이야기일 것이다.

다음에 카인의 아들 에녹이 이랏을 낳는다. 그런데 이랏의 이름에서 또 하나의 비밀이 풀린다. 〈수메르 왕명록〉에 왕권이 하늘에서 처음 내려온 도시가 이라드(에리둑)라 했다. 이랏과 이라드, 다른 말은 아닐 것이다. 그런데 이라드라는 뜻이 묘하다.
히브리어로 내려온다는 말이 yarad다. 어디에서 내려온 것인지 뻔하다. 산악지대에서 내려온 것이다.
이라드가 원래 그의 이름이었을까? 그렇지는 않을 것이다. 이라드에게도 원래 이름이 있었겠지만 그에게 '내려온 자'라는 별명이 붙자 그대로 통용되었으리라.
이랏이 내려와 건설한 도시인 이라드는 강과 바다가 만나는 하구의 습지대였다. 이것 또한 그들의 수호신과 밀접한 관계가 있다. 이라드(에리둑)의 수호신이 엔키였다. 카인 무리의 수호신이며 카인을 보호한 신 엔키는 ki(땅)의 신이며 물의 신이었는데 카인의 무리가 내려온 지역이 땅과 물이 만나는 지역이었다.

이것이 창세기 4장의 전반부에 나오는 여호와와 후반부에 나오는 여호와에 대한 설명이다. 전반부에 카인을 버린 신은 인안나였고, 후반부에 카인을 보호한 신은 엔키였던 것이다.
이로써 기독교 교리로는 납득할 수 없었던 창세기 4장의 비밀이 풀린다.

엔키의 영역

수메르 사람들은 하늘을 안과 인안나 둘의 것으로 지정하고 하늘과 땅 사이에 있는 구름을 포함한 대기를 엔릴에게 배정했으며 그 아래 있는 대지를 엔키의 것으로 배정했다. 그러므로 엔키는 땅뿐 아니라 강과 호수까지 관할하는 신이었다. 카인의 무리가 자그로스 산악지대에 있을 때는 우르미아 호수도 엔키의 관할 구역이었다. 그러므로 카인 무리는 농사꾼인 동시에 뱃사람이었다.
그런 카인 무리의 후예들이 내려온 곳이 해안가 모래톱이었다. 그들의 수호신인 엔키의 관할 지역과 맞아 떨어진다. 아다파가 엔키를 모시는 사람이고, 물고기의 탈을 쓴 사람이며 신을 모시는 일을 처음으로 시작한 사람이라는 전설과 절묘하게 어울리는 지역이다.

에리둑 상상도

카인의 후예들이 메소포타미아에 처음 건설한 도시가 에리둑이긴 하지만 수메르 사람들이 메소포타미아에 처음으로 건설한 도시가 에리둑이 아닐 가능성은 있다. 〈수메르 왕명록〉은 "왕권이 하늘에서 내려온 뒤 에리둑에 있었다."고 기록했지 에리둑이 첫 도시라고는 말하지 않았다. 그래서 우르미아 호수 부근이 피폐해지면서 사람들이 소규모로 이주를 시작하다가 나중에는 대규모로 이주했다고 추측할 수도 있다.

관심이 가는 것은 유목을 하는 사람들이다. 농사는 물이 많이 필요하지만 양 같은 가축들은 물도 조금 먹을뿐더러 유목민들은 초지를 찾아다니며 가축을 먹이기 때문에 굳이 메소포타미아의 평원까지 내려올 필요를 느끼지 않았을 수도 있다. 하지만 역으로 생각하면 초지를 찾아 이동하면서 메소포타미아의 북부까지 가장 먼저 내려올 수도 있었을 것이다. 정보는 역시 유목민들이 빠르기 때문이다.

에리둑 다음에 패권이 바드티비라로 옮겨졌는데 바드티비라의 왕 중에 양치기 두무지가 유명하다. 농업과 어업을 겸하는 에리둑에서 양치기가 왕인 유목민의 나라인 바드티비라로 패권이 옮겨간 것도 유목민인 아벨이 농사꾼인 카인에게 패배했다고 믿기 어려운 증거가 된다.

일부 유목민들은 메소포타미아로 내려왔지만 유목민의 주력은 여전히 자그로스 산악지대에 살고 있었다. 그리고 그들은 여전히 하늘의 여주인인 인안나를 그들의 수호신으로 모시고 살았다.

후세의 영광

카인의 후예들에 대해 조금 더 알아보기로 한다. 카인에서 에녹과 이랏이 이어지고 그 후손은 므후야엘, 므드사엘을 거쳐 라멕으로 이어진다. 그런데 라멕이 심상치 않다.

창세기에는 두 사람의 라멕이 나오는데 다른 하나는 노아의 아버지 라멕이다. 아랍어로 라멕은 정복자, 압제자 같은 뜻이 있는데 기독교 목회자들은 카인의 자손 라멕은 압제자로, 노아의 아버지 라멕은 능력 있는 자로 해석한다.

라멕의 아내 두 사람 이름이 창세기에 기록되어 있는데 아내의 이름이 기록된 것도 특이하지만 그에 대한 해석도 양분된다.

라멕에겐 아다와 씰라, 두 아내가 있었다.

아다는 '아름다운 사랑'을 뜻하는 이름이다. 분명 드물게 아름다운 사람이라는 느낌이다. 이를 라멕이 권세와 능력이 있어 아름다운 아내를 얻은 것으로 해석할 수 있는데 대부분의 목회자들은 아다를 허영심 많고 외모만 꾸미는 여성이라고 설교한다. 아브라함의 아내 사래도 드물게 미인이지만 사래에 대해서 그렇게 주장하지 않는다.

씰라라는 이름도 의미가 심상치 않다. 씰라는 그림자라는 뜻이다. 그림자나 그늘은 무언지 음침한 느낌을 준다. 하지만 그것도 속단이다. 더운 지방에서는 그늘이 구원을 의미하기 때문이다. 그러나 씰라는 카인의 일가붙이이므로 기독교 목회자의 설교에서는 카인의 죄악을 더하는 인물이 되곤 한다.

라멕의 아내가 둘이어서 라멕이 방탕한 호색한이라는 비판도 빠지지 않는데 사실은 문제 삼을 일이 아니다.

아브라함의 아내 사래는 대단한 미인이지만 아이를 낳지 못해 그의 종을 아브라함에게 주어 자식들을 낳았다가 나중에는 그 자신도 이삭을 낳았다. 사래가 죽은 후에 아브라함이 후처를 얻은 사실도 창세기에 기록되어 있다.

아브라함이 사래에게서 낳은 이삭도 아름다운 아내 리브가를 얻은 다음 아내의 아름다움 때문에 자기가 죽을까 걱정되어 자기 아버지가 그랬던 것처럼 아내를 누이라고 거짓말을 했거니와 그의 작은 아들 야곱은 형의 축복을 가로채어 피신한 후 레아와 라헬 두 자매를 얻었을 뿐 아니라 그녀들의 종들까지 취하여 12명의 아들을 낳았고, 아브라함의 장남 에서 또한 세 명의 부인을 두었는데 첫 번째 얻은 부인 이름이 라멕의 아내와 같은 아다였다.

라멕의 자식들 이야기도 만만치 않다. 아다가 낳은 야발은 가축치는 자의 조상이 되었고 그 동생 유발은 음악인의 조상이 되었으며, 씰라가 낳은 두발가인은 대장장이의 조상이 되었고, 그 누이동생 이름은 나아마인데 나아마의 뜻은 '즐거운'이다. 물론 이를 두고도 천하에 비길 바 없는 호색녀란 비난이 쏟아지는데 사실은 솔로몬의 아들로 유다의 왕이 된 르호보암의 모친 이름도 나아마였으며 유대인들은 노아의 아내 이름도 나아마라고 말한다. 이런 일들보다 우리가 주목해야 할 것은 라멕의 노래다.

아다여 씰라여 내 목소리를 들으라
라멕의 아내들이여 내 말을 들으라
나의 상처로 말미암아 내가 사람을 죽였고
나의 상함으로 말미암아 소년을 죽였도다
가인을 위하여는 벌이 7배일진대
라멕을 위하여는 벌이 77배이리로다 (창세기 4장 23, 24절)

미디안 학살의 진실

베드로가 죄를 범한 형제를 일곱 번이나 용서해야 하느냐 물었을 때 예수께서 **"일곱 번뿐 아니라 일곱 번을 일흔 번까지라도 할지니라"**라는 답을 주었다.
구약의 시대에는 77배의 보복을 예고했는데 예수는 반대로 그만큼의 용서를 가르치고 있다. 예수 이전과 예수 이후의 기독교 차이를 느끼거니와 라멕의 노래에서 라멕의 권세와 혹독함을 짐작할 수 있을 것이다. 문제는 이런 사실을 어째서 여호와가 용인했고, 그것이 왜 기록으로 남았느냐는 것이다. 성경을 기록할 당시 이스라엘 사람들이 그런 권세를 갖고 싶었던 상황의 반영일 것이다.

민수기 31장에 이런 내용이 있다.
모세가 여호와의 원수를 갚으려 대군을 휘몰아 미디안을 치게 하였다. 그들은 미디안을 쳐서 남자들을 다 죽였다. 그리고 미디안의 부녀들과 아이들을 사로잡았다. 그 포로들과 그들에게 빼앗은 가축들을 데리고 돌아오니 모세가 크게 노해 이렇게 말했다.
아이들 중에 남자는 다 죽이고, 남자와 동침하여 사내를 아는 여자도 다 죽이고 (17절)

남자와 동침하지 아니하여 사내를 알지 못하는 여자들은 다 너희를 위해 살려둘 것이니라 (18절)

메르넵타 공적비

그때 남자와 동침하지 않은 여자가 32,000명이라고 했으니(35절) 얼마나 많은 사람을 죽였다는 말일까?

이때 이스라엘 백성이 100만이고 그 중 12,000명이 전투에 나섰으며 그 중에 죽은 사람이 하나도 없었다고 한다. 실제로 그런 일이 있었을까?

그런 의문에 대해 르누아르는 《신의 탄생》에서 이집트의 파라오 메르넵타의 공적비에 쓰인 글이 도움이 될 것 같다는 의견을 제시한다.

메르넵타는 람세스 2세의 아들이다, 람세스 2세는 모세의 이집트 탈출을 그린 영화 십계에서 이집트의 파라오로 등장하는 인물이다. 성경에 나오는 바로(파라오)가 람세스 2세라는 실증적인 증거는 없지만 람세스 2세는 정복군주로 유명한데다 재위기간이 무려 60년이고 시기도 B.C. 13세기 전반이라 그를 모세 때의 파라오로 인정하는 분위기다. 메르넵타는 람세스의 13번째 아들이었으나 아버지가 너무 장수하여 위의 형들이 모두 죽어 파라오가 된 행운의 인물이기도 하다. 메르넵타 또한 정복군주로 유명한데 그 메르넵타의 공적을 기록한 돌비석에 이스라엘이 등장한다.

돌비석에 기록된 바에 의하면 메르넵타는 누비아(지금의 수단), 리비아, 히타이트, 가나안, 아쉬켈트, 게레르, 야노암과 이스라엘, 팔레스타인을 정복했는데 이스라엘에 대해선 이렇게 기록하고 있다.

"이스라엘은 황폐해졌고 그 후손들은 존재하지 않는다."

이것이 이스라엘이 역사에 언급된 첫 번째 기록으로 이스라엘민족의 출애굽기가 이때 살아남은 사람들의 탈출과정을 미화한 것이라는 주장도 있다.
여하튼 이 지극히 참혹한 역사의 피해자와 가해자를 바꾸면 모세가 미디안족에게 행한 내용과 일치한다. 판단은 독자에게 맡긴다.

모세와 예수

같은 기독교의 중요 인물이지만 모세의 시대와 예수의 시대는 많은 차이가 있다. 모세오경은 율법이 상당히 많은 부분을 차지하는데 대충 보아도 모든 것이 지극히 세밀하고 엄격하다.
어떤 신학자는 이렇게 엄격한 모세오경의 율법 때문에 예수가 나타났다고 설명한다.
예수가 예루살렘 성전에 들어가 돈 바꾸는 사람들의 상을 둘러엎었는데 이는 사람마다 생명의 속전을 반 세겔씩 내야하는데 그 돈을 반드시 성소의 세겔로 내게 되어 있어서 환전하면서 고리를 뜯는 환전상들이 성업하고 있었기 때문이다. 또한 비둘기를 파는 사람들의 상도 둘러엎었는데 이는 비둘기 새끼로 번제를 드리되 비둘기 머리를 비틀어 끊는 일도 제단에서 하고, 불사르는 일도 제단에서, 비둘기 피가 흘러야 하는 곳도 제단 곁이고, 내장 등을 버리는 곳도 제단 동쪽이어야 한다는 (레위기 1장 13-17절) 모세 시절의 율법을 이용해서 장사를 하고 있었기 때문이다.
예수가 "너희는 기도하는 집을 강도들의 소굴로 만드는도다"고 일갈한 것은 이렇게 엄격한 율법을 이용하여 성직자가 서민들의 고혈을 빨았기 때문이다. 이것이 예수가 십자가에 못 박힌 이유다. 예수가 성직자들의 경제적 이권을 위협했기 때문이다.
이런 상황을 고려하면 예수 이전의 기독교는 율법의 종교였고 예수가 원한 기독교는 가난하고 핍박받는 사람들의 영혼을 위로할 수 있는 종교였다.
그런데 로마에서 기독교를 공인하자 어떻게 되었는가? 성직자들이 세속의 이권뿐 아니라 사상의 자유마저 억압하는 중세 암흑시대가 1,000년 넘게 계속되었고 결과적으로는 민중을 위한 종교를 만들려한 예수와 예수의 가르침을 지키려고 핍박받고 순교당하면서 고난의 길을 걸은 사람들만 불쌍하게 되었다.

종교뿐 아니라 혁명도 그렇다. 약자의 편에 서는 일은 아름다운 일이고 대의를 위해 행동함은 정정당당한 일이지만 희생이 따른다. 그리고 그 희생이 결실을 맺어 보다 나은 세상이 오는가 하면 재빨리 줄서기를 한 사람들이나 공치사를 하는 사람들이 세속의 이권을 차지한다.

그런 일을 꿰뚫어보는 것이 역사를 공부하는 이유다. 옳은 일이란 말없이 성실히 자기 일을 하거나 그런 사람들을 위해 희생하는 일이지 무리를 모아 자기주장을 외치는 일이 아니다. 대중이 그 판단을 하지 못하면 민주주의는 위기를 맞을 수밖에 없다. 판단의 잣대로 노동시인 박노해의 경구를 권하고 싶다.

"과거를 팔아 오늘을 살지 말 것"

6. 엔키, 에야, 여호와

유일신의 탄생

프랑스의 역사학자이며 종교학자인 르누아르(Frederic Lenoir)가 《신의 탄생 》에서 이야기한 종교의 변천을 간략하게 소개한다.

수렵채취사회에서는 사람들이 자연을 숭배하는 신앙을 갖고 있었다. 이 시기에는 인간 역시 자연의 일부라고 생각하고 있었으며 만물에 정령이 있다고 믿었다. 그래서 자신들이 사냥하는 동물들도 정령이 있다고 믿었는데 이때를 애니미즘 시대라고 말할 수 있으며 이 시기에 제례를 집전하는 인물은 무巫, 즉 샤먼이었다.
사람들이 목축과 농업을 시작하며 역사시대로 접어드는데 이때는 인간이 스스로 식량을 조달할 수 있게 되어 자연에 절대적으로 의지하지는 않았다. 이 시기에는 자연의 변덕이나 위협, 그리고 다른 집단의 공격 같은 것이 심각한 위험이었으므로 그런 것들로부터 자신들을 보호해줄 수 있는 존재를 바라게 되었다. 그리하여 신은 인간이 갖지 못한 초월적인 능력을 지니게 되었고 신이 인간성을 지니게 된다. 돌아가신 조상이 신이 되기도 했다.
이렇게 각 집단마다 나름대로의 신을 지니고 있는 상태에서 전쟁 등을 통해 집단이 커지게 되었다. 그러자 한 집단이나 한 국가에 수많은 신들이 난립하니 다신교시대가 되었고 그런 상황에서는 자연스럽게 신들의 서열이 매겨진다. 구약성경 몇 군데에 여호와가 유일신이 아닌 것으로 표현된 것도 다신교시대의 기억을 그대로 기록했기 때문이다.

르누아르가 조사한 바에 의하면 유일신 신앙은 B.C. 14세기 이집트의 아멘호테프 14세가 자신을 태양의 아들이라 선언하면서 태양신 아톤을 유일한 신이라고 정한 것이 첫 번째 선언이라 한다. 하지만 아멘호테프가 죽자 유일신 사상은 그냥 사라져 버린다. 그러다 B.C. 7-5세기 마즈다(조로아스터)교가 자신들이 모시는 신인 아후라 마즈다를 유일한 신으로 정한다. 이것이 실질적으로는 최초의 유일신 사상이라고 한다.
그리고 바빌론 유수 시절 조로아스터교를 접한 유대인들이 영향을 받아 자신들의 신을 유일신으로 정의하기 시작했다고 한다.

수메르의 큰신들

수메르문명은 신들의 서열을 정한 시대에 들어간다.
그들에게는 도시마다 수호신이 있었으며 가정마다 수호신이 있었다. 가정을 지키는 수호신은 작은 신으로 '인자기'라고 칭했고 도시를 지키는 수호신은 큰신으로 '아눈나키'라고 불렀다. 이 아눈나키 큰신들은 도시의 흥망과 더불어 그 위세가 달라졌으므로 시대에 따라 큰신들의 위상이 변했다. 앞에서 수메르의 큰신들 일곱을 살펴보았는데 다시 간략히 정리하면,
1은 하늘의 신 안(60). 2위는 대기의 신 엔릴(50), 3위는 대지의 신 엔키(40), 4위는 달의 신 난나(30), 5위는 태양의 신 우투(20), 6위는 하늘의 여주인 인안나(15), 7위는 천둥의 신 이쉬타르(10)였다.

주목해야 할 신은 서열 3위 대지의 신과 서열 6위 하늘의 여주인이다.
대지의 신은 상징하는 숫자가 40이다. 40이라면 기독교 신자에게는 매우 익숙한 숫자다. 노아의 홍수도 40일이고, 예수가 광야에서 시험을 받은 기간도 40일이다. 모세의 일에는 40이란 숫자가 자주 나온다. 모세가 시내산에 올라 하나님의 말씀을 들은 기간이 사십일 낮과 사십일 밤이었으며, 가나안 땅에 이르러 12지파에서 지휘관 한 사람씩을 뽑아 정탐을 보낸 기간이 40일이었다.

그때 그곳이 젖과 꿀이 흐르는 땅임을 확인했으나 그곳 사람들이 네피림의 후손으로 기골이 장대하여 이스라엘 자손 모두가 여호와가 어찌하여 우리를 이곳으로 인도했는가 하면서 원망하자 그 징벌로 이스라엘민족이 광야에서 헤맨 기간도 40년이다.
서열 1위 하늘신 안의 숫자는 60, 2위 대기의 신 숫자는 50이다.
대지의 신 엔키가 여기서는 서열 3위이지만 대홍수 후에는 서열 1위로 올라섰다.
하늘의 여주인 인난나가 서열이 6위밖에 되지 않는 것은 이상하다는 점은 앞에서 이야기했다.

엔키의 키(ki)는 대지를 뜻하는 말이고 엔(EN)은 인(IN)과 마찬가지로 왕이나 신을 뜻할 때 붙이는 최상급의 호칭이다. 그러므로 엔키는 대지의 신인데 또한 아부쥬(abzu)를 갖고 있는 신이기도 하다. 아부쥬는 지하의 거대하고 깨끗한 물 저장 창고로 엔키가 그 물을 지상으로 올려 준다고 믿었다. 지상에서 맑은 물을 찾기가 힘든 메소포타미아에서 엔키의 위상은 높아질 수밖에 없었다.
묘하게도 수메르어의 키는 사람을 뜻하기도 한다. 그래서 엔키는 사람들의 신이기도 했다.

성서의 고고학

여기에서 모세 이야기를 할 필요를 느낀다. 사실 모세는 구약성서에만 등장하는 인물이다. (코란에도 아브라함과 모세가 등장하지만 코란은 서기 7세기의 작품이다.) 역사적 기록에는 등장하지 않는다.
최근 고고학의 발견은 눈부신 바 있어 이집트와 가나안 지방 그리고 메소포타미아나 지중해 할 곳 없이 수많은 점토판이 발견되었고 그 내용이 거의 해독이 되었는데도 모세란 이름이 등장한 문서는 없었다. 그리고 모세와 여호수아가 활약했다는 고고학적 증거는 하나도 발견되지 않고 오히려 그 반대의 증거만 출토되었다.
이집트는 기록의 나라라고 할 정도로 시시콜콜한 모든 이야기를 기록했다, 비록 그것이 부끄러운 사실이라도 기록했다는 것이다. 그런데 모세와 아론이 여호와의 힘을 빌려 행했던 10가지 재앙에 대한 이야기는 하나도 발견되지 않았다. 홍해를 건너는 이스라엘 백성을 쫓다 수장되었다는 군사들에 대한 것도 없었다. 더구나 모세 시절인 B.C. 13세기에는 이집트의 인구가 400만이 되지 않았다는데 모세가 이끈 이스라엘 백성이 60만 가구였다면 이치가 닿지 않는다.
여호수아가 나팔을 불어 성벽을 무너트렸다는 여리고(예리코)성. 그 성을 조사해보니 그보다 2세기 전에 철저하게 무너져 서기전 13세기 당시에는 있지도 않은 성이었다. 사실 예리코는 최초의 성이라고는 하지만 규모가 매우 작아 크기가 축구장 두 개 정도의 면적이었다.
그리고 이스라엘 민족이 정착했다는 가나안 지방은 당시에는 이집트가 매우 강성할 때라서 이집트의 영역이었다. 이집트에서 탈출하여 이집트의 영역에 발붙이고 무사할 수 있었을까?
이런저런 이유 때문에 성경에 기록된 모세의 행적에 대해 역사학자들은 신빙성을 부여하지 않는다. 그들은 설사 모세가 실존인물이고 모세가 이끈 무리가 이집트를 탈출했다고 해도 그때 10가지 재앙이나 홍해를 가르고 건넜던 일 같은 것은 전혀 없었고, 규모도 지극히 작아 이집트의 관심을 끌 정도가 아니었을 것이라고 본다.
모세는 바구니에 넣어 강물에 띄어졌다는데 이는 B.C. 24-23세기에 메소포타미아에서 수메르 사람들의 지배를 종식시키고 셈족 최초의 왕조를 세운 사르곤의 전설과 유사하다. 사르곤은 여사제의 아들로 바구니에 담아 강물에 띄워 보냈는데 이를 정원사가 발견하여 키웠다는 기록이 있다. 사르곤은 자라서 키쉬 왕국의 왕에게 술잔을 올리는 직책을 맡게 되었다가 후에 수메르 사람들의 지배를 종식시켰을 뿐 아니라 메소포타미아를 통일하고 나아가 지금의 이란과 터키까지 정복하여 세계최초로 대제국을 건설한 왕이다.
일반적으로 창세기, 출애굽기, 민수기, 레위기, 신명기를 모세가 기록한 것이라고 해서 모세오경이라고도 부르고 유대교의 핵심적인 경전이라 토라(Torah)라고도 부른다.
그런데 이렇게 모세의 존재자체가 의심스러울 정도인데 모세오경은 어떻게 생겨난 것일까?
이에 대해서 학자들은 면밀히 검토한 결과 모세오경을 비롯한 구약성서는 B.C. 7세기부터 문자로 기록되기 시작했다고 결론을 내렸다. 사실 이 시기는 그런 움직임이 일어날 만한 시기였다. 종교는 서기전 10세기부터 세계적으로 비약적인 발달이 이루어졌는데 이때부터 보통 사람들도 자신의 존재, 삶의 목적, 사후 세계에 대한 궁금증을 가질 여유를 갖게 되었다. 그리하여 그리스에서는 피타고라스나 소크라테스 같은 인물들이 나왔으며 페르시아에서는 조로아스터교가 나타났고 인도에서는 브라만교, 자이나교와 불교가 나타났으며 중국에서는 노자와 공자가 나타났고 이스라엘에서도 예언자들이 나타나기 시작했다. 그런데 이때 이스라엘 민족은 북쪽의 이스라엘과 남쪽의 유다로 분리된 데다 주변 강대국들의 위협에 시달리게 되었다. 이런 민족수난의 시기에 이스라엘에서도 민족의 역사에 대한 관심이 고조되어 이스라엘민족의 역사와 종교에 대한 기록 작업이 이루어지게 되었던 것이다.

구약은 남쪽의 유다 왕국이 망하고 북의 이스라엘마저 망해 이스라엘민족이 바빌론으로 끌려가는 서기전 7세기의 바빌론 유수부터는 정확히 역사적 사실에 부합한다. 그러나 이 기록들은 동이족의 역사를 밝히는 일에는 아무 상관도 없다. 우리의 관심사는 비록 B.C. 7세기 이후에 기록되었지만 고대부터 전해 내려온 이야기들을 기록한 모세오경이고 여기에서 우리 조상의 일에 간접적으로나마 관련이 있는 내용을 찾아내는 것이다.

그전에 모세오경에 다신교의 흔적이 남아 있는 이유를 간략하게나마 밝히고 넘어간다.

이집트의 파라오 메르넵타의 비문에 자신이 이스라엘을 초토화시켜 자손을 남기지 않았다는 기록이 남아있다. 그러므로 이스라엘은 B.C. 13세기에는 분명히 존재하고 있었던 것이다. 다윗은 B.C. 10세기에 실존했던 인물이다. 그러나 다윗의 왕국은 조그만 마을이었을 것이라고 추측한다. 솔로몬의 영광도 의문인 것이 그 화려했다는 솔로몬의 궁전은 흔적도 발견되지 않았다.

다윗은 B.C. 1000년경에 예루살렘에 수도를 정하고 이스라엘을 세웠는데 얼마 지나지 않아 북의 이스라엘과 남의 유다로 분리되었다. B.C. 721년에는 아시리아의 사르곤이 북의 이스라엘을 정복했고 B.C. 587년에는 바빌로니아의 네부카드네자르가 유다왕국을 정복했다. 그는 예루살렘 성전을 철저히 파괴하고 이스라엘의 지도자들을 포로로 잡아 바빌로니아로 끌고 갔다. 그리고 50여 년이 지난 후 페르시아의 고레스왕이 바빌로니아를 점령하였는데 고레스는 정복민들에게 종교의 자유와 유대인들이 예루살렘으로 돌아가는 것도 허락하였다.

이 고레스왕의 시기에 바빌론의 수많은 종교 중에 조로아스터교가 있었고 바빌론 유수가 끝난 후 유태교에 조로아스터교에서 차용한 신학적 개념들이 등장한다. 메시아와 천사, 세계의 종말과 최후의 심판 같은 개념들이다. 유일신 개념도 이때 도입되었다고 한다.

엔키 에야 여호와

이제 모세의 하나님에 대해 생각해보자. 모세의 하나님은 어디에서 나온 것일까?

출애굽기에 모세의 하나님 이름이 나온다.

모세가 이집트에서 애굽 사람을 죽이고 미디안 땅으로 도망쳐 미디안 제사장의 딸 십보라를 얻어 살고 있을 때 하나님이 이스라엘 자손들을 이집트에서 구해내고자 모세에게 이스라엘민족을 인도해 내라고 한다. 그러면서 약속하기를, **"내가 반드시 너와 함께 있으리라 네가 그 백성을 애굽에서 인도하여 낸 후에 너희가 이 산에서 하나님을 섬기리니 이것이 내가 너를 보낸 증거로다"**(출애굽기 3장 12절)라고 한다.

여호와는 모세에게 이스라엘민족을 애굽에서 구함을 틀림없이 보장한다는 약속을 하며 모세를 부추긴다. 그렇게 100% 성공을 다짐하는 여호와의 말에 모세도 마음을 열기 시작하여 당신이 도대체 누구시기에 그렇게 자신 있게 약속하느냐고 묻는다.
"너희의 조상의 하나님이 나를 너희에게 보내셨다 하면 그들이 내게 묻기를 그의 이름이 무엇이냐 하리니 내가 무엇이라고 그들에게 말하리이까?"(출애굽기 3장 13절)
이 질문에 여호와는 자기가 누구인지 밝히며 자신의 이름을 이야기 한다.

나는 스스로 있는 자(I am who I am)이니라 또 이르시되 너는 이스라엘 자손에게 이같이 이르기를 스스로 있는 자가 나를 너희에게 보내셨다 하라 (출애굽기 3장 14절)

여기서 여호와 하나님은 자신이 '스스로 있는 자'라고 두 번이나 밝힌다. 그것이 여호와의 이름이었다.
'스스로 있는 자.'
영어로는 'I am who I am.'으로 번역이 되어 한글 성경에 '스스로 있는 자'가 되었지만 히브리어 원문으로는 에야 아셔 에야(Eyah asher Eyah)다. 에야라는 말에는 신神이란 뜻이 있다. 그러므로 이 문장을 직역하면 "신이라고 불리는 신이다."가 되고 원칙대로 해석하면 "에야라고 불리는 신이다.”가 된다. 여호와는 자신의 이름이 에야라고 답한 것이다. 그런데 엔키의 다른 이름이 에아였다. 다른 이름이라기보다는 엔키는 수메르어로 부르는 이름이고 셈족들의 언어로는 에아였다.

엔키

수메르 사람들과 셈족 사람들은 같은 시대에 같이 메소포타미아 지방에 살았지만 서로의 언어가 달랐다. 2,000년이나 같이 살면서도 언어가 달랐다는 말을 믿기가 어렵겠지만 둘은 언어 구조 자체가 달랐다. 그렇기 때문인지 수메르 사람들이 엔키라고 부르는 신을 셈족의 사람들은 ‘에아’라고 불렀다. 그리고 서부 셈족들의 방언으로는 ‘에야’다. 모세가 피신했던 미디안 지방은 메소포타미아의 서쪽으로 서부 셈족이 살던 지방이다. 그러므로 여호와는 자신이 옛날 수메르 사람들이 대지의 신으로 모셨던 엔키라고 자신을 소개한 것이다.

7. 인안나

인안나에 대한 수메르 문학작품의 찬사는 대단한 것이었다. 인안나의 이름 앞에는 항상 '거룩한'이라는 형용사를 붙이고 인안나를 찬양할 때는 천상과 지상의 여왕이신 거룩한 인안나라고 불렀다. 그런데 여기에 하나가 빠졌다. 수메르 사람들은 세상을 천상과 지상 그리고 지하로 구분했다. 인안나도 지하세계는 접수하지 못했던 것이다. 그렇더라도 천상과 지상의 여왕이면 대단한 존재다. 여기에는 어떤 남신도 접근 못하는 권위가 있다. 즉 신들 중에 가장 고귀한 존재가 인안나였지만 실제로 수메르 사람들은 인안나를 별로 두려운 존재로 인식하지 않았던 것 같다. 이는 인안나가 사랑의 여신이었기 때문이다.

사랑이란 표현은 묘하다. 몇 가지의 함축적인 의미를 표현하고 있지만 인안나의 사랑은 육체적인 사랑이다. 에로스적인 사랑인 것이다. 보다 구체적인 표현으로는 수태를 목적으로 하는 사랑이다. 인안나의 사랑으로 대지에서 곡물이 낟알을 맺고 가축들이 번식을 하는 것이다. 이는 가장 높은 신이 가장 낮은 곳에 임하는 일이라고 할 수 있다. 이러한 인안나의 이미지는 매우 흥미로운데 이런 인안나의 성격을 두루 엿볼 수 있는 수메르의 문학작품이 〈인안나와 두무지의 이야기〉다.

젊고 아름다운 처녀

젊고 아름다운 처녀 인안나가 성 밖으로 산책을 나가자 두무지가 쫓아온다. 밤늦은 시간 호젓한 숲길에서 둘은 사랑의 실랑이를 벌이다 인안나가 노래한다.

"홍옥을 파내세요, 작은 홍옥으로는 목에 걸어주시고 커다란 홍옥으로는 내 거룩한 가슴에 걸어주세요."

두무지가 답송을 부른다.
"거룩한 인안나. 신성한 여인이여 당신을 위하여 홍옥을 파내겠습니다.
두무지는 인안나의 집을 찾아 청혼하고 인안나의 오빠인 태양신 우투가 첫날밤 잠자리에 깔 천을 선물하자 인안나는 양치기인 두무지가 아니라 농부인 엠킴두와 결혼하겠다고 우긴다.
삼자대면 끝에 농부 엠킴두가 선선히 물러서고 오빠인 우투도 양치기가 농부보다 낫다고 끈질기게 설득하여 인안나는 결국 두무지와 결혼하고 행복한 신혼을 즐긴다.
인안나와 두무지가 노래한다.
"나 처녀! 누가 나를 위하여 쟁기질하겠는가? 나의 음부, 나의 촉촉한 대지, 나 여왕, 누가 그의 황소를 거기에 두겠는가?"
"왕이 당신을 위해 쟁기질할 것이요. 왕 두무지가 당신을 위해 쟁기질할 것이오.
"나의 음부를 쟁기질하시오. 내 가슴 속의 남자여"
그리하여 왕의 성기는 삼나무처럼 자라나고, 식물들은 그 주변에서 높이 자랐고, 곡물들은 그 주변에서 높이 자랐고, 과수들은 풍요롭게 자랐다.

인안나가 사랑의 여신이지만 인안나의 음부를 힘차게 쟁기질 해야만 풍성한 수확을 얻을 수 있음을 알 수 있다. 앞부분에서 인안나가 쟁기질하는 농부와 결혼을 고집했던 이유도 거기에 있었다.

그러다가 두무지가 그의 누이와 사랑을 하게 된다. 인안나에게는 집에 있으라하고 자기는 포도주의 여신인 누이 게쉬틴안나를 만나 양들의 짝짓기를 보며 황홀한 시간을 보낸다.
인안나는 화가 나서 저승을 찾아간다.
인안나는 7개 도시에 있는 자신의 신전을 모두 버리고 7개의 메(신성한 법칙)를 몸에 걸치고 저승길로 향한다. 인안나가 저승문을 힘차게 두드리자 저승의 문지기 네티가 인안나를 맞는다. 네티는 인안나가 화려한 치장을 하고 저승을 찾아온 것을 저승의 여왕에게 보고하고 여왕은 7개의 저승문을 통과할 때마다 인안나의 치장을 하나씩 벗겨내도록 명령한다. 이윽고 인안나가 저승의 여주인 에레쉬키갈라 앞에 섰을 때는 알몸이 되었다.

에레쉬키갈라는 인안나가 저승마저 차지하려고 온 것을 알아보았다. 저승의 여왕이 인안나를 저지하려고 일어서자 인안나는 재빨리 여왕의 의자에 앉아버렸다.

저승의 여왕 에레쉬키갈라는 일곱 재판관들과 함께 죽음의 눈길로 인안나를 심판하여 인안나는 흠씬 두들겨 맞고 고깃덩어리가 되었다. 그렇게 삼일 낮과 삼일 밤이 지나자 인안나의 충성스런 종은 인안나가 미리 당부한대로 지혜의 신이며 생명의 신인 엔키를 찾아가서 인안나를 구해주기를 요청한다.

엔키는 생명의 풀과 생명의 물을 주어 인안나를 살려내고 인안나는 세상으로 나오게 된다. 그러나 저승의 법칙은 엄격하여 한 사람이 나오면 반드시 누군가를 대신 저승에 데려가야 했다. 인안나는 세상에 나오면서 그녀를 따르는 충직한 사람들을 만나고 그때마다 저승사자들은 "인안나여 당신의 도시로 가십시오. 우리는 이 사람을 데려가겠습니다."라고 말하나 인안나는 "내가 어떻게 그를 넘겨줄 수 있겠는가?"라면서 저승사자들을 만류한다. 그리고 이윽고 양치기 두무지가 있는 곳까지 찾아온다. 두무지는 석류나무 아래 화려한 옷을 입고 화려한 의자에 앉아있었다. 인안나는 두무지를 죽음의 눈길로 바라보았다.

"그를 데리고 가라!"

인안나가 저승사자에게 이렇게 말하자 두무지는 파랗게 질려 도망쳐서 인안나의 오빠 태양신 우투에게 매달려 애원했고 우투는 그가 부탁하는 대로 두무지를 도마뱀의 모습으로 바꾸어 주었다. 두무지는 그의 누이 포도주의 여신이 관할하는 양조장으로 도망쳤으나 파리들이 두무지 있는

곳을 알려준다. 인안나는 그 보답으로 파리들에게 양조장에서 술을 핥으며 살 운명을 주고, 두무지와 두무지를 찾으려고 쫓아온 두무지의 누이 포도주의 여신에게는 "네가 반년이고 네가 풀리는 날 네 누이가 반년이다."라고 운명을 정해주었다. 그리하여 두무지와 그의 누이는 영원히 만날 수 없는 운명이 되었다.

여기에서 드러나는 인안나의 이미지는 참으로 다양하다. 호젓한 숲길에서의 인안나는 당시의 혼인적령기인 15세 처녀이고, 두무지와 신혼을 보낼 때는 풍성한 수확을 약속하는 대지의 여신이었다. 인안나 본래의 위상을 엿볼 수 있을 때는 저승을 방문하였을 때다. 여기서는 간단히 줄거리만 서술했지만 원문에는 위풍당당한 인안나의 모습이 그려져 있다. 그래서 저승의 여신인 에레쉬키갈라는 인안나가 저승까지 차지하려고 온 것이라 생각했다. 이는 인안나가 천상과 지상의 여왕이었음을 말해준다. 그리고 두무지와 그의 누이를 저승에 보내는 모습에서 인안나의 냉혹한 면모를 엿볼 수 있다.

인안나가 저승으로 갔을 때 저승을 지키는 문지기의 이름이 네티였다. 우리의 고유어 나티와 너무 비슷하다. 나티는 조그만 악령으로 샤먼들이 영계나 저승을 오갈 때 안내자 역할을 하는 존재다. 나티가 와서 샤먼을 영계나 저승으로 안내하여야만 샤먼은 자신이 만나고자 하는 죽은 자의 영이나, 병마를 가져다준 영을 만나 해원解寃을 할 수 있다. 저승의 문지기 네티와 저승세계의 안내자 나티가 무관한 단어는 아닐 것이다.

우루크의 인안나

인안나는 또 우루크의 수호신이기도 했다. 수메르에서는 도시의 흥망성쇠도 도시 수호신들의 작용으로 여겼었다. 그런데 메소포타미아에서 처음에는 엔키를 모시는 도시인 에리둑이 강국이었으나 나중에 우루크로 패권이 넘어왔다. 그것 또한 신들이 작용한 결과라고 설명하기 위해 이런 이야기도 만들어졌다.

인안나는 우루크의 번영을 위해 천상의 배를 타고 엔키의 도시 에리두으로 간다. 엔키는 어여쁜 인안나가 찾아오자 좋아서 어쩔 줄 모르면서 인안나를 환대하고 인안나에게 100개 이상의 메(신성한 법칙)를 선물한다. 인안나가 감사를 표하고 우루크로 돌아가자 뒤늦게 정신을 차린 엔키는 사자를 보내 인안나에게 준 선물을 되찾으려 한다. 엔키가 보낸 사자의 필사적인 노력에도 불구하고 인안나는 천상의 배를 타고 무사히 우루크에 도착한다. 이로써 우루크 번영의 기틀이 마련되었다.

〈인안나와 두무지의 이야기〉와 쌍벽을 이룰 만한 작품으로 〈길가메시 이야기〉가 있다. 이것도 장편인데 인안나가 중요한 인물로 등장한다. 그런데 여기에서 인안나의 이미지는 앞에 나오는 인안나와는 다르게 연약한 모습으로 그려진다. 이는 이야기가 만들어진 시대가 달랐기 때문이다.

우루크의 왕 길가메시는 그의 친구 엔키두와 레바논의 삼목숲에 간다. 거기는 세상에서 제일 무서운 괴물이라는 산지기 훔바바가 있는 곳이다. 길가메시는 계략을 써서 훔바바를 죽이고 의기양양하게 우루크로 돌아오는데 개선장군처럼 의기양양하게 행진하는 길가메시 앞에 인안나가 나타나 길가메시를 유혹한다. 새 옷을 입고 왕관을 쓰고 잔뜩 뽐내는 모습의 길가메시 앞에 나타난 인안나는 애교를 부리며 이렇게 노래한다.

오시오 내 사랑이 되어
당신의 몸을 느껴볼 수 있게 해 주세요.
당신은 내 남편이 되고
나는 당신의 아내가!

내가 당신을 위해
라피스라줄리 금 마차를 준비하고 금 바퀴와 호박 뿔을.
당신은 폭풍의 신들을 볼 것입니다.
힘센 나키들을.
우리 집 삼목 향기 그윽한 곳에 들어오세요. 조철수《수메르 신화》에서 발췌

사랑의 여신 인안나 / 우상의 장미문양은 인안나의 상징이다.

남성의 성기를 힘센 나귀라 하고 여성의 은밀한 곳을 우리 집 삼목 향기 그윽한 곳이라고 표현했다. 상대는 삼목숲을 확보하고 돌아온 길가메시다. 그런 길가메시에게 나에게도 삼목숲이 있는데 그 숲은 향기 그윽하다고, 당신의 힘센 나귀를 향기 그윽한 곳으로 초대한다고 유혹한다.

인안나는 신이고 길가메시는 사람이므로 둘 사이의 신분 차이가 엄연하다. 게다가 인안나는 사랑의 여신이며, 전쟁의 여신이며 수메르 사람들이 가장 사랑하는 신이다. 길가메시로서는 인안나의 구애가 황송할 따름인데 길가메시의 반응은 정반대로 나타난다.

길가메시는 인안나의 구애를 받아들이기는커녕 그녀의 화려한 연애담을 나열하며 인안나를 모욕한다. 그 연애담이란 인안나가 벌거벗은 채로 말에 올라타고 남자들을 유혹한다는 등의 문학작품으로 만들어진 이야기들이다. 그 중에 너무 심한 이야기가 있었다.

인안나가 정원사에게, "내 음부를 만져라. 그리고 네 힘을 다하여 나를 즐겁게 하라!"고 명령했으나 정원사가 거절하자 인안나가 화가 나서 정원사를 개구리로 만들어버렸다는 이야기다.

이쯤 되면 아무리 소설이라도 화가 날 수밖에 없다. 그리하여 이야기는

인안나가 불같이 화를 내는 장면으로 옮겨간다.

인안나(중앙)

길가메시에게 모욕을 당한 인안나는 하늘의 신 안을 찾아 아빠라고 부르며 하늘의 황소를 보내 길가메시를 죽여 달라고 부탁한다. 안은 하늘의 황소가 우루크에 나타나면 우루크는 7년 동안 흉년이 든다며 인안나를 만류한다. 인안나가 우루크의 수호신임을 지적한 것이다.

그런데 인안나는 하늘의 황소를 보내주지 않으면 저승에서 죽은 사람들을 불러올려 사람들을 잡아먹게 하겠다고 협박하여 기어이 하늘의 황소를 우루크에 내려 보낸다.

하늘의 황소는 우루크에 내려와서 사람들을 200명, 또 200명, 또 200명을 죽이면서 쳐들어온다. 이때 길가메시가 그의 친구 엔키두와 함께 하늘의 황소를 가로막는다. 그리고 둘이 힘을 합쳐 하늘의 황소를 잡아 죽인다.

인안나의 남자

여기에서 길가메시가 인안나의 청혼을 거절한 일은 매우 이례적이다. 후대에 메소포타미아의 패권을 잡은 수메르 왕들은 대부분 인안나의 남자, 즉 인안나의 음부에 선택된 사람임을 자랑했는데 길가메시도 수메르의 패권을 잡은 왕이었기 때문이다. 수메르에서는 인안나의 남자라는 것이 최고 권력자의 당연한 영광이었는데 길가메시는 스스로 인안나를 거부했다. 그 이유를 정확하게 알 수는 없으나 당시에 길가메시가 인안나를 차지할 능력이 없었을 가능성도 있다. 당시에는 키쉬에 패권이 있었고 길가메시 때에 우루크로 패권이 넘어왔기 때문이다. 그래서 길가메시가 인안나를 차지하지 못했는데 그것을 안 한 것으로 서사시가 만들어졌는지도 모르겠다. 하지만 길가메시가 없는 사실을 말한 것도 아니다. 당시 수메르 사람들은 자연에서 이루어지는 모든 현상을 신들의 성행위로 이해하거나 그렇게 설명하는 편이었다. 〈인안나와 슈칼레투다, 원예사의 씻을 수 없는 죄〉라는 이야기도 비슷한 맥락이다.

인안나가 천상과 지하의 여행을 마치고 돌아왔을 때 푸르게 가꿔진 정원을 보았다. 인안나는 그 그늘에 피곤한 몸을 누이고 잠에 빠져들었다. 그 모습을 정원을 가꾼 젊은이 슈칼레투다가 눈여겨보다가 그만 인안나를 덮쳐버렸다. 이튿날 잠에서 깨어난 인안나는 자기에게 무슨 일이 일어났는지 알아채고 크게 분노했다. 그녀는 무슨 수를 쓰더라도 범인을 찾겠다고 세 가지 징벌을 내린다. 첫째는 수메르의 모든 샘을 피로 채우는 것이었고, 둘째는 모든 것을 날려버릴 것 같은 엄청난 폭풍을 일으키는 것이고, 셋째는 점토판이 훼손되어서 알 수 없다.

이렇게 해도 범인을 찾지 못한 이야기인데 인안나를 겁탈한 젊은이가 정원을 가꾸는 젊은이라는 것이 묘한 설정이다. 이 젊은이는 밭에 쟁기질을 했는데 그 행위는 인안나의 성기에 쟁기질을 하는 것이고 그것이 인안나를 겁탈한 것으로 변모되어 버렸다. 여기에서 인안나의 분노는 자연재해를 설명하는 것이겠지만 인안나의 분노 중에 피로 모든 샘을 채우는 일은 모세가 나일을 피로 물들인 일을 연상시킨다. 그 엄청난 권능의 원조도 역시 인안나였던 것이다.

신들의 업무

수메르 사람들이 자연 현상을 신들의 성행위로 인식하고 있었다면 남신도 역시 성행위로 자연현상을 일으켰으리라. 남성격 신 중 대표적인 신은 역시 가장 인기 있는 신인 엔키다. 엔키는 사람을 창조하는 역할을 담당했던 만큼 그 정액이 작용한 내력(창조)이 대단하다.

엔키는 그의 성기로 닌투를 향해 수로를 팠다.
(닌투의 원래 이름은 닌후루상이며 산기슭 언덕의 여신으로 초기 수메르에서는 창조의 여신으로 여겨졌으며 원래 서열 3위의 신이었으나 인안나가 내려온 다음에는 큰신의 반열에서 탈락했다. 닌후르상은 초기 수메르의 강국인 키쉬의 수호신이었는데 우루크가 득세하면서 키쉬의 세력이 쇠퇴하여 닌후르상도 큰신의 반열에서 탈락했다.)

엔키와 그의 시종 이시무드

하루가 그녀의 한 달이었고 9일이 지난 다음 닌투는 새싹의 여신 닌무를 낳았다.
엔키는 닌무에게 입 맞추고 싶었다.
그의 시종에게 말했다. "이 아리따운 작은 여인에게 입 맞출 수 없을까?"
시종은 바람을 일으켜 아리따운 작은 아가씨를 엔키의 배로 오게 하였고 엔키는 그녀의 자궁에 자신의 물을 뿌렸다.
하루가 그녀의 한 달이었고 9일이 지난 다음 닌무는 산의 여주 닌쿠라를 낳았다.
닌쿠라가 강둑을 향해 걸어가자 엔키는 시종에게 말했다.
"이 아리따운 작은 여인에게 입 맞출 수 없을까?"
시종은 바람을 일으켜 아리따운 작은 아가씨를 엔키의 배로 오게 하였고 엔키는 그녀의 자궁에 자신의 물을 뿌렸다.

9일이 지난 다음 닌쿠라는 천 짜는 여신 웃투를 낳았다.
엔키가 웃투의 자궁에도 자신의 물을 뿌리자 엔키가 범한 그 모든 여신들의 어머니인 닌투는 분노한다. 닌투는 웃투의 자궁에서 엔키의 물을 꺼내 엔키의 정원에 뿌리고 엔키를 저주했다.
"내가 죽을 때까지 엔키를 쳐다보지 않을 것이다."
엔키는 닌투의 저주를 모르고 웃투의 자궁에서 꺼낸 자신의 물로 자란 풀들을 보았다. 그리고 그 풀들의 운명을 알아보고(맛 보았고) 고통에 몸부림쳤다.
수메르에는 50명의 큰 신들이 있었는데 닌투는 사라지고 엔키가 고통에 몸부림하며 누워버리자 모든 신들이 근심에 잠겼다.
여우가 닌투를 찾겠다고 나서자 대기의 신 엔릴이 약속했다. 달의 신 닌나도 약속했다. 태양의 신 우투도 약속하고 사랑의 신 인안나도 약속했다. 여우는 자신과 닌투를 위한 그 약속을 지니고 닌투를 찾아 설득하고 난투는 신들의 세계로 돌아왔다. 그리고 엔키를 자신의 성기 위에 앉히고 엔키의 고통을 하나씩 풀기 시작한다.
"내 동생, 어디가 너를 괴롭히느냐?"
"내 머리 가죽이 나를 괴롭힙니다."
이런 문답이 하나씩 이루어질 때마다 엔키의 고통은 하나씩 사라지고 작은 신들이 하나씩 태어나 수메르 사람들에게 긴요한 신들이 되었다.

엔키의 또 다른 역할을 보면 수메르에서 신들의 위상을 이해할 수 있을 것이다.

"아버지 엔키는 사나운 황소처럼 당당히 일어나 성기를 발기시키고 사정하여 유프라테스 강을 빛나는 물로 채웠다."

딜문과 바레인

이처럼 수메르에서는 모든 일을 신들의 작용으로 이해하는 한편 신들이 한 일(자연 현상)이 이상한 경우에도 신들이 그렇게 행동하게 된 이유를 만들어서 신들의 일을 이해하려고 노력했다. 예외적인 경우가 길가메시의 경우다. 길가메시는 인안나를 거부하고 인안나를 모독했다. 하지만 이야기의 결말을 따라가면 결론은 그것도 아닌 것 같다. 길가메시 이야기는 수메르의 많은 작품 중에서도 매우 유명하고도 중요한 이야기인 만큼 나머지 이야기를 소개한다.

이야기의 반전은 길가메시와 엔키두가 하늘의 황소를 물리치고 엔키두가 죽은 황소의 넓적다리를 인안나의 얼굴에 던지는 실수를 저지른 것에서 비롯된다.

인간의 몸으로 거룩한 신을 모욕한 엔키두는 그 벌로 병이 들고 고통을 받으며 죽어간다.

길가메시는 친구 엔키두의 비참한 최후를 보고 충격을 받아 죽지 않는 인간이 되려고 영생을 얻는 길을 찾아 여행을 떠난다. 길가메시는 고생 끝에 대홍수 때 살아난 우트나피시팀을 찾아간다. 우트나피시팀은 엔키의 도움을 받아 대홍수 때 살아났고 영생까지 누리고 있었다.

우트나피시팀은 길가메시에게 영생을 하는 방법은 알려주지 못하나 젊음을 되찾는 풀이 있는 곳은 알려준다.

길가메시는 영원한 생명의 땅인 딜문을 찾아 그 바다 깊숙이 들어가 젊음을 찾아주는 회춘초回春草를 가지고 나온다.

그것을 냉큼 먹어버렸으면 좋았을 것을 길가메시는 그것을 들고 의기양양하게 우루크로 돌아온다. 그런데 오는 길에 연못을 본다. 더위를 못이긴 길가메시는 미역을 감으러 물속에 들어가고 그 잠깐 사이에 뱀이 와서 회춘초를 먹어버린다.

이리하여 길가메시의 수고는 헛수고가 되었으며 뱀은 허물을 벗고

새로 태어나게 되었다.

길가메시가 찾았던 딜문은 레바논 사람들의 조상 페니키아인들의 고향인 틸로스며, 민물과 짠물 두 물이 만나는 바레인 섬이었다.
길가메시가 회춘초를 가지고 온 장소가 바레인 섬이었다는 이야기가 엉뚱하게도 부동산 투기를 일으킨 이야기가 있다. 현대와 다른 점이 있다면 현대인은 살았을 때 사는 주택으로 투기를 하지만 옛 수메르 사람들은 죽어 묻히는 유택으로 부동산 투기를 했다는 점이 다르다.
바레인에는 고대의 무덤이 25만 개가 넘게 있는데 그 무덤은 사람이 죽었을 때 조성한 것이 아니라 요즘 아파트나 납골당 분양하듯이 건축업자들이 미리 지어놓고 구매자를 기다린 것이다. 그런데 대부분의 무덤이 빈 채로 발견되었다. 이는 무덤을 만든 직후에 메소포타미아에 격변이 있었기 때문으로 추측된다.

길가메시

〈길가메시 이야기〉는 수메르 사람들의 시대가 끝난 바빌론 시대에도 대단히 유행하여 그때 5개의 길가메시 이야기가 하나로 통합되었는데 그 시대에 별자리로 운세 보는 법이 생겨난 것 같다. 〈길가메시 이야기〉의 주인공들은 모두 하늘에 별자리를 얻었는데 인안나는 처녀자리, 길가메시는 황소자리, 엔키두는 산양자리, 그리고 엔키두와 길가메시가 함께 다녔다고 그 옆에 쌍둥이자리가 있다.

성혼례

수메르 사람들의 시대가 끝난 후에는 역사에서 '수메르'라는 단어 자체가 사라졌다. 이는 수메르 사람들이 이민족이었기 때문에 의도적으로 그들의 흔적을 지운 것이라고 생각되는데 그들이 수메르의 역사는 지웠지만 수메르의 문화는 그대로 답습했다. 수메르학자들은 구약의 많은 부분이 수메르의 이야기들을 차용했다고 설명한다. 그 학자들 중에는 신학(기독교)을 전공한 사람도 상당수 포함된다.

〈길가메시 이야기〉에서 길가메시는 인안나를 형편없이 깎아내림으로써 자신을 한껏 부각시켰지만 길가메시도 인안나 손바닥을 벗어나지 못했다. 길가메시는 자신의 아버지는 우루크의 왕이었던 루갈반다고 어머니는 여신이라고 자랑하고 다녔는데 그 아버지 루갈반다는 우루크가 아모리 족의 공격을 받아 포위되었을 때 포위망을 뚫고 멀리 아라타 왕국에 있던 인안나 여신에게 우루크의 위급함을 알린 공로로 왕이 되었다고 전해지니 길가메시가 왕이 된 것도 따지면 인안나 덕분인 것이다.

그런데 길가메시의 모친은 닌순(암소의 여신)이었다. 길가메시가 인안나를 폄훼한 것은 그가 인안나의 아들도 아니고 인안나의 남편도 아니었기 때문인 것 같다. 수메르의 왕들은 대부분 여신의 아들이나 남편이었는데 이는 수메르의 왕들이 신년 축제일에 신전의 여사제와 성혼례를 하고 여사제는 여신의 대역으로 여겼기 때문에 왕들은 그것으로 자신이 여신의 남편이라고 자부했다. 길가메시가 여신의 아들이라고 자랑한 것은 성혼례를 통해 태어났기 때문일 것이다. 그런데 길가메시가 인안나가 아니라 닌순의 아들이 된 까닭은 그때 우루크가 키시라는 도시국가에 눌려 지내서 우루크의 왕이며 길가메시의 아버지인 루갈반다가 인안나의 남편이 되지 못했

슐기 왕의 원통형 인장

던 것이라고 추측한다.

수메르의 패권이 우르로 넘어갔을 때의 일이다. 우르의 왕 중에서 가장 유명한 왕이 슐기인데 슐기는 세력 판도를 지중해까지 넓혔던 위대한 왕이었다. (이스라엘민족의 선조인 아브라함도 우르 출신으로 알려졌다.) 슐기는 대단한 왕이었던 모양인데 특이한 일은 그가 니푸르에서 우르까지(160킬로) 보통 사람의 15배의 속도로 뛰었다는 기록이 있는 것이다. 그는 실제로 다방면의 천재였던 모양으로 군사, 행정, 토목, 건축, 문학과 예술 등 다양한 분야에서 뛰어난 업적을 남겼다. 그런데 슐기의 자랑에서 빠지지 않는 것이 자신이 인안나의 음부에 선택되었다는 것이다. 인안나의 남편임을 자랑할 수 있는 자격은 패권을 지닌 왕들에게만 주어졌던 모양이다.

수메르의 왕들은 신년 축제 때(전갈자리가 동쪽 지평선에 떠오르는 십 여일)에 그들의 신전인 지구라트에 올라 여신의 대리인인 신전의 사제와 성혼례를 치렀다. 당시 사람들은 신은 어느 한 곳에만 있어야 한다고 믿었다. 그러므로 인안나의 대역인 여사제와 성혼례를 치를 수 있는 왕도 하나뿐이어야 했으니 가장 강력한 국가의 왕이 인안나를 차지했을 것이다.

통치자와 여사제의 성혼례

왕이 성혼례를 치르는데 백성들이 가만히 있었을 리 없다. 백성들도 지구라트(신전)를 찾아 나름대로의 짝을 찾아 성혼례를 치렀고 그 풍습 또한 널리 그리고 오랫동안 전해졌던 모양이다.

로마의 네로 황제가 이런 명령을 내린 적이 있다고 한다.

"로마의 여자들은 지위 고하를 막론하고 이날 하루는 어떤 남자가 요구를 하던지 그 요구를 들어주어야 한다."
서슬 푸른 네로의 명령 때문에 이날은 귀부인들이 근처에 오는 것도 꺼려하던 남자들에게도 몸을 내주었다고 한다. 네로야 원래 엉뚱한 짓을 많이 한 것으로 유명하지만 네로도 이런 명령을 내릴 땐 나름대로의 이유가 있었던 것이다. 다만 네로가 잘못 알고 있었던 것이 있었으니 남편이 있는 여자는 거기에서 제외했어야 했다. 고대의 성 풍속을 절반밖에 알지 못했던 것이다.

헤로도토스는 그의 저서《역사》에 다음과 같은 일을 기록하고 있다.

바빌론의 여자는 모두가 일생에 한번은 밀리타 여신의 신전에 와서 낯선 남자에게 몸을 바쳐야 한다. 그리하여 밀리타 여신의 신전에는 언제나 여자들로 북적거린다. 여자들은 여신과의 관계를 상징하기 위해 머리에 끈을 두르고 남자를 기다린다. 남자들은 줄로 구분된 통로를 따라가며 여자를 물색하고 맘에 드는 여자가 있으면 여자의 무릎에 은화를 던지며 "밀리타 여신의 이름으로"라는 말을 한다. 그러면 여자는 무조건 그 남자에게 응하여 몸을 섞어야 한다. 일단 몸을 섞으면 여자는 의무를 다한 것이 되어 집으로 돌아갈 수 있다. 그러나 용모가 추한 여자는 남자가 찾아주지 않는다. 그래서 몇 년씩이나 여신의 신전에 앉아서 하염없이 기다려야만 한다. 키프로스의 몇몇 지역에도 이와 비슷한 풍습이 있다.

키프로스에 그런 풍습이 있었던 이유는 키프로스 역시 수메르의 후예들이 개척했기 때문인데 이 이야기도 나중에 설명한다.
헤로도토스가 묘사한 시대는 메소포타미아의 패권이 바빌로니아에 있던 B.C. 5세기경의 풍습인데 바빌론 사람들은 인안나를 밀리타로 불렀다.
네로가 잘못알고 있었던 것은 수메르의 신년 축제일에 지구라트에서 남자들과 몸을 섞은 여인들은 창녀들이었다. 수메르에서 창녀는 비교적 존경받는 직업이었다고 한다. 지구라트 위의 여사제가 인안나의 대리인이었으므로 지구라트 아래에서 그들 수준의 성혼례를 치르는 여인들도 여신(대단히 높은 신은 아니지만)들의 대리인으로 여겨져서 그렇게 대우를 받았다고 짐작된다.

헤로도토스
(B.C. 484-425 추정)

바빌론의 성전에서 은화를 받고 낯선 남자에게 몸을 주어야 했던 여자들은 결혼 전의 여자들이었을 것이다. 그 일이 여자들이 결혼을 하려면 필수적으로 수행해야 했던 과업이었기에 그런 관습적 의무를 이행하지 않은 여자를 남자들이 받아들이기 꺼려했을 것이다. 그런 사회적인 장치가 없으면 여자들이 그런 의무를 서둘러 행할 이유가 없어 일생에 한번 해야 할 일을 끝없이 늦출 수 있었을 것이다. 또 결혼한 여자가 그 의무를 이행하면 남편이 그 여자가 낳은 자식을 받아들이지 않을 수도 있기 때문이다.

메소포타미아가 농경사회였다는 점도 감안해야 한다. 농경사회에서는 남자가 자신의 핏줄에게 자신의 재산을 물려주기 위해 부계사회가 형성되었으므로 결혼한 여자는 다른 남자와의 성행위는 관습적으로 금지되었을 것이다. 그렇기 때문에 네로는 반은 맞고 반은 틀렸던 것이다.

성혼례의 풍습은 아시아에 국한되지 않는다. 서양문명의 모태는 그리스고 그리스 문명은 이집트 문명에 근원을 두고 있다고 하는데 이집트문명은 메소포타미아에 빚이 있다. 헤로도토스의 《역사》에 실린 또 다른 이야기가 성혼례의 풍습이 이집트로도 건너간 것을 짐작하게 한다.

이집트의 람프시니토스왕(람세스 3세로 추정)**은 성벽에 커다란 보물 창고를 만들어 금은보화를 보관했는데 그 창고를 만든 기술자가 교묘하게 통로를 만들고 그 사실을 자기 아들들에게 말하고 죽**

는다. 형제는 그 통로를 통해서 비밀리에 왕의 보물을 조금씩 털어갔는데 왕이 자기 보물이 없어진 사실을 확인하고 보물창고에 덫을 놓는다. 어둠 속에서 보물을 털던 중 불행하게도 형이 덫에 걸린다. 형은 덫에서 도저히 빠져나갈 수 없음을 깨닫자 동생에게 자기 목을 베어 신원이 들어나지 않게 하라고 부탁했고 동생 역시 다른 도리가 없음을 알고 형의 머리를 베어간다.

왕은 형의 목 없는 시신을 성벽에 걸어놓고 병사들을 시켜 시신을 지키게 하였는데 동생은 교묘한 방법으로 병사들을 술에 취하게 만들어 시신을 훔쳐와 형의 장례를 치러준다.

이에 왕은 미인으로 소문이 자자한 자기 딸에게 매춘을 시키면서 화대로는 끔찍한 이야기를 받는다는 소문을 퍼트렸다. 동생은 공주도 탐나고 왕과 지혜와 담력을 겨뤄보고 싶은 마음이 들어 공주를 찾아 왕의 보석을 털어간 일과 자기가 형의 목을 친 일과 시체를 훔쳐간 일을 이야기한다. 그러자 공주는 범인의 팔을 잡고 놓아주지 않는데 그 팔은 동생이 죽은 시체의 팔을 잘라낸 것이었고 동생은 무사히 달아났다.

이에 왕은 동생의 지혜와 담력에 감탄하여 죄인이 출두하면 벌 대신 상을 내리겠다고 공고한다. 그리고 동생이 출두하자 왕은 실제로 동생의 지혜를 칭찬하며 상과 함께 공주와 결혼시켰다고 한다.

(카이로 대학 박사인 정규영도 같은 이야기를 소개했는데 왕은 람세스 3세이고 건축 기술자의 이름은 호렘헵이라고 한다. 그 이야기에서는 공주의 매춘 이야기가 다르게 변형되어 있다.)

이 이야기가 사실이든 아니든 이 이야기가 전해진 자체로도 매춘이나 혼전 성관계가 비난받는 일은 아니었던 것을 짐작할 수 있다.

이런 일은 굳이 먼 나라의 이야기만은 아니다.

《삼국유사》는 〈고기〉를 인용해 후백제의 창업자인 견훤의 탄생설화를 다음과 같이 전한다.

광주에 한 부자가 살고 있었는데 용모가 단아한 그의 딸이 어느 날 이렇게 말한다.
"매일 자주색 옷을 입은 남자가 침실로 와서 관계를 맺곤 합니다."
그러자 그의 아버지가 침착하게 이른다.
"네가 실을 바늘에 꿰어 그 사람의 옷에 꽂아놓아라."
그 실이 커다란 지렁이의 허리에 꿰어 있었고 그렇게 태어난 이가 견훤이다.

딸이 아버지에게 자신의 성행위를 아무렇지도 않게 이야기하고 있다.

인안나의 분신들

인안나는 시대를 초월한 비너스였다.
구석기시대의 비너스상은 가슴과 성기를 특히 강조하였는데 이는 다산과 풍요를 비는 주술적 의미를 지니고 있었다.
수메르의 인안나 역시 곡식과 가축이 풍요롭게 번식하기를 바라는 대상이었다. 그러나 인안나는 수메르 사람들의 문학적 상상력 덕분에 다산의 상징에서 사랑의 대상으로 변모해갔다. 하늘의 여주인이란 본래의 거룩한 면모를 생각하면 이를 인안나의 전략이라고 말할 수도 있겠지만 사랑의 여신으로 변모한 뒤에 인안나는 오히려 선풍적인 인기를 끌면서 세계적인 여신이 되었다.
셈족들은 아쉬타로트라고 불렀고, 바빌론 시대에는 이쉬타르라 했고, 이집트에서는 이시스, 그리스로 가서는 아프로디테, 로마에서는 비너스가 되었다.

이집트의 이시스 여신에 대해서는 부연설명이 필요하다. 이시스에게는 뚜렷한 족보가 있기 때문이다.

이집트 태초의 신은 물의 신 눈이었다. 그 시절엔 세상에 오로지 물만 있었는데 그 바다 가장 깊은 곳에서 창조의 신이며 태양의 신인 라의 영혼이 누워 있었고 라가 이름을 부르는 대로 세상 만물이 태어났으니 라야말로 창조의 신이라고 할 것이다.

라는 바람의 신과 비의 신을 창조했는데 그들이 사랑을 해서 하늘의 여신 누트와 땅의 남신 게브가 태어났고 하늘의 여신 누트가 닷새에 걸쳐 이집트에서 가장 중요한 신 다섯을 낳았다.

첫째 날은 선한 신 오시리스, 둘째 날은 나중에 스핑크스가 되는 하르마키스, 셋째 날은 악마의 회신인 세트, 넷째 날은 이시스 여신, 다섯째 날은 네프티스를 낳았는데 오시리스는 이시스와 결혼하고 세트는 네프티스와 결혼하여 이것이 이집트 왕가에서 남매가 결혼하는 전통이 되었다.

태양신 라는 세상에 내려와 인간이 된 후에 수천 년 동안 이집트를 다스렸는데 라를 하늘로 올려 보내고 선한 신인 오시리스가 왕위를 차지하게 된 것은 순전히 이시스의 공이었다.

이시스는 사람들에게 농사짓는 방법을 가르쳐 주고 오시리스가 여행을 떠난 동안 이집트를 통치하고 있었는데 동생인 세트가 오시리스를 살해하고 왕위에 오른다.

이집트 사람들은 시체를 온전히 장사지내야 저승에 갈 수 있고 저승에 가야지만 환생한다고 믿었는데 세트는 오시리스의 환생을 막기 위해 오시리스의 시체를 유기한다. 이시스는 그 시체를 찾아내었을 뿐만 아니라 세트가 재차 오시리스의 시체를 14조각으로 나누어 나일강에 버렸을 때도 그 시체 조각들마저 찾아내어 오시리스를 무사히 저승으로 보내는데 성공한다.

그리고 이시스는 그녀와 오시리스 사이에서 태어난 아들 호루스를 왕으로 만드는데도 성공한다.

이집트의 파라오들은 모두 호루스의 자손이므로 신이라고 할 수 있다. 이집트의 왕들이 살아 있을 때 자기 무덤을 만들고 죽은 후에는 미이라가 된 이유도 여기 있다. 호루스가 부활하는 날 모든 파라오들이 부활함을 믿기 때문인데 이렇게 된 것도 이시스가 오시리스를 무사히 저승으로 보냈기 때문이다.

이시스와 오시리스/이시스신전 출토

이집트 신화를 살펴보면 창조주이며 태양의 신인 라와 온갖 역경에도 불구하고 세트를 물리치고 호루스를 왕으로 만든 이시스 여신 둘이 가장 중요한 신임을 확인할 수 있다. 그런데 태양신 라의 상징은 두 개의 깃털이고 이시스 여신의 상징의 두 개의 뿔이다. 이것은 분명 수메르문명의 영향을 받은 흔적이다. 그리고 선왕국 시절의 왕들은 파라오라고 부르지 않는 데서도 메스키앙가쉐르의 원정이 사실임을 확인할 수 있다.

이시스의 상징도 뿔이지만 인안나가 후세에 미친 영향으로 뿔도 빼놓을 수 없다. 원래 수메르의 원통형 인장에 인안나 곁에는 두 개의 뿔이 그려져 있었다. 그리하여 뿔이 신이라는 신분의 표시가 되었다. 알렉산더의 초상이 들어간 은화에 뿔이 있는 것도 알렉산더가 신의 반열에 올랐다는 표시다.

그런데 인안나의 또 다른 상징이 뱀이었다. 뱀 역시 인안나가 신이라는 것을 나타내기 위한 상징이었다. 묘하게도 뿔과 뱀으로 나타나는 인안나의 두 가지 상징이 모두 기독교에서는 사탄의 상징이 되었다.

돌이켜 생각하면 수메르에서 가장 인기 있던 두 신인 엔키와 인안나의 운명이 참으로 묘하다. 엔키는 모세를 찾아 기독교의 유일신이 되었고 인안나를 상징하던 두 표시는 악마의 상징이 되었으니 엔키가 인안나를 구해준 때와는 너무도 차이가 벌어졌다.

에페소스의 인안나

튀르키예에서의 인안나 위상은 또 다르다. 튀르키예의 남부 에게 해

에페소스 유적

에 면한 항구 도시 에페소에 가보면 인안나의 위상이 옛날에 어떠했는지 짐작할 수 있다. 에페소는 과거에는 에페소스로 불렸는데 그리스의 아테네, 이집트의 알렉산드리아와 비견될 정도로 엄청난 번영을 구가했던 항구도시였다. 유럽으로 전도여행을 떠나던 사도 바울이 에페소스에 들렀다가 그 도시의 거대함을 보고 경탄을 금치 못했다고 했으며 신약성경의 에베소서는 바울이 에페소스에 살던 신자들에게 보낸 서신이다.

바울이 에페소스에 들렀을 때 우상을 섬기는 것을 보고 분노했는데 바울보다 500년 앞선 사람인 역사의 아버지 헤로도토스는 그 우상을 모셨던 신전을 보고 감탄을 연발했다.

헤로도토스는 그리스에서 이집트를 거쳐 소아시아까지 수많은 신전을 둘러보았는데 에페소스의 아르테미스 신전만큼 웅장하고 화려한 신전은 보지 못했다고 술회했다. 그 거대한 신전에는 대리석으로 만든 거대한 기둥이 127개나 서있었고 그 가운데에 거대한 아르테미스 여신상이 있었다. 바울이 보았던 우상이 바로 그 여신상이었다.

사도행전 19장 35절에 이렇게 기록되어 있다.

에베소 사람들아 에베소 시가 큰 아데미와 제우스에게서 내려온

우상의 신전지기가 된 줄을 누가 알지 못하겠느냐

에베소는 에페소스, 큰 아데미는 아르테미스를 말한다.

성경에 이렇게 기록된 탓인지 나중에 기독교가 공인된 후에 에페소스 신전의 거대한 대리석 기둥들은 이스탄불로 옮겨져 소피아 사원의 건축자재로 사용되었고 거대한 여신상은 파괴되었으며 바울이 머물던 시대에 인구가 22만이나 되던 거대도시는 폐허가 되어 가시덤불로 뒤덮여 무려 1500년 동안 그 존재가 사라졌다가 1869년에 영국 고고학팀에 의해 발견되어 다시 사람들 눈앞에 나타났다.

그런데 에페소스의 여신상 모습이 충격적이었는지 카톨릭의 성지인 바티칸과 나폴리의 박물관에 모사품이 보관되어 있었다. 그리고 기독교도의 눈을 피해 용케 살아남은 여신상 2개는 현재 에페소 박물관에 보관되어 있다.

이 여신상의 가장 두드러진 특징은 가슴이다. 무려 3×7=21개의 유방이 앞가슴에 달려있다. 이것이 정녕 영원한 처녀성을 상징하는 아르테미스의 모습일까?

21개 유방의 아프로디테 / 에페소 박물관

그리스의 아프로디테 여신상

그리스신화의 아르테미스는 달의 신이며 태양신 아폴론과 쌍둥이다. 세 살 때 아버지 제우스에게 영원히 처녀로 남아있게 해달라는 청을 했고 그녀와 함께 지내는 님프들 역시 영원한 순결을 맹세해야 했다.

아르테미스는 복수와 분노의 화신이기도 하다. 아프로디테가 사랑한 미소년 아도니스를 죽게 만들었고 테바이의 사냥꾼 악타이온은 자신의 사냥개 50마리에게 물려죽어야 했고 원반던지기로 도전한 오리온과 자식 자랑으로 도전한 니오베의 자녀들도 무참히 희생되어야 했다.

그러나 에페소스의 아르테미스는 21개의 유방이 있는 것에서도 알 수 있듯이 다산과 풍요의 상징이었다. 그리스의 아르테미스와는 완전히 성격이다르다. 어떻게 이런 일이 일어났을까? 이는 지중해의 패권과 관계가 있다. 아테네가 뒤늦게 패권을 잡았기 때문이다.

가장 먼저 지중해의 패권을 잡은 쪽은 크레타다. 크레타가 산토리니 화산 폭발로 무너지고 미케네가 잠시 패권을 잡았다가 그 패권이 아테네로 옮겨갔다. 에게 해의 요충지인 에페소스의 지배권도 그에 따라 크레타에서 아테네로 옮겨갔다. 그때 에페소스 사람들이 자기들 여신의 이름을 아르테미스로 바꾸었을 것이다.

그전에 그들이 부르던 이름은 알 수 없지만 그 모델은 인안나였음이 분명하다. 왜냐하면 크레타문명도 우루크에서 나왔기 때문인데 그 내력은 뒤에 설명한다.

아테나 여신상

아테나와 인안나

그리스의 여신 중에 인안나와 관련 있는 신을 꼽는다면 당연히 사랑의 여신 아프로디테를 꼽을 것이다. 그러나 인안나의 본래의 면모와 더 비슷한 여신은 전쟁의 여신 아테나다.

아테네의 수호신인 아테나는 패권국가의 수호신인 만큼 장점을 매우 많이 갖고 있다. 헤시오도스의 《신들의 계보》에 의하면 아테나의 어머니는 신과 사람 중에 가장 지혜롭다는 칭송을 들은 메티스다. 아테나는 아버지 제우스의 머리에서 성장한 만큼 지혜가 뛰어났으며 제우스의 머리를 쪼개서 태어날 때 이미 장성한 몸으로 무장을 한 채 튀어나온 내력을 지닌 전쟁의 신이며 정의의 여신이다. 그런 아테나를 호메로스는 올빼미처럼 빛나는 눈을 지닌 신이라고 찬양했다.

올빼미는 아테나 여신의 상징이고 로마로 가서는 미네르바의 부엉이가 되었다. 하지만 올빼미의 원조는 인안나다. 올빼미는 원래 인안나를 상징하는 새였다. 일반적으로 인안나와 관계된 새로 천둥새로 번역하는 안주(Anzu)라는 새를 먼저 떠올리는 사람이 많은데 이는 〈길가메시 이야기〉에서 인안나와 길가메시의 인연이 이 새로부터 시작하기 때문이다. 천둥새는 사자의 얼굴에 독수리 날개와 발톱, 황소의 몸을 지녔다고 하는데, 〈길가메시 이야기〉는 인안나의 꿈을 간직한 나무에 천둥새가 둥지를 짓고 그 때문에 연약한(?) 인안나가 길가메시에 도움을 청하게 되는 것으로 시작한다.

올빼미가 있는 인안나

그러나 이는 길가메시를 위해 인안나를 연약한 이미지의 여인으로 만든 이야기일 뿐이다. 메소포타미아에서 수메르 사람들의 시대가 끝난 서기전 2200년 아카드시대의 인장에도 인안나는 천둥새를 타고 다니는 당당한 모습으로 등장한다. 하지만 인안나의 상징은 올빼미다. 호메로스가 빛나는 눈을 지녔다고 찬양한 그 올빼미가 원래는 인안나의 상징이었던 것이다.

호메로스는 올빼미가 빛나는 눈을 가졌다고 했지만 올빼미의 가장 중요한 무기는 눈이 아니라 귀다. 현대 과학은 올빼미의 얼굴이 접시 안테나처럼 둥글게 진화하여 청력이 매우 뛰어난 것을 밝혀냈다. 나는 인안나의 상징으

천둥새를 탄 인안나

로 올빼미가 꼽힌 것은 올빼미의 눈이 밝아서가 아니라 귀가 밝은 때문이라고 생각한다. 왜냐하면 사람이 올빼미처럼 밤눈이 밝을 수는 없지만 올빼미처럼 청력이 뛰어난 사람은 나타날 수 있기 때문이다.

그리스신화는 신들의 성격을 분명히 구분했다는 평을 받는데 인안나를 표현하기 위해서 아프로디테, 아르테미스, 아테나 이렇게 세 명의 여신을 동원해야 했다. 그런데도 인안나가 지닌 본래의 특성 하나는 표현하지 못했다. 인안나의 사랑은 풍요로운 생산을 의미한다. 그리스 사람들은 세 명의 여신을 동원하고도 인안나의 모습을 다 품지 못했던 것이다. 그만큼 인안나는 수메르 사람들에게 큰 신이었고 메소포타미아로 내려오기 전의 인안나는 그보다도 더 중요한 의미를 지니고 있었던 것이다.

2장. 서구문명의 시작

1. 이집트 정벌
2. 지중해 제패
3. 인더스문명

깃털처럼

2장. 서구문명의 시작

문명은 물과 같아 높은 곳에서 낮은 곳으로 흐른다. 그런데 물은 스스로 흐르지만 문명은 사람을 통해 흐른다. 물은 낮은 곳을 향해 흘러가지만 문명은 이익을 찾아 흘러간다. 그런데 그 이익의 추구가 고대로 거슬러 갈수록 노골적이고 절제라곤 없었다. 그들은 이익을 추구하기 위한 전쟁을 불사했고 전쟁을 했다하면 모든 것을 걸었다.

그리하여 이긴 사람들은 패배한 사람들의 식량과 재산과 여자를 차지하고 살아남은 사람들을 노예로 부리게 된다.

인류가 농업과 목축을 시작하기 전에는 먹을 것을 찾아 이동해 다녔다. 그 과정에서 인류끼리의 조우가 일어나고 그 결과는 항상 전쟁이었다. 그러나 농업과 목축을 시작한 다음에는 양상이 달라진다. 농사를 짓는 사람들은 이동할 이유가 없었다. 그러나 목축을 하는 사람들은 풀을 따라 이동을 해야 했다. 그래서 유목민들은 숙명처럼 전쟁의 가능성을 이고 다녔다.

들판에 곡식이 익어가는 계절이 되면 동물들은 익은 곡식의 냄새를 맡고 유목민들은 창고에 곡식이 쌓이는 소리를 듣는다. 그것은 거부할 수 없는 유혹이 되어 유목민들의 발길을 잡아 이끈다. 하지만 그렇게 약탈을 떠나는 이들도 돌아올 것을 기약하고 떠난다.

이런 약탈을 위한 전쟁에는 일정한 패턴이 있다. 처음에는 순전히 약탈을 위해 나서고 그렇게 약탈을 거듭하다가 약탈을 위해 먼 길을 오고가는 일이 번거롭게 느껴지면 아예 눌러앉아 그들이 정복한 사람들을 노예로 부리는 것이다. 이것이 동아시아의 패턴인데 메소포타미아에서도 처음에는 이런 패턴을 거쳤을 것이다.
그런데 메소포타미아에서 이집트로 출발한 약탈자들의 행태는 다르다. 그들은 너무나 먼 길을 떠났다. 돌아올 길을 기약 않고 떠난 것이다. 또 하나 다른 것은 그들은 유목민이 아니라 농경으로 먹고 사는 사람들이었다. 이런 일을 벌인 것은 그들이 이미 경험이 있었기 때문이다. 그들은 유목민 출신으로 농경민들을 약탈하고 그들을 정복하고 그들을 노예로 삼아 군림한 경험이 있을뿐더러 이미 고향을 버리고 아주 멀리 떠나온 경험이 있는 사람들이었기 때문이다.

그들은 결코 고향으로 돌아가지 않았다. 그들은 새로운 정복지에서 새로운 문명을 세운 다음 놀랍게도 또 다른 정복지를 향해 나아갔다. 그리고 그곳에서도 놀라운 성공을 거둔다. 그때까지 그들의 앞길을 막는 세력은 전혀 없었다. 그렇게 그들은 하늘 높은 줄 모르고 나아갔으나 땅 무서운 줄을 몰랐다. 어느 날 갑자기 땅이 하늘로 올라가더니 사정없이 그들을 덮쳤다. 그리하여 그들은 그동안 얻었던 모든 것을 잃고 사라졌다.

1. 이집트 정벌

메스키앙가쉐르

〈수메르 왕명록〉에 이렇게 기록되어 있다.

키쉬가 전쟁으로 무너지고 왕권은 에안나(우루크)로 옮겨갔다.

태양신 우투의 아들 메스키앙가쉐르는 제사장 겸 왕이 되어 5×60+25년 동안 다스렸다. 메스키앙가쉐르는 바다를 항해한 끝에 산악지대에 상륙했다.

메스키앙가쉐르의 아들 엔메르카르가 우루크를 짓고 왕이 되었으며 7×60년 통치했다.

에안나는 인안나를 모신 성전이며 우루크의 다른 이름이기도 했다. 그리고 엔메르카르의 활약상(인안나를 모셔온 것)에 대해서는 우리가 앞에서 살펴보았다. 그런데 세계사에 훨씬 더 가공할 영향을 미친 인물은 엔메르카르의 先代인 메스키앙가쉐르다. 그에 대한 설명 중 바다를 항해한 끝에 산악지대에 상륙했다는 뜻이 이집트 정벌이었다. 그리고 메스키앙가쉐르의 이집트 정벌은 그 영향이 이집트에 국한되지 않고 지중해까지 미쳤다.

우루크는 유프라테스강 하류의 늪지대에 있었다고 한다. 그러나 이런 단정을 내리기에 곤란한 문제가 있으니 티그리스와 유프라테스는 홍수 때 수시로 강의 흐름이 바뀌곤 했다. 메소포타미아처럼 강수량이 적은 곳에서는 강을 끼고 도시가 발달하곤 했는데 강이 다른 곳으로 이사 가면 도시는 멸망할 수밖에 없었다. 메스키앙가쉐르가 이집트 정벌을 한 것도 이와 관련이 있을 수 있다. 메소포타미아에 비하면 이집트는 조건이 훨씬 좋았기 때문이다.

메소포타미아의 두 젖줄기 중 하나인 티그리스는 우루미아 호수 주변의 만년설이 다 녹아버린 다음에는 수량이 급속하게 줄어들었다. 유프라테스도 수량이 줄어들었으나 터키 아나톨리아 고원에 쏟아지는 비가 있었다. 그런데 아나톨리아 고원에 폭우가 쏟아지는 시기가 일정하지 않았다. 이는 홍수가 가져오는 범람원에 맞춰 농사를 짓기가 어려웠다는 말이다. 수메르에 **"일찍 심은 보리가 무성해질지 우리가 어떻게 알겠는가? 늦게 심은 보리가 무성해질지 우리가 어떻게 알겠는가?"**라는 속담이 있는데 이는 새옹지마 같은 인생의 의외성 때문에 생긴 말이 아니라 유프라테스의 범람이 불규칙해서 나온 말이다.

반면 이집트의 나일은 홍수의 시기가 일정했다. 나일의 상류는 청나일과 백나일이 있는데 청나일에서 내려오는 강물은 아프리카 중부의 기나긴 여정을 거치는 동안 강렬한 햇빛에 증발되어 하류로 내려오는 것이 거의 없다. 그리하여 이집트의 나일은 에티오피아 고원에서 발원하는 백나일에 수량을 의지하고 있는데 에티오피아에 폭우가 쏟아지는 시기는 매년 일정했다. 아비시니아 고원에 쏟아진 폭우는 수개월이 지난 후에야 이집트에 도착하지만 홍수가 나는 시기는 항상 일정했다. 물론 아비시니아 고원에 보다 많은 비가 내리면 홍수가 주택가까지 쓸어버리고 적게 내리면 가뭄으로 흉년이 들지만 비가 평소처럼만 내리면 나일은 영양분 많은 토양을 강 주위에 깔아주었고 농부들은 풍년을 약속받았다.

메스키앙가쉐르는 그런 사실을 알고 있었을 것이다. 우루크는 페르시아 만의 삼각주에 있었는데 B.C. 3400년에 성안의 넓이가 5㎢가 넘었다고 했으니 대단히 번성했던 도시였다. 그 번영의 원동력을 농사에서만 얻은 것이 아니라 해양을 통한 무역에도 상당 부분 의지했을 것이다.

그런 와중에 우루크가 자연재해로 농사짓기가 어려워지자 이집트 원정을 단행했을 가능성이 있다. B.C. 3000년 즈음 유프라테스의 물줄기가 바뀌었다고 하는데 그 영향일지도 모른다.

그런데 지도를 놓고 보면 이집트 원정은 불가능해 보인다. 페르시아 만에서 나와 이집트까지 가는 길이 너무도 멀기 때문이다. 메스키앙가쉐르는 거의 8,000km에 달하는 항해 끝에 이집트에 닿았다고 한다. 그때가 대략 B.C. 3000년인데 그 옛날에 이 먼 거리를 항해하는 것이 가능한 일이었을까? 산적한 문제가 하나둘이 아니지만 차근차근 살펴보면 모두 해결이 가능하다.

항해 준비

우선 선박의 문제다. 메소포타미아에서 나무는 거의 귀중품에 속할 정도로 귀했다. 그런데 어떻게 배를 만들었을까?

나무가 없어도 배를 만들기에 좋았으니 갈대가 있었기 때문이다. 이집트의 갈대는 파피루스고, 메소포타미아의 갈대는 베르디 갈대였는데 이 베르디 갈대가 배를 만들기에 적합했다. 베르디 갈대는 배뿐 아니라 집을 만들 때 사용할 정도로 내구성이 좋았다. 다만 베르디 갈대는 물을 흡수하는 성질이 있는데 이것은 역청으로 해결했다. 역청은 메소포타미아에 흔했는데 특히 지금의 바레인에서 역청이 많이 나왔다.

역청은 지우수드라의 홍수와 노아의 홍수 때도 방주를 만드는데 발랐던 그 역청이다. 그렇게 역청을 바르니 배의 부력도 높아지고 내구성도 향상되었다.

갈대로 만든 배는 지금 시험해보아도 매우 오래 지탱한다고 한다.

갈대배에 대해선 사람들이 실험을 많이 해보았다. 오랜 세월을 항해할 수 있다는 것이 믿어지지 않았던 것이다. 물론 그 실험들은 다 성공해서 갈대배의 성능이 만만치 않았음을 증명했지만 그래도 우려는 남는다.

보푸라기 같은 갈대배에 8,000km를 항해하는데 필요한 짐을 실을 수 있느냐의 문제다. 선원 수십 명이 타고 그들이 일 년 동안 먹을 물과 식량을 실어야 하는데 그렇게 많은 짐을 실을 큰 배를 당시에 만들 수 있었느냐는 의문이 생긴다.

그런데 수메르의 배는 오히려 바위를 싣고 다녔다. 배가 풍랑에 흔들리지 말라고 배가 더 무거워지라고 바위를 싣고 다닌 것이다. 배를 만든 재료인 갈대가 가볍기 때문이지만 짐을 그다지 많이 싣고 다니지도 않았다. 그들은 먼 바다로 나갈 필요가 없었고 해안선을 따라 항해하다 보급할 물건이 필요하면 해안에 상륙해서 보충하면 됐었다. 지도를 보면 그 이유를 알 수 있다.

메스키앙가쉐르의 원정길

우루크에서 배를 타고 내려오면 페르시아 만으로 나온다. 페르시아 만은 좌우 어느 쪽으로 항해해도 문제가 없다. 페르시아 만이 지도로 보면 매우 좁은 해역 같지만 옛날의 갈대배로 항해하기에는 그 넓이가 만만치 않다. 그러나 걱정할 필요가 없었던 것이 페르시아 만은 남쪽 해안을 따라가거나 북쪽 해안을 따라가거나 호르무즈 해협에서 만나게 되어 있다. 호르무즈 해협은 좁은 곳이 폭이 40km밖에 안되어 건너편 언덕이 뻔히 보인다. 그러니 이곳에서 남쪽이든 북쪽이든 원하는 곳으로 갈아탈 수 있었다.

수메르 뱃사람들은 그들의 최종 목적지가 어느 쪽이든 대부분 남쪽 해안을 탔다. 남쪽 항로는 가는 길에 바레인 섬을 만난다. 바레인은 해상전진기지로써의 조건을 완벽하게 갖춘 섬이었다.

'바레인'은 두 물이 만난다는 뜻이다. 두 물은 짠물과 민물이다. 지금은 수맥이 끊겨서 물이 나오지 않지만 옛날에는 바다 밑바닥에서 민물이 펑펑 쏟아져 나와 짠물과 만났다. 이곳은 귀한 식수를 충분히 구할 수 있는데다 배를 만드는데 필요한 베르디 갈대와 역청도 마음대로 쓸 수 있을 만큼 풍부했다.

홍해의 변천

바레인을 출발해 남쪽 해안을 따라 항해를 계속하면 호르무즈 해협을 만난다. 만약 행선지가 인도 방향이라면 여기서 북쪽 해안을 갈아타면 된다. 그리고 지금의 이란 해안을 따라 남쪽으로 내려가다 아라비아 해에 다다르면 서풍을 타고 동쪽으로 가면 된다.

메스키앙가쉐르의 선단은 바레인에서 해안을 타고 남쪽으로 항해했을 것이다. 항해를 계속하여 지금의 카타르를 지나 페르시아 만을 벗어나면 아라비아 해에 도착하게 된다. 거기에서 동풍을 타면 아라비아반도의 남해안을 끼고 순탄한 항해를 할 수 있다. 아라비아반도도 당시는 사막이 아니었다. 아라비아반도의 사막화는 B.C. 2500년부터 시작되었기 때문에 당시에는 풍요로운 땅이었다. 그리고 아라비아반도 남쪽 바다 역시 그들의 영역이었다. 이는 아라비아 해의 명칭이 한때는 홍해였던 것에서 확인할 수 있다.

사실 지금의 홍해는 그 명칭이 매우 이상하다. 홍해는 푸르디푸른 바다다. 3면이 육지로 둘러싸인 바다임에도 불구하고 홍해에는 육지에서 흘러내리는 강이 없어 물빛이 지극히 푸르다. 이는 홍해가 아프리카 대지구대(Great rift valley)의 축이기 때문에 양쪽으로 언덕이 새로이 생겼기 때문일 것이다. 여하튼 홍해는 수질도 지극히 깨끗하여 지구의 산호초가 모두 사라진다 해도 홍해의 산호초는 마지막까지 남아 있을 것이라고 한다.

그런 바다에 왜 붉은 바다라는 이름이 붙었을까? 붉은 얼굴의 사람들이 지배한 바다였기 때문이다. 홍해 이름의 변천사가 수메르 사람들의 활약을 말해준다.

제일 처음, 아주 오래된 옛날에는 지금의 페르시아 만을 에리트레아(붉은 바다)라고 불렀다. 그리고 세월이 조금 더 지나서는 홍해라는 명칭이 지금의 아라비아 해로 이동했다가 최후에는 지금의 홍해로 이동했던 것이다. 이는 수메르 사람들이 지배한 바다가 그렇게 순차적으로 확장되었기 때문이다. 그런데 수메르의 뱃사람들을 왜 붉은사람이라고 불렀을까? 사실 뱃사람들의 얼굴은 아시아 계통이나 아리안 계통이나 따가운 햇살에 그을리기 때문에 모두들 붉다. 하지만 자기들과는 다른 외모를 지닌 사람들이 항해하던 바다였기 때문에 붉은 바다라는 이름이 붙었으리라. 앞에서 살펴본 것과 같이 수메르 사람들은 그 지역의 원주민들과는 다른 외모를 지닌 사람들, 즉 황인종이었던 것이다. 그들이 지배한 바다를 홍해라고 했는데 그들의 지배영역이 점점 넓어짐에 따라 홍해의 명칭이 점점 먼 바다로 이동했던 것이다.

어떤 사람들은 붉은 산의 그림자가 석양에 비추어져서 홍해가 되었다고 하는데 억지로 만들어 붙인 설명일 뿐이다.

여하튼 메스키앙가쉐르의 무리는 때로는 그들이 해상무역을 하면서 곳곳에 설치한 기지에서 보급을 받고, 때로는 약탈의 시대에 걸맞게 사람들이 사는 마을을 습격해 정복자로서의 권리를 향유했으리라.

당시 이집트는 선왕국 시대였다. B.C. 3000년 즈음에 왕국을 건설한 곳은 지극히 드물었다. 그런 만큼 이집트의 선왕국은 당시로서는 상당히 강력한 세력이었다고 보아야 한다. 메스키앙가쉐르가 그 사실을 몰랐다고 볼 수 없다. 알면서도 그는 이집트를 치러 떠났다.

하지만 이집트의 선왕국 세력보다도 더 두려운 것은 멀고 먼 바닷길이었다. 그리고 바다가 끝나는 곳에서 다시 물길이 이어지는 곳까지의 원정길이었다. 그걸 알면서도 메스키앙가쉐르는 이집트 원정을 떠났다. 완벽한 계산과 배짱이 없으면 강행할 수 없는 원정이었다.

항해는 순탄하게 진행되고 그들은 기나긴 아라비아반도의 남단을 항해하여 드디어 아카바 만에 도착한다. 거기에도 기다렸다는 듯 비교적 좁은 해역이 나온다. 그곳에서 아프리카 쪽 해안으로 바꿔 탄다. 그리고 남풍을 기다려 남풍을 타고 북쪽을 향해 진격한다. 그때부터 세계에서 가장 푸른 바다가 Red Sea라는 이름을 얻게 되는 것이다.
그들이 홍해를 거슬러 올라간 것은 분명하지만 어디에 상륙했는지는 정확히 알 수 없다. 하지만 홍해 아주 깊숙하게 올라가지는 않았을 것이다. 당시 선왕국의 수도는 카이로가 아니라 더 남쪽이었고, 그들의 목표는 이집트의 왕궁이 아니라 왕궁 상류의 나일이었기 때문이다.

산으로 가는 배

여기까지 그들이 항해한 거리를 8,000km로 추정하는데 지구 둘레의 1/4에 해당하는 먼 거리다. 그러나 그 먼 거리를 항해해 온 것은 시작에 불과하다. 아프리카 해안에 상륙한 다음 진짜 문제가 나오는데 거기부터는 불모의 황무지 언덕을 넘어야 했기 때문이다.
여기에서 그들은 놀라운 방법을 결행한다. 배를 끌고 산을 넘는 방법을 택한 것이다.
지도를 보면 홍해에서 나일까지는 상당히 멀다. 하지만 나일의 수로는 자주 바뀐다. 당시는 지금보다 가까운 거리에 있었던 모양이다. 지금보다 기후가 따듯했던 시절이니 바다의 수위도 지금보다는 높았을 것이다. 배를 끈 거리를 대략 200km 정도로 추측하는 학자도 있다. 그래도 배를 끌고 산악지대를 넘어간다는 것은 놀라운 발상이다. 평지에서도 배를 끌고 가기가 어려운데 그들은 어떻게 배를 끌고 산을 넘어가는 방법을 선택했을까? 가능했던 이유는 배가 갈대로 만들어져 가벼웠기도 했지만 하늘의 도움이 있었기 때문이다.
나일에서 동쪽으로 이어지는 땅은 황무지다. 바람이 불면 모래 먼지 자욱하게 날리는 사막 같은 황무지에 먹장구름이 낮게 깔리고 폭풍우가 몰아치면 그 메마른 땅에 거대한 흙탕물이 도도하게 흘러가기 시작한다. 이것이 사막의 강인 와디다. 이때 사람이 휩쓸리면 순식간에 쓸려 가버린다. 그 흙탕물에 사람 대신 배를 띄우면 물살을 타고 총알처럼 날아간다.

하지만 와디는 항상 그 자리에서 기다려주지 않는다. 무섭게 범람하다가도 순식간에 사라지는 것이 사막의 강인 와디다. 그러나 이 와디를 따라가면 이점이 상당히 많다. 물살이 휩쓸고 지나간 길이라 비교적 평탄하고 오아시스를 만날 확률이 높다.

태양신 레와 두 개의 깃털

와디 중에 압바디라는 와디가 있는데 이 압바디 와디가 시작되는 곳이며, 나일강에서 50km 정도 떨어진 곳에 세티1세가 태양신에게 바친 카나이스 신전이 있다.

사막의 신이며 땅의 신인 세티

세티라는 이름은 귀에 익다. 아담의 셋째 아들이며 이스라엘 민족의 조상인 셋을 생각나게 하는 이름이다. 하지만 세티 1세의 이름은 셋이 아닌 세트의 사람이라는 뜻이고 세트는 사막의 신 이름이다.

세트는 위대한 신이다. 사막의 신이며 모래 폭풍의 신이며, 땅의 힘을 상징하는 신이다. 세트는 그 모습이 지옥에서 온 개 같은 모양으로 매우 사나운 형상인데 세티 1세는 스스로 이런 야차 같은 신의 사람이라고 칭한 것으로 보아 매우 사나운 전제군주였을 것이다.

이런 세티 1세가 태양신 레에게 신전을 바친 까닭은 하늘과 땅의 영광을 동시에 받겠다는 욕심이리라. 아니나 다를까 이런 황량한 사막 가운데 신전을 지은 까닭은 근처에 금광이 있었기 때문이란다. 태양신에게 더 많은 금을 달라는 목적으로 세운 신전이 카나이스 신전이다.

카나이스 신전 기둥에 그려진 태양신의 모습을 눈여겨 볼 필요가 있다. 머리에 왕관을 쓰고 있는데 거기에 2개의 깃털이 꼽혀 있다. 머리에 꽂는 깃털이라면 한국인에게도 낯선 장면이 아니다. 북부여 시조 해모수가 하늘에서 오룡거五龍車를 타고 내려올 때 깃털이 꽂혀있는 모자를 쓰고 내려왔는데 그 깃털은 까마귀 깃털이었다. 까마귀는 태양의 심부름꾼이며, 때로는 태양 그 자체를 상징하기도 하는 새이다. 그런데 태양신 레의 왕관에도 깃털이 꼽혀 있으니 이건 우연이라고 보기 어렵다. 비단 카나이스 신전뿐이 아니라 이집트에서는 레의 상징이 두 개의 깃털이라고 알려져 있다.

어디에서 이런 기막힌 인연의 끈이 연결되어 있는지 찾을 필요가 있다. 그 인연 또한 수메르사람들이 가져왔는데 그 증거도 신전에서 멀지 않은 곳에 있다.

태양신 레

태양신은 세계 어디에서나 높은 위치를 차지하는 신이다. 옛사람들은 태양과 하늘을 동일시한 경향이 있었던 것 같다. 동아시아의 북부, 즉 유목민족의 세계에서는 태양(해)의 발음이 가라였다고 한다. 桓因도 고어로는 가라로 읽었다는 주장도 있다. 태양은 또 불과도 통한다. 부여의 옛 발음이 ㅂㄹ였다고 하는데 ㅂㄹ는 바람이라고 하는 설과 불이라고 하는 설이 있는데 부여족의 부여는 불을 의미하는 말이었을 것이다. 이처럼 태양은 북방유목민족의 세계에서도 높은 위치를 차지하지만 이집트에서 태양신의 위치는 더 높다. 태양신 레가 창조의 신이기도 하고 세트와 오시리스와 호루스를 비롯한 신들과 신들의 피를 이어받은 파라오들 모두의 조상이기도 하기 때문이다.

놀라운 암각화

카나이스 신전은 넓고 황량한 사막에 세워진 하나의 이정표이기도 하다. 신전 뒤편에 하나의 산을 이루는 검은 암벽이 있고 거기에 까마득한 옛날에 바위 위에 그려놓은 그림들이 있다.

지휘관 모습이 크게 그려진 암각화

이집트 신화는 새겨진 신화라고 한다. 신전과 성소의 벽이나 스핑크스의 발아래 새겨지고 아스완의 바위에 그리고 이집트 곳곳에 새겨져 있다. 그 새겨진 이집트 신화가 시작된 곳이 이곳 카나이스 신전 뒤의 바위다.

여기 새겨진 그림들은 배를 끌고 황무지를 횡단하는 그림들이다. 병사들이 줄을 매어 배를 끌고 가는 그림들이다. 그들이 끌고 가는 배 중에는 병사들이 60명 이상 탄 커다란 배도 있다. 60명의 병사들이 탄 배를 끌고 간 것이 아니라 그 배의 군사가 60명이 넘는다는 의미겠다.

배를 끌고가는 모습을 그린 암각화

지휘관과 시종만 탄 작은 배도 있다. 지휘관으로 보이는 사람들이 눈길을 끈다. 일반 병사들보다 훨씬 크게 그려놓았다. 지휘관을 그렇게 크게 그린 것으로 보아 위계질서가 단단히 확립된 집단인 모양이다. 일반 병사들은 소인국 사람처럼 조그맣게 그리고 지휘관은 거인국 사람처럼 크게 그렸기 때문에 지휘관의 특징이 잘 나타나 있다. 무기는 활이나 부메랑 같은 것을 들었는데 머리가 이상하다. 머리에 기다란 뿔이 2개 달려있다. 자세히 보면 뿔이 아니라 기다란 깃털 두 개를 꼽은 것임

고구려 쌍영총 기마무사

을 알 수 있다. 이것이 태양신 레의 모자에 두 개의 깃털을 장식하게 된 유래다.
무용총과 쌍영총의 고구려 장수들 모습이 이와 같다. 무용총의 수렵도에서 사슴을 향해 효시를 겨누는 고구려 장수의 머리에 기다란 깃털 두 개가 꼽혀 있었다. 효시를 겨누는 사람은 지휘관이 분명한데 유독 그의 머리에만 깃털 두 개가 꼽혀 있었다.
고구려 쌍영총 차마행렬도의 말 달리던 무사도 그랬다. 고구려 무사의 머리에 꼽은 깃털이 두루미 꽁지털이라지만 그것은 중요하지 않다. 머리 위에 두 가닥 기다란 깃털로 멋을 낸 사막 암각화의 지휘관들 모습과 고구려 벽화 장수들의 장식은 분명히 공통적인 무엇인가가 있다.
이집트와 고구려, 공간적으로도 엄청난 거리고, 그림이 그려진 시기도 3,000여년의 세월을 격하고 있다. 무엇이 이 둘 사이를 연결하는 것일까?
결국은 이들의 조상이 떠나온 곳을 찾을 수밖에 없다. 남방문화와 북방문화의 갈림이 시작된 곳, 그곳은 그 옛날의 에덴이다. 하지만 시대적 순서에 입각하여 메스키앙가쉐르 원정대 이야기부터 마무리하자.

암각화가 그려진 검은 돌산 너머 저 동편에 제법 높은 산들이 아스라이 능선을 드러내고 있다. 배를 타고 온 수메르 병사들이 기어이 배를 끌고 넘어온 산들이다. 그들은 이곳에서 휴식을 취하면서 하늘의 도움, 즉 폭풍우가 몰아치기를 기다렸을 것이다. 기다리는 시간에 그들은 암벽에 그들의 일을 그렸다. 그래서 그 상상하기도 어려운 일들이 실제로 있었다는 증거로 남았다.
그렇게 그들의 일을 암벽에 새기면서 기다리던 어느 날 하늘이 검은 구름으로 덮이면서 폭풍우가 몰아친다. 그러면 마술처럼 사막에 갑자기 강이 생기면서 거센 물살로 흐르기 시작한다. 그 도도하게 흐르는 물에 베르디 갈대배들이 하나씩 올라가고 쏜살같이 내달려 나일에 다다랐으리라.

그들의 역사는 기록되어 있지 않다. 서기전 3000년의 일이니 잊힐 수도 있으리라. 그러나 역사는 흔적을 남긴다. 이집트에 先왕국이 있고 古왕국이 있는 것이 그 증거다. 선왕국이 망하고 고왕국이 선 때가 그즈음이다. 선왕국과 고왕국의 명칭에 대해 이상하다고 생각한 사람들이 많았을 것이다. 왜 선왕국이라 했을까?

그에 대해서 그 전에는 그럴듯한 왕국이 없었고 메소포타미아의 도시국가들처럼 나일강 주변에 노에스라고 불리던 지역 국가들이 있었는데 B.C. 3150년에 메네스왕이 통일왕조를 구축하였다고 설명한다. 물론 석연치 않은 설명이다.

그런데 희한한 물건이 나타난다. 아무리 진실을 감추려 해도, 그것이 아무리 불편한 진실이라도 역사를 알려주는 실마리는 결국은 나타나기 마련인 모양이다. 게벨 알 아라크의 돌칼이 등장한다

게벨 알 아라크의 돌칼

이집트에는 펠러라는 사람들이 있는데 그들은 고대의 유물을 수집하여 돈을 지불할 임자를 찾아다니는 장사치들이다. 그들의 목적은 오로지 돈에 있기 때문에 유물을 발견한 동기나 장소도 비밀로 붙이는 경우가 많다. 그런데 펠러가 그 돌칼을 게벨 알 아

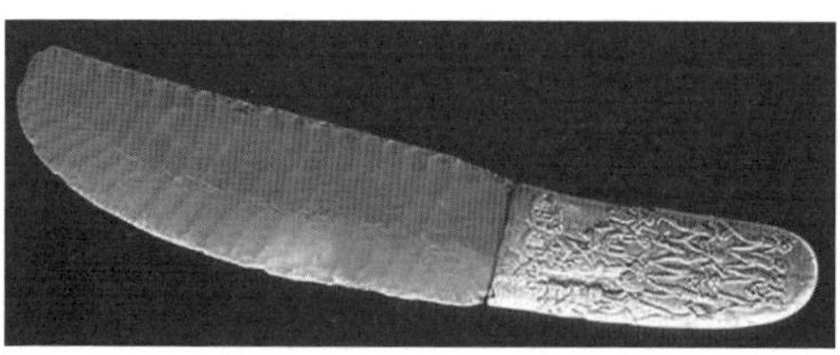

게벨 알 아라크의 돌칼(위) / 돌칼의 손잡이 부분(우측)

라크라는 마을에서 구입한 것이라 증언했다. 그래서 그 돌칼에 게벨 알 아라크의 돌칼이라는 이름이 붙었다.

그 칼의 날은 부싯돌로 만들어졌고 부싯돌 날에는 별다른 의미가 없다. 그런데 칼자루는 상아로 만든 데다 정교하게 그림이 새겨져 있는데 거기에 나일강의 전투장면이 새겨져 있다.

강위에서 벌어지는 해전의 모습에서 침몰하는 배는 이집트 파피루스로 만든 동그란 배였고, 침몰 시키는 배는 베르디갈대로 만들고 역청을 칠하고 앞뒤의 용골을 세운 네모난 수메르 배였다.

물에 빠져 허우적거리는 병사들은 긴 머리의 이집트 병사들이고 몽둥이로 내려치는 병사들은 짧은 머리의 수메르 병사들이었다.

칼자루에는 지상전의 그림도 그려져 있다. 전투가 끝난 장면이다.

짧은 머리의 수메르 병사들은 몽둥이를 치켜들고, 긴 머리의 이집트 병사들은 포승줄에 묶여가고 있다. 이것이야말로 원정군의 승리를 묘사한 생생한 그림이다.

칼을 뒤집으면 맨 위에 양손에 사자 한 마리씩 움켜진 모자 쓴 남자가 그려져 있는데 이는 전형적인 수메르 영웅상의 표현이다.

이 칼에 새겨진 조각은 메스키앙가쉐르의 승리를 기록한 것이다. 메스키앙가쉐르는 와디를 타고 와서 나일강에 배를 띄웠고 선왕국의 병사들과의 해전에서 완벽한 승리를 거두고 나아가 육지에서의 전투까지 승리하여 이집트 정벌을 완성한 것이다.

이런 그림은 지금은 아스완 댐에 수몰된 매의 도시라는 히에라콘폴리스의 100호 고분에서도 발견된다. 여기에도 양손에 두 마리의 맹수를 움켜쥔 영웅의 그림도 있었고. 수메르 사람들이 타고 온 네모난 이물이 높은 검은 배, 그리고 포로를 때리는 모습도 그려져 있었다. 그리고 이 고분에서 유명한 니르메르 팔레트가 발견되었다. 니르메르는 초기의 지도자라

니르메르의 파레트

는 뜻이다.

니르메르 팔레트는 인체를 여러 시점에서 본 형식으로 표현했다고 유명한 모양인데 역사적으로는 그 내용들이 의미심장하다.

여기에 장식된 조각은 소의 머리, 전형적인 메소포타미아 형식인 목이 긴 짐승이 목을 서로 꼬고 있는 모양, 그리고 왕의 개선 행진 모습과 그 앞에 목이 잘린 시체들이 늘어서 있다. 또 포로를 때리는 모습, 적병들이 도망가는 모습, 황소가 적들을 짓밟는 모습들이 그려져 있다.

그러므로 고왕국을 건설한 사람은 메네스 왕이 아니라 메스키앙가쉐르 왕이라고 주장해야겠지만 메스키앙가쉐르가 이집트 사람들에겐 메네스로 불렸는지도 모르겠다.

문제는 그러한 사실이 이집트 역사에 기록되지 않았다는 것이다. 그 이유는 알 수 없으나 원정과 정복의 증거는 많다.

정복의 증거

문자는 오랜 세월에 걸쳐 발전해 나간다는 것이 일반적인 이론이다. 그런데 이집트의 상형문자는 고왕국 시대에 들어와서 급속도로 발전했다. 메스키앙가쉐르가 문자를 도입한 때문이 아니겠는가?

〈수메르 왕명록〉에 의하면 메스키앙가쉐르 후대가 엔메르카르고 그때 처음 수메르의 문자가 사용되었다는 기록이 있지만 이는 엔메르카르의 업적을 돋보이게 하려는 치사일 것이다. 문자는 그렇게 하루아침에 만들어지는 것이 아니다. 이집트 최초의 상형문자는 최초의 파라오인 전갈왕(Scorpion King)과 니르메르의 승전을 기록하고 있다고 한다. 이것으로 보아도 메스키앙가쉐르의 원정대가 초기 문자를 가져왔을 가능성은 높다. 그때부터 이집트의 문자가 빠르게 발전하기 시작하는데 수메르와는 다르게 독자적으로 발전하게 되었을 것이다.

데이비드 롤은 그의 저서 《문명의 창세기》에서 정복의 증거들을 자세하게 설명했는데 나카타 유적에서 나오는 유물들 이야기도 주목할 만하다. 1895년 영국의 고고학자들이 나카타에서 이집트문명의 획기적인 변화를 알려주는 유물들을 발굴했는데 나카다는 아스완댐에서 나일을 따라 북쪽으로 100km 하류에 있는 지역이다. 이곳은 왕들의 무덤으로 유명한 고대 도시 룩소르에서 북쪽으로 25km쯤 떨어진 곳으로 대규모 고분군이 있었다.

나카타 유적을 살핀 결과 1.매장 풍습이 달라졌고, 2.토기의 형태와 장식이 달라지고, 3.원통형 인장이 나타나고, 4.흙벽돌을 사용하게 되었으며, 5.청금석과 흑요석이 발굴되었다는 특징들이 드러났다.

고대사회에서는 무엇이나 잘 바뀌지 않았지만 그중에서도 가장 바뀌기 어려운 것이 장례풍습이다. 당시의 장례 의례는 알아내기는 어렵지만 매장의 자취는 유물로 나타난다. 무덤의 구조가 바뀌었다는 것은 강력한 외래 문물이 들어올 때에만 가능한 것으로 이것만으로도 외래 민족의 지배가 있었다는 증거가 된다.

토기도 역시 마찬가지다. 토기는 불의 온도를 올리는 기술의 지배를 받는다. 그렇기 때문에 자체적으로 혁명적인 변화가 일어날 가능성은 극히 희박하다.

여기에서 발견된 토기에 특기할 만한 것이 있으니 그것은 항아리 양쪽에 손잡이 같은 귀때기가 붙어 있고 그 귀때기에 구멍이 뚫린 것이다. 구멍을 뚫은 이유는 구멍에 줄을 끼워 넣고 막대기에 묶든지 해서 운반하기 편리하도록 한 것이다. 그 중

구멍뚫린 손잡이가 달린 채색토기

큰 항아리에는 이런 귀때기가 서너 개씩 붙은 것도 발견되었다. 이집트에는 이런 유형의 옹기가 전에는 전혀 없었다. 이런 유형의 옹기는 메소포타미아, 그 중에서도 우루크에서 주로 출토되던 것이었다. 그리고 그 토기의 시대도 메스키앙가쉐르의 시대와 같았다. 그렇다면 이것은 메스키앙가쉐르의 원정이 가져온 결과물이라고 볼 수밖에 없지 않을까?

원통형 인장은 수메르의 독특한 문화다. 원통형 인장은 옆면에 다양한 그림을 새기는데 일종의 부적이라고 생각하면 된다. 자기 도시의 수호신, 가족의 수호신이나 조상의 상징, 부족의 상징, 문양 등을 새겨 놓는다. 원통형인장을 점토판에 옆으로 굴리면서 등사판의 롤러 밀듯이 한 바퀴 돌려주면 사각형의 그림이 나타난다.

이 원통형 인장이 이집트에 나타난 것은 수메르의 문화적 영향 때문임이 분명하다.

흙벽돌은 수메르의 발전된 건축 기술이다. 수메르 사람들은 강가에 흔한 진흙을 이용해 벽돌을 만들고 겉에 역청을 반죽한 회반죽을 칠해 방수처리까지 했다. 우루크와 키쉬의 전쟁도 이 흙벽돌 때문에 일어났다는 이야기를 앞에서 했다. 이런 흙벽돌을 사용함으로써 이집트도 보다 견고한 건축물들을 건설할 수 있었다. 물론 이집트 건축의 걸작들은 석재로 만들어졌다. 하지만 석재 건축은 돌을 다듬는데 엄청난 노동력을 필요로 했기 때문에 흙벽돌이 이집트 건축에 기여한 바는 자못 크다.

청금석은 수메르인들의 활동 범위를 알 수 있는 단서도 된다. 청금석은 물에 적시면 파랗게 아름다운 빛을 발하는 보석인데 이집트에서는 나오지 않는다.

청금석은 인더스 지역에서 나온다. 물론 자그로스 산맥일대에도 청금석이 산출되나 소량이라 수메르 사람들은 인더스강 중류에 청금석 채굴을 위해 멜루하라는 도시를 건설하기도 했다. 이 인더스문명과 관계된 이야기는 뒤로 미룬다. 다만 인더스문명에서 채굴한 청금석이 이집트에서 발견되었다는 사실은 메스키앙가쉐르의 원정설을 뒷받침하는 또 하나의 증거라는 점만 강조한다.
여기에 한 가지를 덧붙이면 에덴을 찾을 때 이야기한대로 나일의 다른 이름이 기혼이라는 것이다. 이것은 수메르 사람들이 이집트에 올 때 그들의 고향인 에덴에서 흐르던 강 이름을 갖고 온 것이다. 그리하여 창세기에 나오는 기혼의 이름이 나일에 붙여졌던 것이다.

데이비드 롤은 또 다른 증거도 제시한다.
죠세르 왕의 피라미드 곁의 신전에 있는 기둥 이야기다. 이 기둥은 세로로 여러 개의 홈이 파져 있어 마치 도리아식 기둥처럼 보이지만 도리아 양식보다 수천 년 앞섰다. 그 기둥 상층부에 묘한 장식이 있는데 두 개의 잎사귀가 늘어뜨려진 형태다. 그것을 종합하면 도리아 양식처럼 보이는 이 기둥들은 줄기에 세로로 홈이 있는 어떤 식물에서 모티브를 따온 것인데 그런 식물이 이집트에는 자라지 않는다.
그 식물은 자그로스 산맥, 즉 에덴에서 자라는 식물이었다. 헤라클레움기간태움이라는 이 식물은 한해살이풀인데 줄기 밑동의 두께는 10cm, 높이는 5m에 이른다. 이 풀은 껍질이 매우 두꺼워 가을에 말라죽으면 두꺼운 껍질이 매우 단단해지기 때문에 좋은 건축 재료가 된다. 고왕국 시대의 건축물 기둥에 나타나는 이 식물의 모티브도 역시 메세키앙가쉐르의 원정설을 뒷받침한다.
또 있다.
나카다에는 수천 개의 무덤이 있는데 영국의 피트리라는 학자가 여기서 2,000개 이상의 무덤을 발굴했다. 그런데 그가 나카다 1기라고 명명한 선왕국 시대의 무덤은 단순한 원시 흙무덤들이고 그가 나카다 2기라고 명명한 고분들은 무덤의 모양이 네모나고 안쪽에 벽돌로 벽을 만드는 등 발전된 형태의 양상을 보인다. 앞에서 이야기한 귀때기 달린 항아리들도 이곳 나카다 2기의 무덤에서 출토되었다.
그런데 이 두 곳에 매장된 두개골들의 형태가 상이했다. 선왕조 시대의 무덤에서 출토된 두개골은 골상이 긴 형태였고, 고왕국시대의 두개골인 나카다 2기의 두개골은 얼굴이 옆으로 넓은 상이었다. 그리고 고왕국시대의 두개골은 선왕국 시대의 두개골보다 두뇌의 용량이 훨씬 컸다. 그래서 피트리는 지배종족설을 주장했다. 그는 지배종족이 아시아인이라고 말했지만 가로가 세로보다 긴 종족은 두말할 필요도 없이 퉁구스 아니면 투르크 계통이다.

물론 두뇌가 크다고 머리가 좋다고 말할 수는 없다. 보통 사람들의 두뇌 용량이 1,400cc인데 아인슈타인의 두뇌는 1,250cc였다는 것이 좋은 예다. 하지만 이집트를 침공하여 그곳의 지배자가 된 사람들이 퉁그스 혹은 투르크 계통의 사람들이었음을 보여주는 증거임에는 틀림없다.

사실 문헌으로도 증거가 있다. 헤로도토스는 그의 저서 《역사》에 고대 이집트의 왕들에 대한 이야기를 상당히 많이 남겼는데 이집트의 사제들에게서 들은 것이다. 그중에 세소스트리스라는 왕의 행적이 메스키앙가쉐르와 매우 비슷하다.

고대 이집트에는 민이라는 왕부터 시작해 330명의 왕이 있었고 최후의 왕은 모리스였다고 한다. 세소스트리스는 그 다음에 나타난 왕이다. 민부터 시작한 왕조를 선왕국에 대입하고 세소스트리스부터 고왕국에 대입할 수 있는 설명이라 하겠다. 그리고 세소스트리스의 업적 소개는 유사 이래 처음 함대를 이끌고 아라비아 만을 떠나 홍해 연안의 주민들을 정복하고 물길이 얕아져 더 이상 항해할 수 없는 해역에 이르렀다는 것부터 시작한다.

헤로도토스가 말한 '아라비아 만'이 지금의 페르시아 만이 와전된 것이라면 세소스트리스의 항해는 메스키앙가쉐르와 일치한다. 그러나 《역사》에 붙은 註는 여기의 아라비아 만이 지금의 홍해고, 홍해가 인도양이라는 주장을 한다. 무슨 근거로 그렇게 말하는지 궁금할 따름이다.

그런데 세소스트리스의 다음 행적에 대한 설명도 메스키앙가쉐르를 연상하게 한다.

세소스트리스는 대륙을 석권하고 아시아와 유럽으로 넘어가 수많은 지역을 정벌하고 스키타이와 트라키아까지 정복했다고 한다. 그리고 정복지에서 데려온 포로들을 동원해 나일의 물을 이용한 수많은 운하를 건설했다고 한다. 정복지의 노예들을 동원해 운하를 판 일은 수메르 사람들이 메소포타미아의 원주민들을 동원해 관개농업을 한 것과 유사하다. 또한 헤로도토스가 말한 세소스트리스의 행적처럼 메스키앙가쉐르는 이집트 정벌로 만족하지 않았다.

실제로 메소키앙가쉐르가 직접 아시아와 지중해 원정대를 이끌었는지 그의 부하들을 파견했는지 확인할 수 없지만 이집트 원정대는 지중해로 나가 아시아의 레바논과 지중해의 수많은 섬들을 종횡무진으로 누볐다.

흔히 서양문명의 모태는 그리스문명이고 그리스문명의 모태는 이집트문명이라고 하는데 이는 충분한 설명이 아니다. 그리스문명과 이집트문명 사이에 크레타문명이 있었는데 그 주인공을 찾아 떠나보자.

2. 지중해 제패

나는 크레타를 알기 전에 코르시카부터 알았다. 나폴레옹의 고향이기 때문이다. 그와 함께 나폴레옹이 알프스를 넘었고 "나의 사전에 불가능은 없다." 는 말을 남긴 것도 알게 되었다.
그리고 10여년이 지난 후 한니발이 나폴레옹보다 2,000년이나 먼저 알프스를 넘었음을 알게 되었다. 그때 심정이 참 복잡했지만 의문 하나만 남기기로 했었다. "나폴레옹이 그 사실을 알고 있었을까?"
한니발을 알고 40년이 지난 후에 메스키앙가쉐르가 배를 끌고 산을 넘은 것을 알게 되었다. 그러자 또 하나의 의문이 생겼다. "한니발이 그 일을 알고 있었을까?"
묘하게도 알고 있었을 것 같은 느낌이 들었다. 옛날 고리짝의 일로 연대가 2,500년 정도 차이난다. 하지만 둘 사이의 인연이 만만치 않다.

나일의 지배자

메스키앙가쉐르의 원정대는 배를 끌고 산을 넘어 이집트를 완전히 정복했다. 메스키앙가쉐르로 추측되는 메네스 왕은 선왕국을 정복하고 또 다시 남진하여 지중해와 맞닿은 삼각주 일대까지 점령하여 그곳에 멤피스를 건설하고 수도로 삼았다. 그들 이집트 원정대는 거기에서 예쁜 여자들 차지하고, 좋은 집 짓고, 원주민들을 노예로 부리는 정복자의 3대 권리를 누릴 수 있었다.
실제로 고대 이집트에는 이 3대권리를 누리는 이리파트(Iry Pat-파트가문 사람들)라는 귀족들의 집단이 있었으며 이들은 모두 정복자 집단의 친인척인 것으로 추측된다. 그런데 파트의 신분이 되어서도 만족을 모르는 사람들이 있었는지 또 다시 배를 타고 정복의 길로 나선 무리가 있었다.

고대에 이집트는 축복 받은 땅이었다. 나일 주변은 온통 사막뿐이지만 물 걱정이 없었다. 하늘에서 비 한 방울 내리지 않아도 나일은 항상 풍족한 물을 보내주고 있었다. 이런 것들이 에덴의 기억과 비슷해서 메스키앙가쉐르가 이집트를 침공했을지도 모르겠다. 날은 따듯하고, 공기는 온화한데 비가 오지 않아도 물 걱정 하지 않고 사는 것이 에덴에 버금가는 환경이라 그들이 이집트로 왔을 지도 모른다. 그러기에 나일을 그들이 에덴에 있던 강을 부르던 가이훈이란 이름으로 불렀고 남쪽의 높은 산을 쿠시에 다그(산)라고 불렀을지도 모른다.

나일은 또 하나의 장점이 있었으니 강을 따라 상류로 오르는 일도 편리했다. 바람이 일 년 내내 북에서 남으로만 불었기 때문에 상류로 올라가려면 돛을 활짝 펼치기만 하면 쉽게 남쪽 상류로 올라갈 수 있었고 돛을 접고 물결만 따라가면 북쪽 하류로 내려갈 수 있었다. 그러나 상류로 무한정 올라갈 수는 없었으니 아스완에 이르면 폭포가 나타나기 때문이다. 그런데 불가사의하게도 이집트가 아스완 한참 북쪽의 수단지방하고도 교역을 한 흔적이 나타난다.

나일 강 부근

이집트에 '타네제르'라고 부르는 곳이 있었는데 타네제르는 신의 땅이라는 뜻이다. 이곳은 파라오의 통치의식이나 신에게 지내는 종교의식에 필요한 몰약, 유향, 상아, 흑단 등이 나오는 머나먼 땅이었다. 이곳을 프웨네트 혹은 푼트라고도 불렀는데, 푼트는 아라비아 바다에서 아프리카의 뿔이라고 불리는 뾰족한 반도(소말리아 반도)를 지나 홍해로 들어오는 좁은 해협(아침의 문)에 있었다. 푼트는 양쪽에 있는 땅으로 이해되기도 하므로 좁은 해협 양쪽 모두가 무역의 거점이었겠지만 이집트의 신이나 파라오를 위한 물품이 주로 나는 곳은 아무래도 아프리카쪽 푼트였으리라.
바다를 통해 푼트와 교역하려면 메스키앙가쉐르가 배를 끌고 넘었던 길을 넘어 바다로 가서 배로 갈아타는 불편을 겪어야만 했는데 그보다는 육로를 통해 교역을 하는 경우가 많았던 모양이다. 이집트의 기록에 와와트 쿠시, 이렘, 네마이를 지나 푼트에 도착한다고 했는데 이는 누비아와 수단을 지나가는 길이다. 문제는 이집트 원정대를 영접하는 푼트의 통치자가 아시아 계통의 특징을 지닌 것으로 이집트 부조에 그려져 있고 부인은 불룩한 젖가슴과 엉덩이가 도드라진 아프리카 원주민의 모습을 하고 있다는 것이다. 어쩌면 푼트의 통치자로 그려진 사람이 정복자가 아니고 상인일 수도 있겠다. 당시의 거상이면 당연히 군사력도 있어야 하고 현지 여성을 아내로 맞을 수도 있는 일이다. 그러니 아스완 북쪽의 일은 당시 사람들이 대단히 멀고 험난한 길을 뚫어 교역을 했고, 그 중심에 셈족이 아닌 붉은 얼굴을 한 아시아 인종이 있었다는 정도로 정리하고 넘어가기로 하자.
더 중요한 인물들은 나일을 따라 북쪽 지중해로 간 사람들이다.

크레타문명

이집트에서 남쪽으로 간 사람들은 사치품을 찾아간 사람들이지만 북쪽 지중해로 간 사람들은 보다 실용적인 물품을 찾아 나선 사람들이다.
앞에서 살펴본 대로 메소포타미아에서는 금속과 보석을 구하기 위해 아라타 왕국과 교역을 했다. 그런데 이집트도 비슷한 환경이었다. 이집트는 구리는 풍부하지만 다른 금속은 전혀 나지 않았고 나무도 단단한 목재는 무화과와 아카시아 정도였다.
우리는 앞에서 우루크의 세 영웅을 살펴보았다. 메스키앙가쉐르는 식량을 찾아서, 엔메르카르는 금속을 찾아서, 길가메시는 목재를 찾아서 정벌을 단행했다. 그렇다면 식량을 찾아서 이집트에 온 메스키앙가쉐르의 부류도 엔메르카르처럼 금속이 필요했을 것이고, 길가메시처럼 목재도 필요했을 것이다. 지중해 원정대는 그런 필요에서 탄생했는지도 모른다. 사이프러스나 레스보스가 각각 측백나무와 숲이 깊다는 뜻의 이름을 지니게 된 것도 그런 때문인지 모른다.

지중해의 중심에는 크레타 섬이 있다. 지금은 크레타가 그리스에 속해 있지만 옛날에는 크레타의 세력이 그리스를 압도했다. 그리스 신화에 나오는 테세우스의 무용담도 그리스가 크레타에 복속 당했기 때문에 나온 것이다.

미노타우로스를 안고있는 파시파에

크레타의 미노스는 포세이돈의 가호를 받아 왕이 되었으나 가장 아름다운 황소를 제물을 바치지 않고 다른 황소를 제물로 바친다. 화가 난 포세이돈은 미노스의 왕비인 파시파에를 그 아름다운 황소에게 반하도록 만든다. 황소를 지극히 사랑하게 된 파시파에는 암소의 탈을 쓰고 황소를 유혹하여 황소의 씨를 받는다. 그리하여 몸은 사람이고 머리와 꼬리는 황소의 모습인 반인반수의 괴물 미노타우로스를 낳는다.

그 사실이 세상에 알려지는 걸 두려워한 미노스는 미로의 궁전을 만들고 그 깊은 곳에 미노타우로스를 감춘다. 그리고 아테네에서 매년 7인의 처녀와 7인의 총각을 바치도록 했는데 이들은 반인반수의 괴물인 미노타우로스의 희생물이 되었다.

테세우스는 미노타우로스를 죽이기 위해 여기에 자원한다. 이때 미노스의 딸인 아드아드네 공주가 테세우스를 사랑하게 되어 붉은 실타래를 주면서 그 실타래를 풀면서 미로를 들어갔다 따라 나오라고 한다. 그리하여 테세우스는 미노타우로스를 죽인

다음 아무도 살아나온 적이 없다는 복잡한 미로를 무사히 빠져 나와 아테네로 생환한다.

신화는 역사적 사실과 사람들의 희망이 뒤섞여 만들어진다. 테세우스의 무용담 역시 사람들의 희망이 많이 반영된 것으로 보인다. 하지만 중심이 되는 단어는 변하지 않는다. 테세우스 무용담의 중심 단어는 바다의 신인 포세이돈, 황소, 미로의 궁전이다. 크레타의 크노소스 유적을 발굴하니 실제로 복잡한 통로가 이리저리 구부러진 미로 같은 궁전이 있었고, 수많은 황소 조각상이 출토되었다.
고대의 크레타는 해양강국으로 지중해의 15,000개의 섬 중에서 크레타 사람들의 발길이 닿지 않은 곳은 거의 없었다고 한다. 아테네에서 매년 처녀와 총각을 7명씩 바쳤다는 이야기는 크레타 사람들의 수탈이 심했다는 이야기이리라.

크레타 중심 지도

크레타 섬은 청동의 재료를 모으기에 매우 좋은 위치였다. 구리는 키프로스 섬과 튀르키예의 남부 해안에 풍부했고 주석은 이탈리아 반도와 스페인, 그리고 멀리 영국의 콘웰 지방에서까지 가져오곤 했었다.
주석을 이렇게 멀리까지 가지러 간 것은 주석 값이 금보다도 비쌌기 때문인데 이는 주석이 있어야 청동을 만들 수 있었기 때문이다. 청동(890도℃)은 구리(1081도℃)보다 녹는 온도가 낮아 에너지를 아낄 수 있었고 굳는 시간도 오래 걸려 원하는 모양으로 만들기도 용이했다. 그리고 청동을 제련할 때 열을 제공하는 목재는 굳이 사이프러스까지 갈 것도 없이 크레타 섬의 울창한 삼림에서 충분히 조달할 수 있었다.

중국의 청동기는 주로 제사용품을 만들었지만 지중해의 청동기는 칼 등의 무기를 만드는데 사용했다. 크레타 사람들이 지중해를 제패한 데는 이렇게 청동기를 확보하여 우수한 무기를 지닌 이유도 있었을 것이다.

주석을 멀리 영국에서 가져왔을 정도니 지중해의 항해가 수월했다고 생각하기 쉬운데 그렇지 않았다. 메스키앙가쉐르 원정대가 항해한 아라비아 바다나 홍해는 계절 따라 일정한 풍향의 바람이 불지만 지중해는 항상 서풍만 불었다. 동쪽으로 가는 항해는 용이하지만 서쪽으로 가려면 돛은 내리고 힘차게 노를 저어야만 갈 수 있었는데 어떻게 그 먼 거리를 항해할 수 있었을까? 크레타 사람들의 배는 노를 젓는 사람들이 3층으로 배치되어 있었다고 한다.

배에서 노를 젓는 일은 중노동이다. 게다가 노를 젓는 공간이 3단으로 되어 있으면 노를 젓는 사람들에게 할애된 공간이 지극히 좁았을 것이다. 실제로 이 삼단 배의 뱃머리에 장식된 신의 상은 이름이 파타이코이고 모습은 난장이다. 노를 젓는 사람들이 난장이처럼 움츠리고 있었기 때문에 이런 신의 형상을 뱃머리에 부착한 것이리라.

이렇게 불편하고 힘든 일을 누가 담당했을까? 노예의 수가 충분했으니 이런 배를 만들어 사용할 수 있었던 것이다.

이집트의 기록에는 '카프토르'라는 말이 자주 나온다. 성경에 '갑돌'이라 기록된 말이 바로 카프토르, 즉 크레타를 지칭하는 말이다. 이집트도 역시 노예나 노예처럼 함부로 부릴 수 있는 인력이 많아 카프토르 배를 사용했었던 모양이다. 카프토르 배 몇 척을 구했다는 기록이 나오는데 크레타에서 사들였던 모양이다.

크레타의 왕궁은 크노소스인데 이 왕궁을 발굴하니 성벽이라곤 전혀 없었다. 심지어 크레타 섬에는 군대도 없었다고 말한 옛 역사가도 있었다. 그만큼 크레타의 해군력은 막강하여 지중해의 어떤 세력도 크레타를 위협할 엄두도 내지 못했던 것이다. 이는 크레타의 뒤를 이어 지중해의 패권을 잡은 미케네의 거대한 성벽과는 대조적이다. 미케네의 성벽은 너무 거대해서 키클롭스라는 외눈박이 거인이 쌓았다는 전설이 나올 정도였다. 물론 반도(미케네)와 섬(크레타)이라는 차이는 있지만 크레타의 해군력과 군사력이 그만큼 강했다는 증거가 아닐 수 없다.

해양제국의 멸망

크레타 문명은 영국의 부호 아더 에반스(Arthur Evans)가 발굴했는데 그 전에 독일의 사업가이자 고고학자이던 하인리히 슐리만이 크레타를 발굴하려고 했었다. 널리 알려진 대로 슐리만은 10살 때 호머의《일리아드》를 읽고 트로이 유적을 발굴하겠다는 꿈을 키우다 실제로 트로이의 유적을 발굴해냈다. 슐리만은 미노아문명을 이은 미케네문명의 흔적도 발굴해내었으나 지중해문명의 원천인 미노아문명은 아슬아슬하게 비켜가고 말았다. 그는 실제로 크레타 섬에 와서 미노스의 궁전을 발굴하고자 하였으나 자신이 점찍은 땅의 주인이 토지를 매도하기를 거부하여 할 수 없이 발길을 돌려야만 했다. 그런데 에반스는 골동품을 구매하기 위해 크레타 섬에 들렀다가 운 좋게 크레타의 수도 크노소스가 있던 땅을 매입하여 발굴을 시작한다.

아니나 다를까 크노소스의 궁전은 수많은 방과 복잡한 미로가 얽혀있는 대단히 화려한 궁전이었다. 궁전은 당시로서는 드물게 3층으로 지어졌고 유물과 유적도 대단히 화려하고 수준 높은 것들이었다. 흔히 곳간에서 인심난다고 하지만 예술도 곳간에서 탄생하는 것이다. 벽에 회를 칠하고 회가 마르기 전에 물감으로 채색하는 프레스코 양식도 크레타에서 시작된 것이다. 이집트의 유적에서도 프레스코 양식의 미술품이 나오지만 이집

여인들 / 프레스코 벽화

트의 기록에 의하면 크레타의 기술자를 초빙하여 만들었다고 한다.
애덤스는 크노소스에 있는 궁전을 발굴하고는 이 문명을 신화에 나오는 미노스 왕의 것이라고 미노아문명이라고 이름 지어 버렸다. 크레타는 천 년이 넘는 세월동안 번영을 구가했는데 어찌 미노스 왕 한 사람의 문명이겠는가. 그런 것을 애덤스는 너무 단순하게 이름을 지어버렸다. 뿐만 아니라 애덤스는 발굴을 하면서 바로 복원을 시작했다. 많은 사람이 우려를 표했지만 애덤스는 복원을 강행했다. 때는 20세기 초 영국의 기세가 하늘을 찌르던 빅토리아 여왕의 대영제국 시절이어서 사람들은 크레타 유적을 빅토리아풍으로 만들어버렸다고 비아냥댔지만 애덤스는 그 덕분에 작위를 받아 귀족이 되었다.

크레타문명의 멸망은 하늘의 뜻, 정확히 말하면 지구의 뜻이었다. 그전에도 크노소스의 궁전에는 강력한 지진이 있었고 크노소스의 궁전에는 지진으로 무너진 시설을 복구한 흔적이 여실히 남아있다. 그러다 B.C. 1628년 에게 해의 산토리니(테라) 화산이 터졌다. 이 폭발은 강력했고 크레타는 온 섬으로 화산재를 맞았다. 어떤 사람들 이야기로는 크레타 섬에는 100년 동안 사람이 살지 못했다고도 한다.
화산 폭발 이야기는 창세기에도 나온다.

하늘로부터 유황과 불을 비같이 내리사 (19장 24절)
모든 백성과 땅에 난 것을 다 엎어 멸하셨더라 (25절)
롯의 아내는 소금기둥이 되었더라 (26절)
연기가 옹기가마의 연기 같이 치솟아 (28절)

이 구절들은 소돔의 멸망을 표현한 것인데 화산 폭발에 대한 정확한 지식이 없던 시기에 격렬한 화산활동을 이렇게 서술한 것은 자연스럽다고 하겠다. 다만 시대가 맞지 않는다. 아브라함의 시대는 서기전 19세기로 추정하는데 산토리니 화산 폭발은 서기전 17세기다. 그러나 성경이 서기전 7세기경부터 문자로 기록되기 시작했다는 점을 감안하면 이는 산토리니 화산 폭발의 이야기를 기록한 것이라고 하겠다.
필자는 바다 속으로 사라진 전설의 아틀란티스도 이때 사라진 문명 이야기에서 비롯된 것이라 생각한다.
산토리니 화산 폭발로 크레타가 재앙을 당해 힘의 공백이 생기면서 지중해의 패권은 그리스 남부의 도시국가 미케네로 옮겨갔다. 트로이 원정 때 그리스의 총사령관을 맡은 아감메논이 미케네의 왕이었다. 트로이전쟁은 B.C. 1200년경으로 추측된다. 이때까지 미케네의 세력이 왕성했음은 확실하다고 볼 수 있다. 그러나 미케네의 위세는 크레타의 세력처럼 지중해 전반에 미치지는 않았고 에게 해 주변에 국한되었던 것 같다. 지중해 동남부에서는 B.C. 12세기까지 이집트의 세력이 지금의 팔레스타인 지방까지 지배했을 정도로 여전히 왕성하였기 때문이다.

여기서 우리는 유럽에서 해양민족이라고 불리던 아시아인들에게 다시 관심을 돌려본다. 그들은 산토리니 화산의 폭발과 함께 지중해에서 사라진 것일까?
크레타 사람들은 지중해를 지배하면서 바블로스, 티레, 시돈, 시미라, 아라두스 등의 수많은 도시 국가를 건설했다. 비록 본거지인 크레타 섬은 산토리니 화산의 폭발과 함께 황무지가 되었지만 그들이 건설한 도시 대부분은 살아남았다.
또 하나 요엘서 3장 4절에 **"두로와 시돈과 블레셋 사방아 너희가 나와 무슨 상관이 있느냐 너희가 내게 보복하겠느냐"**는 구절이 있는데 이는 해양민족들이 이스라엘을 흩어버리고 땅을 나누었으며, 백성을 끌고 가서 소년을 기생과 바꾸고 소녀를 술과 바꾸어 마셨고, 은과 금을 빼앗고 진기한 보물을 가져갔으며, 유다 자손과 예루살렘 자손들을 헬라 족속에게 판 죄를 지었기 때문에 나온 말이다.

그리하여 **"이제 너희 행한 것을 너희에게 돌려서 너희 자손을 유다 자손의 손에 팔고, 다시 먼 나라 자손의 손에 팔리라."**고 예언하고 이스라엘 백성들에게 **"전쟁을 준비하고, 용사를 격려하고 칼과 창을 만들라."**고 지시하는 내용이다.

두로와 시돈은 크레타문명을 일군 해양민족이 개척한 레바논에 있는 항구도시들 이름이고 블레셋은 크레타문명을 일군 해양민족의 이름이다. 이 내용을 뒷받침 하는 기록이 이집트 람세스 3세의 비문에 적혀있다. 일종의 공적비인데 해양민족의 이집트 침략에 대한 서술이 있다. 6개 종족이 침입했는데 그들은 히타이트, 미케네, 가나안, 로프로스, 키프로스 등을 정복한 막강한 세력이었는데 그런 막강한 세력이 이집트의 나일 삼각주까지 침입했을 때 람세스 3세만이 그들을 물리치는 용맹을 발휘했다는 것이다.

이 비문대로면 해양민족은 초원을 메뚜기 떼처럼 쓸면서 나일 삼각주까지 왔다가 가뭄에 단비같은 람세스 3세를 만나자 그냥 스러졌다는 것이다. 그러나 람세스 3세의 비문에 이들 해양민족의 용맹을 강조한 이유는 따로 있다. 람세스 3세는 그들을 물리친 것이 아니라 막아내기만 했던 것이다. 하기야 다른 종족들은 추풍낙엽처럼 나가떨어졌는데 더 이상 남쪽으로 진격하지 못하게 막은 것도 큰 성과라고 할 수도 있으리라. 그러나 나일 삼각주는 이집트의 곡창이면서 지중해로 통하는 생명의 통로이기도 하다. 이런 요충을 빼앗기고 어찌 오래도록 숨을 쉴 수 있을까? 람세스 왕조는 얼마 가지 않아 무너져버렸다.

앞에서 본 요엘서에 나온 내용은 이때 이스라엘 백성들이 해양민족의 노예가 되었다가 B.C. 10세기 중반에 유다왕국이 이들을 제압했고, 그 후 B.C. 8세기에는 아시리아에 의해 해양민족과 이스라엘 민족 모두가 노예로 끌려간 사실을 말하는 것이다. 요엘서의 내용이 예언의 형식으로 되어 있기 때문에 요엘서의 내용에 의구심을 가질 수 있으나 요엘은 B.C. 6세기의 인물이다. 즉 과거의 역사를 예언처럼 포장해 기록한 것이다.

여하튼 서기전 18세기까지 지중해를 지배하던 해양민족은 서기전 12세기에 이르러 지중해 동남부를 지배했다. 이들을 페니키아 사람들이라 하는데 그 중심지가 성경에 두로라고 한 티레다.

페니키아와 트로이

페니키아 사람들이 건설한 식민지 중에 로마와 지중해의 패권을 다툰 카르타고 이야기를 빼놓을 수 없다. 카르타고의 건설은 디도라는 여성에 의해 이루어졌다고 한다.

디도는 티레의 공주로 삼촌과 결혼했는데 그녀의 오빠 피그말리온이 남편을 죽이자 생명의 위협을 느껴 티레를 떠난다. 그녀의 배는 4년간 지중해를 떠돌다 지금의 튀니지에 도착하여 카르타고를 건설했다고 한다.

디도에 대해서는 숱한 전설이 전해오는데 튀니지에 영토를 확보한 이야기도 유명하다.

디도의 죽음 / 하인리히 F. 퓌거(상페테르부르크 미술관)

그녀는 튀니지의 왕 라르바스에게 나라를 건설할 땅을 부탁한다. 라르바스가 거절하자 디도는 자기가 원하는 땅은 소가죽 한 장으로 덮을 수 있는 넓이라고 말한다. 이에 라르바스는 흔쾌히 승낙했는데 디도는 소가죽을 무한정으로 길게 늘여 광대한 땅을 얻었다고 한다.

그 넓은 땅에 페니키아 사람들이 늘어나자 라르바스는 위협을 느껴 디도에게 결혼을 요구하고 디도는 카르타고를 지키려 스스로 장작더미 위로 올라가 불에 타죽었다는 이야기도 있다. 그러나 가장 유명한 이야기는 에네아스와의 사랑 이야기다. 이 이야기는 로마의 유명한 시인인 베르질리우스의 작품으로 유명해졌다.

트로이의 영웅인 에네아스는 트로이가 함락될 때 힘껏 싸웠으나 신에게 트로이의 재건을 명받아 트로이 사람들을 이끌고 바다로 나온다. 그들은

7년 동안 바다를 떠돌다가 카르타고에 도착해 디도의 도움을 받는다. 에네아스는 디도와 사랑에 빠지나 신이 그에게 내린 사명을 기억하고 눈물을 머금고 이탈리아로 떠나 로마를 세운 로물루스의 조상이 된다. 에네아스가 떠날 때 디도는 마침 장작더미 위에 올라간다. 그리고 우연히 에네아스를 태운 배가 떠나는 광경을 목격한다. 비탄에 빠진 디도는 칼을 빼어 자결하고 마침 불이 붙은 장작더미는 활활 타올라 그녀의 시신을 태웠다.

이 이야기는 유명한 오페라로도 만들어졌으니까 사실로 믿는 사람도 많을 것이다, 그러나 이 이야기를 만든 베르질리우스는 3차에 걸친 포에니 전쟁이 끝나고도 100년 이상 지난 뒤의 사람이다. 베르질리우스 당시의 로마는 이민족을 포용하는 정책을 폈고 베르질리우스는 그 시대의 요구에 부응했던 것이다.

트로이는 아시아와 유럽을 가르고 있는 마르마라 해의 요충에 자리 잡고 있다. 흑해를 빠져 나오는 선박들은 반드시 그 앞을 지나가야만 하는 요충지다. 미케네의 아감메논은 그 경제적 이권이 탐나서 트로이를 공격한 것이다. 트로이는 그런 지정학적 이점을 갖고 있지만 앞에서 살펴본 에페소스는 천혜의 군사적 요충지였다. 에페소스의 항구 양쪽으로 뻗은 산맥이 거센 바람을 막아줄 뿐만 아니라 안으로 깊게 뻗은 만은 대규모의 함대를 숨겨둘 수 있었다. 물론 에페소스도 헤로도토스 시대에는 그리스인들이 지배하고 있었다. 그러나 에페소스의 아르테미스가 그리스의 아르테미스와는 완연하게 다른 사실은 그 전에 해양민족이 에페소스를 지배하고 있었음을 알려준다. 그리고 헤로도토스 시절까지 그대로 남아 있던 장엄한 신전은 크레타 사람들이 지중해를 지배하던 시절 그들의 위세가 어떠했는지를 짐작하게 해준다.
에페소스는 세월이 지나며 그 천혜의 항구가 뻘로 덮여져 항구의 기능이 사라졌다. 세상만사 새옹지마인 것이 에페소스는 항구의 기능을 잃어버리는 바람에 그대로 버려진 도시가 되어 고대 유적지의 흔적이 가장 잘

남아 있는 유적지가 되었다. 20세기 때는 찾아오는 사람이 드물 정도였으나 21세기에는 에페소스를 품고 있는 셀축의 인구가 12,000에 지나지 않는데 팬데믹 이전에는 관광객이 매년 1,200만이나 찾아왔다고 한다.

영원의 고향 딜문

이제까지 한니발의 선조인 메스키앙가쉐르의 원정이 서양고대문명의 형성에 어떤 영향을 끼쳤는지 살펴보았다. 그런데 한니발과 메스키앙가쉐르는 2,500년이란 연대 차이가 난다. 그래도 나는 한니발이 메스키앙가쉐르의 원정에 대해 알고 있었다고 믿는다. 후세에 일어난 일 때문이다.

1453년 오스만 제국의 정복왕 메흐메디 2세가 비잔틴 제국을 공격했다. 당시의 비잔틴은 수도인 콘스탄티노플(이스탄불)만 남은 도시국가로 인구는 10만에 이르렀지만 오스만의 바다에 떠있는 섬 같은 존재였다. 그러나 콘스탄티노플 공격은 만만한 일이 아니었다. 콘스탄티노플은 삼면이 바다였고 육지로 통하는 한쪽은 세계에서 가장 견고하다는 높이 12m에 달하는 거대한 삼중 성벽이 가로막고 있어 난공불락이었다. 메흐메디 2세는 바빌론의 성벽도 뚫는다는 거대한 대포와 10만의 정예병을 동원하여 54일 동안 비잔틴을 포위하고 맹공을 퍼부었지만 비잔틴의 방어벽을 뚫을 수 없었다.

이때 정복왕 메흐메디 2세가 기발한 아이디어를 낸다. 전함을 육지로 끌어올려 비잔틴 북쪽 바다인 골든혼으로 이동시킨 것이다. 골든혼의 입구는 비잔틴에서 쇠사슬로 막아놓아 전함이 진입할 수 없었던 곳인데 그 허를 찌른 것이다. 그 충격 때문인지 난공불락의 요새였던 삼중성벽이 뚫리고 오스만의 병사들이 비잔틴으로 쏟아져 들어가며 동로마제국도 결국 멸망하고 말았다.

배를 끌어올리는 발상. 나는 그것도 메스키앙가쉐르의 전설에서 유래되었을 것이라고 생각한다.

그런데 메스키앙가쉐르의 이야기는 아직도 끝나지 않았다. 우선 레바논 사람들의 조상에 대한 일이다.
레바논 사람들은 그들이 페니키아 사람들의 후손이며 그들 조상의 고향은 에리트레아 바다에 있는 틸로스 섬이라고 이야기한다. 에리트레아 바다는 붉은 바다, 즉 홍해라는 뜻이다. 그러나 지금의 홍해에는 그럴듯한 섬이 없을 뿐더러 틸로스로 유추할 수 있는 섬도 없다. 그렇다면 틸로스 섬의 위치는 과거에 홍해라고 불리던 지역을 포함해야 하며 당연히 지금의 페르시아 만도 그 대상이 된다.
우리는 바레인 섬이 메스키앙가쉐르의 전진기지였음을 알고 있다. 그런데 이 섬의 다른 이름이 틸문이다. 틸문이 이집트를 지나 지중해로 넘어가면서 틸로스가 되는 일은 지극히 자연스럽다. 그러므로 페니키아 사람들도 수메르의 후손이고 레바논 사람들도 수메르의 후손이 되는 셈이다.

그런데 틸문이 수메르 사람들에게 의미심장한 단어다.
틸문은 딜문이라고도 한다.
당시의 수메르에서도 전설처럼 내려오는 아주 오래된 이야기에 딜문은 해 뜨는 산 너머에 있는 머나먼 산이라 했다.
딜문은 순수하고 청결하며 밝은 땅이며 위대한 신 엔키가 태양신 우투에게 명하여 땅에서 끌어올린 깨끗한 물로 가득 채우게 한 곳이라 했다.
딜문은 또 강들의 입이 있는 머나먼 곳이라 했다.
짐작이 갈 것이다.
만년설이 쌓인 4000m가 넘는 봉우리들이 아스라이 보이고 만년설 녹아내린 맑은 물이 가없이 찰랑대던 곳. 그 바다 같은 호수에서는 크고 작은 강들이 숱하게 흘러내렸었다. 그것을 강들의 입이라고 한 것이다. 딜문은 다른 곳이 아니라 천혜의 혜택을 받던 시기의 우루미아 호수, 즉 그들의 조상이 떠나온 에덴이었다.
(백두산 천지의 옛 이름 중에 달문이라는 명칭이 있다. 달이 비치는 호수라서 달문이라고 해석할 수도 있지만 딜문이 변한 말일 수도 있을 것이다.)

에덴은 사라졌지만 에덴의 전설은 남아 생명의 땅, 영원의 땅으로 수메르 사람들의 가슴에 살아남았다가 그 기억마저 그들의 뇌리에서 사라지고 이름만 남았던 것이다. 그러나 그 이름에는 생명의 땅이란 이미지가 그대로 남아 있었다.

이제 바레인 섬이 딜문이 된 까닭이 짐작될 것이다. 바레인은 민물이 바다 밑에서 쏟아져 나오는 섬이었다. 그리고 길가메시가 그 바다 속에서 젊음을 찾아주는 풀을 들고 나온 곳이었다. 그래서 수메르 사람들이 에덴에 있을 때는 딜문이 깊은 산속에 있던 생명의 호수였지만 오랜 세월이 지나 그 기억이 사라지고 이름만 남은 후에는 그 이름이 바다 가운데서 민물이 나오는 바레인으로 갔던 것이다. 그리고 레바논 사람들에게는 생명의 땅, 강들의 입이 있는 곳, 해 뜨는 산 너머의 기억은 물론이고 두 물이 만나는 곳의 기억마저 사라지고 붉은 바다의 틸로스 섬으로 기억되게 된 것이다.

3. 인더스문명

베르디 갈대배를 타고 페르시아 만을 빠져나오면 맞닥트리는 바다가 아라비아 해다. 오대양 개념으로는 인도양에 속한다.
고대문명의 전파가 참 오묘한 것이 지중해는 연중 바람이 동으로만 부는데 아라비아 해는 계절 따라 바람의 방향이 바뀐다. 메스키앙가쉐르의 원정대는 동풍을 타고 아덴만으로 향했지만 서풍을 타고 인도 방향으로 간 뱃사람들이 없을 수 없다. 게다가 인도로 가는 길은 거리도 훨씬 가깝다.
편하게 연대를 산정한 어떤 사람은 메소포타미아문명은 B.C. 3300년 인더스문명은 B.C. 3200년 이집트문명은 B.C. 3100년이라고 했는데 여기서 순서는 맞다. 수메르사람들이 인더스문명을 먼저 개척했는데 주역은 엔키를 모신 사람들(에리둑 사람들)이었던 것 같다.

인더스문명의 시작

인더스문명은 인더스 강 유역에서 발달한 문명이다. 인도에는 더 풍요롭고 더 크고 더 긴 갠지스 강이 있는데 왜 갠지스가 아니고 인더스에서 문명이 발생했을까? 인더스가 아라비아 해에서 오는 배에게 그 하구를 활짝 열어젖히고 있기 때문이라고 보는 것이 상식적인데 학계에서는 드라비다족이 독자적으로 발전시킨 것이라는 주장이 통하고 있다.

인더스문명의 위치

인더스문명은 B.C. 3300년경에 시작되었는데 수메르사람들의 진출과 시기가 맞아 떨어진다. 그리고 드라비다족은 아시아 계통이다. 학계에서는 그들이 B.C. 3500년부터 이란고원에서 이주했다고 한다. 그러나 역사적 흐름을 살펴보면 그런 주장에 의문을 품을 수밖에 없다. 인더스문명은 묘하게도 수메르 사람들과 영고성쇠를 같이 하기 때문이다.
〈엔키와 세계질서〉라는 수메르 점토판에 엔키의 영역이 우르에서 멜루하를 거쳐 티그리스 유프라테스를 지나 페르시아 만으로 확장되었다고 나와 있다. 멜루하는 검은 산이란 뜻이다. 이로 미루어보면 멜루하라는 지명은 원래 메소포타미아에 있었음을 알 수 있다. 그리고 멜루하를 거친 다음 티그리스와 유프라테스 이야기가 나오는 것에서 멜루하는 강이 본격적으로 시작되는 곳에 있는 검은 산, 큰 산이었음을 알 수 있다. 인더스의 멜루하 위치가 그렇다. 인더스를 배로 거슬러 올라가 항해할 수 있는 그곳에 커다란 산이 버티고 있어서 수메르의 뱃사람들이 그 곳을 멜루하라고 이름 지었던 것이다.
인더스는 파키스탄에 있고 파키스탄은 이슬람교를 믿는다. 하지만 인더스 유역에 이슬람이 들어간 것은 그로부터 수천 년이 지난 다음의 일이고 힌두교는 훨씬 오래되었다. 힌두교의 특징 중 하나는 소를 신성한 동물로 여기는 것이다.

소 숭배 사상

황소에 대한 숭배는 그 연원이 무척이나 오래되었다. 튀르키예의 아나톨리아 고원에 있는 차탈휘익은 B.C. 6700년부터 B.C. 5650년까지 번영했던 도시다. 이 도시는 예리코(여리고성)와 함께 세계에서 가장 오래된 도시로 꼽힌다. 그들은 흙으로 만든 집을 짓고 살았는데 벌집처럼 다닥다닥 집을 붙여짓고 출입구는 지붕으로 내었다.
차탈휘익 사람들은 농사를 짓고 살았는데 특기할 것은 집집마다 소의 머리를 그린 그림을 가장 좋은 자리에 모셔두고 있었다는 것이다.
왜 소의 머리일까? 이는 번제燔祭와 관련이 있다. 고대인들은 하늘에 제사를 지낼 때 제물을 태워 그 연기를 하늘로 보냈다. 그런데 소를 희생물로 쓸 때 소의 머리는 신에게 바치고 몸뚱이는 사람들이 먹었다. 소의 머리는 그렇게 신성한 것이었다.

그런데 소 숭배 사상은 수메르 사람들의 발길 따라 퍼진 것 같은 생각이 든다. 메스키앙가쉐르의 원정대가 점령했던 이집트의 경우는 어땠을까? 창세기에 나오는 요셉의 이야기부터 살펴보자.

당시 이집트의 파라오(바로)가 소와 이삭의 꿈을 꾼다.
첫 번째 꿈은 7마리의 살찐 암소가 나일강가에서 풀을 뜯어먹다가 7마리의 파리하고 흉한 암소들에게 잡아먹히는 꿈이었다. 두 번째 꿈은 7개의 통통한 이삭을 7개의 비쩍 마른 이삭이 삼키는 꿈이었다. 요셉은 이를 7년의 풍년이 있은 다음 7년의 흉년이 있을 꿈이라고 해몽했다.

여기에서 7이라는 숫자는 인상적이지만 암소가 등장한 것에서는 특별한 인상을 받지는 않는다. 그러나 출애굽기에 나오는 아론의 금송아지에는 관심을 가질만하다.
모세가 이스라엘 백성을 이끌고 애굽을 탈출한지 3달째 되었을 때다. 그들은 시내라는 광야에 도착하고 모세는 여호와의 부름을 받고 시내산에 올라 기독교의 성수이며 엔키의 숫자인 40일 동안 시내산에 머문다. 그 동안 여호와는 모세에게 십계명과 여러 율법에 대해 말하고 그 내용을 성령으로 석판에 기록하여 모세에게 준다.
모세가 그 귀중한 석판을 들고 산에서 내려오다가 화가 나서 그 석판을 산 아래로 던져 깨트려버렸다. 이스라엘 백성들이 그새를 못 참고 우상을 섬기고 있었기 때문이었다. 그 우상이 금송아지였다. 성경에는 송아지로 나와 있지만 어린 수소를 의미한다고 한다.
모세의 분노는 그것으로 끝나지 않고 그 송아지상을 불살라 가루로 만들어 물에 타서 백성들에게 먹도록 했다. 원수의 우상을 씹어 먹게 한 것이다. 그것으로도 부족했던지 모세는 레위족 사람들에게 그들의 형제자매를 서로 칼로 쳐서 죽이게 했다. (출애굽기 33장 27절) 그날 죽은 레위족 사람들이 3,000명이었다. (28절)
모세가 이렇게 어린 수소의 우상에 분노한 까닭은 수소가 애굽의 신이었기 때문이다. 애굽 사람들은 아피스로 알려진 살아있는 수소를 불멸의 오시리스와 동일하게 취급했다. 멤피스에서는 그 소가 죽으면 미라로 만들어 묘지에 안장했다고 한다. 미라로 만든 이유는 다시 태어남을 믿었기 때문이다.

이 부분만 보면 유대교는 소를 백안시 한 것 같지만 그렇지도 않다. 모세가 12지파를 세우고 여호와께 번제를 올리는 장면에서는 소가 지극히 신성한 동물로 대우받는다.

출애굽기 24장 5절부터 8절의 내용은 소로 번제와 화목제를 드리고, 모세가 그 피의 반은 제단에 뿌리고 나머지 반은 백성에게 뿌리며 **"이는 여호와께서 (여호와의) 모든 말씀에 대하여 너희와 세운 언약의 피니라."** 라고 이야기한다.

소의 피를 여호와와 이스라엘 백성이 나눔으로써 맹약의 증거로 삼는다는 것은 소를 신과 인간을 이어주는 신성한 동물로 인정한 것이다.

솔로몬 궁전의 바다(물통)를 받치는 황소 상상화

사실 솔로몬의 영화를 상징하는 성전도 고고학적인 증거는 전혀 나오지 않지만 성경에 나오는 그 화려한 성전 입구에도 놋으로 만든 12마리의 수소가 바다라고 일컫는 거대한 통을 떠받치고 있었다고 한다. 또 언약의 궤에 장식된 천사상도 날개 달린 수소의 형상이었다고 한다.

황소의 화려한 두상은 메소포타미아에서 가장 많이 출토되었다.

우르의 왕릉에서 출토된 황금과 청금석으로 장식된 더없이 화려한 현금은 황소의 두상으로 장식되었다. 이집트로 원정 간 메스키앙가쉐르의 전진기지인 바레인에도 엔키를 모시는 신전이 있는데 거기서 출토된 바르바르의 황소도 유명하다. 수메르의 황소 사랑은 아시리아로 전해져서 아시리아의 왕궁 유적에선 날개 달린 황소상이 발견되었다.

이집트 다음에 정복한 크레타도 마찬가지다. 테세우스의 무용담에 포세이돈의 황소, 그 황소의 아들 미노타우로스가 나오거니와 에반스가 발굴한 크노소스 궁전은 황소의 향연이라 할 정도로 황소의 그림과 장식물이

우르의 왕릉에서 발굴한 칠현금, 소머리, 장식문양, 오른편은 레너드 울리의 왕릉 발굴 장면 사진

많이 나왔다.

레반트 지역의 이렇게 열렬한 황소사랑은 수메르 사람들에게서 나온 것이다. 여기서 수메르 사람들이 처음 메소포타미아에 내려왔을 때의 광경을 상상해보자.

수메르 사람들이 소의 머리를 태워 하늘에 제사 지내는 모습을 본 원주민들은 매우 신기하게 생각했을 것이다. 그들에게 가장 인상적인 것은 역시 소의 머리였을 것이다.

아시리아의 날개달린 황소상

수메르는 머리라는 뜻이다. 수메르 사람들이 원주민들보다 머리가 큰 정복민족이라서 그들을 수메르라고 불렀을 가능성이 있지만 머리가 큰 사람들이 소의 머리를 태워 하늘에 제사지내는 것을 보고 수메르라는 말이 나왔을 수도 있다.

'수메르'라는 말이 소의 머리에서 나왔을 가능성도 있다는 말이다.

사실 메소포타미아에 수메르란 나라는 없었다. 각 지역의 국가들은 모두 제각기의 이름을 지니고 있었다. 에리둑, 우르, 우루크, 키쉬, 라가쉬 등 모두 각기의 나라 이름을 지니고 있었는데 그들 모두를 수메르라고 한 이유가 무엇일까? 수메르는 모자를 쓰고 있는 신이라고 주장한 학자도 있지만 나는 수메르라는 말을 처음 들었을 때 "소머리?"라는 생각을 했다. 수메르 사람들의 언어와 우리말이 비슷한 말이 많은 것을 감안하면 전혀 황당한 추론도 아닌 것 같은데 수메르 사람들의 언어로 황소를 gu라고 한 것 때문에 그 주장을 펼 자신이 없어진다.

변방 이론

소 숭배 사상에 있어서 인더스 지역과 한반도는 모두 변방이론을 적용할 수 있다.

인더스 지역은 힌두교의 성지다. 그곳에서 시바 여신을 모시는 신앙이 시작되었고 그것이 힌두교의 시작이었다. (산스크리트어 shindu는 원래 인더스강을 뜻하는 말이었다. 그것이 나중에는 히말라야산맥 남쪽의 인도 전체인 hindustan을 의미하게 되었다.)

힌두교도들은 소를 먹지 않는다. 그런데 한국 사람들은 소를 먹는 데는 가히 독보적이다. 소에서 나오는 것이라면 먹지 못하는 것이 없다. 소뼈다구를 우려서 먹는 요리까지 보편화 된 지역이 한반도다. 그런데 소의 고기를 소고기라 부르지 못하고 쇠고기라고 부른다. '쇠고기'에는 올림의 뜻이 들어있다. 어른을 만나는 것을 "어른을 본다." 않고 "어른을 뵌다." 한다. 그러므로 소고기를 쇠고기라고 함에는 황송하다는 의미가 내포되어 있는 것이고 이는 토템을 먹지 않는다는 타부에서 비롯되었을 것이다.

소는 소고, 그 소의 고기는 쇠고기다. 이는 소의 고기를 먹으면서 지금 먹는 것이 소가 아니라고 변명하는 것과 마찬가지다. 시베리아나 북만주에는 에벤키족을 포함해 곰을 토템으로 하는 부족들이 많은데 그들은 곰고기를 먹으면서 자기가 먹는 것이 곰이 아니라는 이야기를 하면서 먹는다. 소의 고기를 쇠고기라 하는 것도 이와 마찬가지다. 그러면서도 한국 사람들은 쇠고기를 120가지로 구분해서 먹는다고 한다. 쇠고기를 주식처럼 이용하는 서양인들이 10여 가지 부위로 구분하는 것과 비교할 때 엄청난 일이다.
한국인은 하늘에 올리는 희생물을 하나도 버림 없이 알뜰하게 이용하는 세계 유일의 민족이고, 인도는 아예 소 전체를 신성한 동물로 추앙하는 신앙을 갖게 되었으니 세월이 지나도 오래된 유행이 그대로 남아 있는 변방이라는 논리다.

청금석과 인더스문명

수메르 사람들은 메소포타미아로 내려와 티그리스와 유프라테스 두 강을 이용하여 관개농업을 하여 많은 식량을 생산한다. 처음에는 밀농사를 지었으나 오랜 세월 관개농업을 계속하여 땅에 염분이 많아지면서 보리로 작물을 바꾸게 되었다. 하지만 수메르 사람들이 바다로 나간 것은 농사와는 관계없었던 것 같다. 그들은 우르미아 호수 부근에 살면서 이미 어업에 익숙했던 사람들이다. 메소포타미아에서 자리 잡은 에리둑, 우루크, 우르 등의 도시도 모두 바다가 가까운 도시들이고 남풍의 날개를 부러트린 아다파의 이야기에서 짐작할 수 있듯, 일찍부터 바다로 나간 사람들이다. 농사 잘 되고 고기 많이 잡으면 만족할 만한데 이들은 만족을 몰랐다. 그들에게는 또 다른 욕심이 있었으니 그것은 반짝이는 돌에 대한 욕심이었다. 그들이 어떻게 인더스 유역에 그들이 좋아하는 청금석이 풍부하다는 것을 알았는지는 모르지만 수메르 사람들이 인더스문명을 건설한 것은 청금석에 대한 욕망 때문이었다. 그래서 멀고 먼 인더스까지 항해한 것이다.

사실 메소포타미아문명과 인더스문명과의 밀접한 관계는 이미 여러 연구를 통하여 확인된 바 있다. 상대 지역의 특징적인 유물이 양쪽에서 많이 출토되어 양쪽 지역의 교류가 활발했음을 증명해준다.
인더스문명의 유적은 하랍파와 모헨조다로로 대표된다. 이 두 도시는 지극히 번영을 누렸던 것으로 보인다. 도로가 바둑판처럼 정비되어 있고 상하수도 시설을 갖추었으며 규격화된 벽돌로 찍은 학교와 공회당이 있었고, 모헨조다로에는 길이 10m가 넘는 공중목욕탕이 있었다. 이 지역은

모헨조다로 유적지

심지어 세계 최초로 수세식 변기까지 만들어 사용하기까지 했다. 사실 세계 최초의 원조를 가장 많이 획득한 문명은 수메르다. 수메르는 수레, 관공서, 법률, 학교, 책, 도서관 등 수많은 분야에서 세계 최초를 기록했다. 그러나 공중목욕탕이나, 수세식 변기, 그리고 세계 최초의 목화 재배의 기록은 인더스문명이 갖고 있다. 특히 목화 재배는 인류의 의복사에서 매우 중요한 의미를 지닌다. 고려 문익점의 목화씨 도입 이야기가 만들어진 설화라는 주장도 있긴 하지만 그 이야기가 지니는 비중을 생각하면 최초의 목화 재배가 갖는 의미를 짐작할 수 있을 것이다. 구소련에서 목화 재배를 위하여 물을 끌어 쓰다가 아랄해가 반쪽 난 것이 최근의 사례고, 영국의 인도 지배도 인도의 풍부한 목화와 면직물 제조 기술 때문에 비롯되었다고 하지 않던가.

인더스 사람들의 재력은 농업 외에 무역을 통해서 나왔다고 추측된다. 그들은 남인도에서 금을 수입하고, 아프카니스탄에서 은과 구리와 라피스라즐리를 수입하였으며 자체적으로 청금석과 구리를 생산하여 이것으로 메소포타미아와 이집트, 심지어 크레타까지 교역을 한 것으로 알려졌다.

인더스문명이 특이한 것은 대표적 유적인 하랍파와 모헨조다로에 궁전이나 신전, 그리고 왕의 무덤 유적이 없는 것이다. 또 하나는 주택들의 규모가 크기가 비슷하여 빈부의 격차가 없던 것처럼 보인다. 이러한 점은 고대사회에서는 매우 이례적인 일이다. 고대사회는 신권 사회라 종교가 정치의 중심이 된다. 그런 성직자 등 지배계급에 필요한 재화를 어떻게 조달했는지도 궁금하다. 더욱 궁금한 것은 고대사회는 계급사회가 형성되어 노예 등의 하층민이 고된 일을 맡아 문화생활에 필요한 재화를 생산했는데 빈부의 격차도 없이 반듯한 시가지와 공중목욕탕 등을 어떻게 만들었는지도 의문이다.
인더스문명의 문자도 수수께끼다. 인장에 수백 개의 문자가 남아있으나 해독이 되지 않고 있다. 그러나 무엇보다도 풀기 어렵고 신기한 것이 두 도시의 멸망이다.

인더스문명의 여운

연구에 의하면 하랍파와 모헨조다로는 아리안족이 들어오기 전에 이미 사람들이 사라졌다고 한다. 사실 고대 도시에서 이런 예는 드물지 않다. 잉카나 아즈텍의 도시들도 그랬고, 앙코르와트를 건설한 크메르 사람들도 도시만 남기고 사라졌다. 대개는 물과 관계가 있었을 것이다. 강의 흐름이 바뀌어 물을 구할 수 없게 되면 농사를 지을 수도 식수를 구할 수도 없게 된다. 그러면 도시를 버리고 떠날 수밖에 없다.
그런데 모헨조다로는 1차적으로는 대규모 홍수에 의해서 파괴되었다고 한다. 그런 후 B.C. 2000년대 중엽에 외래 침입자에 의해 공격을 당했는데 그들은 모헨조다로 주민들의 시체만 남기고 그대로 떠나버렸다고 한다. 모헨조다로의 습격은 힌두교 경전인 〈리그베다〉에 아리안족의 전쟁신 '인드라'가 성을 파괴했다고 기록하고 있다. 하지만 인드라의 병사들이 성을 그대로 버리고 떠난 것에서 모헨조다로는 당시에 이미 살만한 곳이 아니었음을 알 수 있다.
인더스문명이 사라진 후 그 지역의 문명은 상당히 퇴보했다고 한다. 즉 드라비다족 다음에 이 지역을 차지한 아리안족의 문명수준은 매우 낮았고 인더스문명의 지식이나 지식인들을 흡수하지 못했음을 알 수 있다.
인더스문명은 오히려 인도의 남부에서 전승되었다. 타밀어를 쓰는 사람들에 의해서 전승되었다는 점에서 아리안족의 침입 이전에 드라비다족의 대규모 이동이 있었음을 알 수 있다.

사실이 이런 것을 과거에는 인더스문명이 있었을 뿐 인더스문명은 드라비다족이 이룩했다는 사실은 알리지도 않았다. 그리고 아시아 계통의 드라비다족은 유럽계의 아리안족의 침공으로 멸망했다는 점만 강조해서 가르쳤다.
여기에서 유럽인은 본래부터 우월한 민족이라는 선입견이 생성된다. 인도를 식민지배한 영국은 이외에 부수적인 효과를 하나 더 얻었으니 인도 사람들에게 인도가 원래는 인도 사람들의 땅이 아니었다는 인식을 주게 된 것이다. 즉 인도사람들이 살고 있는 인도는 원래는 그들의 땅이 아니라 침략전쟁으로 얻은 땅이라는 인식을 주어 영국의 식민지배에 대한 저항감을 누그러트리는 효과를 본 것이다.
그러나 고고학적 조사를 통해 확인된 사실은 드라비다족은 인더스문명을 이룩한 민족이고 아리안족은 문명의 수준이 지극히 낮았다는 것이다.
고대의 손꼽히는 문명인 메소포타미아, 이집트, 크레타, 인더스 문명의 공통점은 수메르 사람들이 개척 내지 정벌을 통해 이룩한 문명이라는 점이다. 그리고 이들이 밀접한 관계를 이루고 있었음을 증명해주는 것으로 구슬이 꼽히기도 하는데 황금을 비롯한 몇 가지 재질의 구슬들이 이 네 지역에서 공통적으로 발견되었기 때문이다.

3장. 지배종족의 탄생

1. 빙하시대의 사냥꾼들
2. 인안나의 흔적
3. 신시의 인안나

3장. 지배종족의 탄생

중국인들은 동아시아의 문명이 황하유역에서 시작되었다고 믿어왔다. 뿐만 아니라 B.C. 2800년(최근에는 2600년이라 한다.)경 황제가 천하를 평정하여 최초의 국가를 이루었을 뿐 아니라 법령과 제도를 정비한 완벽한 사회를 만들었다고 주장한다. 그리하여 동서남북에 있는 동이東夷, 서융西戎, 북적北狄, 남만南蠻의 오랑캐들이 빛나는 중원의 문화를 숭상하여 중국을 흠모하고 중국을 배워 발전해 나갔다고도 말한다. 이것이 중국인들의 자부심인 소위 화이문화론華夷文化論이다.

그런데 20세기 종반부터 시작된 요하遙河 유역의 발굴은 이러한 중국인들의 믿음에 완전히 배치되는 유물들을 쏟아내었다.

사실은 이전부터 그런 조짐이 있었다.

청나라 말기에 서양인들이 중국에 들어오면서 유물을 발굴하기 시작했는데 서양 학자들도 중원지방에서 발달되고 오래된 유물이 나올 것이라고 생각했다. 그런데 중원의 유물은 시대도 오래되지 않았고 수준도 떨어졌으며 오히려 양자강 유역이나 산동반도 쪽의 유물들이 시대도 오래되고 더 발전된 것이었다. 하지만 그때만 해도 전운이 감돌던 시절이라 발굴이나 연구도 미진했고 고대사 자체에 대한 관심도 별로 없었다.

세월이 지나 중일전쟁과 국공내전이 끝나고 중국을 혼란으로 몰아가던 문화혁명도 지나 중국사회가 안정되기 시작했다. 그리고 중국의 경제가 비약적으로 발전하던 1980년대 후반에 들어 요하의 유적들을 본격적으로 발굴하기 시작했는데 파내는 족족 충격적인 물건들이 쏟아졌다.

일단 연대가 비교가 안 된다. 황하유역의 문화는 앙소문명인데 연대가 B.C. 4500년이다. 그런데 요하유역의 유적은 B.C. 6000년을 상회하는 것이 도처에 널려있다. 가장 빠른 신석기 유적지인 소하서(小河西샤오허시)는 무려 B.C. 7000년까지 올라가고 사해(査海차하이), 흥륭와(興隆窪싱룽와) 유적도 B.C. 6000년이다.

연대보다도 유물이 더 충격적이었다. 중국은 옥룡의 나라라고 할 정도로 玉과 龍에 대한 자부심이 강했는데 요하에서 용과 옥기가 중원보다 연대도 수천 년이 앞서면서 솜씨도 훌륭한 것들이 출토되었다. 또 용과 함께 왕권을 상징하는 봉황도 최초의 것이 나왔을 뿐더러 문화의 수준을 상징하는 도기나 청동기 등이 중원의 그것과는 상대도 되지 않을 정도로 오래 되고 우수한 것들이 출토되었다.

요하 유역이 어떤 땅인가? 명나라 때까지는 한족들이 발도 디뎌보지 못했던 지역인 것이다.

이 정도 되면 충격이 대단했을 텐데 중국인들은 그런 것을 감추는 데는 탁월한 재능을 지닌 민족임을 또 여실히 보여주었다.

그 내용은 차차 알아보기로 하는데 여기에서 연대를 살펴볼 필요가 있다. 이곳 요하 유역의 문명은 B.C. 7000년부터 시작되었다. 그런데 이 시기는 아담이 에덴에서 행복한 생활을 누리던 때, 즉 우르미아 호수에 눈 녹은 물이 찰랑거리던 시절이다. 즉 인안나를 모시던 유목민들이 아직 동쪽으로 이동하지 않았던 시절이다. 그렇다면 과연 어떤 사람들이 그렇게 이른 시기에 요하 유역에 문명을 이룩했느냐는 의문이 들 수밖에 없다.

그런데 더 중요한 사실은 이 지역의 문명이 1기와 2기로 나누어진다는 것이다. 1기 문명을 이룩한 사람들은 이 지역의 원주민들을 노예로 삼아 막강한 세력을 과시하고 있었는데 그들에 필적할 힘을 지니고 나아가 그들을 압도할 만한 문명을 지닌 세력이 이곳에 당도했던 것이다.

당시에는 땅은 넓고 사람은 적은 시절이긴 하지만 강력한 두 세력이 부닞히면 필연코 충돌이 일어나기 마련이지만 2기 문명을 이룩한 사람들이 비교적 원만하게 1기 문명을 이룬 사람들을 포용했던 것 같다. 그들은 양쪽 모두 바이칼에 시원을 두고 있다는 공통점이 있었다.

1.빙하시대의 사냥꾼들

바이칼은 신비한 호수다.
사방에 2000m가 넘는 산들이 즐비한데 호수의 깊이도 1742m에 이른다. 바이칼로 들어오는 강의 수가 무려 336개라 한다. 그런데 나가는 강은 단 하나 안가라 강뿐이다. 호수의 넓이는 한반도 1/4에 이르고 수량도 지구 전체 담수의 1/5이나 된다.
게다가 해산물도 풍부하다. 특히 연어과의 민물생선 오물(Omul)이 지천으로 잡히는데 가시도 없고 맛도 좋다.
그래도 겨울은 피하지 못한다. 겨울이 5개월이나 계속되는데 그때는 얼음이 2m 두께로 언다. 그런 바이칼호에 다른 시대도 아닌 빙하시대에 사람들이 살고 있었다. 일 년 내내 얼음에 뒤덮인 곳에서 그들은 어떻게 살 수 있었을까?
그곳에 온천이 있었다. 바이칼 지역은 일 년에 지진이 3,000번씩이나 일어난다고 한다. 그리고 용암이 지표면 가까이 올라오는지 여기저기 온천수가 샘솟는다. 그것이 빙하시대에 살던 사람들의 명을 이어주어 지배종족 탄생의 배경이 되었다.

지배종족의 탄생

믿기 어려운 이야기지만 세계에서 신석기문명이 가장 먼저 싹튼 곳이 이곳 바이칼 부근이라 한다.
빙하시대에 인류문명의 서막을 연 이 사람들은 매머드와 들소 떼를 따라 이곳까지 왔다. 따듯한 지역에도 사냥할 동물은 많고 동물들 수도 온난한 지역이 훨씬 많지만 그들은 작아서 먹을 것이 없었다. 게다가 작은 놈들은 행동이 빨라 도망도 잘 가고, 수풀 사이에 교묘하게 숨기도 잘한다. 작은 짐승이라도 사냥은 만만치 않은 것이다.

그러나 매머드는 덩치가 크고 행동이 느렸다. 힘은 세지만 놓칠 우려는 없는 동물인 것이다. 버팔로는 빨랐지만 막다른 곳으로 몰아넣으면 사냥이 가능했다. 어느 것이든 한 마리만 잡으면 부족 전체가 잔치를 하고도 남았다. 그러나 이들 큰 동물들은 힘이 무척이나 강했고 가죽도 두꺼웠다. 그렇게 크고 강한 동물들을 잡으려면 보다 강하고 예리한 무기가 필요했다.

그들이 매머드 사냥을 하던 구석기시대에 무슨 변변한 무기가 있었을까? 원시적인 무기로 대형동물을 사냥하기 위해서는 머리를 써야했다. 정교한 작전을 짜고 무리가 조직적 유기적으로 움직여야 했다. 그런 과정을 통하여 그들의 두뇌는 차츰 발달하였고 무기도 보다 우수하게 발전하였다.

연구에 의하면 무리를 이루는 집단의 크기가 클수록 두뇌의 발달이 빠르다고 한다. 빙하시대에 바이칼에 살던 사람들의 경우는 모든 상황이 두뇌의 발달에 적합했다. 두뇌만 발달한 것이 아니라 부족원 사이의 유대감과 단결력도 두터웠다. 험난한 빙하시대에 강인한 힘을 필요로 하는 사냥을 업으로 살았으니 그들의 육체도 강건해질 수밖에 없었다.

그들은 자연스럽게 몸집이 커졌다. 빙하시대의 가장 큰 적인 추위를 이기기 위해서는 몸집이 커야 했다. 열대지방 사람들은 나무열매 등을 따려고 팔이 길고 가늘어지지만 빙하 지역에 사는 사람들은 열손실은 막고 창을 강하고 깊숙이 찔러야하므로 근육이 강인해졌다.

빙하시대를 빙하 속에서 살아온 사람들의 특징은 눈이 가늘게 찢어졌다는 것이다. 태양빛이 눈에 반사되어 돌아오는 광선을 차단하려는 작용 때문이다. 그래서 눈이 옆으로 째지고 깊어진다.

유럽에서 동양인을 비하한다고 손으로 눈을 찢는 동작을 하는 경우가 있는데 이는 무식의 소치다. 눈이 째진 것이야말로 위대한 도전의 유산이기 때문이다.

동물은 체온유지가 생명이다. 곤충들은 나름대로 생존방법이 있거니와 파충류 등은 체온유지를 아예 포기한다. 철새들은 계절 따라 한대에서 온대로, 온대에서 열대지방으로 옮겨 다니나 인간은 새처럼 날아다니는 재주가 없다. 곰처럼 두터운 털가죽도 없는 인간이 빙하시대에 혹한의 시베리아에서 36도 이상의 체온을 유지하는 일은 쉬운 일이 아니다.
사람들이 따듯한 지역에서 차츰 추운 지역으로 활동반경을 넓혀간 것은 보다 많은 열량을 얻는 일과 체온을 지킬 수 있는 능력이 향상되어갔기 때문이다. 동양인 중 상당수가 눈이 째진 이유는 그들의 조상이 빙하시대에 혹한의 시베리아에 도전했기 때문이다.
눈이 째진 것은 그 위대한 도전을 했던 영광의 흔적이요, 아름다운 훈장과 같다. 눈이 째진 것에 수치심을 느껴야 될 이유가 한 가지 있긴 하다. 그런 위대한 도전을 했던 선조만큼 도전정신을 지니지 못한 부끄러움이다.
빙하기를 살았던 사람들의 특징은 수염과 눈썹에도 작용한다. 시도 때도 없이 내리는 눈이 눈썹 위나 수염 위에 쌓이면 그대로 얼어붙는다. 이런 문제 때문에 북방계의 특징으로 옅은 눈썹과 적은 수염을 꼽는 것이다.

북두칠성

빙하시대의 하늘은 정말 깨끗했다. 그때는 아직 굴뚝을 만들기 전이었고 심지어 농사를 지으려고 숲에 불을 지르는 사람들도 없던 때였다. 그때의 밤하늘은 우주가 만들어진 때의 순수함을 그대로 간직한 밤하늘이었다. 겨울 내내 밤이 지속되는 바이칼의 겨울은 무수히 빛나는 별의 찬란한 향연이었다.
길고 긴 겨울밤에 그들은 아름다운 별들을 벗 삼아 지냈으리라. 밤하늘의 별들 모두 가슴속에 다가오는 듯 했겠지만 그중에서 그들이 경외감을 느꼈을 별이 있었다. 하늘 가장 높은 곳에 있으면서 다른 별들도 경외감을 느껴 차마 다가가지 못했는지 주변 하늘이 유난히 검은데, 밤이 깊어가도 새벽이 다가와도 언제나 자기 자리를 지키고 있는 그 별, 북극성이었다.
북극성 주위를 도는 7개의 별, 국자 모양을 한 그 별들은 사철 가장 높은 자리에 있는 북극성 주위를 호위무사처럼 돌고 있었다. 옛사람들은 그 일곱 개의 별들이 곰이 하늘로 올라가 자리 잡은 것이라고 생각했다.

곰은 특별한 동물이었다. 바이칼의 숲에서 곰은 빠르고 강하고 생명력도 강인했다. 그러나 더 중요한 것은 곰이 새 생명을 얻는 것이었다. 곰은 겨울이면 굴에 들어가 죽음처럼 깊은 잠에 빠지는데 사람들은 그것을 죽음이라 생각했다. 그렇게 죽었던 곰이 봄이 오면 다시 부스스 일어나니 사람들은 그것을 부활이라 여겼다.
부활하는 동물이 하늘에 올라 영원한 생명을 얻음은 지극히 자연스런 일이다. 그리하여 곰은 하늘의 지존인 북극성 지극히 가까운 곳으로 올라갔다.
북두칠성 7개의 별은 본래도 신성한 별이었다. 그런데 거기에 영원한 생명을 얻은 곰의 이미지가 더해지니 북두칠성과 7이라는 숫자는 지극히 신성하게 되었다.
저명한 종교학자이자 문화인류학자인 미르체아 엘리아데는 7은 북두칠성의 숫자로 7이 신성한 숫자가 된 것은 메소포타미아에서 비롯된 것이라고 말했다. 그러나 메소포타미아에서 북두칠성은 그렇게 신비하게 보이지 않는다. 그곳은 북위 30도에 지나지 않아 북두칠성이 그렇게 높은 곳에 있지도 않다. 반대로 북위 60도를 넘어서는 바이칼에서는 북두칠성이 하늘 가장 높은 곳에 위치하여 신비하고도 신성하다. 게다가 메소포타미아에는 곰이 살고 있지도 않았다. 그곳의 용맹한 짐승은 사자였고 높은 짐승은 기린이었다. 그들은 겨울잠을 자지 않아 부활하지도 않았다.

메소포타미아에서 7이 신성한 숫자가 된 까닭은 7을 신성한 숫자로 믿은 사람들이 그리로 갔기 때문이다. 수메르 사람들은 자그로스 산악지대의 우르미아 호수에서 내려간 사람들이지만 우르미아 호수도 북위 35도에 지나지 않는다. 그들이 7을 성수로 여겼던 이유는 그들이 바이칼 일대의 고위도에 살았을 때 7이 지극히 신성한 숫자로 각인되었기 때문이다.

수메르 사람들이 본래는 바이칼에 살았다고 추측할 수 있는 또 다른 근거는 수메르 사람들이 메소포타미아 원주민보다 체격이 컸다는 점이다. 이는 성경에 네피림 이야기가 나오는 것으로도 짐작할 수 있다.

네피림은 거인을 뜻한다고 한다. 수메르 사람의 자손 중에서 거인이 나올 수 있었던 것은 수메르 사람들이 상대적으로 거인이었기 때문이다.

메소포타미아 원주민들은 아리안족이지만 그 사람들이 당시에 체격이 컸을 리가 없다. 수메르 사람들이 메소포타미아로 이주했을 당시는 기후가 매우 온화하여 메소포타미아는 사자나 영양들이 살 정도로 더웠고 그곳 원주민들은 농사를 짓고 있었다.

농사를 짓는 사람들은 체격이 클 필요가 없다. 체격이 크면 힘도 좋지만 곡식을 많이 먹는다. 그런데 농사일에는 오히려 일찍 일어나 늦게까지 일하는 부지런함과 지구력이 필요하지 임꺽정 같은 장사들의 힘은 별로 필요하지 않다. 더구나 더운 지방 사람들은 체격이 크면 오히려 거추장스럽다. 더위를 이기기 힘들뿐더러 우거진 수풀을 요리조리 빠져나가는 작은 짐승들을 쫓는데 방해만 되기 때문이다. 그러므로 농사를 위주로 하던 사람들과 기후가 더워 수풀이 빽빽하게 우거진 지역에 사는 사람들은 체격이 작았다.

아리안족의 거인은 게르만이다. 빙하기를 유럽 중북부의 얼음 속에서 지낸 이들은 체격이 크다. 게르만족 중에서 일찍부터 활약한 정복자는 바이킹이다. 바이킹은 유럽의 가장 북쪽 노르웨이의 해양 민족이다. 그들은 러시아도 정복했다. 러시아는 rus의 나라라는 뜻이고 rus는 바이킹을 뜻한다. 프랑스 북쪽 해안인 노르망디도 노르만족의 용맹에 놀란 프랑스의 샤를 3세가 노르만족에게 다른 노르만족을 막아달라고 떼어준 땅이다.

이렇게 바이킹이 유럽의 바다를 주름잡았지만 그들이 활약한 시기는 서기 8세기부터일 뿐이다. 인안나의 후예인 메스키앙가쉐르와 그의 후예들의 활약이 있고 4,000년이 흐른 후의 일일 뿐이다.

바이칼로 통하고

인종의 분포를 살펴보면 묘하게도 퉁구스와 투르크 계통은 아프리카나 아프리카에서 이어지는 중동이나 지중해, 유럽에는 분포하지 않았다. 아시아 계통 사람들의 분포는 동남아에서 시작하여 중국을 거쳐 만주에서 초원의 길을 지나는 쪽에만 살고 있었다. 유럽의 경우에 핀란드, 헝가리, 튀르키예에 투르크 계통이 살고 있지만 그 지역들은 초원의 길로 연결이 되는 지역이다. 이 분포만 보아도 퉁그스나 투르크 계통의 조상이 아프리카에서 나왔다는 주장은 설득력을 잃지만 그런 복잡한 문제는 일단 제쳐놓자. 수메르 사람들이 아시아 계통의 인종임은 이미 확인했고 여기서는 아시아 계통의 사람들이 우르미아 호수로 진입할 길은 초원의 길밖에 없었던 것만 확인하면 된다. 그리고 초원의 길은 바이칼로 통한다. 러시아의 역사학자 블라디미르 피툴코는 바이칼이 모든 몽골인종의 근원이라 했는데 이는 의미심장한 말이다. 나는 그 말이 모든 문명의 근원이라는 말로 들린다.

수메르 사람들이 바이칼에서 갔을 가능성은 종교적 문제 때문에도 높아진다. 수메르 사람들은 신을 제일 앞에 내세우곤 했다. 그런데 바이칼은 종교의 바다다. 바이칼은 뵈의 바다라는 뜻인데 뵈는 샤먼의 다른 호칭이다.

바이칼이 샤먼의 바다라는 말은 바이칼이 샤머니즘의 본고장이라는 증거이기도 하려니와 수메르 사람들이 신을 항상 앞세운 것에서 그들이 바이칼 출신일 가능성이 더욱 높아진다.

생각하면 고대의 사냥꾼들은 신을 앞세우지 않을 수 없었을 것이다. 들소와 매머드가 지천으로 널려있지는 않았고 그들을 찾는 것도 용이하지 않았을 것이다.
늑대들은 세상이 눈으로 하얗게 덮였을 때도 높은 곳으로 달려가 눈으로도 찾고, 바람결에 날려 오는 냄새로 사냥감을 찾을 수 있지만 인간은 후각도 둔할뿐더러 늑대처럼 산위로 재빠르게 올라갈 수도 없다. 그저 들판을 헤매다 들소나 매머드와 조우하는 행운을 바랄 수밖에 없으니 신의 가호가 있거나 신이 방향을 점지해주기를 바랄뿐이었다.

고대인들의 신앙에 대해서는 알타미라 동굴과 라스코 동굴의 벽화를 예로 들고 싶다.
스페인의 알타미라 동굴벽화나 프랑스의 라스코 동굴벽화는 현대의 기준으로 보아도 예술의 경지에 이른 것들이다. 그곳에 그려진 짐승들의 특징은 사냥의 대상이라는 것과 사실에 가깝게 매우 정교하게 그려졌다는 것이다. 또 하나의 특징은 실물 크기, 등신대의 그림이 많다는 것이다.
그 동굴벽화는 B.C. 3만 5천년부터 B.C. 11,000년 전까지의 작품이라고 한다. 그런데 그 벽화에 색칠을 한 안료들은 멀리 피레네산맥에서 가져온 것도 있다고 한다. 물감만 구하기 어려운 것이 아니라 그림을 그린 장소도 천장과 울퉁불퉁한 동굴 벽 등 작업하기 매우 어려운 캔버스였다. 그들은 왜 그렇게 힘들고 어려운 작업을 하였을까? 먹을 것이 넉넉

스페인 알타미라 동굴 벽화

프랑스 라스코 동굴 벽화

하여 여유 시간을 보내려고 예술 활동을 한 것은 아닐 것이다. 무언가 도움이 된다고 생각하여 그런 어려운 작업을 한 것이리라.

곰브리치(Ernst Gombrich)는 그 이유를 사냥감들을 그림으로써 동물들이 굴복하리라고 믿었기 때문이라고 말한다. 곰브리치의 말이 아주 틀린 이야기는 아니지만 제대로 된 설명에는 많이 미흡하다.

제웅이라는 것이 있다. 짚으로 사람 모양을 본떠 만든 인형이다. 이 제웅을 만들어 특정인의 이름을 써 붙이고 바늘로 콕콕 찌르면 그 사람이 고통을 받다가 병에 걸린다는 미신이 있었다. 그것을 무고巫蠱라고 한다. 저주의 방법 중에서도 가장 혹독하게 저주하는 방법으로 조선조 숙종 때 장희빈이 민비를 무고하여 장희빈을 비롯하여 관련된 무당과 궁녀 등이 처형된 일이 있었고 중국에선 한나라 무제 때 황후였던 아교가 위부인을 무고하다가 폐비된 일이 있었다. 그런데 이런 일이 고대에도 있었다.

크로마뇽인의 동굴벽화가 유명한 몬테스판 동굴을 발굴하니 그 안쪽에 방처럼 넓은 공간에 점토로 만든 곰 모양을 만들어놓은 것이 있는데 거기에 수많은 화살 자국이 있었다. 이는 분명 무고처럼 곰에게 복수를 행한 의식으로 보인다. 그렇다면 알타미라 동굴 등에 그들의 사냥감인 동물들을 그렇게 정교하게 묘사한 까닭은 무엇일까?

그림을 그려 그 동물의 혼을 가져오려는 목적이 있었을 것이다.

개화기 때 서양인들이 조선 사람의 사진을 찍는데 애를 먹었다고 한다. 사람들이 사진을 찍히면 혼이 달아난다고 믿었기 때문이다. 수십 년 전에 아프리카를 여행하는 사람들도 현지인의 사진을 찍는데 애를 먹었다. 그들 역시 혼백이 달아난다고 믿었기 때문이다. 구석기시대의 사람들도 그랬을 것이다. 살아있는 동물의 그림을 그리면 그 동물의 혼을 가져오고 그렇게 혼을 가져오면 동물의 힘이 빠져 사냥하기에 훨씬 용이할 것이라는 믿음이 사냥감의 정밀한 그림을 그리게 했을 것이다. 이렇게 생산적인 활동이라는 믿음이 없으면 그렇게 애를 쓰며 그림을 그릴 이유도 없었고 그런 그림을 그리는 일을 부족들이 헌신적으로 지원해주지도 않았을 것이다.
이것이 크로마뇽인들이 믿었던 신앙이었을 것이다. 그래서 알타미라나 라스코 동굴 주변의 동굴에서 실제 모습이나 크기가 비슷한 그림들을 그렇게 많이 그렸던 것이다.

대형동물들의 사냥은 그렇게 힘든 일이다.
빙하시대의 사냥꾼들이 얼마나 대단한 존재였는지는 수메르에서 황소를 잡는 것을 영웅의 상징으로 했던 것에서 짐작할 수 있다. 오록스라는 야생 소는 키가 2m나 되고 매우 사나워서 사냥하기에 가장 어려운 동물로 꼽혔다. 그런데 1만년도 훨씬 더 전에 그런 야생 소나 매머드를 사냥한 인류가 있었다는 것은 정말 대단한 일이다.
게다가 빙하시대의 사냥꾼들이 바이칼 주변에서 그런 동물들을 사냥했을 때는 들소나 매머드의 숫자가 현저하게 줄어들었을 때이니 그들을 점지해줄 신의 도움이 절실했을 것이고 그래서 신의 뜻을 전하는 샤먼의 역할이 매우 중요했을 것이다.

수메르 사람들이 메소포타미아를 지배했던 때는 신앙의 양상이 조금 달라졌다. 가정이나 부족, 국가의 수호신을 모시고 그 신들을 항상 앞세우는 신앙이었다. 이는 수메르 사람들이 미래를 예측할 수 없는 수렵생활에서 벗어나 안정된 생활을 하게 된 데서 기인한 것이고, 이런 변화는 자연스러운 것이다.
이런 이유들 때문에 수메르 사람들이 바이칼에서 이동했다고 믿지만 그 시기가 언제인지는 정확하게는 알 수 없다. 다만 바이칼 부근에 살던 많은 부족이 마지막 빙하기인 베름기가 끝난 1만 년 전부터 대규모로 남하했을 것이라고 추정할 수는 있다. 빙하기가 끝나고 날씨가 따듯해지면서 물난리가 터졌을 것이다. 높이 4000m가 넘는 알타이의 거대한 산들이 수만 년 동안 머리에 이고 있던 만년설이 녹아 흐르니 대홍수가 일어나고 사람들은 물난리를 피해 이동하지 않을 수 없었을 것이다.

빙하시대가 끝나고 서서히 남하를 시작한 그들은 1,000년이 넘는 세월이 지난 후에 요하 유역에 도착하였는데 그곳은 남으로는 평야지대에 이어서 발해의 바다가 있었고, 북으로는 내몽골의 드넓은 평야가 펼쳐져 있는 곳이었다.
곳간에서 인심 난다고 하지만 거시적으로 보아도 곳간이 풍족하면 문명이 꽃을 피운다. 평야에서 농사도 짓고, 목축도 하며 바다와 하천에서 물고기도 잡을 수 있는 이 지역이 지금보다 연평균 기온이 3-5도 높은 당시에는 문명이 절로 꽃피울 수밖에 없는 풍요로운 곳이었다. 더구나 이런 곳에 원주민이 없었을 리가 없다. 높은 문명과 강인한 체격을 지닌 사람들에게 이들 원주민은 요긴한 노동력이었다. 이런 배경이 이곳에 B.C. 7000년부터 문명을 꽃피게 한 것이다.

2. 인안나의 흔적

창세기는 아담 다음에 농사를 짓는 카인과 유목을 하는 아벨이 있었다는 이야기를 한다. 이는 수렵채취시대 다음에 농사와 목축이 같이 시작되었다는 점을 시사한다. 실제로 고고학적 발견도 서남아시아 산악지대에서 농업과 목축이 같은 시대에 시작되었음을 밝히고 있다.

창세기에는 카인이 아벨을 죽였다고 나오지만 이는 메소포타미아의 산업이 장기적으로 목축에서 농업으로 바뀐 것을 반영하는 것뿐이다. 〈수메르왕명록〉도 왕권이 에리둑에서 바트드비라로 옮겨진 사실을 기록하고 있는데 바트드비라는 유목민의 나라였다.

앞 장에서 우리는 마지막 빙하기가 끝났을 때는 낙원이었던 에덴동산이 세월이 지남에 따라 황무지로 변한 것을 살펴보았다. 그리하여 농업을 하는 카인의 무리는 우르미아 호수에서 흘러내리는 강을 따라 메소포타미아로 이주했다. 그런데 에덴에서 이주할 수 있는 길은 강을 따라 남하하는 것 말고 또 하나가 있었으니 초원의 길이 있었다.

양을 기르며 목축을 하던 무리들도 메소포타미아에 내려온 것은 사실이다. 하지만 유목민들의 주력은 초원의 길을 따라 그들이 신성한 방위로 여기던 동방으로 이동했을 가능성이 높다. 그들이 우리 조상과 관련 있는 사람들이다.

상식적으로 생각해보자. 메소포타미아로 내려간 사람들은 메소포타미아 문명을 건설했다. 그들은 선악과를 먹은 덕택(?)에 우수한 문명을 지니고 있었고 그 문명의 힘으로 원래부터 메소포타미아에 살고 있던 아리안족을 정벌하여 메소포타미아문명을 건설했다. 그렇다면 목축을 하다 초원의 길을 따라 이동한 사람들도 당연히 높은 문명을 건설해야 마땅하다. 그 문명이 어떤 문명일까? 상식으로는 황하문명이 떠오른다. 그러나 황하문명은 그들과 아무 관련이 없다.

에덴의 기억

어린 시절 학교에서 4대문명을 배우면서 나는 4대문명 중에서 황하문명이 가장 오래되고 가장 발전한 것이었기를 바랬다. 하지만 그것은 동아시아에 살던 한국인의 희망에 지나지 않았다. 냉정하게 평가하면 황하문명은 4대문명에 끼일 자격이 없다. 나중에 황하문명에 대한 설명을 하겠지만 황하문명은 중국에서도 뒤떨어진 문명이었다.

우르미아 호수 부근에서 목축을 하던 사람들은 해 뜨는 동쪽으로 이동하여 요하 유역에서 이미 상당한 문명을 이루고 있던 사람들과 조우한다. 그러나 그곳에서 군사적 충돌이 벌어졌다는 증거는 없다. 있었을 가능성은 있지만 그것을 우리가 알 수는 없다. 그들 사이에 종교적 충돌이 있었는데 그 충돌은 순리에 따라 정리되었던 것 같다.

순리에 따라 정리된 바로 그 문명에 대해 알아보는 것이 이 글 본래의 목적이기도 하다.

카인의 후예(농어민)들이 메소포타미아로 이주를 시작한 즈음에, 아벨의 후예(유목민)들도 초원의 길을 따라 이주를 시작했을 것이다. 그들 아벨을 이은 무리들은 사랑의 여신으로 변질된 인안나가 아닌 하늘의 여주인으로써의 위상을 그대로 지닌 인안나를 모시고 이동을 시작했을 것이다.

문제는 그들이 이동한 일이나 이동 중에 다른 부족들과 조우한 기록이 전혀 남아 있지 않은 것이다. 본래 초원의 길은 동서의 이동통로였기 때문에 이 길 위에서 숱한 부족들과 조우했겠지만 안타깝게도 초원의 길 위에 살아가는 사람들은 기록을 남기지 않았다. 당시에 북방 유목민족에겐 마땅한 기록 수단이 없었다. 문자를 기록하려면 종이나, 파피루스, 대나무, 점토판, 혹은 양피지 등이 있어야 하는데 북방 초원에는 그 중 아무 것도 없었다.

더구나 유목민들은 본래 행장을 가볍게 꾸리는 법이라 기록을 남길 거추장스러운 물건들은 지니고 다니지 않았다. 기록이란 사람들이 정착해서 살아갈 때 남겨지는 것이다. 그리하여 그 옛날 아벨 후예들이 이동한 일에 대한 증거는 막연하기 그지없는데《산해경》에 묘한 구절이 있으니…

赤水出東南隅 以行其東北
河水出又東北隅 以行其北 西南又入渤海 又出海外 卽西而北 入禹所導積石山
洋水黑水出西北隅 以東 東行 又東北 南入海 羽民南
弱手靑水出西南隅 以東又北 又西南 過畢方鳥東
적수가 곤륜의 동남쪽 모퉁이에서 나와 그 동북쪽으로 흐른다.
하수가 동북 모퉁이에서 나와 북으로 흘러 서남으로 해서 다시 발해로 들어간다. 또 해외에서 나와 서쪽으로 갔다 북쪽으로 가서 우임금이 물길을 끌었던 적석산으로 들어간다.
양수와 흑수가 서북 모퉁이에서 나와 동으로 흐른다. 동쪽으로 흐르다 다시 동북으로 흘러 남으로 바다로 들어간다. 날개 달린 사람들이 사는 우민국의 남쪽이다.
약수와 청수가 서남쪽에서 나와 동으로 흐르다 다시 북으로 흐른다. 다시 서남쪽으로 흘러 필방조의 동쪽을 지난다.

중국 최고最古의 기서奇書라는《산해경》해내서경 14편부터 17편까지다. 天帝의 여름 도읍지라는 곤륜허崑崙虛에 대한 설명인데 찬찬히 보면 강이 4곳으로 흘러나온다. [16]은 양수와 흑수 2개의 강으로 풀이하고, [17]은 약수와 청수 2개의 강으로 풀이했지만 강이 흐르는 길의 설명은 각각 하나밖에 없다. 이것은 지류 두 개가 만나 하나의 강을 이루니 강이 4개가 흘러나온다는 결론이다.《산해경》의 곤륜허도 4개의 강이 흘러나오고 창세기의 에덴에서도 4개의 강이 흘러나온다. 다만 곤륜허에서 흘러나오는 곳이 두 개 더 많은데 이는 우르미아 호수에서 물이 철철 흘러내리던 시절의 설명이라 하겠다. 에덴에서 흘러나온 강들의 흐름을 표시한 데이비드 롤의 지도를 보면 더 흡사하게도 느껴진다. 아주 오래 전의 일을 설명한 옛날 책이 이렇게 들어맞는다는 것이 신기하지 않은가? 게다가 창세기에 나온 설명보다 더 자세한 것이 인상적이다.

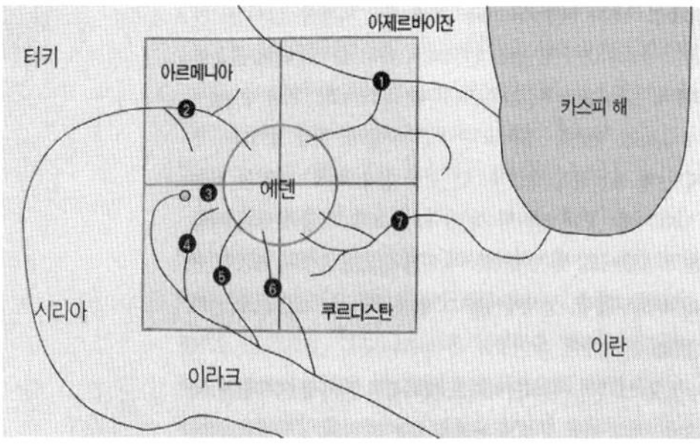

데이비드 롤의 지도/《문명의 창세기》 104쪽

여하튼 《산해경》의 곤륜허에 대한 설명은 옛날의 우르미아 호수의 조건과 같다.

한 걸음 더 나가 생각하면 곤륜허라는 표현도 의미심장하다. 허虛는 비었으니 들어오는 것을 다 받을 수 있다. 높은 산중에 있으면서도 주변 산들이 쏟아내는 그 많은 물줄기들을 다 받아들이는 우르미아 호수를 표현하는 데 알맞은 단어다.

이 해내서경 13에 곤륜허는 천제의 하계 도읍지(帝之下都)라고 했다. 아라타 왕국을 지칭하는 말인지도 모르지만 예전 인안나의 나라로 받아들이고 싶다.

이어 곤륜허에 대한 설명이 이어지는데 사방 800리, 높이가 만 길이라고 했다. (方八百里 高萬仞) 이 설명은 수치를 곧이곧대로 받아들이면 사방 32km에 높이, 즉 깊이가 만 길이니 우르미아 호수에 대한 설명으로는 적은 느낌이다. 하지만 사방 800리를 매우 넓은 호수를 표현하는 의미로 받아들여도 문제는 없을 것이다.

이 외에도 곤륜허에는 에덴동산을 떠올리게 만드는 묘한 것들이 있다. 창세기에 에덴동산에 선악과와 생명나무가 있다고 했는데 《산해경》 해내서경 20에도 비슷한 이야기가 나온다.

開明北有 視肉 珠樹 文玉樹 玗琪樹 不死樹 鳳皇 鸞鳥皆戴瞂
又有離珠 木禾 柏樹 甘水 聖木曼兑 一曰挺木牙交

개명의 북쪽에 시육, 주수, 문옥수, 우기수, 불사수가 있으며 봉황과 난새는 모두 방패를 이고 있다. 또 이주, 목화, 잣나무, 감수와 성스러운 나무 만태가 있다. 만태는 정목아교라고도 한다.

원가의 해석에 의하면 여기에 나오는 주수珠樹와 불사수不死樹가 먹으면 늙지도 않고 죽지도 않는다는 나무니 생명나무라고 할만하다. 그리고 성스러운 나무 만태(聖木曼兌)는 사람을 지성智聖스럽게 만들어주는 나무라 하니 선악과가 아니겠는가.
창세기에는 하나님이 아담을 쫓아낸 뒤에 에덴동산 동쪽에 그룹들과 두루 도는 불 칼을 두어 생명나무로 가는 길을 지키게 했다는 말이 나온다. 그룹은 무시무시한 맹수를 말하는데 《산해경》에도 그와 비슷한 내용이 있다.

開明獸身大類虎而九首 皆人面 東嚮立昆侖上
개명수는 크기는 호랑이 비슷한데 9개의 머리가 달렸고 그 얼굴은 모두 사람의 얼굴이다. 동쪽으로 곤륜의 정상을 향해 서있다. (해내서경 18)

개명수開明獸는 눈을 뜨고 있는 짐승이라는 뜻이다. 머리가 9개나 된다 하니 번갈아 눈을 감으며 휴식을 취하는 짐승인 모양이다. 창세기에 기록된 두루 도는 불 칼 이야기는 나오지 않지만 이 정도면 분위기가 이상하게 흘러간다. 거기에 또 뱀의 이야기도 나온다. 해내서경 19편이다.
開明西有鳳皇鸞鳥, 皆戴蛇踐蛇, 膺有赤蛇
개명의 서쪽에 봉황과 난조가 있다. 모두 뱀을 머리에 이고, 발로 밟고 있다. 가슴에도 붉은 뱀이 있다.

이 부분이 참으로 묘하다. 창세기에 그랬듯이 개명이란 맹수도 동쪽을 지키고 있다. 그러므로 다른 장치들은 개명의 서쪽에 있을 수밖에 없다.

그런데 그곳에 봉황과 난새가 있다고 한다. 봉황이야 당연히 상서로운 새지만 《산해경》의 해설자들은 하나같이 난새 역시 상서로운 새라고 해석한다. 그런데 그런 새들이 뱀을 머리에 이고 발로 밟고 가슴에 품고 있다고 한다. 도대체 무슨 뜻일까? 그리고 난조鸞鳥는 어떤 새를 말함인가?

사실 수메르의 서사문학에서 인안나가 새를 데리고 다닌다는 이야기는 찾지 못했다. 이는 메소포타미아에 문자가 생긴 시기와 관련이 있을 것이다. 수메르에 원시문자가 나타나기 시작한 때가 B.C. 3000년 즈음이다. 그즈음에 우루크가 인안나를 모셔왔고 그때부터 인안나는 사랑과 관능의 여신이 되었다. 즉 문자로 기록된 인안나의 이야기는 인안나 본연의 모습이 왜곡된 다음부터 나타나는 것이다.

천둥새를 타고 있는 인안나/원통형 인장

문자로 기록된 인안나의 이야기에 자주 등장하는 새가 있기는 하다. 그 새는 천둥새이다. 천둥새(Anzu)는 흉악한 새다. 사자의 머리에 독수리의 날개를 지닌 새다. 전쟁신의 상징이라고 한다.
수메르의 문학에는 인안나가 천둥새를 무서워하는 모습으로 그려진다. 그러나 원통형 인장은 반대로 인안나가 천둥새를 부리는 모습으로 나타난다.
이것이 인안나의 이미지가 바뀐 다음과 바뀌기 전의 차이다. 원통형 인장에 나오는 인안나는 천둥새를 타고 하늘을 비행한다. 인안나에게 고삐를 잡힌 천둥새는 인안나 곁에서 숨이 차서 헐떡거리는 모습이다. 그러므로 이미지가 바뀌기 전의 인안나는 전쟁도 지배하는 위대한 존재였던 것이다.
《산해경》에는 개명수의 서쪽에 봉황과 난조가 있다고 한다. 봉황이야 상서로운 징조를 나타내는 상상 속의 새라고 익히 알려졌지만 난조는 다른 데에는 좀체 나타나지 않는 생소한 새 이름이니 어떤 새인지 궁금할 수 밖에 없다.
《삼국유사》에 난새와 봉황이 같이 나오는 구절이 있다.
鸞鳳之子 幼有凌霄之心, 난새와 봉황은 어릴 때부터 제왕에 뜻을 둔다는 말이니 난새와 봉황은 제왕을 상징하는 새가 틀림없는 것 같다. 봉황보다도 난새가 앞자리를 차지한다.
난조는 올빼미나 부엉이일 것이다. 인안나의 상징이 올빼미이기 때문이다.
여하튼 봉황난조鳳皇鸞鳥가 뱀을 머리에 이고 가슴에 품고 발로 잡고 있는데 사람은 머리로 생각하고 가슴으로 느끼고 발로 행동하는 만큼, 그 세 곳에 모두 뱀이 있다는 이야기에서 뱀의 역할도 만만치 않음을 짐작할 수 있다. 더구나 수메르의 원통형 인장 중에는 인안나 곁에 뱀을 그려놓은 것도 많으니 개명의 서쪽이 인안나가 있는 곳이라는 추측을 할 수도 있겠다.

아무리 상상하기도 어려운 옛날의 일이라고는 하지만 창세기에 나오는 두루 도는 불칼이나 그룹, 그리고 《산해경》에 나오는 개명수 같은 것이 실제로 있었다고 믿는 사람은 많지 않을 것이다. 그러나 창세기에 그 이야기가 적힌 데는 그런 이야기가 전해왔기 때문임은 분명하다. 마찬가지로 《산해경》이 그런 전설을 기록한 것에서 그런 일이 단지 우연이라고 치부하기는 어렵지 않은가? 더구나 다른 고서에는 그런 기록이 없는데 말이다.
여기서 《산해경》의 내력에 대한 설명이 들어가는 것이 정상이지만 그 내력이 너무도 복잡하고 또 《산해경》은 앞으로도 인용할 기회가 많으므로 따로 설명할 기회를 갖기로 하겠다. 여기 덧붙일 말은 에덴동산의 추억은 《산해경》에만 있는 것이 아니라 《환단고기》에도 나온다는 것이다. 원동중의 〈삼성기전 하편〉 시작 부분을 보자.

人類之祖曰那般初與阿曼相遇之處曰阿耳斯它
인류의 조상은 나반이다. 처음에 아만과 만난 곳은 아이사타다.

나반이 아담이고 아만이 이브라고 한다면 선부른 추리라고 할 것이다. 하지만 아만의 한자 阿는 언덕, 曼은 아름답다는 뜻이다. 아름다운 언덕, 에덴을 염두에 둔 것 같다는 생각이 들 수밖에 없다. 그런데 나반과 아만이 만난 곳인 아이사타의 한자를 살펴보니 더 이상하다.
阿는 언덕, 耳는 귀, 斯는 어조사, 它는 뱀이다. 아이사타阿耳斯它를 굳이 해석한다면 귀 같이 생긴 뱀의 언덕이다. 여기에 뱀을 뜻하는 它가 들어간 것도 우연일까?
그 질문에 마늘로 답을 하고 싶다. 단군신화에 환웅이 이십 매를 주었다는 그 마늘이다.
마늘의 원산지가 다른 곳이 아닌 서남아시아다. 서남아시아라면 메소포타미아일 수도 있겠지만 자그로스 산악지대일 확률이 높다. 대부분의 식물이 평야에서 대량으로 재배 되지만 원산지는 산이기 때문이다.
마늘은 생각할 가치가 충분한 것이 중국에는 한무제 때 장건이 서역에서 가지고 들어왔다고 알려졌기 때문이다. 그런데 단군도 아니고 환웅시대에 마늘이 등장한다. 환웅이 서쪽에서 왔기 때문이 아니겠는가.

지구라트와 계단식 피라미드

피라미드의 분포에서도 문명 이동의 흐름을 찾을 수 있다.
피라미드는 이집트의 피라미드만 피라미드로 알고 있는 사람도 있는데 오히려 이집트의 피라미드는 특이한 형식이고 일반적인 피라미드는 계단식 피라미드다. 계단식 피라미드는 중미의 아즈텍이나 마야 문명의 것이

마야 피라미드

아즈텍 피라미드

이집트 죠세르의 피라미드

유명하다. 그러나 진시황의 능과 베일에 싸여 있는 중국 서안西安의 피라미드들 역시 계단식 피라미드라고 한다. 서안의 피라미드는 그곳에서 동이족의 유물이 나오고 있어 중국 당국이 학자들의 접근을 불허하고 있다는 소문이 있다. 연대도 지금부터 5,000년 전이라고 한다. 고조선의 건국 이전이니 상당히 오래된 피라미드라 하겠다. 세계 最古의 피라미드로 알려져 있다.

이집트에는 피라미드가 90개 정도 있는데 서안 일대의 피라미드 수가 100개 정도라고 하니 서안 일대야말로 피라미드의 고향이라고 할 것이다.

피라미드에는 계단이 있는 것이 상식적이다. 계단은 하늘로 오르는 상징이기 때문이다. 지금도 몽골의 샤먼이 사는 천막의 가운데에는 사다리가 놓여있다고 한다. 그리고 고구려의 무덤도 피라미드 형식이었고 만주 요하유역의 신전들도 역시 피라미드 형태였었다. 즉 피라미드는 원래 무덤이 아니라 신전으로 출발했던 것이다.

수메르의 지구라트부터 생각해보자. 수메르 사람들은 어디 가나 신전부터 건설했고 그것이 지구라트다.

창세기 카인의 이야기에 카인의 성 이름이 에녹이라는 말도 신전을 쌓은 것이고 왕권이 하늘에서 처음 내려왔다는 에리둑을 발굴했을 때도 우뚝 선 신전이 드러났다.

이 점은 단군신화에서 환웅이 한 일도 같았다. 환웅은 하늘에서 내려올 때 신단수 아래 내려왔다고 했는데 이는 신전부터 건설했다는 이야기다. 그런데 이집트의 피라미드도 처음부터 정사면체 형의 피라미드는 아니었다.
이집트의 피라미드 중에도 계단식 피라미드가 있는 것이 그것을 증언해 준다. 유명한 건축가이며 주술사인 임호탭(Imhotep)이 건설한 죠세르 왕(B.C. 2630-2611)의 피라미드가 그것이다.
카이로 남쪽의 고대도시인 멤피스에 이르면 최초의 피라미드가 웅장한 모습을 나타내는데 그것은 6층의 거대한 계단을 이루는 죠세르 왕의 피라미드다. 이것은 돌로 만들어진 최초의 왕릉이며 이집트 최초의 피라미드다.
수메르 사람들은 7을 성수로 알고 있었는데 왜 7층이 아니고 6층일까? 그런 의심이 가지만 수메르 사람들이 60진법을 사용한 이유처럼 신의 숫자를 건드리지 않은 것으로 해석하고 싶다. (하지만 고구려의 장군총은 7층 피라미드다.)
학자들은 이 피라미드가 수메르의 지구라트와 외관상 비슷하다고 간단히 결론을 내린다. 메스키앙가쉐르의 원정을 인정하고 싶지 않은 것이다. 그런데 재미있는 것은 죠세르의 피라미드를 지키는 동물이 코브라라는 것이다. 뱀을 수호 동물로 한 것이 에덴동산의 기억을 떠올리게 한다. 뱀은 인안나를 상징하는 동물이기도 하다는 점을 기억하기 바란다. 메스키앙가쉐르는 우루크의 신앙을 가지고 갔던 것이다.

신전에서 무덤으로

메소포타미아 지역에 있는 지구라트의 성격을 살펴보자.
수메르의 지구라트 위에는 신전이 있었고 그 신전에는 여사제가 있었다. 신년 축제일에 여사제가 왕과 성혼례聖婚禮를 치르는 풍습이 있었다. 이 일은 신의 여자를 건드린 것으로 해석할 수도 있는데 그렇지는 않았던 모양이다. 우리나라의 무당을 당골네라고 부르는데 이는 단군의 여자라는 뜻이다. 하지만 무당들이 정조를 지킬 의무가 있었다는 이야기는 들어본 적이 없다. 카톨릭의 신부와 사제는 금욕생활을 하지만 다른 종교는 그런 예가 없는 것 같다. 원시 종교에서도 마찬가지다. 하지만 길가메시가 스스로를 여신의 아들이라고 칭한 데서 신전의 여사제는 신전의 주인이었던 것 같다. 우르의 왕 슐기가 스스로를 인안나의 음부에 선택된 자라고 자랑한 것도 자신이 인안나와 성혼례를 치렀다는 이야기다.
천주교의 수녀는 주님께 봉사하는 사람이고 절의 비구니는 부처님의 가르침을 깨달으려는 사람이지만 지구라트의 여사제는 신의 대리인이었다. 이는 이들이 신과 통하려 높은 곳에 올라 신과 가까이 하다가 스스로 신전의 주인이 되었던 사람들이기 때문일 것이다. 신전의 주인이 남자가 아니라 여자였던 까닭은 옛날 무리의 지도자가 여성이었던 전통이 내려온 것이고.
그러다 농업이 시작되고 남성들의 힘이 위력을 발휘함에 따라 사회적 주도권이 남성에게 넘어가 남성들이 왕이 되기 시작했다. 여기에서 왕과 제사장의 역할 분담이 이루어지기 시작한다. 이름 앞에 엔이 붙으면 제사장을 겸하는 왕이고, 엔이 없으면 제사장 즉 신전의 여신이 따로 있는 경우였다. 길가메시와 그의 아버지 루갈반다는 앞에 엔이 없다. 제사장의 역할을 신전의 여인이 수행한 것이다.
그러다가 서서히 제사장의 권한이 약화되고 왕이 지구라트를 지키며 신의 지위를 지키던 여신의 권한까지 빼앗아오면서 드디어 왕이 살아있는 신으로 등극하게 되는 과정을 겪은 것이 수메르의 역사였다.
이집트에서는 세월이 지나며 왕이 신과 동일시되었다. 이제는 왕의 이름 앞에 엔 같은 수식어가 없어도 살아있을 때는 半神半人의 몸이고 죽으면 완전한 신이 되는 존재였다. 그런 까닭에 왕의 시신을 모실 장소, 정확히 말하면 죽어서 신이 될 왕들이 거할 장소로 신전을 택하고 그것이 왕들의 무덤인 피라미드가 된 과정을 겪었다고 생각된다.

다음은 계단식 건물인 지구라트가 어떻게 피라미드로 형태가 변경되었느냐는 문제인데 이는 왕의 시신을 정성껏 모시기 위한 방법이라고 보면 된다.

현실적으로는 도굴 방지의 목적이 있다. 엄청나게 무거운 돌을 첩첩 쌓아놓았으니 파헤칠 엄두도 내지 못한다. 보다 중요한 것은 왕의 시신을 우주의 중심에 놓는다는 것이다. 굳이 이집트의 기하학이 아니어도 동그란 구 대신에 정사면체의 모양을 택함은 자연스런 일이다. 묘한 것은 피라미드의 중심이 가장 건조한 공간이라는 것이다.

근대 초기에 면도날이 매우 비쌌을 때 여러 번 사용해서 날이 무뎌진 면도날의 재생 장소가 피라미드의 중심부였다. 물론 이집트 피라미드에 가서 면도날을 말린 것은 아니고 소형 피라미드를 만들어 그 중심에 면도날을 놓아두니 무디어진 면도날이 다시 예리해졌다고 한다. 최근에도 일부 호사가들은 우주의 기를 받는다고 집이나 주거공간을 피라미드 형태로 만들기도 한다. 피라미드가 하나의 소우주小宇宙라 그 중심에 우주의 기氣가 모인다는 것이다.

여하튼 이집트에서는 왕의 시신을 미라로 만들어 피라미드의 중심부에 놓았으니 이집트 피라미드 형태는 왕의 시신을 오래도록 보존하기에도 금상첨화였다.

동북아시아의 경우는 계단식 피라미드가 신전으로 오랜 기간 존속했던 것으로 보인다. 오랜 세월이 흐른 후에야 왕의 무덤도 계단식 피라미드로 만들었다. 이 전통이 중국식 무덤과 고조선의 무덤을 구분하는 기준이 된다. 고조선에서는 무덤을 돌로 널을 만드는 적석총 방식으로 장례를 치렀지만 중국식 무덤은 흙을 파서 널을 만드는 토갱식 무덤을 만들었다. 그 양식의 경계가 지금의 난하灤河다. 난하는 북경지방을 흘러 발해로 들어가는 강이다. 그리하여 과거 고조선의 서쪽 경계가 난하였다는 주장을 할 수 있게 된 것이다.

여하튼 피라미드의 분포를 살펴보아도 환웅과 인안나의 연관성이 보인다.

인디오의 피라미드

피라미드를 소재로 생각의 지평을 넓히면 흥미진진한 가설을 하나 세울 수도 있다. 중남미의 피라미드를 주제로 삼아보자.

중남미의 고대문명인 아즈텍이나 마야문명의 피라미드는 형태가 지구라트에 가깝다. 신이 있는 곳에 다가갈 수 있는 계단이 있으니 이집트의 피라미드와는 형태가 다르다. 그리고 무덤이 아니라 제단으로만 쓰였으니 중남미의 피라미드는 신전인 것이다.

남북아메리카 대륙은 신대륙으로 구대륙의 사람들이 이주한 곳이다. 그런데 피라미드의 분포를 보면 북미를 통해서 남미로 갔다는 주장은 설득력을 잃는다. 만약 베링해협을 통해 북미로 이주한 사람들이 남미로 가서 피라미드를 세웠다면 그 중간통로인 북미대륙에도 수많은 피라미드가 있어야 하는데 그렇지 않다.

피라미드를 빼고 생각해도 그렇다. 베링해협을 통해 건너갔으면 북미에 드넓은 땅이 있고 거기에 사냥하기 좋은 들소들이 노닐고 있었는데 굳이 멀리 남미까지 갈 필요가 없었을 것이다.

북아메리카는 기후도 온화하다. 그런데 중미를 통해 남미로 가려면 살인적인 더위, 험악한 정글과 숱한 독충과 알 수 없는 짐승들, 그리고 험악한 고원지대를 통과해야 한다. 비옥한 평원을 버리고 굳이 남아메리카까지 갈 이유가 없는 것이다. 더 결정적인 증거는 북미에는 만오천 년 전부터 사람이 살았고 남미는 삼만 년 전부터 사람이 살았다는 것이다. 물론 이는 빙하시대 때의 일이라 피라미드와는 관계없지만 남미에 다른 경로로 사람이 이주했다는 증거임에는 틀림없다. 그러므로 남아메리카 대륙에 살던 사람들은 북미대륙이 아니라 태평양을 건너 남미에 갔다는 가정을 하게 된다.

인신공양을 받는 케찰코아틀

그런데 멕시코를 비롯한 남미에는 케찰코아틀의 전설이 널리 퍼져있었다. 케찰코아틀은 바다를 건너와 남미에 문명을 전해주었는데 전쟁에서 패해 멕시코를 떠나며 다시 돌아오겠다는 말을 남겼다고 한다.

흥미로운 점은 케찰코아틀이 녹색깃털 날개를 지닌 뱀으로 묘사된다는 것이다. 뱀을 상징으로 하는 발전된 문명을 지닌 세력. 묘하게도 피라미드로 추정한 문명의 전파경로에 부합된다.

좌/인더스문자 우/롱고롱고문자

중남미의 피라미드는 메소포타미아의 지구라트 형태를 띠고 있다. 그렇다면 중남미의 인디오들은 메소포타미아나 인도에서 태평양을 건너갔다는 추론을 하게 되고 이는 드라비다족의 이동으로 연결된다. 드라비다족의 대이동이 있었던 것은 확실하니 태평양을 건너 남미까지 이동한 부족이 있었을 가능성은 배제할 수 없다. 하지만 태평양은 너무 넓고 게다가 적도 무풍대까지 존재하기 때문에 상식적으로는 드라비다족이 남미까지 갔다고 주장하기는 어렵다.

그런데 남태평양 망망대해 한가운데 있는 이스터 섬에도 사람들이 살고 있었다. 그들은 어디에서 온 사람들이었을까?

이스터 섬의 거대석상인 모아이 석상은 세계 7대 불가사의로 꼽히기도 한다. 그것을 세운 사람들은 어디에서 온 사람들이었을까? 흔히들 폴리네시안이라고 하지만 폴리네시아에 살던 사람들도 어디에선가 온 사람들이 아닌가?

이스터 섬에서도 문자가 발견되었는데 이를 롱고롱고 문자라 하는데 묘하게도 그 형태가 인더스 문자와 비슷하다고 한다. 인더스 문자는 사실은 문자로 쓰였는지 장식으로 쓰였는지도 의문이다. 발견된 것이라고는 인장에 남아 있는 몇 백 개뿐인데 이것도 면밀한 연구 끝에 문자였을 가능성이 높다고 추정될 뿐이다. 그에 반해 이스터 섬의 롱고롱고 문자는 글로 쓰인 것이 확실하긴 한데 1860년경 칠레 사람들이 이스터 섬을 습격하여 글을 아는 사람들을 다 잡아가서 이제는 롱고롱고 문자를 아는 사람이 없다고 한다.

남미의 원주민인 인디오가 드라비다족의 후예임을 입증하려면 유전자 검사를 하면 간단할 것인데 인디오들은 인종조차 파악이 제대로 되지 않는 모양이다. 스페인 병사들이 너무 많이 학살하고 너무 많이 혼혈을 만들었기 때문이다. 그러나 대체적인 견해는 인디오도 퉁구스 계통이었다고 한다.

3. 신시의 인안나

《삼국유사》 고조선조에 이렇게 나와 있다.
昔有桓因 庶子桓雄, **옛날에 환인이 있었고 그 서자 환웅이 있었다.**

서자의 뜻을 설명하기 전에 짚고 넘어가야할 일은 昔有桓因은 삼국유사의 원본은 國이었는데 일본 학자들이 역사왜곡을 위하여 國에 덧칠을 해서 因으로 바꾸었다는 주장이다. 구체적으로는 삼국유사를 처음 연구한 일본 학자 금서룡(今西龍 이마니시류)이 식민사관을 합리화시키기 위해서 '옛날에 환국이 있었다.'는 말을 '환인이 있었다.'로 바꾸었다는 주장인데 이는 육당 최남선 등이 주장하여 근래까지도 의론이 분분했던 사안이다. 그러나 환인을 환국으로 바꾼다고 단군조선의 정당성이 보다 확고하게 확립된다든지 그 연원이 올라갈 이유는 없다. 이 자리에는 환국보다 환인이 있는 것이 더 자연스럽다. 환인이 있었다고 환국이 없으란 법은 없다. 그래서 '昔有桓因, 옛날에 환인이 있었다.'로 풀이하겠다.

서자에 대하여

먼저 서자에 대한 설명이다.
필자 세대는 서자의 뜻을 교과서에서 배운 홍길동전을 통해서 이해한다. 아비를 아비라 부르지 못하고 형을 형이라 부르지 못하는 신세, 벼슬을 하려해도 문과에는 과거를 볼 수도 없었고, 무과에만 나갈 수 있었던 사람들이 조선시대의 서자다. 조선시대의 서자는 재산 상속을 받을 권리도 없는 더없이 서러운 존재라 민란이 일어나면 그 중심에 반드시 서자가 끼어있을 정도였다. 그러나 고려시대만 해도 서얼에 대해 그런 차별이 없었다.
조선시대에 들어와 서얼庶孼에 대한 차별이 이루어지는데 이를 처음 주장한 사람은 서선徐選이라는 인물이다. 서선이 그런 주장을 한 이유는 정도전에 원한이 있었기 때문이다. 서선은 서얼 차별에 이어 정도전이 서자라는 주장도 했다.

한편 태종은 왕자의 난을 일으켜 태조의 후비인 강씨가 낳은 두 아들을 죽인 죄가 있으므로 그들을 동생이 아니라 서얼이라고 주장할 필요가 있었다. 그리하여 이때부터 조선에서 서얼에 대한 차별이 시작된다.

조선시대에도 서얼차별은 부당하다고 생각하는 사람이 많았으나 이 제도는 폐지되지 않았다. 양반의 숫자는 많은데 벼슬자리는 제한되어 있어서 서얼에게도 과거를 응시할 기회를 주면 기득권층의 벼슬 기회가 그만큼 줄어들기 때문이다. 이러한 기득권층의 이기심과 조선조의 통치 이념인 유교의 논리가 결합하여 서자가 천대받는 존재가 되었다.

고려시대 때도 서얼의 구별이 없었는데 하물며 〈古記〉가 기록된 때에 서얼 차별이 있었겠는가?

물론 〈古記〉도 이름처럼 오래된 책은 아니다. 《삼국유사》에는 〈고기〉에 《후한서》를 인용했다는 내용이 나오기도 한다. 그리고 후백제를 세운 견훤에 대한 내용도 〈고기〉를 인용한 부분이 있다. 그러므로 〈고기〉를 특정한 책이라고 한다면 고려시대에 기록된 서적이 될 것이다. 그러나 《삼국유사》에 〈고기〉라고 표현된 것은 작자미상 혹은 제목미상의 기록을 모두 〈古記〉라 한 것 같은 느낌이 든다.

서얼을 구별한 최초의 기록은 사마천의 《사기》일 것이다.

《사기》 상군商君열전은 商君者衛之庶孼公子也, "상군은 위衛나라에서 서얼로 태어난 왕의 아들이다."로 시작한다.

사마천 시대는 漢나라 무제 때로 이때는 유교가 정착해 가던 시기다. 그 영향이 서얼을 분명하게 표시하게 한 것일까? 꼭 그렇지만도 않은 것 같다.

고대 중국의 왕가에서는 왕위 계승을 두고 분쟁이 너무 많았다. 그 때문에 내전이 발발하고 어떤 왕자는 주변국의 힘을 빌려 전쟁을 일으키곤 했다. 이런 폐해를 방지하기 위해 왕위계승권이 있고 없고를 분명히 밝힐 필요가 있었다.

한나라 때는 태자로 책봉하려면 통상 그 모친을 황후로 정하고 태자를 정하곤 했다. 사마천이 굳이 상앙을 서얼이라 한 것은 이런 배경 때문일 것이다.

그러므로 〈고기〉에 나오는 庶子라는 용어는 환웅을 낮추기 위해 쓰인 말이 아니며, 나아가 정실이 아닌 여자가 낳은 아들을 뜻하는 말도 아니고 단지 환인의 여러 아들 중 하나라는 뜻으로 쓰였다고 보아야 한다.

그런데 보통은 아들이면 장남, 차남, 삼남, 이런 식으로 말하는데 왜 서자라고 했을까? 그것은 환인의 아들이었기 때문이다.

말장난이 아니다. 이는 태양의 아들이라고 칭하는 것과 같다. 태양의 셋째 아들이라고 말하는 경우가 없는 것과 같다. 즉 환인이 인간이 아닌 신이었기 때문이다. (갑골문의 발음을 연구하는 사람들은 한나라 이전에는 桓의 발음이 ᄀᆞᄉᆞ, 因의 발음이 ᄀᆞᆫ이었다고 주장한다. ᄀᆞᄉᆞᄀᆞᆫ도 태양의 뜻이다.)

환인의 이름을 분석해보자. 환인은 한자로 桓因, 혹은 桓仁으로 쓴다. 桓자는 튼튼하게 세워놓은 팻말의 뜻이지만 이는 단지 음을 표시하기 위한 것이므로 한자의 뜻과는 관계가 없다. 환은 한이며 하늘을 뜻하는 말이다. 그러므로 환인은 하늘의 인이라고 보아야 한다. 인은 우리말로는 별 의미가 없지만 수메르에서 엔이나 인이 어떤 뜻으로 쓰였는지는 앞에 살펴본 바 있다. 환인은 하늘의 왕인 것이다. 그리고 우리는 앞에서 인안나가 하늘의 여주인이며 실질적인 하늘의 왕이었던 것도 살펴보았다.

여신은 동북아에서는 특별한 의미가 있다. 이 세상을 창조한 모신이 태초의 여신이었다. 그러므로 인안나는 하늘의 왕일뿐 아니라 모든 것의 어머니라는 이미지도 갖고 있었다. 그래서 환웅이 서자가 된 것이다.

우하량의 여신상

다음은 神市가 있었던 곳으로 추정되는 우하량牛河梁 유적지에서 발굴된 女神像이 증거가 된다. 이곳의 지명에 소를 뜻하는 牛가 들어간 것이 신통하긴 한데 그 유래를 알 수 없는 것이 아쉽다.

요하유역의 고대문명 유적지는 500곳이 넘는다. 이중에서 B.C. 4000년에서 3000년까지로 추정되는 홍산문화 2기 유적의 중심지는 역시 우하량과 동산취에 걸친 유적이다.

우하량은 노로아호(努魯兒虎 누루얼후)산의 10km 정도 이어지는 산등성이 위에 있는데 그 중심은 여신묘女神廟다. 女神廟의 廟 자는 조상을 모시는 사당을 뜻한다. 이 유적을 발굴한 중국학자들이 신전이 아니고 사당이라 이름 붙였는데 그게 마땅한 이름일까?

일단 위치가 심상치 않다. 우하량은 여러 개의 산줄기가 이어지는데 여신묘는 그 중심이 되는 산줄기의 꼭대기 부분에 있다. 사방을 내려다 볼 수 있는 곳이다. 규모는 남북으로 22m, 동서로 9m다. 비록 현대의 웬만한 교회보다도 적은 규모지만 고대인의 감각으로는 그렇게 작다고 볼 수 없다. 여신묘의 크기는 홍산문화 1기의 대표적 유적인 사해 석룡의 19.7m보다는 길다. 그리고 여기에서 출토된 여신상의 파편들을 조사한 결과 원래는 모두 7개의 여신상이 있었다고 한다. 그 중에는 등신대等身大의 여신상도 있고 약 3배 크기의 여신상도 있었다고 한다.

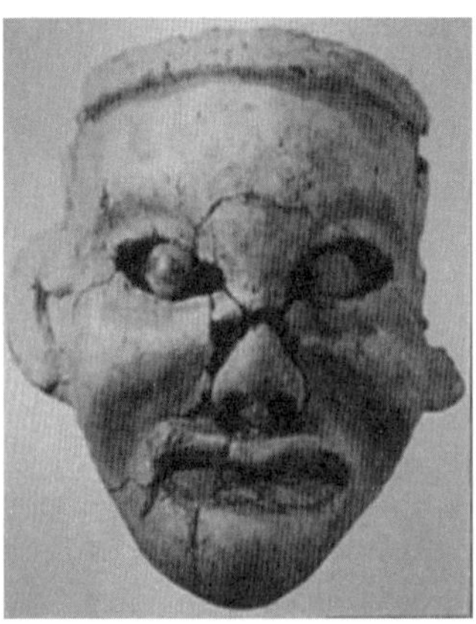
여신상 두상/우하량 출토

이런 시설에 여신묘란 이름은 타당하지 않다. 위치가 그렇고 시설의 규모가 그렇고 무엇보다 여신의 신상을 7개나 모시고 있다. 7은 하늘의 숫자인데 그런 시설을 조상신을 모신 사당이라 칭하는 것은 의미를 축소시키려는 의도가 엿보인다.

사실은 여기 모신 여신상의 정체에 대해

등신대(等身大) 여신상

의논이 분분하였다. 그중 엉뚱한 주장들이 다산을 비는 주술적인 목적이라는 것과 조상신이라는 주장 등이었는데 문제는 조상신설을 강하게 주장한 사람이 발굴 책임자였다는 것이다. 그리하여 여기에 사당을 뜻하는 廟자를 써서 여신묘라 이름 붙였지만 그 주장들이 어처구니없다는 것은 다음 장에서 신시에 대한 설명을 들으면 저절로 수긍하게 될 것이다.

그때의 발굴 책임자가 죽고 중국이 조금씩 달라지기 시작하면서 요즘에는 시각을 달리하는 해석이 나온다고 한다. 우하량과 동산취의 유적에 대해 당시에 이미 국가가 성립했다는 해석이 등장한 것이다. 그 국가를 신비의 왕국이라고 부르는데 그 신비의 왕국 군주가 여성이었을 것이라고 추측한다고 한다.

여신을 모시는 사회면 여왕을 모실 수도 있다. 환웅도 복희씨伏犧氏처럼 남성일 수도 있고 여와씨女媧氏처럼 여성일 수도 있다. 다만 수메르의 경우처럼 사람들이 농사를 지으면서 정착생활을 하면 왕권은 저절로 남성에게로 옮겨 간다. 그런 맥락에서 신시에서도 후기의 환웅은 남성이었을 것이지만 B.C. 3500년 즈음의 초기 신시는 여성이 환인 혹은 환웅이었을 것이라는 추측이 가능하다.

이런 여러 가지 증거로 볼 때 아벨의 후예들, 즉 우르미아 호수 부근에서 목축을 시작한 사람들은 그 땅이 척박한 땅으로 변해가자 인안나를 모시고 동방으로 이동했고 그들의 우수한 문명으로 기존에 만주 지역에 있던 곰과 호랑이를 토템으로 하는 부족을 제압하거나 그들과 제휴하여 지배권을 확립했다는 것을 짐작할 수 있다. 이것이 중국학자들이 말하는 신비의 왕국이며 단군신화의 시작이다.

4장. 환웅과 곰의 만남

1. 석유환인 서자환웅
2. 삼위태백
3. 쑥과 마늘
4. 곰과 호랑이
5. 삼칠일과 백일
6. 신단수
7. 왕검과 임금
8. 여신이 있던 곳
9. 순장으로 보는 역사
10. 신시와 장
11. 명도전의 국적

옛날에 아주 옛날에

4장. 환웅과 곰의 만남

《삼국유사》 고조선조는 네 부분으로 구분된다.
첫째는 '魏書云 乃往二千載'로 시작하는 《위서》를 인용한 부분이다. 여기에는 2,000년 전에 단군왕검이 아사달에 도읍해 나라를 열고 조선이라고 불렀는데 그때가 요임금과 같은 시기라는 내용이 실려 있다.
요임금 때는 서기전 2300여년인데 《위서》는 A.D. 500년대 후반 책이다. 서기전 1500년에 나라를 열었다는 말이니 800년이란 차이가 난다.

둘째는 '古記云 昔有桓因'으로 시작하는 〈古記〉를 인용한 부분이다. 〈고기〉를 인용한 부분은 그 이상 신뢰도 높은 자료가 없어 집중적으로 탐구할 교재이기도 하다.
셋째는 '以唐高卽位五十年'으로 시작해서 '壽一千九百八歲'까지인데 이는 일연스님 자신이 수집한 자료를 기초로 기술한 것으로 보인다.
그리고 넷째는 '唐裵矩傳云'으로 시작하는 마지막 부분이다.
그런데 셋째와 넷째에 대해서는 짚고 넘어가야 할 내용이 적지 않다.

셋째의 일연스님이 수집한 자료에 의하여 우리는 단군조선의 건국이 B.C. 2333년으로 알고 그것으로 단기를 정해 사용하고 있다. 이것으로 우리가 단기를 사용할 수 있음은 일연스님에게 감사를 드려야 할 일이다. 그런데 그 일을 신뢰할 수 있느냐의 문제가 있다. 《삼국유사》의 평양성에 도읍을 정하고 나라 이름을 조선이라고 했다는 것이 하늘에서 갑자기 나라가 떨어진 느낌을 주기 때문이다.

고대의 국가가 이렇게 갑자기 형성되는 법은 없었다. 세력을 차츰 키워 나가 주변 부족들을 정복하여 세력을 크게 확장하는 것이 국가가 탄생하는 법이었다. 그런데 《삼국유사》의 고조선은 심지어 나라 이름까지 조선으로 정했다. 조선이란 이름은 한자 이름이고, 한자는 당시 만들어지지도 않았을 뿐 아니라 단군조선이 있던 요하문화권은 한자 문화권도 아니었다. 또한 서기전 2000여 년 당시의 국호는 다른 사람들이 부르기 시작해서 붙여지는 것이지 스스로 나라 이름을 정한 경우가 없었다.

그렇기 때문에 《삼국유사》의 기록만으로 단군조선의 건국연도를 잡은 것은 의문의 여지를 남긴다. 그런데 이런 문제점을 《환단고기》가 시원하게 해결해준다.

王儉父檀雄母熊氏王女 辛卯五月二日寅時生于檀樹下 有神人之德遠近畏服 年十四甲辰熊氏王聞其神聖 擧爲裨王攝行大邑國事 戊辰唐堯時 來自檀國至阿斯達檀木之墟 國人推爲天帝子

왕검 부친은 단웅이고, 어머니는 웅씨 왕녀이며 신묘년 5월2일 인시에 박달나무 아래에서 태어났다. 신인의 덕이 있어 멀고 가까운 모든 사람이 복종했고, 14세 되던 때 웅씨의 왕이 그의 신성함을 듣고 비왕으로 삼아 대읍을 다스리게 하였다. B.C. 2333년(戊辰唐堯時) 단군이 단국에서 출발하여 아사달 단목의 터에 이르니 온 나라 사람들이 천제의 아들로 모시게 되었다.

이 글은 〈고기〉를 인용하여 〈단군세기〉에 기록한 내용이다. 웅씨의 나라를 인수하여 크게 발전시켰다는 느낌이 있어 무언가 실마리는 잡히는데 미진한 부분이 있다. 그래서 〈태백일사〉의 기록도 같이 보아야 한다.

사와라 환웅 때 웅씨 중에 여黎라는 인물이 있었는데 덕과 능력이 있어 여러 왕검이 귀순하여 여는 천여 명으로 나라를 이루었다. 그로부터 460

년이 지나 신인왕검이 나타나 백성들의 신망을 얻어 이 나라의 비왕이 되었고 비왕이 된지 24년 만에 웅씨의 왕이 전쟁에서 전사하자 왕위를 대신하여 구한을 통일하고 단군왕검이 되었다고 한다. (요약한 관계로 원문은 생략한다.)

이 두 문장의 내용을 연결시켜 분석해보자.

1. 앞에 인용한 〈단군세기〉에는 왕검이 옛사람들이 신성하게 여겼던 박달나무 아래서 태어났다는 일과 태어난 날과 시간까지 정확하게 기록되었다. 이는 오히려 후세에 이야기를 덧붙였다는 인상을 준다. 특히 B.C. 2000년 이전에 '신묘'라는 육십갑자가 들어간 것은 의아하다. 하지만 이 시기에도 연도를 기억하는 방법은 있었고 후세에 그것을 육십갑자로 기록했을 수도 있겠다.

2. 단군조선이 홀연히 땅에서 솟거나 갑자기 하늘에서 떨어진 것이 아님을 설명하고 있다.
한 나라가 이루어짐은 현대에 대기업이 만들어지는 것 같은 성장의 과정이 있어야 한다. 〈태백일사〉의 기록에 웅씨 중에 '여'라는 인물이 꾸준히 세력을 키워나가고 그렇게 460년이 지나 국력이 신장된 것이 단군조선 성립의 배경이 되었음을 설명하고 있다.
즉 고구려의 주몽이 빈손으로 부여를 탈출했지만 소서노의 나라를 받아 고구려를 건국했던 것처럼 신인 왕검은 웅씨의 왕이 이룩했던 세력을 바탕으로 새 나라를 세운 것이다.

3. B.C. 2333년이 단군조선의 개국년도가 된 내력을 설명하는 것이 매우 중요하다 하겠다. **'단군이 단국에서 출발하여 아사달 단목의 터에 이르니 온 나라 사람들이 천제의 아들로 모시게 되었다.'**는 구절에서 아사달 단목의 터가 상징성이 있는 장소임을 알 수 있다. 즉 신인 왕검이 아사달을 정복함에 따라(명맥을 유지하고 있던) 신시의 시대가 가고 (아직 국가 이름은 정해지기 전이지만) 단군조선의 시대가 시작되었다는 것이다. 이

것이면 B.C. 2333년을 단군조선의 개국년도로 정하는데 충분한 타당성을 제공한다고 하겠다.
필요 없는 걱정이지만 〈태백일사〉의 기록에 웅씨의 왕이 전쟁에 나가 죽은 것은 의심할 여지도 있다. 〈단군세기〉에 없는 내용으로 〈태백일사〉는 유학이 기승을 떨치던 조선시대에 기록한 것이니 왕권의 정통성을 부여하기 위해 이런 이야기를 넣었을 가능성도 있다.

《삼국유사》에 단군이 1,500년 동안 나라를 다스리다가 무왕이 기자를 조선에 봉하자 단군이 장당경藏唐京으로 옮겼다가 아사달로 들어가 숨어 살다가 1,908세에 산신이 되었다는 이야기는 물론 사실이 아니고 기자에 관한 일도 사실이 아니다.
게다가 주석도 문제다. 환인을 제석帝釋[謂帝釋也]이라 하고, 태백太伯을 묘향산이라 하고 고죽국을 해주라고 한 것은 후학들에게 잘못된 길을 가르쳐준 셈이다.
《삼국유사》를 집필한 일연스님의 노고에는 깊이 감사드리지만 후학들이 이런 주석에 휘둘리게 만든 원인을 제공했다.
《배구전》 인용부분에 대한 것은 고구려가 고죽국이며 그 위치가 황해도 해주라고 한 것과 周가 기자를 조선에 봉했다고 하는 것, 그리고 한나라가 삼군을 설치하여 다스렸다는 이야기 모두 잘못된 것이다. 그 내용은 굳이 지금 설명할 필요가 없고 단군신화의 내용을 다루면 저절로 전말을 이해하게 될 것이다.
그러면 익히 아는 이야기이긴 하지만 〈고기〉를 인용한 부분을 보겠다.

옛날 환인이 있어 그 서자 환웅이 자꾸 천하에 뜻을 두고 인간세상을 구하려는 욕심을 내어 아버지가 아들의 뜻을 알아 삼위태백을 내려다보고 홍익인간이 될 만한 곳이라 여겨 천부인 세 개를 주고 다스리라고 했다.

환웅이 3,000의 무리를 이끌고 **태백산 정상 신단수** 아래 내려와 신시라 이름 했으니 이분을 환웅천왕이라 한다. 풍백과 우사, 운사를 거느리고 곡식과 수명과 병과 형벌과 선악과 인간의 360여 가지 일을 주관하며 세상을 이치에 맞게 다스렸다.

이때 **한 곰과 한 호랑이**가 있어 같이 동굴에 살았는데 사람이 되기를 원하여 항상 환웅에게 기도하였다.

때에 신께서 신령한 쑥 한 다발과 **마늘** 20매를 주면서 이것을 먹으면서 햇빛을 **백일** 동안 보지 말고 **삼칠일**을 조신하면 능히 여자의 몸을 얻으리라고 말하였다.

곰과 호랑이가 그것을 얻어먹었는데 삼칠일을 조신한 곰은 여자의 몸을 얻고 호랑이는 조신하지 못하여서 사람의 몸을 얻지 못했다.

곰 여자는 혼인할 상대가 없어 매일 신단수 아래 찾아와 잉태하기를 빌었다. 환웅이 이에 사람으로 변하여 아들을 얻었으니 이름이 **단군왕검**이다.

고딕체로 표시한 단어들에 숨은 뜻만 제대로 풀이하면 단군신화는 역사적 사실로 다가온다.

1. 석유환인 서자 환웅

昔有桓因, 옛날 환인이 있었다는 구절은 태초의 이야기로 역사의 시작이 환인으로부터 비롯되었음을 말하고 있다.
그리고 庶子桓雄 數意天下 貪求人世, 그 서자 환웅이 천하에 뜻을 두고 인간세상을 탐내어 구하기를 여러 차례 하였다는 이야기는 신시, 즉 홍산문명이 잉태하기 시작한 내력을 설명하고 있다.

여신상

추측하기로는 인안나를 모시는 무리가 그 시대에 이미 요하문화권의 소식을 알고 있었다 하겠다. 이는 불가능한 일도 아닌 것이 당시가 아무리 오래된 옛날이라 할지라도 말을 사용했을 가능성이 높기 때문이다. 인류가 그 시절에 말을 사용한 확실한 증거는 나오지 않았지만 과학자들이 말의 DNA를 분석한 결과는 B.C. 4000년 즈음에 유라시아의 초원지대에서 사람들이 말을 사육하기 시작한 것으로 추정하고 있다. 유라시아의 초원지대는 두말할 필요도 없이 초원의 길이다. 말을 사육했으면 승마나 짐을 끄는 용도로 이용했을 것이고 물자와 정보의 교류가 이루어졌을 것이다. 그러므로 인안나를 가장 높은 신으로 모시며 목축을 했던 무리들도 요하유역의 상황을 알고 있었을 가능성이 높다.

여하튼 환인의 시대는 모계사회였다. 장자나 적자 같은 말은 아무런 의미도 없었으므로 서자라는 표현을 했을 것이다. 그런데 서자라는 표현에는 다른 의미도 있었을 것 같다. 환웅은 환인이 직접 낳은 자식이 아닐 소지가 다분하다. 환인이 있던 곳은 하늘인데 환웅은 인간 세상에 내려왔다. 하늘에서 인간세상까지의 여행을 한 세대에 끝낼 수 있었는지도 의문이다.

바이칼 주변에 살던 사람들이 빙하기가 끝난 B.C. 8000년 즈음에 남하를 시작했는데 B.C. 7000년부터 요하문명의 흔적이 나타난다. 그다지 먼 거리도 아닌 거리의 이동에 무려 1000년이 걸린 것이다. 마찬가지로 중앙아시아의 서편에서 중앙아시아의 기나긴 초원길을 따라 민족이 이동하는데 천년이 걸릴 수도 있다.

우하량 우뚝 선 곳에 자리 잡은 여신묘에는 7개의 여신상이 있었다고 한다. 여신상의 눈에는 파란 보석이 끼어있어서 여신상의 모델이 아리안족이 아니냐는 의문도 있다. 그러나 에덴에서 나온 사람들은 남쪽 메소포타미아로 간 사람들이건 동쪽 요하로 간 사람들이건 모두 푸른 색 돌을 좋아했다. 서쪽으로 간 사람들이 청금석을 좋아한 것은 이미 살펴보았고 동쪽으로 간 사람들이 푸른 색 돌을 좋아했던 것은 《산해경》을 보면 확인할 수 있다. 그러므로 여신상의 눈과 여신을 모신 사람들의 인종과는 관계없다고 말할 수 있다. 그보다 여신상의 인상이 위엄이 있어 약간 무섭다고 말하는 사람들이 있는 것에 신경을 써야할 것 같다. 과연 여신은 무서운 존재였을까?

여신이 무서운 존재였으면 환인, 즉 인안나가 무서운 존재였다는 이야기가 된다. 수메르에서의 인안나는 사랑의 여신이었다. 그리고 단군신화에 나오는 환인은 환웅에게 널리 사람을 이롭게 하라는 홍익인간을 권한 신이었다. 그러나 하늘의 여주인인 인안나는 사랑의 여신인 동시에 정의의 여신이며 전쟁의 신이기도 했다. 올빼미의 여신 아테나도 인안나에서 나온 여신임을 기억하자.

《산해경》에는 帝라는 신이 등장하는데 帝가 바로 인안나다. 그런데 帝는 자비로운 신이 아니라 무서운 신이다. 자기편은 죽은 자도 살려내려 하면서도 자기편에 해를 끼친 자는 가차 없이 응징하는 무서운 신이다. 그것이 인안나, 즉 환인의 본모습이다.

그런데 궁금한 것은 여신묘에 있었던 여신상의 숫자다. 왜 7개가 있었을까? 7이란 수가 聖數이기 때문에 7개가 있었던 것일까? 아니면 7명의 여신이 있었던 것일까?

묘한 것은 《환단고기》에도 환인 7명이 기록되어 있다는 점이다. 각자 이름이 있지만 이름이야 중요하지 않다. 《환단고기》는 여신묘가 발견되기 훨씬 전에 기록되었다. 그런데 7명의 환인이 있었다고 그 이름까지 밝혀 놓고 있는 것이다.

아버지의 뜻

환인은 인안나이며 여신이라 한 것에 한 가지 문제가 있긴 하다. 父知子意, '아비가 아들의 뜻을 알고'라는 구절이 나오는 게 문제다. 이에 대해서는 그 시대, 즉 고기가 기록될 즈음에는 남성 본위의 사회라 당연히 남성이리라 짐작해서 父라고 썼다고 설명하는 것이 정답이리라. 하지만 아빠라는 말이 고대에는 지금과 달리 쓰였다는 점도 고려할만하다. 앞에 수메르에서 아빠가 친근한 호칭인 예는 보았지만 바이칼 부근에 사는 브리야트족(바이칼의 원주민이다. 선녀와 나무꾼 설화의 원형을 간직하고 있다. 한민족과의 친연성에 관심 갖는 사람이 많다.) 언어로 '아빠'는 어머니를 뜻하는 말이다. '아케'라는 말은 아버지를 뜻하는데 아저씨를 의미하기도 한다. 남녀 다수가 함께 집단생활을 하던 모계사회의 흔적이 남아있는 말이다.

함경도에서 아바이는 삼촌을 가리키는 말이고 제주도에서는 '삼촌'이 남녀를 구분 않고 부르는 호칭이다. 삼촌이라고 불러주면 모든 제주도 사람이 좋아하는데 이것도 같은 유래에서 비롯되었는지 모른다.

신들의 세계는 어떠한가? 신은 인간의 마음에 있는 존재라 신들의 세계는 인간의 세계와 매우 흡사하다. 여성신이 있은 다음에 남성신이 나타나곤 했다. 태초의 신이 있은 다음에 새로운 신이 탄생하려면 아버지 신과 함께 어머니 신이 꼭 있어야 하는 것이 신들의 세계였다. 그리스 신화에서는 어머니 신의 역할을 인간이라도 맡아야 했다. 제우스의 아들인 페르세우스는 아르고스 왕의 딸인 다나에의 미모에 제우스가 반해서 태어났고, 헤라클레스는 페르세우스의 손녀이며 미케네 왕의 맏딸인 알크메네와 사랑을 하여 태어났다. 그런데 예수의 경우는 이와 다르다. 예수는 여호와가 마리아와 사랑을 하여 태어난 것이 아니라 원래 하나님의 아들이었는데 마리아의 몸을 빌려 현신했을 뿐이다. 이는 기존의 개념과는 상이한 것이다. 기존의 개념으로는 신들도 인간처럼 사랑을 하고 그 결과로 새로운 신이 탄생했는데 여호와는 오로지 한 분뿐인 신으로 여호와가 사랑하는 여신 따위는 존재하지 않는다. 그러므로 예수는 여호와가 스스로 낳은 신이다. 그렇다면 여호와는 여신인가? 남신인가?
여호와의 정신을 사랑이라고 한다면 오히려 여성격이 어울리지만 기독교도들은 누구나 '아버지 하나님'이라고 부른다. 사랑보다는 권위가 더 중요함을 알 수 있다.

사실 대지인 ki는 여성이었다. 그러므로 대지의 신인 ENKI는 여성 신이어야 마땅하다. 그러나 메소포타미아에서 서열 1위의 신이 된 엔키는 당당한 남성 신의 풍모를 지녔다. 신들의 세계는 인간의 의식이 달라지며 변화한다. 여호와가 나타난 사회 배경은 신이 새로운 차원의 절대자로 등장한다. 신은 절대 뚫릴 수 없는 방패를 만들기도 하고 또 어떤 방패도 뚫을 수 있는 창을 만드는 절대적인 존재가 된 것이다. 이런 존재인 신은 단 하나밖에 존재할 수 없다. 그러므로 여성신이 있을 수 없어 예수는 여호와 스스로 낳은 아들이 되었다. 그런데 미묘한 문제가 있다. "예수는 사람인가? 신인가?"라는 질문이다. 어떤 답이 나오는지 궁금하다.

마가복음 12장에서 사두개인들이 예수에게 묘한 질문을 한다.
"모세는 형이 자식이 없어 죽으면 동생이 아내를 취하라고 했습니다. 그런데 일곱 형제가 모두 그렇게 죽어 여자가 일곱 형제의 아내가 된 다음 죽어 하늘나라에 가게 되었습니다. 하늘나라에서 그 여인은 누구의 아내

가 되어야 합니까?"

예수는 이렇게 답한다.

"사람이 죽은 자 가운데서 살아날 때에는 장가도 아니 가고 시집도 아니 가고 하늘에 있는 천사들과 같으니라."

이는 형이 죽으면 동생이 그 아내를 취하라는 모세의 말이 북방 유목민족의 풍습과 같기 때문에 인용했지만 여호와가 남성인지 여성인지를 묻는 질문에 답이 될 수도 있겠다. 그래도 질문은 남는다. 천사는 신인가? 아닌가? 천사가 신이 아니라면 영생은 어떻게 되는가?

2. 삼위태백

下視三危太伯 可以弘益人間 乃授天符印三箇 遣往理之 雄率徒三千 降於太伯山頂 神壇樹下.
환인이 하계를 내려다보니 삼위태백이 홍익인간할 만한 곳이라 환웅에게 천부인 세 개를 주니 환웅이 삼천의 무리를 거느리고 태백산 꼭대기 신단수 아래로 내려왔다.

이 문장 속에 풀어야 할 수수께끼가 적지 않지만 우선은 삼위태백에 집중하기로 하자.
그런데 三危太伯 글자가 심상치 않다. 삼위는 위태로운 것이 세 개라는 뜻이고, 태백의 백은 보통 白을 쓰는데 여기에는 맏, 혹은 우두머리라는 뜻의 伯을 썼다. 무슨 이유일까?

피난골

우선은 삼위태백이 하나의 산인지 삼위와 태백 두 개의 산인지를 살펴보아야 한다. 보통은 두 개의 산으로 생각하는데 이유도 두 가지가 있다. 하나는 중국 감숙성 돈황에 실제로 삼위산이 있기 때문이고, 둘째는 《환단고기》에 반고가 삼위산의 라림동굴에 가서 임금이 되었다고 나와 있기 때문이다.
여기서 묘한 문제가 생긴다. 단군신화는 단군조선의 건국신화다. 그렇다면 단군의 선조인 환웅을 미화함이 정상이다. 그런데 삼위가 먼저고 태백이 나중이다. 더 좋은 삼위는 반고가 차지하고 덜 좋은 태백은 환웅이 차지한 모양새다. 아무리 옛날이지만 이런 식으로 건국신화를 만드는 법이 있을까?
환웅이 온 곳, 즉 단군조선의 백성들이 사는 곳이 가장 좋은 곳이라고 묘사했어야 정상이다.

이번에는 삼위산이 있는 돈황의 위치를 생각해보자. 돈황은 실크로드의 요충지다. 그런데 실크로드의 요충지가 옛날에도 그렇게 요충지였을까? 동아시아, 그중에서도 지금 중국 영토의 지형을 살펴보자. 중국의 지형은 거북과 같아 북경 쪽으로는 자라목처럼 구멍이 있지만 서쪽으로는 거북 등딱지처럼 험한 산맥이 병풍처럼 둘러싸고 있다. 그리고 그 밖은 사막지대다. 돈황은 사막지대의 요충지일 뿐이다. 그리고 그 사막지대 밖에는 초원지대가 있다.

B.C. 3500년 즈음의 중국 황하 유적에서는 코뿔소 같은 열대동물들의 뼈가 출토된 짐승 뼈 중 30%를 차지한다. 지금보다 기온이 많이 더웠다는 이야기다. 과학자들은 그 당시 온대지방 기후가 지금보다 4-5도 정도 높았다고 추정한다. 그 정도 기후였으면 사막지대 북방의 초원지대는 지금보다 훨씬 살기 좋았을 것이다.
그때 돈황이 있는 고비 사막 일대는 어땠을까? 당시의 기온이 높았다고 해도 그곳은 높은 산맥이 가로막고 있어서 근본적으로 비가 많이 올 수 없는 지역이다. 고비사막의 고비는 현지어의 '커고이'에서 나온 말로 황무지란 뜻이다. 그러니 B.C. 3-4000년경에도 고비사막 일대는 커고이라고 불리는 황무지였다. 돈황은 그런 고비사막의 오아시스다. 그런 곳은 어떤 곳이며 어떤 사람이 가는 곳일까?

돈황은 실크로드의 요충지며 수많은 문화재가 있는 곳이다. 혜초스님의 《왕오천축국전》이 발견된 곳도 돈황의 동굴이다. 돈황은 그렇게 문화적으로 매우 중요한 곳이지만 돈황이 있게 만든 실크로드가 왜 만들어졌는지는 생각할 필요가 있다.
실크로드는 사막지대와 산악지대를 통과한다. 실크로드는 사막과 산악의 연속이라 해도 과언이 아니다. 그런데 실크로드에서 북방으로 올라가면 초원의 길이 있다. 초원의 길은 남과 북의 산악을 피해 달리는 넓은 평원으로 소나 말이 맘껏 풀을 뜯으며 달릴 수 있는 길이다. 중국은 자기들의 비단을 왜 그 편한 초원의 길로 운반하지 않고 험하고 고통스러운 실크로드를 통해 운반했을까?

북방 초원의 길은 무서운 유목민족들의 영역이었기 때문이다. 실크로드가 좋아서 초원의 길을 가지 않은 것이 아니라 초원의 길이 무서워서 사막과 산악으로 점철된 험난한 실크로드를 만들어낸 것이다.

북방 유목민족들이 실크로드를 가는 비단 장사들을 공격하지 못한 이유도 그들을 공격하려면 험한 산길과 거친 황무지를 건너야 했기 때문이다.

이제 돈황의 삼위산이 어떤 곳인지 짐작이 갈 것이다. 거친 초원의 전쟁터에 비하면 삼위산이 있는 돈황은 피난골이었다. 전쟁에 치이고 깨진 힘없는 사람들이 꿈에 그리는 이상향이 돈황의 피난골이었다.

이는 제주도 사람들에게 이어도가 이상향이었던 것과 같다. 제주도 사람들은 육지 사람들에게 대대로 수탈을 당해왔다. 그런 수탈이 없는 이상향이 이어도였다. 전설의 이상향인 이어도는 배를 타고 가도 찾을 수 없었지만 전쟁과 약탈이 없는 돈황은 사막의 배인 낙타를 타고 가면 찾을 수가 있었다. 그만큼 돈황은 고립된 곳이었다.

여기서 이어도를 전설의 이상향이라 표현했지만 이어도는 원래가 실재했던 섬이었다. 빙하시대는 지금보다 해수면이 200m 가까이 낮았기 때문에 이어도는 커다란 섬이었었다. 그때의 기억이 이어도가 바다 속에 잠긴 후에도 제주도 사람들에게 전승되어 내려왔던 것이다.

삼위태백

단군신화는 삼위가 홍익인간, 인간을 널리 이롭게 할 만한 좋은 땅이라고 했다. 그런데 돈황처럼 고립된 곳에서 어찌 인간을 널리 이롭게 할 수 있겠는가. 반고가 삼위산의 나림동굴에 자리를 잡고 왕 노릇을 했다는데 만약 반고가 간 삼위산이 돈황의 삼위산이라면 초원의 거친 무리들을 당할 수가 없어서 쫓겨 갔다고 보아야 한다.

그런데 앞의 1장에서 수메르 사람들이 이집트나 인더스로 가면서 가이훈이나, 쿠시, 멜루하 등의 이름을 가지고 간 것을 보았다. 그렇다면 다른 곳의 삼위산에 살다가 돈황으로 이주한 사람들이 삼위산이란 이름을 가지고 갔을 가능성도 부인할 수 없다.

먼 곳으로 이사 가면서 자기 살던 동네의 이름을 가지고 가는 것은 동이족만 그랬던 것이 아니다. 아메리카나 오세아니아 대륙에는 new가 들어간 지명이 아주 많다. 유럽에서 건너간 사람들이 자기 동네 이름을 가지고 갔기 때문인데 그 이유는 쉽게 짐작할 수 있다. 이름이 없어 이름을 새로 지어야 했는데 이름을 짓는 일이 쉽지 않은 일이기 때문이다.

그러므로 돈황의 삼위산이 피난골인 점을 고려할 때 그들이 그 전에 살던 곳에 삼위산이 있었을 가능성은 다분하다.

여기에서 삼위에 따라 붙은 태백을 생각해보자. 太伯, 큰 우두머리다. 산꼭대기에 만년설이 덮인 큰 산을 뜻하는 말이 아니라 삼위 중에 제일 높은 것을 의미했을 가능성이 있다.

그렇다면 삼위의 危에 집중해서 삼위산의 정체를 파악해 보자.

삼위에 위태로울 危가 있어 위태로운 봉우리가 3개 있다고 생각할 수 있다. 하지만 산은 원래 위태롭고 위험한 곳이다. 거기에 굳이 危를 쓸 이유가 없다. 게다가 삼위는 신시라는 도읍을 정한 산이다. 많은 사람들이 쉽게 모일 수 있는 산이라면 그렇게 위태로울 것 같지도 않다. 위태로울 危를 쓴 뜻은 산보다 더 위험한 존재를 뜻하는 것이리라. 산보다 더 위험한 존재, 그런 존재는 神밖에 없다.

고대의 신에 대한 개념은 현대와는 많이 다르다. 고대에는 세계 어느 지역에든 신이 무수히 많이 있었다. 그 많은 신 중에서 가장 두드러진 존엄성이 있는 존재, 감히 범접할 수 없는 신이 있다면 그 신에 대해서는 危 자를 쓸 수 있으리라. 그런 신을 셋을 모셨기 때문에 삼위라는 이름이 붙은 것은 아닐까? 그렇다면 三危는 세상을 지배하는 세 신을 모시는 三神산이 될 수도 있다.

삼신산이라고 하면 흔히 봉래, 방장, 영주를 꼽는다. 그러나 이 산들은 불로장생의 영약을 찾았던 진시황이나 한무제를 현혹하기 위해 술사들이 만들어낸 허구의 산이다.

우리에게도 삼신신앙이 남아 있는데 잘 알려진 것으로 제주의 삼신할미가 있다. 삼신할미는 아이를 점지해주고 낳아 기르는 일을 보살펴주는 신이다. 三神보다는 産神이 어울린다. 産 자가 三으로 와전되었다는 생각이다. 이런 현상은 삼신이란 말이 입에 딱 맞아 떨어지기 때문에 나타난 것이다.

그런데 일찍이 三神신앙이 무엇인지 정의해놓은 기록이 있으니 《환단고기》의 〈태백일사太白逸史〉, 태백의 잃어버린 역사가 그것이다.

삼신신앙

〈태백일사太白逸史〉의 저자 이맥李陌은 그 첫 편 〈삼신오제본기〉를 기록하면서 〈표훈천사表訓天詞〉의 내용을 전재했는데 〈표훈천사〉는 표훈대사의 저작으로 짐작된다. 표훈대사는 경덕왕의 부탁으로 하늘을 두 번이나 왕복해서 아들을 얻게 해주었다는 이야기가 《삼국유사》에 실려 있다. 표훈대사는 삼신신앙을 이렇게 해석했다.

大始 上下四方曾未見暗黑 古往今來 只一光明矣 自上界却有三神 卽一上帝 主體則爲一神 非各有神也 作用則三神也

태초에 상하사방이 아직 암흑에 가려 보이지 않더니 옛 것이 가고 지금이 오니 오로지 한줄기 광명이 비치더라. 하늘에서 삼신이 나타나니 즉 한 분의 상제이시다. 주체는 각각의 신이 아니고 한 분의 신이나 작용할

때는 세 분의 신이다.

한 분의 上帝가 만물을 만들고, 키우고, 다스리는 세 가지 일을 하는데, 그때마다 권능이 다른 신으로 나타난다는 것이 표훈대사의 주장이다. 일종의 유일신 사상이라고 하겠다. 표훈대사는 상제가 삼신으로 나타나고 오행을 창조했다는 주장을 한다.
사실 〈표훈천사〉에 나오는 三神에 대한 설명은 이것뿐이다. 3가지 일을 하지만 실제로는 상제 한 분일뿐이라는 설명만 있고 다음은 오행에 대한 설명으로 넘어간다. 오행이야 중국에서 크게 유행한 사상이니 그렇다고 하지만 어째서 삼신사상에 대한 설명을 했느냐가 중요하다.
서두에 그냥 언급만 하고 넘어갈 삼신을 왜 맨 처음 화두로 꺼냈을까?
이는 표훈대사가 살았던 통일신라시대에도 민간에 삼신에 대한 신앙이 뿌리 깊게 박혀있었기 때문이 아닐까?

〈표훈천사〉의 내용은 천지창조가 삼신부터 시작되었다고 하면서도 그 존재를 主體卽爲一神非各有神也라고 설명한다. 즉 삼신은 따로 있는 것이 아니라 그 주체는 하나의 신뿐이라는 것이다. 그리고 그 유일신이 창조할 때, 키울 때, 다스릴 때 각각 쓰임이 다르기 때문에 삼신이라는 설명을 한 후에 바로 유일신이 오행을 창조하는 이야기로 넘어간다. 그러므로 표훈대사는 창조주는 一神이라는 주장인데 현실에서 대다수의 사람들이 삼신신앙을 지니고 있으므로 타협하고 들어간 것뿐이다. 이때가 신라불교의 극성기였지만 그건 표면의 모습일 뿐이고 실제로 민간에선 삼신신앙이 보편적인 신앙이었다는 증거가 아닐 수 없다.

〈태백일사〉를 쓴 이맥도 나름대로 삼신신앙을 풀이했는데 고려 〈팔관기八觀記〉에 나온 내용을 참조하여 표훈대사가 풀이한 삼신을 天一, 地一, 太一일 것이라 추측하였다. 만물을 창조하는 일을 할 때는 천일, 키우는 일을 할 때는 지일, 다스리는 일을 할 때는 태일로 化한다는 생각이다. 그러나 이것은 조선시대를 산 사람으로서의 생각일 뿐이다.
이맥은 〈삼신오제본기〉 후반부에 참고가 될 만한 내용을 적어놓는다. 그것은 이맥이 조정의 찬수관으로 있으면서 읽은 내각의 비장 서적들에서 나온 이야기다. 그런데 거기에 중요한 내용이 들어있다.

三神山爲天下之根山, **삼신산은 천하의 뿌리산이다.**
人類之祖曰那般, **인류의 조상은 나반이다.**
初與阿曼相偶之處曰 阿耳斯它 亦稱 斯它麗阿, **처음 아만을 만나 인연을 맺은 곳을 아이사타, 혹은 사타려아라고 한다.**

삼신산이 천하의 뿌리산이라는 말은 환웅의 무리가 떠나온 곳이 삼위산이라는 추리의 뒷받침을 해준다. 다음에 인류의 조상인 나반과 아만이 만난 곳이 아이사타, 혹은 사타려아라고 하는데 이 두 지명에는 모두 뱀을 뜻하는 它 자와 언덕 阿 자가 들어있다. 이것이 환웅이 떠나온 본래의 삼위산, 혹은 삼신산의 위치를 찾는데 큰 도움이 된다.
그리고 삼신산이 어떤 신을 모시는 산인가에 대해서도 전傳에서 말한다며 소개한 내용이 있다.

三神之後稱爲桓國, **삼신 다음에는 환국이라 했다.**
桓國天帝所居之邦, **환국은 천제가 계시는 나라다.**
桓因亦代三神爲桓國天帝, **환인도 역시 삼신을 대신하여 환국의 천제가 되었다.**

이것이 삼위산(삼신산)의 내력이다.
삼신이 어떤 신들인지는 알 수 없으나 삼신산이 있었다. 그리고 환인이 삼신산의 군주였다는 말이다.

그 다음의 열쇠는 우리가 가지고 있다. 환웅이 인간 세상에 관심을 가지게 되어 원래의 삼신산을 떠나온 환웅의 무리는 새로 정착한 곳의 산을 삼신산이라고 부르게 되었다.
삼신산을 떠나온 무리들은 자기들이 정착한 곳의 산을 아무 이유 없이 그냥 삼신산이라고 부르나 후세의 사람들은 삼신산에 깃들어 있는 신들이 어떤 신들인지 궁금해 한다. 그리하여 몇 명의 신을 모시게 된다.

後稱那般爲大先天　桓仁爲大中天　桓仁與桓雄治尤爲三皇　桓雄稱大雄天　治尤爲智偉天
후에 나반을 대선천이라고 하고, 환인을 대중천이라 하고, 환인, 환웅, 치우를 삼황이라 하고, 환웅을 대웅천, 치우를 지위천이라고 부르기도 했다. (태백일사, 삼신오제본기)

환인은 원래 신이었고, 환웅은 환인의 아들이었으니 환웅도 신이 되는데 아무런 문제가 없었다. 그리하여 환웅은 대웅천이란 지위에 올라 인간들을 보살펴주는 신이 된다.

신라시대 불교

이제 표훈대사를 통해 신라시대의 불교가 어떤 모습이었는지 생각해 보자.
《삼국유사》에 의하면 경덕왕은 음경이 여덟 치나 되어 자식이 없어 왕비를 폐하고 후비를 얻었는데 그래도 자식이 없었다. 그리하여 경덕왕은 당대의 고승인 표훈대사를 불러 上帝에게 청하여 아들을 얻게 해달라고 하였다. 이에 표훈대사가 하늘로 가서 상제에게 청하니 딸은 점지해줄 수 있다고 하였다. 표훈대사가 경덕왕에게 상제께서 딸을 점지해준다고 전하니 경덕왕은 기필코 아들을 얻고 싶으니 딸을 아들로 바꿔 달라고 청하였다. 이에 표훈대사가 다시 하늘로 올라가 청하자 상제는 딸을 아들로 바꿔줄 수는 있지만 그렇게 되면 나라가 어지러워질 것이라고 했다. 경덕왕은 그 말을 듣고도 아들을 바랐고 그의 뜻대로 아들을 얻게 해주니 그렇게 얻은 아들이 혜공왕이다. 그리고 혜공왕 때 표훈대사의 예언대로 나라가 심히 어지러워졌다고 한다.

표훈대사가 하늘을 왔다 갔다 한 일은 사실이 아닐 것이고, 설령 사실이라도 우리가 상관할 필요는 없다. 우리가 관심을 갖는 일은 표훈대사가 하늘을 왕복하는 존재로 알려졌으며 그 일을 고려시대 고승인 일연스님이 그대로 기록한 점이다.

천상이나 지하세계를 찾아 그들에게 인간의 소원을 부탁하고 다니는 일은 불제자가 할 일이 아니다. 그렇게 영계靈界를 다녀오는 일은 샤먼들의 일이다.

사실 샤먼의 영역은 미치지 못하는 데가 없다. 미래 예측, 복을 비는 일, 병을 치료하는 일 등 상식적으로 불가능한 일들이 모두 샤먼의 영역이다. 샤먼이 이 일들을 처리하려면 신들의 세계에 출입해야 한다.

샤머니즘 세계의 사람들은 세상의 모든 조화를 신들이 주관하는 것으로 알았다. 그러니 신들의 세계에 가서, 신들을 만나 그들의 지혜를 듣고, 그들을 설득하거나 애원해서 청을 들어주게 할 수 있으면 세상에 못할 일이 없었다. 그러나 신들의 세계, 즉 영계에 들어갈 수 없다면 아무리 조그마한 일이라도 이룰 수 있는 일이 하나도 없었다.

영계의 출입은 본래 샤먼의 소관이었다. 그런데 당대의 고승이라는 표훈대사가 한 일이 영계의 출입이었다. 물론 시시한 샤먼은 시답잖은 시시한 신을 상대할 텐데 표훈대사는 하늘에서 가장 높은 상제를 상대로 담판을 벌였으니 자랑스럽긴 할 것이다.

불교는 깨달음의 종교다. 이는 현재도 그렇고 석가모니 생전부터도 그랬다. 그러나 대중은 종교를 통해 행복과 행운을 기대한다. 종교는 이런 대중의 요구를 무시할 수 없고 불교도 예외가 아니다. 宗敎와 邪敎의 기준은 여러 가지가 있지만 대중의 이런 요구에 "어느 정도 약속을 하느냐?"도 기준이 된다. 그런데 그 어느 정도가 시대에 따라 달라진다.

고려시대의 대장경은 몽골의 침입에서 국가의 안위를 도모하기 위해서 만들어졌다. 많은 불제자의 염원을 담아 만들어졌고 호국불교라는 단어로 치장을 했지만 요즘 세상에서는 통할 이야기가 아니다.

마찬가지로 통일신라시대 표훈대사가 경덕왕의 아들을 점지해준 사례는 공양미 삼백 석에 심봉사가 눈을 뜨게 되었다는 약속과 다를 바가 없지만 이 역시 대중의 수준에 맞춘 시대의 산물이다.

사실 고려시대에 초조대장경이나 팔만대장경을 제작하는 데에는 국가적 역량을 집중했을 것이다. 그것이 가능했던 이유는 불교가 깨달음을 약속한 것이 아니라 부처님의 힘으로 국난을 극복할 수 있다는 약속을 했기 때문이다. 당시의 종교는 그랬다.

국왕과 대좌할 수 있는 권위가 부여된 종교가 이럴진대, 맨 땅에 헤딩하는 것 같은 포교 시절에는 어떠했을까?

불교가 이 땅에 들어올 때 토착종교와 타협했음은 의심의 여지가 없고 그 토착종교가 샤머니즘이라는 것은 쉽게 짐작할 수 있다. 그 샤머니즘의 중앙에 삼신신앙이 있었음을 표훈대사의 〈표훈천사〉가 기록하고 있는 것이다.

이제 이 땅에 불교가 들어오던 시기에 환웅이 얼마나 대단한 존재였는지 알아보겠다. 놀라운 일은 환웅을 예배하는 건축물이 지금도 고스란히 남아 있다는 것이다.

대웅천과 대웅전

우리나라에는 절 중앙에 대웅전大雄殿이 있다. 부처님을 모신 곳인데 왜 큰 大 자 수컷 雄 자를 쓰는 대웅전이 있는지 한번쯤 생각해볼 일이다. 새로운 문물이 들어오면 모든 사람이 쌍수를 들어 환영하지는 않는다.

거부하는 세력이 반드시 존재하기 마련인데, 특히 종교는 그 정도가 극히 심한 법이다. 그래서 신흥종교가 발을 붙이려면 토착종교의 심각한 반발을 받고 그 과정에서 희생이나 타협이 있기 마련이다.
사실 불교는 북방유목민족에게 포교하기에 적합한 종교였다. 불교의 핵심인 윤회사상은 죽은 후에 다시 태어날 것을 믿는 유목민족의 태생적 신앙과 부응한다. 그렇다고 불교가 이 땅에 들어오는 일이 용이했을까? 널리 알려진 일로 신라 법흥왕 때 이차돈의 순교가 있었지만 그건 빙산의 일각이었던 것 같다.

고구려에는 소수림왕小獸林王 2년(372년)에 전진前秦왕 부견이 사신을 보내면서 불상과 불경을 전해주었고, 백제에는 침류왕 원년(384년)에 서역승 마라난타가 동진東晋을 거쳐 백제에 이르러 불법을 전하고 신라는 법흥왕(514-539년 재위) 때 이차돈의 순교가 있어 불교가 전해진 것으로 생각하는데 신라의 민간에 불교가 전해진 일은 《삼국유사》의 기록을 보면 그로부터 수백 년 전의 일인 것 같다.
19대 눌지왕(417-458년) 때 고구려 승 묵호자가 일선군에 와서 모례의 집에 숨어 지내다 불법佛法으로 공주의 병을 고치고 홀연히 사라졌다고 했다.
21대 비처왕(479-500년) 때 승려 아도(이 이름이 고승의 상징처럼 쓰였던 것 같다.)가 역시 모례의 집에 왔다가 병도 없이 세상을 떠났다고 했는데 《삼국유사》에는 별다른 이야기가 없지만 비처왕의 딸이 출가하여 비구니가 되었다고 했으니 이때도 불교의 영향력이 상당했을 것으로 짐작된다.
13대 미추왕(262-283년) 때의 아도화상의 이야기는 신비하다.
아도我道화상은 고구려 사람인데 어머니가 아도를 다섯 살에 출가시켰다고 한다. 나이 16세에 위魏나라로 가서 현창玄彰화상의 문하에서 수업하고 19세에 돌아와 어머니의 권유에 따라 신라에 와서 왕성 서쪽 동네에

머문 때가 미추왕 2년(서기 263년)이라고 한다. 그리고 다음해에 성국공주의 병을 고치고 흥륜사를 짓는다. 그런데 미추왕이 죽자 나라 사람들이 아도를 죽이려고 한다. 그래서 아도화상은 무덤을 만들고 스스로 목숨을 끊어 불교가 사라졌다고 한다.

아도화상이 신라에 나타난 때는 고구려에 불교가 들어왔다는 해보다 100년 이상 앞선다. 그래서 일연스님도 여기에 의문을 표시했지만 고구려에도 민간에 불교가 들어간 때는 훨씬 전이었을 것이다.

그런데 미추왕 보다도 훨씬 앞 선 때에 불교가 들어온 이야기도 있으니 바로 허황후 이야기다.

허황후 초상화/표준영정 부분

김수로왕의 부인인 허황후의 도래는 A.D. 48년이다. 허황후는 서역 아유타국의 공주로 배에 탑을 싣고 가야에 왔다고 한다.

서역은 인도를 지칭하는 말이고 아유타국은 인도의 아유디아를 떠올리게 한다. 그런데 허황후 능비에 '駕洛國 首露王妃 普州太后 許氏陵'이라고 적혀있다. 김병모 교수는 《김수로 왕비의 혼인길》에서 보주普州가 중국 사천성의 옛 이름이며 허황후가 가야에 오던 시기에 허씨들이 반란을 일으킨 사실이 있으므로 허황후는 사천성 지역에서 왔다고 주장한다.

이에 대해 정수일은 《고대문명교류사》에서 김병모의 학설은 고증이 필요하다고 주장한다. 《삼국유사》에 허황후가 가져왔다는 석탑(파사석탑)의 석재가 약간 붉은 반점의 무늬가 있고 질이 매우 연하여 이 땅에서 나는 것이 아니며 닭의 벼슬 피로 실험한 돌이 바로 이 돌이라는 설명이 있는데 정수일은 이에 대해 일반적인 돌은 그 가루에 닭 벼슬 피를 바르면 금방 굳어버리나 파사석탑의 돌은 굳지 않는다고 설명한다. 그리고 불에 태우면 유황냄새가 나는데 이런 돌은 인도와 수마트라에서만 나온다는 것이다.
사실 모든 정황이 인도를 가리키고 있긴 하다. '가야'라는 명칭이 인도 언어이며 물고기를 뜻하기도 하지만 가사의 일종을 뜻하는 말이라고도 한다. 물론 가야와 신라는 다르지만 이때 허황후를 데려온 선원들이 돌아갔다는 것에서 인도까지의 항로가 있었음을 추측할 수 있다. 그런데도 이차돈의 순교가 있기까지 불교가 제대로 정착하지 못한 것에서 새로운 종교가 사람들에게 받아지는 일의 어려움을 짐작할 수 있다.

여기에서 불교가 현지의 종교와 절묘하게 조화하여 뿌리를 내리는 전통이 있음을 생각하자. 티베트나 몽골의 라마교도 알고 보면 샤머니즘과 불교의 결합이다. 그런데 한반도만 불교를 원형 그대로 받아들였을까? 그럴 리는 없다. 그렇다면 불교가 한반도에 들어올 때도 토착종교와 모종의 타협을 하여 사람들의 마음을 어루만지면서 들어왔을 것이다.
그 갈등과 타협의 산물이 대웅전이다. 대웅전은 다름 아닌 환웅전이다. 환웅이 대웅천이 아닌가. 게다가 우리말 '한'에는 하나라는 뜻도 있지만 '크다'라는 뜻도 있어 대웅전의 大는 우리말의 한을 한자로 바꾼 것일 수도 있다. 그래서 대웅전은 환웅이 자리 잡은 환웅의 집으로 볼 수 있다.
환웅을 대웅大雄이라고 쓸 수는 있지만 대웅전이 환웅을 모시던 자리는 아니라는 주장을 할 수도 있다. 大雄은 부처님의 별호이기도 하니까 대웅전은 원래부터 부처님을 모신 곳이라는 주장도 가능하다. 하지만 이는 대웅전에 부처님이 모셔지면서 붙은 별호라고 보아야 한다.
생각을 해보자. 신라나 고려시대는 불교가 국교였고 왕자들이 출가하는 예도 잦았으니 왕비가 절에 불공을 드리러 오는 일도 잦았을 것이다. 그때 왕비가, "스님 저기 부처님을 모신 건물을 왜 대웅전이라고 하나요?"라는 질문을 했다고 상상하자. 그때 무어라 답하겠는가?
"네. 부처님의 별호가 대웅이라서 대웅전이라고 붙였습니다."라고 대답하지 않겠는가.

우리나라 옛날 절에는 모두 대웅전이 있는데 부처님 사리를 모신 4개의 적멸보궁에는 대웅전이 없다. 그렇다고 부처님을 모시지 않은 것도 아니다. 무언가 사연이 있을 법하다.

환웅 숭배 사상이 사라지고 불교가 굳건하게 자리 잡은 후에도 여전히 대웅전이 남은 까닭은 종교적 존엄성 때문이다. 여호와가 유일신이 아니라는 표현이 창세기에 있는 것을 알면서도 기독교계가 성경을 고치지 못한 것처럼 대웅전에 부처님을 모시면서도 그 집 이름을 부처님의 집으로 바꾸지 못한 것은 행여 전통의 신성함을 건드릴까 두려워서였다. 그렇게 대웅전에 부처님을 모시다 보니 부처님의 별호가 대웅이 된 것이다. 여기에서 삼국시대에도 환웅을 모시는 신앙이 민간에 깊게 뿌리내리고 있었음을 알 수 있다.

삼신신앙의 흔적을 찾는 일은 쉬운 일이 아니다. 그나마 이맥의 〈태백일사〉가 있어 우리가 삼신신앙의 깨진 기와장이라도 볼 수 있는 것이다. 그런데 궁금증이 생긴다. 조선조 중종 때의 사람인 이맥이 어디에서 이런 내용을 보았냐는 것이다. 다른 데서는 나오지 않는데 오로지 〈태백일사〉에만 나오니 이맥의 창작이라고 주장하는 사람이 나올 만도 하다.
이맥이 본 서적들이 이맥이 보고 난 후에 땅으로 꺼졌거나 하늘로 솟지 않은 다음에야 후세 사람이라도 그 책의 내용을 보고 기록한 이가 있어야 정상이 아니냐는 의문을 제기할 수도 있다.
그런데 〈태백일사〉의 내용이나 맥락을 보면 도저히 이맥의 창작이라고는 생각할 수 없다.
《환단고기》를 기억하는 사람들은 알겠지만 〈태백일사〉에는 1.삼신오제본기, 2.환국본기, 3.신시본기, 4.삼한관경본기, 5.소도경본훈, 6.고구려본기, 7.대진국본기, 8.고려국본기 이렇게 8편이 수록되어 있다. 게다가 4.삼한관경본기는 마한세가 上下, 변한세가 上下, 이렇게 4편으로 구성되어있다.

그렇다면 이 자료들을 이맥이 어디에서 보았냐는 의문이 들 수밖에 없다. 그런데 사실은 이맥이 본 책들이 실제로 하늘로 솟아버렸다. 조선판 분서갱유 때문이다.

조선의 분서갱유

조선조에서는 세 차례에 걸쳐서 민간의 역사책을 회수했다. 《조선왕조실록》에 의하면 세조 3년, 예종 1년, 성종 1년 이렇게 세 번이다.

고대의 역사서를 민간에 보관하는 것을 위법이라고 하였다. 그런 책들을 민간에 갖고 있으면 엄벌에 처한다고 한 권도 빼지 말고 모두 조정에 바치라는 명령을 내렸다. 그때 수거 대상이 된 책들이 《고기》, 《고조선비사》, 《대변설》, 《조대기》, 《삼성밀기》 등의 책들일 것이다.

그 책들은 어떻게 되었을까? 다행이 불살라 버리지는 않았다. 춘추관春秋館 깊숙한 곳에 꼭꼭 감추어 두었다. 그런데...

그런데 선조 때 임진왜란이 일어났다. 궁궐을 성난 백성들이 불태웠는지 왜군이 불태웠는지 모르지만 대궐이 몽땅 불타는 와중에 귀한 장서가 가득한 춘추관도 홀랑 불타버리고 말았다.

우리 조상의 역사를 기록한 그 소중한 책들이 시뻘건 화염 속에 연기로 변하여 모조리 하늘로 올라가 버린 것이다. 이것이 조선판 분서갱유가 아니고 무엇인가?

요즘 조선조의 기록문화가 대단했다는 이야기들을 많이 하는데 그 훌륭한 기록문화는 왕가나 명문가의 일에 국한될 뿐이다. 조선조에서 그렇게 소중하게 여긴 《조선왕조실록》의 역사만 간단히 훑어보자.

《조선왕조실록》은 처음에는 2부를 만들어 1부는 창덕궁 내 춘추관에 보관하고 1부는 충주사고忠州史庫에 보관했다. 그리고 세종 27년(1445년)에 다시 2부를 만들어 전주와 성주사고에 보관시켰다.

이렇게 여러 곳에 나누어 보관시킨 이유는 화재 등의 소실 위험에 대비한 것인데 불행히도 예측이 맞아 들어간다.
아니나 다를까 중종 33년(1538년) 성주사고가 화재로 소실된다. 그리고 임진난(1592년) 때는 춘추관과 충주와 성주 3곳의 史庫가 모두 불에 타 소실되는데 다행이 전주사고의 보관본이 살아남아 조선왕조실록을 복원할 수 있었다.
그리고 인조 이괄의 난(1624년) 때도 춘추관 실록이 탔다.
고래古來부터 내려온 소중한 책들은 대부분 춘추관에 보관되어 있었을 것이다. 그런데 춘추관에 두 차례나 화재가 나서 소실되었다고 했다. 그 두 차례 화재에 우리민족의 역사를 기록한 그 소중한 책들이 살아남았을 가능성은 없으리라.
조선조에 세 차례에 걸쳐 민간의 역사책을 불온서적이라 하여 수집하였으니 민간에서 그런 책들이 있다고 해도 소중하게 대했을 리가 없다. 그 때 얼마나 많은 책들이 사라졌을 것인가?
도대체 민간에 있던 책들을 거둬들인 이유가 무언가? 事大에 어긋나는 책들이 민간에 돌아다니는 꼴이 보기 싫어서 그랬던 것이다. 그 저변에는 유교의 교리에 어긋나는 책들이 돌아다니면 정권의 만수무강이 위태로울 수 있다는 우려가 깔려있었다.

유교의 논리로는 임금은 어떤 잘못을 범하더라도 건드릴 수 없는 존재이며 백성과 신하들은 무조건 충성으로 국왕을 보위해야만 했다. 조선왕조가 그 숱한 모순에도 불구하고 내부의 봉기로 무너지지 않은 것은 유교로 민중봉기를 억눌렀기 때문이다. 중국에서도 한무제의 치세 기간 동안 인구가 반 토막이 나는 처참한 꼴이 났으면서도 조정을 유학자들로 채웠기 때문에 나라를 유지했다.
조선판 분서갱유도 이와 똑같은 이치에서 일어난 것이다. 유학 사상이 아닌 다른 책들이 시중에 돌아다니는 것을 막고 궁중에 보관된 책들마저 일반인의 관람은 철저하게 방비했다. 그러다 홀라당 태워먹은 이유가 바로 정권과 유학의 만수무강을 위해서 그런 것이다.
유교가 정권의 보위 외에 국가에 어떤 도움이 되었는지 정말 의문이다. 조선왕조 500년은 국왕이 힘이 있을 때는 임금과 관료들과의 힘겨루기로 일관했으며, 국왕이 힘이 없을 때는 문벌 간의 세력암투로 지새웠고, 조선 초기 이후에는 전쟁을 벌이기만 하면 쑥밭이 되었고, 전쟁이 없을 때도 백성들은 도탄에서 헤어 나오지 못했다.
일제가 조선을 먹은 후에 그나마 남은 민간의 역사책을 모두 수거해갔다. 그 책들이 얼마나 되었는지 짐작할 수 없거니와 일제가 지은 죄와 조선의 벼슬아치들이 저지른 죄가 무엇이 다른지, 어느 쪽의 죄가 더 엄중한지 의문이다.

〈태백일사〉, 태백의 잃어버린 역사를 저술한 이맥의 발문에 〈태백일사〉를 저술한 내력이 나와 있다.
이맥은 연산군 때인 1504년에 괴산에 유배되었다가 집에 간직했던 여러가지 사료를 보고 또 촌노들의 이야기를 수집하여 자료를 축적하고 중종반정 뒤인 1520년에 찬수관으로 임용되어 내각에 비장된 책들을 읽어 〈태백일사〉를 저술했다고 한다.
그런데 마지막 구절이 가슴을 에어온다.
然敢不問於世秘藏之 爲不出戶外者
그렇지만 감히 세상에 알리지 못하고 책을 감추어두었다. 그래서 이 책은 집 밖에는 나가지 않았다.

이 일과 관련해서 다른 이야기가 있다.
공교롭게도 이맥의 선조인 이암李嵒이 고려말 공민왕 때 고위직인 찬성사贊成事를 지내면서 〈단군세기〉를 지었는데 이도 역시 궁중에 비치된 서적을 보고 기록한 것이라 한다. 여기에 흥미로운 일이 있어 그것을 추리해보기로 한다.

한글 창제의 주역

이암의 〈단군세기〉에 믿기 어려운 내용이 나온다.

3세 단군 가륵嘉勒이 삼랑三郎 을보륵乙普勒에게 명하여 정음 38자를 만들었다는 것이다. 그런데 그 글자가 훈민정음과 너무도 흡사하다.

말도 안 되는 소리로 들릴 것이다.

훈민정음이 반포된 때가 1443년인데 이암의 단군세기는 1363년으로 80년이 앞선다. 이맥이 80년 후에 나올 훈민정음을 미리 알 도리가 없는데 훈민정음을 보지 못하면 절대로 기록할 수 없는 글자들을 기록했으므로 이는 위작이고, 〈단군세기〉도 위서라는 주장이 나올 수 있다. 나아가 《환단고기》 전체를 믿을 수 없다는 결론에 이를 수도 있다.

그러나 그렇게 확정판결을 내리기 전에 심사숙고해야 할 필요가 있으니 일단은 〈단군세기〉의 신빙성이 만만치 않은 것이다.

〈단군세기〉에 나오는 일식이나 오행성 결집 같은 천문현상들이 실제로 그 시기에 일어났다는 사실이 과학적으로 증명되었다. 그렇게 오랜 과거에 일어난 천문현상은 오늘날 같은 고도로 과학이 발달한 시대가 아니면 도저히 알 수 없는 일이다. 비록 일이년의 오차는 있지만 그것이 기록되었다는 사실만으로도 위서 논쟁은 종지부를 찍을 수도 있다. 그런데 그 천문현상이 다른 곳도 아닌 바로 〈단군세기〉에 기록되어 있다. 이렇기 때문에 〈단군세기〉를 무조건 위작이라고 몰아붙이기는 곤란하다. 그래서 외람되지만 훈민정음에 대해 약간의 생각을 해보기로 한다.

훈민정음은 과거에는 세종이 집현전 학자들을 동원해서 만들었다고 했지만 요즘은 세종의 사가私家, 즉 세종대왕이 자녀들을 지휘해서 만든 것이라고 이야기한다.

세종은 굉장한 독서가로 알려져 있다. 보통 선천적으로 부지런한 사람은 상상을 초월하는 기발한 아이디어는 떠올리기 어려운 법인데 세종은 선천적으로 부지런한 독서광이다. 게다가 세종은 지극히 현실적인 사람이다. 명나라 황제를 깍듯이 모셨고 명나라 사신들에게도 과할 정도로 접대를 한 사람이다. 혁명적인 발상과는 거리가 보이는 성격이다.

그런데 한글은 무척 독창적이다. 글자라고는 漢字밖에 보지 못했던 사람이 한글 같은 자모子母체계로 이루어진 글자를 만든다는 것은 상상하기 힘든 일이다. 그래서 세종이 자음과 모음으로 글자를 만드는 한글의 아이디어를 떠올렸다고 보기는 어렵다. 그렇다면 세종을 도왔던 문종, 수양, 양평대군이나 정희공주가 그런 아이디어를 냈을까?

《논어》에 그림을 그리는 일은 흰 바탕을 만든 후의 일이라는 회사후소繪事後素라는 말이 있고, 모차르트는 피아노를 칠 줄 아는 사람에게는 피아노를 전혀 모르는 사람들 보다 수업료를 더 받았다고 한다. 한때 바둑 세계최강이었던 사카다(坂田)는 바둑을 아는 사람에게 바둑을 가르치는 일이 바둑을 모르는 사람을 가르치는 일보다 어렵다고 했다. 당대의 바둑 최고수이던 이세돌을 이긴 알파고는 인간계 고수들의 바둑을 1만 여 판을 학습하게 해서 만든 프로그램이다. 그 알파고가 후속판인 알파고 제로에게는 60판을 두어 한 판도 이기지 못하고 전패했다. 알파고 제로는 인간의 바둑은 하나도 보지 않고 오로지 바둑의 규칙만 알려준 다음 스스로 학습하게 한 프로그램이다. 선입견이 없는 것이 그만큼 중요함을 보여주는 예라고 하겠다.

세종과 그 자녀들은 모두 한자 체계에 익숙해진 사람들이다. 그들에게서 자모를 모아 글자를 만든다는 발상이 나올 수 있었을까?

자멘호프

글자를 창조하는 일은 쉬운 일이 아니다. 에스페란토를 만든 자멘호프(1859-1917년)를 생각해보자.

에스페란토는 폴란드의 의사인 자멘호프 혼자서 만든 것이긴 하지만 그것은 기존 언어와 문자를 조합해서 만들어낸 것이다. 그리고 자멘호프는 에스페란토를 만들고 나서도 6년을 연구해 이젠 됐다 싶어 1887년 발표했는데 그래도 부족한 점이 많아 사람들이 계속해서 개선안을 내어놓는데 그걸 에스페란토 학회에서 받아들이지 않는다고 한다.
더구나 자멘호프는 마음대로 여기저기 다니면서 연구도 하고 사람도 만나 의견을 교환한 사람이다. 자멘호프는 당시의 발달된 유럽 문명 속에서 살았던 사람이기 때문에 세종이나 그 자녀들의 제한된 환경에 비하면 입지가 매우 유리했다.
물론 세종도 성삼문을 당시 요동에 귀양 와있던 중국의 언어학자에게 보내 수차례 자문을 받았다고는 하지만 그것은 가림토 38자가 28자로 된 연유로 보고 싶다.
게다가 세종은 격무에 시달렸다. 그리고 생각이 깊고 무척 꼼꼼한 사람이었다. 그런 환경에서 세종과 왕자들이 독창적으로 한글을 만들었다고 보기에는 무리가 있다.
그런데 세종과 〈단군세기〉를 쓴 행촌杏村 이암李嵒은 공통점이 있다. 이암은 충혜왕의 총애를 받아 좌승정까지 오른 인물이다. 그러니 궁중에 비치된 많은 고문서를 마음대로 볼 수 있는 위치였다. 세종과 그 왕자들도 이암과 마찬가지로 춘추관에 비치된 서적을 마음대로 볼 수 있는 입장이었다.
세종이 어떤 사람인가? 아버지인 태종이 책을 그만 읽으라고 하니까 이불을 뒤집어쓰고 촛불을 켜서 책을 읽었다는 사람이다.
자식은 부모의 말은 듣지 않아도 행동은 따라하는 법이다. 세종의 왕자들도 소문난 독서광들이었다. 특히 문종은 글월 文을 시호로 받았을 정도로 독서 때문에 건강을 해쳤던 사람이니 궁중에 비치된 서적을 어느 집현전 학자들보다 더 많이 접했을 것이다.
그렇기 때문에 세종과 이암이 같은 책을 보았을 가능성은 너무도 높다. 그렇지 않다면 세종이 그 바쁜 와중에, 단기간에, 우물 안 개구리 같은 환경에서 그렇게 우수한 글자를 만들어낼 수 있었을까? 가능한 일이라고 볼 수 없다.

《세종실록》에도 十月上 親製言文二十八字 其字倣古篆, (시월 상순 친히 言文 28자를 정하셨다. 그 글자는 옛 篆을 근거로 한 것이다.)라는 기록이 있다. 전篆은 秦나라의 글자체인 篆書를 말하는 것인데 훈민정음이 진나라의 한자체를 참고로 했을 리는 없으니 옛글을 말함이 아닌가 한다.
문제는 가림토 문자가 3세 단군 가륵이 삼랑 을보륵에게 명하여 가림토 문자를 만들었다는 대목이다. 세종에게 어려운 일을 을보륵이 간단하게 해치웠다는 것도 논리적이 아니다. 그런데 이에 대한 답이 〈태백일사〉에 나와 있다. 사슴 발자국을 보고 글자를 만든 신시시대의 신지神誌 혁덕赫德 이야기가 그것이다.

一日出衆狩獵 忽見驚起一隻牝鹿 彎弓慾射旋失 其踪乃四處搜探 遍過山野至平沙處 始見足印 亂鎖向方自明 乃俯首沈吟旋 復猛惺日 記存之法惟如斯 而已矣惟如斯而已矣

하루는 무리와 함께 사냥을 나갔는데 갑자기 놀라 뛰어 일어나는 암사슴을 발견하고 활을 쏘려 했으나 돌아보는 사이에 놓치고 말았다. 그 종적을 찾으려 사방을 수색하여 산과 들을 지나 평평한 모래밭에 나와 비로소 발자국을 발견했는데 어지럽게 찍혔으나 (발자국 주인인 사슴이) 향한 곳은 자명하였다. 이에 고개를 숙이고 한참을 끙끙 앓다가 크게 깨달아 말하기를 "글을 써서 보존하는 방법은 이것뿐이다. 이것이로다. 이와 같이 하는 방법뿐이로다." 하였다. (태백일사 신시본기)

도망간 사슴 발자국을 보고 그 간 곳을 알 수 있음을 깨달아 글자를 만들었다고 하는데 그것이 무슨 말인가? 소리 내는 기관의 모습을 글자로 만든다는 이야기다. 한글의 자모에 대하여 이보다 명쾌한 설명을 어떻게 하겠는가? 이 방식이면 가림토 문자 만들기는 거뜬하다 하겠다.
신지 혁덕이 기나긴 신시시대의 어느 때 사람인지는 알 수 없지만 신시시대면 한자가 없던 때임은 분명하고 어쩌면 세계 최초의 문자라는 수메르의 쐐기문자보다 더 앞섰는지도 모른다. 그러므로 신지혁덕은 기존의 고정관념이란 것이 아예 없었다. 백지 상태에서 글자를 연구할 수 있었다. 그리고 3세 단군인 가륵 시대까지의 세월은 글자가 숙성할 수 있는 충분한 시간이 있었다. 즉 문자가 발전하기에 충분한 세월이 흘렀다는 이야기다.

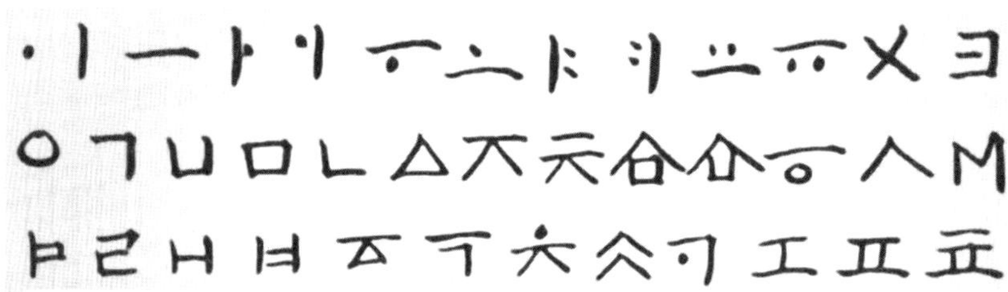

가림토문자

그런데 가림토 문자, 그리고 신지 혁덕의 이야기에 신뢰가 가는 이유는 가림토 문자의 모양 때문이다. 글자 자체는 훈민정음과 매우 비슷한데 가림토 문자 38자를 가만히 들여다보고 있으면 언어학에 문외한인 필자도 그 글자들이 지금의 한글보다 당시의 발음을 표현하기에 훨씬 적당하다는 것을 느낄 수 있다. 즉 후음喉音이라 하는 목구멍소리를 표현하기 위한 글자가 많다는 느낌이 다가온다.
목구멍소리는 현재의 우리는 잘 쓰지 않는다. 그런데 고대인들, 특히 북방계 사람들의 발음에는 목구멍소리가 상당히 많았다. 가림토 문자가 그런 목구멍소리를 잘 표현하도록 만들어졌다는 것은 무엇을 의미하는가? 가림토 문자가 행촌 이암의 창작물이 아니라는 것이다. 그것이 이암의 글에 신빙성을 부여하는 이유다.

이런 의문은 세종이 훈민정음을 반포했을 때 고문서를 참조해서 만들었다는 이야기 한 줄만 넣었으면 명료하게 해소될 수 있다. 그러나 그렇게 하지 않은 것이 세종의 현명함이다. 하늘같은 임금님이 만든 글이라고 해도 진서眞書가 있는데 무슨 쓸 데 없는 짓이냐며 벌떼처럼 들고 일어난 것이 당시 사대부들이다.

한글은 言文, 말을 글로 표현하는 글이다. 그런데 당시 사대부들은 한글을 언문諺文이라고 했는데 諺은 상말, 속된 말이라는 뜻이다. 임금이 만든 글도 이렇게 폄하했는데 옛날 오랑캐가 만든 글이라는 사실을 밝혔으면 어떻게 되었을까? 정권타도 운동이 일어났을지도 모른다. 그러기에 세종은 그 사실을 밝히지 못했을 것이다.

세종대왕 표준 영정

세종은 가림토 문자의 가치를 알아본 혜안도 가지고 있었지만 글이란 사람들이 이용하지 않으면 결국 사장되고 만다는 사실을 꿰뚫어 보는 통찰력도 있었다. 그래서 그렇게 수많은 번역작업을 실시한 것이다. 왕자 시절 세종의 명을 받고 석보상절을 한글로 번역한 세조도 많은 불경을 한글로 번역하여 한글 보급에 힘썼다. 한글은 그런 후속작업 덕분에 나래를 폈다. 여기서 세종의 또 다른 공덕 하나를 이야기할 필요를 느낀다. 단군을 모시는 사당의 이야기다.

세종의 단군 세우기

원래 한반도에는 환인과 환웅, 단군을 제향祭享하는 삼성사三聖祠가 고려 때부터 황해도 구월산에 있었다고 한다. 삼성사가 언제 만들어졌는지는 모르나 고려 목종 9년(1006년)에는 확실히 존재했다는 것으로 보아 단군은 민간에서 모셔온 신앙적 측면이 있었음을 짐작할 수 있다. 반면 기자사당은 고려 숙종 7년(1102년)에 건립하고 명종 8년(1178년)에는 제전祭田도 마련해 주었다고 하니 조정에서 개입한 것이 대조적이다.

조선시대에 들어와 태조 2년(1393년)에 기자를 들먹여 명나라의 인준을 받아 나라 이름을 조선으로 정했다. 그런데 이때도 단군이 완전히 잊힌 것은 아니었다. 태종 12년(1412년) 하륜이 건의하여 단군에게도 제사를 올리기로 결정하여 평양의 기자사당에 단군을 합사合祀하도록 했다. 그런데 기자사당의 주인은 기자이고 단군은 더부살이 하는 존재였다. 단군과 기자에게 모두 조선국왕이란 칭호가 붙긴 했지만 기자는 군왕처럼 당당하게 남면하고 있는데 단군은 기자의 왼편에서 서쪽을 바라보는 좌의정 같은 신세였기 때문이다.

세종 7년(1425년) 정척이 이 문제의 부당함을 상소하자 세종은 문제의 심각성을 깨닫고 단군사당을 따로 세우라고 명을 내린다. 그러나 이 일이 지체되어 세종은 9년(1427년)에 다시 지시를 내린다. 그러나 이번에도 신하들이 단군과 삼국의 시조들을 한 단에 모시자는 건의가 올라오자 세종은 이를 못마땅하게 여겨 다시 조사할 것을 명하였고 드디어 11년(1429년)에 평양 기자사당의 남쪽에 단군사를 따로 세우게 되었다.

이때도 신하들이 단군의 위패를 조선후단군지위朝鮮候檀君之位로 사대 냄새 물씬 풍기게 만들어놨으나 이듬해에 위패를 朝鮮檀君으로 바꾸어 비로소 단군의 체면이 살게 되었다.

세종 때에는 또 하나의 쾌거가 있었으니 기자가 비록 무왕의 봉함을 받았지만 무왕의 신하는 아니었다는 箕子不臣을 분명히 하였다. 그리하여 세종 12년(1430년)에는 기자의 위패를 후조선시조기자後朝鮮始祖箕子로 바꾸었다. 이는 기자가 주나라 무왕의 신하가 아니었음을 천명한 것뿐 아니라 기자 앞에 단군조선이 있었음을 분명히 밝힌 처사다.

덧붙여 말하면 단군사당 단군 곁에 고구려시조 동명왕을 세워 역시 단군처럼 남면하게 하여 고구려시조동명왕지위로 위패를 세워 조선이 고구려의 계승국임을 밝히는 한편 북방 영토 수복의 의지를 드러내었다.

여기서 문제 하나 내고 싶은 생각이 생긴다.

태종 이방원은 무서운 사람이다. 세종은 장인의 일 때문에 그 사실을 누구보다도 뼈저리게 느낀 사람이다. 태종이 세종의 건강을 걱정하여 밤에 책을 읽지 말라는 명을 내렸는데 세종은 그 명을 거역했다. 행여 불빛이 새어 나갈까봐 이불 속에 촛불을 켜고 책을 읽었다. 도저히 손에서 놓을 수 없었기 때문일 텐데 그 책이 어떤 책이었을까?

세종은 다툼을 싫어했다. 그리고 세종 때도 조정에는 명나라에 대한 사대 의지가 굳건했다. 그런데 세종이 완강히 주장해 단군조선이 있었음을 분명히 밝힌 그 의지의 원천이 무엇이었을까?

3. 쑥과 마늘

여기서 순서를 바꿔 쑥과 마늘에 숨은 이야기부터 한다.

쑥과 마늘을 먹고 사람이 된다는 이야기는 동화만 읽던 어린애가 들어도 이상하게 여길 것이다. 그런데 거기에 단군신화의 백미가 숨어 있었다.

時有一熊一虎 同穴而居 常祈于神雄 願化爲人 時神遺靈艾一炷 蒜二十枚曰 爾輩食之 不見日光百日 便得人形.

당시 곰 한 마리와 호랑이 한 마리가 같은 동굴에 살고 있었는데 항상 환웅 신에게 사람이 되기를 빌었다. 그때 신이 신령스런 쑥 한 다발과 마늘 이십 매를 주면서 "너희가 이것을 먹으며 백일 동안 햇빛을 보지 않으면 사람의 형상을 얻을 것이다."라고 말하였다.

쑥의 효능

먼저 쑥에 대해서 살펴본다. 여기서 쑥을 영애靈艾, 신령스런 쑥이라고 했다.

필자는 개인적으로 쑥이라고 하면 쑥 애艾보다 깎을 예乂가 먼저 생각난다. 깎을 乂에 풀 ++를 더한 자가 쑥 艾니, 쑥이란 깎아버릴 풀이라는 뜻이 아닌가. 사실 쑥대밭, 쑥대머리 같은 말들은 예초기 생각을 부른다. 그러나 쑥은 약으로 쓰는 경우가 많다.

약이라면 우선 인진쑥을 생각하게 된다. 인진쑥은 혈압과 열을 내리고 간을 깨끗하게 해준다고 한다. 강화쑥이 바닷바람을 맞아 약효가 좋다고 인기더니 개똥쑥도 암에 효과가 있다고 해서 각광을 받는다. 그러나 단군신화에는 艾를 썼으니 이른 봄부터 여기저기에서 쑥쑥 소리를 내며 지천으로 올라오는 일반적인 쑥을 말한다. 보통 쑥은 봄철에 된장국이나 도다리쑥국을 끓여먹을 뿐이고 기껏해야 뜸을 뜨는 재료로 쓰이는 것으로 알고 있다. 그러나 실제로 쑥이 주는 효과는 대단하다. 여름밤에 흔히 피우는 모깃불을 살펴보자.

모깃불은 여름밤에 피우니까 당연히 여름 쑥을 사용한다. 여름 쑥은 키가 1m가 넘게 자란데다 지저분해서 험상궂기까지 한다. 길가 여기저기에 함부로 자란 쑥을 낫으로 밑동부터 함부로 잘라도 미안한 마음이 들지 않는 것은 쑥이 그만큼 못생겼기 때문이다. 키가 한 길 넘게 자란 쑥을 한 짐이나 베어 와서 거기에 물을 흥건히 뿌리고 불을 붙이면 쑥이 천천히 타들어가며 연기가 뭉개 뭉개 피어오른다. 그 모깃불 연기가 모기 등의 곤충들을 쫓는데 이유는 쑥 연기에 살충 성분이 있기 때문이다. 사실은 여기에 자연의 절묘한 조화가 숨어 있다.

여름은 양적 완화의 호경기다. 태양은 차고 넘칠 정도의 에너지를 무상으로 무진장 보급한다. 그 에너지를 이용해서 공장을 돌리는 생산자가 식물이다. 식물의 소비자가 동물이니 동물은 식물의 천적이라고 하겠다. 그런데 동물 중에서도 곤충이 가장 강적이다.
사실 곤충은 상팔자를 타고 태어났다. 그 녀석들이 태어나서 하는 일이라곤 무조건 먹고 싸는 일밖에 없다. 그렇게 놀고먹으며 자라다가 성충이 되면 짝짓기에만 전념한다. 자연이 곤충들에게 그런 혜택을 베푸는데는 이유가 있다. 곤충들이 그렇게 먹어대는 와중에 식물들의 꽃가루받이가 이루어진다. 그리고 그들이 그렇게 짝짓기에 열중하여 열심히 알을 낳는 덕분에 동물들의 먹이 순환이 원활하게 이루어진다.
예로 모기를 보자.
모기는 전염병만 옮기는 백해무익한 곤충으로 알고 있지만 먹이 순환에 매우 중요한 역할을 한다.

모기는 백수의 왕 사자나 만물의 영장 인간에게도 거침없이 피를 뽑아간다. 어찌 보면 먹이사슬의 꼭대기에 군림하지만 모기가 낳은 알에서 나오는 장구벌레는 동물의 먹이사슬에서 맨 밑바닥에 위치하니 모기야말로 먹이사슬의 꼭대기와 하부구조를 이어주는 연결고리다.
생각하면 곤충들은 경기 활성화에 매우 충실한 소비자들이다. 그들은 저축도 모르고 유보금도 쌓지 않고 오로지 소비에만 몰두한다. 그래서 곤충들이 활개 치는 여름은 더욱 풍성해진다. 그러나 소비가 미덕이라도 과하면 악성 인플레가 일어난다. 자연계에서 악성 인플레이션이란 메뚜기떼의 창궐 같은 사태를 말한다.

메뚜기

메뚜기가 흥미로운 곤충이다.
메뚜기는 식성이 좋다. 짝짓기를 하면서도 먹어댄다. 알을 낳는 장소도 특이하게 마른 땅이다. 보통 곤충들은 물이나 나뭇잎 등에 알을 낳아 소실되는 경우가 많으나 메뚜기는 땅을 파서 알을 낳으므로 소실되는 비율이 적다. 메뚜기의 결정적인 강점은 변태의 과정을 거치지 않는 점이다.
보통 곤충들은 알에서 깨어나 애벌레가 되고, 애벌레 때 많은 양의 식물을 먹는다. 그런 다음 번데기 과정을 거치고 성충이 된 다음에는 짝짓기에 온 힘을 기울인다. 그런데 메뚜기는 알에서 깨어나면 그냥 먹으면서 성충이 된다. 성충이 되어서도 그냥 먹는다. 짝짓기도 먹으면서 하니 메뚜기가 얼마나 빨리 번식하고 얼마나 많은 풀을 갉아먹겠는가?
소 같은 동물은 맷돌 같은 이빨로 사정없이 풀을 씹어도 위 네 개를 동원해 되새김을 해야 소화가 되는데 불가사의하게도 메뚜기나 애벌레들은 어렵지 않게 풀을 소화시킨다. 요즘 곤충이 미래의 식량으로 각광을 받고 있지만 곤충들의 소화효소를 알아낸다면 곤충을 통하지 않고 나뭇잎을 사람이 직접 먹을 수 있는 식량으로 변화시킬 수 있을 것 같은 생각도 든다.

여하튼 메뚜기떼가 한번 창궐하면 하늘과 땅 사이가 깨끗하게 비워진다. 그런 메뚜기 군단이 사라질 때는 소리도 없이 사라진다. 무슨 사연이 있을까?

세상은 불공평하지만 자연은 나름대로 균형을 이루고 있다.
메뚜기에게 무서운 속도로 번식하여 식물을 갉아대는 능력이 있으면 식물에게도 필시 대비책이 있기 마련이다. 식물의 방어책은 과연 무엇일까?
식물의 그 무지무지한 번식력으로 곤충에 대항할까? 사실 식물의 번식력도 어마어마하긴 하다.
대나무 죽순은 비온 후에 하루 30cm 이상 자라 우후죽순雨後竹筍이란 말이 나왔다. 그러나 이는 뿌리에 영양분이 저장되어 있어서 가능한 일이다.
말불버섯이라는 어른 주먹 크기 버섯이 있는데 어떤 사람이 계산을 해보았더니 한 개의 말불버섯이 만든 포자가 모두 성장하면 지구 일곱 배의 부피가 된다고 한다.
식물은 이런 잠재력을 지니고 있지만 현실은 식물에게 무척이나 가혹하다.

남성이 한번 사정을 하면 2억 개 이상의 정자가 쏟아져 나온다. 그 중 난자에 들어가는 것은 단 하나뿐이다. 남자가 얼마나 많은 정자를 쏟아내야 한 번의 임신이 될까?
식물의 생존조건은 어찌 보면 남자의 정자보다 더 혹독하다. 소나무가 그 많은 송화가루를 날려대는데 눈에 잘 뜨이지도 않는 조그만 소나무 암꽃에 안착하는 송화가루는 그 많은 송화가루 중 얼마나 될까?
은행나무는 암꽃이 수꽃보다 2주 늦게 핀다. 은행나무 정충이 바람에 날려 요행이 암나무에 떨어지면 정충은 암꽃을 향하여 있는 힘을 다하여

기어간다. 그 시간을 2주 주는 것이다. 그렇게 힘겨운 과정을 겪어내야 수정이 이루어지지만 은행나무 암나무는 참으로 풍성하게 은행을 맺는다. 그 중 알맞은 땅에 떨어져 은행나무로 자라는 경우는 또 얼마나 될까?

벼의 경우는 좀 쉽다. 이삭이 패면 바람이 고요한 날 정자가 살포시 떨어진다. 그 이삭에서 정자가 나와 이삭에 떨어지기 때문에 일단 팬 이삭은 대부분 볍씨로 자란다. 그러나 이런 예외를 제외하면 식물은 자기 분신을 만들기가 대단히 어렵다. 그에 비해 곤충은 너무나 쉽게 자기 분신을 만든다.

곤충은 암수가 자기들의 생식기를 직접 접촉시켜 수정을 하고 그 알들을 먹이가 있는 곳에 낳는다. 그 알들이 깨어나면 먹을 것이 지천으로 있어 성장하는데 아무런 지장도 없다. 물론 애벌레에겐 수많은 천적이 있지만 그래도 식물에 비하면 형편이 천국이다.

상황이 이런 만큼 곤충의 애벌레가 식물을 마음대로 먹을 수 있다면 곤충들은 기하급수적으로 번식하고 결국 이 세상의 식물은 모두 사라지고 말 것이다.

그리하여 지구는 식물에게 곤충을 방어할 수 있는 화학약품을 주어 식물을 함부로 먹을 수 없게 하였다. 그런데 그렇게 식물에게 일방적으로 유리한 법칙만 적용하면 세상의 곤충은 모두 멸종하여 먹이의 순환사슬이 끊어지고 동물 세계의 종말이 찾아올 것이다.

그래서 자연은 절묘한 타협책을 낸다. 누에가 뽕잎만 먹듯이 곤충마다 한 종류의 식물 방어막은 뚫고 들어갈 수 있는 능력을 준 것이다. 그리하여 식물과 곤충은 먹고 먹히면서도 공존의 길을 가게 되었다.

하지만 메뚜기는 예외다. 제대로 건강하게 살아 있는 식물 중에 메뚜기가 먹을 수 있는 식물은 한 종류도 없다. 그런데 어떻게 메뚜기떼가 창궐할 수 있을까?

메뚜기들은 메마르고 단단한 흙에 알을 낳는다. 그런 곳에는 말라비틀어진 풀밖에 없다. 바로 그것이 메뚜기의 먹이다.
메뚜기떼가 창궐하는 시기는 극심한 가뭄과 때를 같이 한다. 이때는 모든 식물이 말라비틀어지기 때문에 지천에 메뚜기들의 식량이 널려있어 메뚜기가 지천으로 번식하는 것이다.
메뚜기는 싱싱한 이파리는 건드리지 못한다. 거기에서는 곤충을 방어하는 물질이 나오기 때문이다.
메뚜기는 식물의 방어물질에 지극히 취약하지만 모든 곤충이 다 그런 것은 아니다. 방어물질이 조금만 약해지면 가차 없이 쳐들어가는 곤충들이 지천으로 널려있다. 그리하여 식물과 곤충의 전쟁은 한시도 쉼 없이 지속된다.

이제 모깃불 속에서 몸을 태우다 재가 되는 쑥이 어떤 역할을 하는지 살펴본다. 짐작하듯이 모깃불을 피우는 것은 단순히 연기를 내뿜어 모기를 쫓는 것이 아니라 쑥의 살충 성분으로 모기를 쫓는 것이다. 그것으로 끝이라면 구태여 쑥을 언급할 필요가 없으리라. 쑥의 효능은 아침에 알 수 있다. 모깃불을 피우고 도란도란 여름밤을 보낸 다음날 아침 모깃불 연기가 휘돌아간 숲은 유난히 싱그러워 보인다. 그건 느낌이 아니라 실제로 그렇다.

한낮 뙤약볕이 내리쬐는 여름날엔 파리도 움찍 않는다는데 그 시간에 뙤약볕을 온몸으로 받아내는 것은 나무들이다. 장기적으로는 잎에서 광합성을 많이 하니 이익이 되지만 당장은 숨을 쉬기가 바쁘다.
나무도 숨을 많이 쉰다. 숨을 쉬기 위해서는 뿌리에서 많은 수분을 빨아들여야 하는데 나무가 필요로 하는 수분의 양은 엄청나다. 큰 나무의 경우 맑은 날은 하루에 1톤 정도의 수분을 증발시킨다고 한다.
이렇게 땀을 많이 흘리는데 땅 속이라고 수분이 무한대로 있을 수 없어

가뭄 때는 나무 몸통 속의 수분이 빠져나가며 나무는 그만큼 허덕이게 된다. 그렇게 나무가 헐떡거리는 사이 곤충들은 끊임없이 나무를 괴롭힌다.

곤충이 식물에 맥을 쓰지 못한다고는 하지만 매미 같은 놈은 예외다. 매미는 크고 튼튼한 빨대로 나무껍질에 구멍을 뚫어 수액을 빨아먹는다. 매미는 힘들여 나무껍질을 뚫고 구멍을 내어도 자기는 겨우 맛만 볼 수 있을 뿐이다. 매미가 구멍을 뚫어 수액을 흘러나오게 하면 온갖 힘센 곤충들이 다 모여들어 매미를 밀치고 맛있는 수액을 빨아먹는데 그 누가 빨아먹든 나무에게는 시련이다. 식물과 곤충의 전쟁은 낮에는 곤충이 우세하고 밤에는 나무들이 전력을 보강하며 일진일퇴의 공방전을 벌인다. 그러다가 더위와 가뭄이 계속되면 나무들은 피로가 누적되어 패색이 짙어간다. 그런 날 저녁에 모깃불을 피워 그 연기가 숲을 휘돌아 나가면 곤충들은 세력이 약화된다. 쑥대머리 귀신형용을 하고 있던 여름쑥이 자기 안에 품고 있던 방어물질을 몸을 살라가면서 내뿜어대고 그렇게 쑥을 태운 기운이 숲을 한 바퀴 휘돌아 나가면 나무들은 뜻밖의 원군을 얻게 된다. 그래서 모깃불을 피운 다음날 새벽 숲은 유난히 싱그럽다.

이런 생명의 투쟁 고리가 자연계의 이치이며 사람 삶의 이치 또한 이와 무관하지 않다. 역사가 사람 삶의 기록이라면 이 또한 생명의 순환 고리를 닮을 수밖에 없으리라.

쑥이 그렇게 살충력이 강한 이유는 양기陽氣가 강하기 때문이다. 양지바른 곳에서 햇빛을 잔뜩 받고 자라서 양기가 강하다. 그 양기가 습한 기운 때문에 생긴 병을 치료해준다.

동의보감에 쑥은 오래된 여러 가지 병과 부인의 하혈을 낫게 하여 안태를 시키며, 복통을 멎게 하고 설사를 치료하고 피를 쏟는 것과 하부의 의창을 낫게 하며 살을 살아나게 하고 풍한을 헤치며 인신하게 한다고 되어있다.

그런데 왜 영애靈艾, 신령스런 쑥이라고 했을까? 이는 쑥이 천지사방에 지천으로 흩어져 있는 흔하고 천한 존재이기 때문이다. 환웅이 차마 그 천한 것을 약으로 썼을까 하는 의문 때문에 신비로운 쑥이라고 했으리라. 즉 의약 지식이 없는 사람들에게 전하기 위해서는 오히려 신령스러운 쑥이라는 표현이 적당하다.

쑥은 실제로 의약품으로 널리 쓰였을 가능성도 있다. 은나라 청동기에서 약쑥 성분이 발견되었다는 보고도 있다. 은나라는 B.C. 2,000년경 기후가 추워지면서 신시에서 중국으로 이동한 세력이다.

마늘의 유래

마늘은 어떤가?

마늘에 알리신 성분이 있다는 것은 널리 알려진 사실로 이 성분은 항생제 백 배 이상의 살균력이 있다고 한다. 마늘은 또 열이 있다. 생마늘을 짓찧어서 살갗에 붙이면 30분이 지나지 않아 피부가 벌겋게 달아오른다. 마늘이 정력에 좋다는 말이 있는데 생마늘 다진 것을 발바닥 움푹 들어간 곳에 붙이면 발바닥은 화상을 입지만 정력은 눈에 띄게 좋아진다고 한다. 발바닥에는 힘의 원천이라는 용천혈湧泉穴이 있는데 이곳에 생긴 열기가 몸으로 들어가 정력을 강화한다는 것이다.

아스클레피오스(그리스 의술의 신)

신화 이야기도 있다. 태양신 아폴론이 아름다운 인간 처녀 코로니스를 사랑해서 태어난 아들인 아스클레피오스는 반인반마半人半馬의 신 키론에게 의술을 배웠는데 능력이 나날이 발전하여 죽은 사람을 살려내는 경지에 이르렀다고 한다. 그래서 지하세계의 인구가 줄어들자 죽음의 신 하데스가 제우스에게 항의한다. 하데스의 항의를 받아들인 제우스는 번개를 던져 아스클레피오스를 죽이는데 그때 아스클레피오스가 들고 있던 처방전도 불에 타서 떨어지고 그 불탄 처방전이 떨어진 자리에서 마늘이 자라났다고 한다. 마늘은 이렇게 고대 서양에서도 그 약효를 인정받았던 식물이다. (키론에게 의술을 배웠다는 대목도 의미심장하다. 키론은 북방유목민족이 말을 탄 모습에서 유래한 신이다. 그리스 사람들이 의술을 어디에서 배웠는지 시사한다.)
쑥과 마늘의 공통점은 따듯한 성질을 지닌 데다 살균력이 강하다는 것이다. 이런 식품은 습하고 냉한 곳에 사는 사람들에게 좋을 것이다. 그런데 단군신화의 곰과 호랑이는 동굴에 살았다고 한다. 그들이 사람이든 아니든 쑥과 마늘은 훌륭한 약이 되었을 것이다.

여기에서 환웅이 동굴에 사는 사람들에게 쑥과 마늘이라는 약을 주었을지도 모른다는 상상을 하게 된다. 그런데 쑥은 세계 어디에나 지천으로 나지만 마늘은 그렇지가 않다. 쑥은 신령스런 쑥이라고 했지만 마늘에는 '신령스런'이란 수식어가 없다. 마늘은 당시에는 보기 드문 물건이었기 때문이다. 그래서 마늘에는 환웅 무리의 이동로를 추측할 수 있는 단서가 숨겨져 있다.
마늘의 원산지는 서남아시아라고 한다. 그런데 묘하게도 식물의 원산지는 산악지대가 많다. 벼만 해도 열대 메콩강 유역이 원산지가 아니라 히말라야 산악지대가 원산지고, 가지, 토마토, 감자 같은 식물들도 안데스 산악지대가 원산지다. 생명의 진화는 고립되고 험한 환경에서 이루어진다. 그런 점을 고려하면 마늘의 원산지는 서남아시아에서도 자그로스 산맥의 험한 산중일 것이다. 환웅의 무리가 떠나온 바로 그곳이다.

나는 어린 시절에 마늘은 장건이 서역에서 처음으로 갖고 왔다고 배웠다. 장건은 한무제 때 사람이니 B.C. 2세기의 인물이다. 그때 장건이 중앙아시아에 있는 대월지국에 갖다왔으니 마늘을 가지고 왔을 법도 하다.

그러나 장건은 환웅보다 2,000년이 늦었다. 그런데도 한국인은 중국 사람들 덕분에 마늘을 먹는다고 배운 것이다.

여하튼 단군신화에 마늘이 나오는 덕분에 우리는 환웅의 무리가 서쪽에서 이동해온 단서를 잡을 수 있었다.

4. 곰과 호랑이

時有一熊一虎 同穴而居, '때에 곰 한 마리와 호랑이 한 마리가 같은 동굴에 살고 있었는데'란 구절이 있다. 설마 곰과 호랑이가 같은 동굴에 살지는 않았을 것이고, 곰을 토템으로 하는 부족과 호랑이를 토템으로 하는 부족도 한 동굴에 같이 살지는 않았을 것이다. 같은 지역에 살았던 것을 이렇게 표현했다고 받아들이자.

이제 곰과 호랑이의 뜻을 살펴본다. 호랑이는 의외로 간단하다. 선비족을 높여 부르는 말이 호랑이였다. 선비족을 호랑이라고 부른 이유는 정확히 알 수 없지만 선비족이 호랑이를 그들의 수호 토템으로 모셨을 가능성은 충분하다. 다만 우리가 알아야 할 것은 지금 러시아 영토가 된 시베리아가 원래는 선비족이 살던 땅이라는 사실이다. 선비는 한자로 鮮卑로 쓰는데 이를 중국 발음으로 읽으면 션베이가 된다. 이 말을 북방 유목민족의 유난히 강한 목구멍소리로 발음하면 시베가 되고 리아는 땅이라는 뜻이므로 시베리아는 선비족의 땅이 된다.

선비족의 내력

선비족은 200년 동안 중국을 지배한 오호십육국五胡十六國의 주인공이고 수나라, 당나라의 왕족이기도 하다, 재미있는 것은 오호십육국의 연燕나라다. 오호십육국의 연나라는 전연 후연, 서연, 남연, 북연 등이 있는데 모두 선비족의 나라이고, 이들 모두 고구려와 앙숙이었다.

전국시대의 연나라도 고조선과 앙숙이었다. 전국시대 연나라는 주나라의 제후국이었지만 그 임금의 혈통이 묘하다. 《사기》 연소공세가는 이렇게 시작한다.

"소공召公 석奭은 주나라 왕실과 성이 같은 희姬씨다. 주나라 무왕이 상나라 주왕을 멸망시킨 후에 소공을 북연지역의 제후에 봉하였다."

사실 《사기》의 燕세가는 의문의 여지가 있는 것이 은殷을 상商으로 썼기 때문이다. 사마천은 다른 데는 모두 은이라는 국호를 사용했는데 유독 연세가에서는 "무왕이 상나라 주왕을 멸망시킨 후에"라고 은이 아닌 상으로 기록했다. 두 차례나 商으로 기록된 것이 모두 앞부분에 나오기 때문에 후세 사람이 연소공세가의 앞부분에 첨가했을 가능성을 부인할 수 없다.

추정이긴 하지만 사마천은 연소공세가를 쓰면서 애를 먹었던 것 같다. 중원의 다른 나라들은 대체로 역사서가 있었던 것 같은데 연나라는 유목민족이기 때문에 역사서를 기록하지 않았던 모양이다. 연소공 이후의 연나라 족보가 나오지 않는 것도 그런 이유 때문일 것이다.

여하튼 연나라 소공은 주나라 왕실의 인물이 아님을 알 수 있다. 전국시대의 연나라는 의심의 여지없이 선비족이다. 그 선비족과 우리 민족의 악연은 고조선 이전부터 시작되었나 보다.

〈삼성기전 하편〉이다.

密記云 桓國之末 有難治之强族患之 桓雄乃以三神說教 以佺戒爲業 而聚衆作誓 有勸懲善惡之法 自是密有剪除之志

<밀기>에 이렇게 나와 있다.

환국의 말에 다스리기 어려운 강한 종족이 있어 걱정거리가 되었는데, 환웅이 삼신신앙으로 가르치고, 전계의 업을 베풀어 사람들을 모아 서약을 시켜 선을 상주고 악을 벌하는 법을 만들었다. 이때부터 은밀히 그들을 토벌할 뜻을 지녔다.

여기에서 다스리기 어려운 강한 종족을 이렇게 설명한다.

原住者爲虎 新住者爲熊,

원래 살던 종족은 호랑이고 새로 살기 시작한 종족은 곰이었다.

그리고 곰 부족의 여추장이 청혼해 그를 받아들여 아들을 낳았고 사나운 호랑이 무리는 사해로 쫓았다고(虎終不能悛 放之四海) 했다.
이런 기록으로 보아 선비족과의 관계는 환웅 시대부터 앙숙이었고, 고조선시대를 지나 고구려시대까지 앙숙이었으니 참으로 그 악연의 뿌리가 깊다고 하겠다.

곰과 감

곰에 대한 이야기는 조금 복잡하다. 곰은 여러 가지 의미가 있기 때문이다.
우선 곰은 부활하는 동물의 의미가 있다. 옛날 사람들은 죽음 그 이후를 궁금해 하고 두려워했기 때문에 부활은 사람들의 꿈이었다. 그런데 부활하는 짐승이 있었으니 뱀과 곰이었다. 뱀은 허물을 벗고 다시 태어나고, 곰은 겨울잠을 자고 부활한다. 사람들은 그것 때문에 뱀과 곰을 신성시했다. 그리하여 서양의 문명권에는 뱀에 대한 신화가 많고 동양 문화권에는 곰을 숭배하는 민족이 많았다.
곰 토템은 북두칠성을 빼고 생각할 수가 없다. 북두칠성이 속한 별자리가 큰곰자리다. 북위 45도가 넘는 북쪽지방에서 북두칠성은 머리 바로 위에서 빛난다. 밤하늘은 지금보다 훨씬 선명하고 밤에는 별밖에 보이는 것이 없던 그 시절에 북극성과 북두칠성을 보고 느끼는 경외감은 대단했을 것이다. 그 북두칠성을 곰으로 보았을 정도로 곰을 신성시했고, 그 별자리가 곰의 형상을 하고 있다고 믿은 만큼 곰은 더욱 신성한 동물이 되어갔다.

그런데 곰을 곰 토템으로만 단정 지을 수 없는 것이 곰과 발음이 비슷한 감에 또 다른 뜻이 있기 때문이다.
《환단고기》의 의미심장한 구절을 보자.

日降童女童男八百於黑水白山之地　於是桓因亦以監羣居于天界掊石發火

始教熟食

어느 날 동남동녀 800명이 흑수백산의 땅에 내려왔는데 환인이 천계에도 역시 감군으로 있으면서 이들에게 돌로 불을 일으키어 음식을 익혀먹는 법을 처음으로 가르쳤다. (삼성기전 상)

환인을 감군監羣이라고 칭했다. 羣은 무리니 무리의 감이라는 뜻이다. 감이 대체 무슨 뜻일까?

일본어가 힌트가 될 수 있다. 神이라 쓰고 가미(かみ)라 읽는다.

우리가 잘 아는 자살 특공대가 가미가제(神風)다. 망언을 일삼는 일본 각료들이 망동妄動을 하러 가는 신사神社가 가미모우데(かみもうで)다.

일본에서 가미는 신으로만 쓰이는 게 아니라 높은 것을 뜻할 때도 쓴다. 상석, 천황, 서울, 장관 그리고 머리. 이렇게 높은 것이나 우두머리들을 가미라고 한다.

우리말에도 감이 있다. 영감, 대감, 상감에 감이 붙는다. 감이 높임말에 붙었다는 공통점이 있다. 그 뜻이 과일의 왕에도 남아 있다. 과일 중의 왕이 감이다.

감이 과일의 왕임은 감의 다른 이름으로 확인할 수 있다. 감나무의 다른 이름에 용화수龍華樹가 있다. 용은 임금을 뜻하니 용화수는 임금 나무, 혹은 나무의 임금이라는 뜻이 된다.

그러나 감의 뜻은 아무래도 일본에 많이 보존되어 있다. 그 이유는 변방이론으로 설명된다. 어느 사회에 한 가지 유행이 온 나라를 휩쓸고 지나갔다고 치자. 그 유행이 두메산골 깊숙한 곳까지 유행하면 어떤 현상이 나타날까?

변방에 그 유행이 미칠 때쯤이면 유행의 본거지에서는 새로운 유행이 나타나고 그 전의 유행은 씻은 듯이 사라진다. 그러나 두메산골 깊숙한 지역에는 먼저 번의 유행이 고스란히 남아 있기 마련이다.

일본의 경우가 그렇다. 과거에는 대륙이 문명의 중심이기 때문에 일본에 전해지는 문명은 대륙을 대단한 기세로 휩쓸고 지나간 문명이 현해탄을 건너 일본에 전해지기 마련이다. 그래서 유독 일본에만 감, 혹은 가미의 뜻이 그대로 살아있다.

앞에서 본 문장에서 환인을 감군, 무리의 감이라고 했다. 그렇다면 감은 필시 높은 존재이고 우두머리일 것이다. 그런데 감은 원래 샤먼을 뜻하는 말이었다.
샤먼이란 말은 원래 바이칼 부근에 살았던 에벤키족(바이칼에 살다가 알타이로 옮겨갔다고 한다.)의 사만이라는 말을 서구 학자들이 접하면서 서구식 발음인 샤먼이 된 것이라고 한다. 무巫의 호칭이 원래는 샤먼이 아닌 것이다.
샤먼을 지칭하는 용어는 많다. 우리나라에서는 巫나 무당, 혹은 당골네라고 부르지만 샤머니즘의 본고장인 중앙아시아와 동북아시아에서는 보, 뵈, 부, 바이, 뵈게, 오욘, 오드강, 신치, 고아 등과 캄이 있다. 부산대 양민종 교수는 보, 뵈, 부, 바이는 동북아시아에서 샤먼을 부르는 일반적인 호칭이고, 뵈게는 몽골 지역, 그리고 캄은 주로 알타이와 중앙아시아에서 사용된 용어라고 설명했다.
캄이 알타이와 중앙아시아에서 사용되던 언어라는 것에 눈길이 간다. 마늘을 설명할 때 밝혔듯이 환인의 子인 환웅의 무리는 이라크 북부 우르미아 호수 주변 자그로스 산악지대에서 이주해왔다. 그래서 환인이 무리의 監이었다는 알쏭달쏭한 표현이 차츰 그 윤곽을 드러낸다.

환인이 캄, 즉 샤먼이었다는데 실망할 이유는 없다. 고대사회는 제정일치 사회였다. 그러므로 캄은 무리의 최고 지도자였다. 그리고 고대의 샤먼은 무리 중에서 지식이 가장 많은 사람이었다. 지금도 시베리아에서는 신만 내린다고 샤먼이 되는 것이 아니라 혹독한 수업 과정을 이수해야 차츰 지위가 높고 권위가 높은 샤먼이 된다고 한다.

그런데 문제는 곰과 ㅋ의 발음이 비슷하다는 것이다. 지금 우리말에는 거의 사라졌지만 북방계 언어는 후음喉音이라고 하는 성대를 울려서 내는 목구멍소리였다. 그런 발음을 남방계 사람들은 구별하기 어려워 한자로 기록하면서 ㅋ과 곰을 구별하지 못하고 그냥 곰 熊 자를 쓴 것이다.
이제 이 세상에서 가장 오래된 동화 신데렐라 이야기로 들어간다.

불씨 이야기

신데렐라는 창작동화가 아니라 전래동화다. 그리고 줄거리는 조금씩 달랐지만 세계적으로 널리 분포되어 있던 이야기라고 한다. 그것을 17세기에 샤를 페로라는 작가가 지금의 신데렐라 이야기로 발표를 해서 그 이야기가 신데렐라로 굳어졌다고 한다.
신데렐라, 재를 뒤집어쓴 아이 이야기가 세계적으로 널리 분포되어 있던 이유가 뭘까?
중국 산시성(山西省)에 80만 년 전의 남전藍田원인이 살던 동굴이 있는데 거기에서 불을 피웠던 자국이 발견되었다. 그 자리의 흙은 땅속으로 10cm 이상 화학적 성분이 달랐는데 이는 그 자리에 지속적으로 불을 피웠기 때문에 일어난 현상이라고 한다. 야영장의 모닥불 피우는 자리는 장소는 일정하지만 간헐적으로 모닥불을 피우기 때문에 아래쪽으로 3-4cm밖에 화학적 성분이 변하지 않는다. 땅속 10cm까지 화학적 성분이 변했다는 것은 남전원인들은 한번 피워놓은 불을 꺼트리지 않고 계속 사용했다는 증거가 된다. 이렇게 한번 피운 불을 계속해서 피우는 일은 지극히 자연스러운 현상으로 예전에는 불을 피우는 일이 간단치 않았기 때문이다.
불씨를 얻는 방법은 부싯돌을 쳐서 얻는 방법도 있고 나무를 비비기도 하고 추운 지방에서는 얼음으로 볼록렌즈를 만들어 불씨를 얻는 방법을 사용했다고들 하지만 어느 것 하나 쉬운 일이 아니다. 그래서 한번 피운 불을 꺼트리지 않고 계속 사용했던 것이다.

사람들이 불씨를 휴대하고 다닐 수 있게 만든 성냥은 인류의 위대한 발명이었다. 성냥은 1844년 스웨덴의 화학자 구스타프 타슈가 처음 만들었고, 한국에는 1880년 개화기 때 김옥균의 동지였던 이동인이란 스님이 일본에 갔다 오면서 처음 성냥을 가지고 왔다. 그 후 인천에 성냥공장이 들어서고 거기서 생산된 성냥을 방물장수들이 전국 방방곡곡에 팔고 다녔다.

1950년대는 집들이 선물로 성냥이 인기였다. 불같이 일어나라는 의미로 이사 간 집에 축하 겸 대접 받으러 갈 때 커다란 팔각 성냥을 몇 개씩 가지고 갔다. 팔각 성냥 하나에는 성냥 개피가 1,000개도 넘게 빽빽이 들어 있었다. 그러니 집집마다 성냥이 없는 집이 없었다. 그런데 당시에 가정에 불을 붙여주러 불차가 다녔다. 무슨 까닭이었을까?

1950년대에는 연탄이 귀하신 몸이었다. 당시 시골에서는 연탄 구경도 못했을 때고 도시에서도 살림이 넉넉한 사람들이 연탄을 땠다. 그런데 연탄의 질이 낮은데다 사람들이 연탄을 아껴 때어 새벽에 연탄불이 꺼지는 일이 왕왕 있었다.

연탄불이 꺼지면 붙이면 되지만 그게 쉽지 않았다. 번개탄 같은 건 나오지도 않았을 때고, 종이 위에 나무 조각들을 놓고 성냥을 그어대 모닥불을 피고 그 위에 연탄을 올려놓고 연탄이 반쯤 타들어갈 때까지 기다렸다가 밥을 해야 했는데 어느 세월에 그렇게 해서 연탄불을 붙일까? 까짓 연탄불 천천히 붙여도 된다고 생각하겠지만 그게 아니었다. 그때는 아침밥이 중요했다.

아이들이야 굶고 학교에 가도 되고, 귀찮으면 결석해도 괜찮았다. 그런데 서방님 아침밥은 꼭 해서 올려야 하던 시절이다. 하다못해 하루 종일 빈둥거리다 해거름에 한잔 하러 나가시는 백수 남편들도 아침 밥상 대령하지 않으면 눈을 부라리며 호통을 치던 시절이었다. 그런 아침상에 찬밥을 올릴까? 김이 펄펄 나는 뜨신 밥이어야 했다.

그때 불차가 등장한다. 소방차가 아니라 연탄불차였다. 가정집의 새까만 연탄을 벌겋게 불붙은 연탄과 교환해주는 서비스카였다.
불차가 오면 사람들은 연탄집게에 연탄을 끼워들고 달렸다. 그때 착한 어린이였던 필자도 고사리 손에 연탄을 들고 갔는데 불이 너무 잘 붙은 연탄을 받았다. 뜨거운 연탄불 열기는 참았는데 금세 집게가 벌겋게 달아올라 하마터면 떨어트릴 뻔했다.
하고 싶은 이야기는 그때 이웃집에서 연탄불을 빌릴 수 없었다는 것이다. 당시는 이웃 간에 사이가 좋아 먹을 것도 나누어먹고 쌀도 빌려주던 시절이었다. 그런데 연탄불은 못 빌리는 이유가 불을 빌려주면 복이 나간다는 것이다. 그래서 나라에서 불차를 운행했는데 아마 이승만 정권 최고의 대민 봉사였을 것이다.
당시 불씨를 얼마나 아꼈냐면 이사 갈 때도 불붙은 연탄을 가져갈 정도였다. 이사 트럭 조수석에 불붙은 연탄을 양동이에 싣고 가서 짐 내리기 전에 아궁이에 연탄불부터 넣었던 기억도 난다.

B.C. 3000년대 동굴에 살던 사람들은 불씨를 어떻게 관리했을까?
날이 채 밝기도 전에 장정들은 무리지어 사냥 나가고 여자들과 아이들은 푸성귀와 과일 등을 채취하러 갈 것이다.
그래도 동굴은 비울 수 없다. 누군가는 불이 꺼지지 않게 조금씩 나무 조각 등을 넣어주어야 한다. 그 일을 누가 했을까? 세계 각국에 전해지던 신데렐라 이야기는 그 일을 소녀가 했음을 말해준다.
동굴에 문이라도 달려 있어 짐승들을 막아 주었을까? 사냥 나온 다른 부족들이 동굴을 발견하고 덮치진 않았을까? 걱정은 많지만 무사히 넘어갔다고 치자.
외로운 낮이 가고 어스름에 식구들이 돌아오면 모닥불은 활활 타오를 것이다. 둘러 앉아 식사도 하고 종교 의식도 지내고 바느질도 하며 이야기 꽃을 피우리라. 그러다 모두들 잠이 들면 누가 불씨를 지킬까? 행여 꺼

질세라 깜짝 놀라 일어나는 일은 얼마나 많았을까.
그 외롭고 고단한 일을 누가 했을까?
신데렐라 이야기가 답을 가르쳐준다.
재를 뒤집어쓴 아이가 왕자를 만나 시집가는데 그렇게 우연히 신분 상승이 이루어졌을까?
불씨를 관리하면 재를 뒤집어쓰기 마련이니 용모도 가꿀 수가 없어 보기 흉하다. 그러나 불은 신성한 것이었다. 힌두교에서는 불의 신 아그니가 세상의 시작이며 모든 신을 대표할 뿐만 아니라 불멸의 세계를 얻을 수 있는 끈이며 사람들이 좋은 업보를 쌓을 수 있도록 훌륭한 방향으로 이끌어준다고 말한다. 그런 신성한 불을 아무에게나 맡길 수는 없는 일. 무리의 지도자인 샤먼은 그 중요한 일을 자신의 후계자로 점찍은 소녀에게 맡겼을 것이다. 비록 재를 뒤집어쓰고 햇빛을 자주 못 보아 얼굴도 파리하고 피부도 나쁘지만 그녀의 신분은 샤먼의 후계자인 것이다. 재를 뒤집어쓴 소녀는 일정한 기간의 수업이 끝난 후에는 귀하게 될 신분이었다. 신데렐라는 왕자님을 만나 귀하게 되는 것이 아니라 원래부터 귀하게 될 사람이었던 것이다.
단군신화에서 곰이 사람이 되었다는 이야기는 습한 동굴 생활에서 얻은 냉습冷濕병을 마늘과 쑥을 먹으면서 치료하여 어여쁜 여인의 모습을 회복했다는 이야기가 아닐까? 그러면 앞뒤가 '똑' 소리 나게 들어맞고 해피엔딩까지 맞이한다.

불의 문명

환웅은 서쪽에서 오면서 마늘을 가지고 온다. 그리고 쑥도 약으로 쓸 줄 아는 의학적 지식을 지니고 있었다. 그들은 동쪽으로 와서 그곳의 토착민들을 만난다. 거기에 강력한 두 종족이 있었다. 하나는 곰을 토템으로 하는 무리고, 하나는 호랑이를 토템으로 하는 무리다. 환웅은 앞선 문명과 의학적 지식으로 곰 무리와 호랑이 무리를 지배하려고 한다. 그러나 호랑이 무리는 그것을 거부한다. 그러나 곰 무리는 환웅 무리의 문명에 감탄하고 호감을 갖게 된다. 그리하여 환웅 무리는 곰 무리들과 혼인 동맹을 맺는다. 이것이 단군신화의 줄거리다.

여기서 간과할 수 없는 것이 캄(Qam)이다. 캄은 아무에게나 붙이는 호칭이 아니라 가장 위대한 샤먼에게만 붙이는 호칭이었다. 환웅이 혼인을 하였으면 상대는 당연히 곰 무리 중에서 가장 지위가 높은 사람이 될 것이다.

당시는 모계사회를 이루고 있었으므로 지위가 높은 사람은 여성일 것이며 제정일치사회이므로 그 여성은 캄이 될 것이다. 熊과 監으로 기록된 글자에는 이런 의미가 내포되어 있다. 예전 《환단고기》에는 監이 땅이라는 주석이 달려 있었다. 그 말을 믿고 무슨 이야기를 하다 망신을 당한 일이 있었다. 캄이 샤먼인 것을 알게 된 것은 참으로 요행이었는데 그것으로 단군신화의 해석이 가능해졌으니 얼마나 다행인지 지금도 감사하고 있다. 캄이 위대한 샤먼을 지칭하는 말인 것이 너무도 중요한 이야기라서 개인적인 이야기를 덧붙였다.

사실 불은 고대인의 생활 반경을 제한한 가장 큰 요인이었다.

고대인의 거주지는 처음에는 강가의 언덕이나 동굴에 한정되어 있었다. 물론 물 때문이다. 그러나 당시 사람들도 짐승의 내장 등을 물 담는 주머니로 사용하면 하루 이틀을 지낼 물은 휴대할 수 있었지만 불은 그렇게 휴대할 수 없었다.

인간이 맹수와 싸울 때 낮에는 인간이 맹수를 사냥하지만 밤에는 맹수가 인간을 사냥한다. 인간의 눈은 빛의 파장 중에서 가운데의 가시광선만 감지할 수 있다. 인간도 밤에는 빛을 감지하는 능력이 100배로 확장된다고 하지만 적외선 등을 감지할 수 있는 동물들에게는 상대가 되지 않는다. 그래서 불이 필요한데 불은 휴대할 수 없었다. 그러기에 멀리 사냥을 나가지 못하고 당일치기 사냥밖에 할 수 없었다.

빗살무늬토기 (가야 출토)

불은 또 문명의 척도이기도 하다.
보통 모닥불의 빨간 불꽃은 500도℃가 조금 넘는데 이 정도 온도면 가장 기본적인 토기를 구울 수 있다. 그러므로 인류는 불을 사용하기 시작하면서부터 토기를 구울 수 있는 온도는 얻을 수 있었다. 하지만 진흙을 빚어 불에 구우면 그릇을 얻을 수 있다는 발견을 한 뒤에는 불의 온도를 높이는 것이 문명의 척도가 되었다.
좋은 옹기를 얻으려면 보다 높은 온도를 필요로 한다. 온도가 올라가면 옹기는 점점 색깔이 옅어지며 강도는 단단해진다. 강도가 단단해지면 두께가 얇아도 튼튼하여 더 가벼운 그릇을 만들 수 있다. 가장 발전한 옹기인 청자나 백자는 1,300도 정도의 온도를 필요로 한다. 청동기는 900도℃의 온도를 필요로 하고 철기는 1,600도℃의 온도를 얻어야만 만들 수 있다.
메소포타미아 지역에서는 B.C. 4000년경의 물레가 발견되었다. 물레가 있었다는 것은 옹기를 만드는 기술이 발전되었다는 것이고 높은 온도를

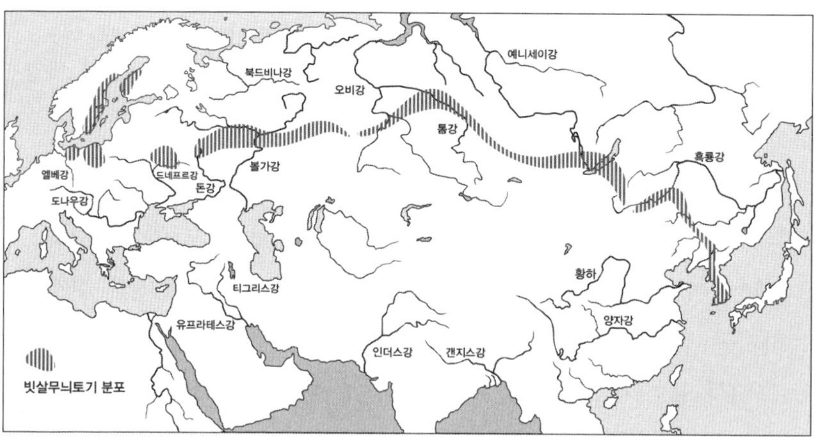

정수일의 《고대문명교류사》 70쪽의 빗살무늬토기 분포도는 초원의 길과 일치한다.

낼 수 있었다는 반증이기도 하다. 변변한 목재가 없었던 메소포타미아가 이렇게 높은 온도를 만들 수 있었다는 것도 역시 높은 문명사회를 이루고 있었기 때문이다.

인류가 언제부터 진흙을 불에 구워 그릇을 만드는 방법을 발견했는지는 모르지만 세계적으로 가장 많이 발견된 빗살무늬토기의 연대는 B.C. 4000년부터 시작된다. 빗살무늬토기는 지역에 따라 늦은 곳은 B.C. 1000년까지 사용하기도 했는데 여기서 관심을 가질만한 일은 빗살무늬토기의 분포가 유라시아 대륙의 북부를 횡으로 관통한다는 것이다. 북위 40도 부근 초원의 길이 인류의 원래 이동 통로이며 문명의 전파로였음이 빗살무늬토기의 분포로도 증명된다.

5. 삼칠일과 백일

단군신화에는 명백한 수치의 오류가 등장한다. 환웅은 쑥과 마늘을 주면서 백일 동안 그것을 먹으라고 했는데 곰은 단지 삼칠일, 21일 만에 여인의 몸을 얻었다.

이렇게 확실하게 계산이 틀리는 이야기가 어떻게 그대로 전해내려 왔는지 의문이다.

사실 더 심각한 의문은《삼국유사》고조선조의 제목이다. 제목이 古朝鮮이다. 일연 스님은 고려시대 사람이므로 조선 앞에 古를 붙일 까닭이 없다. 그런데 제목에 古 자가 붙은 것은 후세 사람들이《삼국유사》를 인쇄하면서 이씨 왕조의 조선과 구별하기 위해서 古를 붙였기 때문일 것이다. 그런데도 숫자에 대해선 이런 명백한 오류를 그대로 옮겨 적었다. 그것이 천만다행인 사연을 이제부터 살핀다.

100과 온

환웅은 마늘과 신령한 쑥을 주면서 이것을 먹으면서 백일 동안 햇빛을 보지 않으면 쉬이 사람 모습을 얻는다고 했다. 여기서 백일에 주의를 기울여보자. 단군조선 성립 당시에는 문자가 없었다. 글자가 있어도 민중이 글을 모르니 사람들에게 알리기 위해서는 말로 된 이야기가 효과적이다. 그렇기 때문에 〈고기〉에 기록된 단군신화는 원래 우리말로 된 이야기를 한문으로 바꾼 것이다. 원래 이야기의 어떤 말을 한자 百으로 바꾸었을까?

百에 해당하는 옛 우리말은 '온'이다. 그렇다면 환웅은 백일 동안 먹으라고 한 것이 아니고 온날 동안 먹으라고 한 것이다. 온날이라면 이야기가 다르다.

작자 미상의 옛시조에 이런 것이 있다.

대천 바다 한가운데 중침 세침 빠지거다
여남은 사공놈이 끝 무딘 상앗대를 끝끝이 둘러메어 일시에 소리치고 키 꿰어 냈단 말이 있소이다.
님아 님아 온 놈이 온 말을 하여도 님이 짐작하소서.

이 시조의 내용은 넓고 넓은 바다에 빠진 바늘들을 기다란 작대기인 상앗대를 휘둘러 바늘귀에 끼워서 찾았다고 우겨대는 사람들이 있는 형편이니 사람들이 무슨 말을 해도 믿지 말라는 이야기다. 여기서 '온 놈', '온 말'의 뜻을 직역하면 백 명이 백 가지 말을 한다는 뜻이다. 하지만 의역을 하면 온갖 잡놈이 온갖 잡소리를 해도 믿지 말라는 것이다.
온에는 전체라는 뜻이 있다. 온이 10을 의미한 때도 있었다. 본래 투르크어 Aunn이 10을 뜻한다. 한민족이 속하는 퉁구스는 아홉을 뜻하는 투르크어 투구스(Tughus)에서 나왔고 열은 온(Aunn)이다.
여담이지만 온은 한자로 溫으로도 쓰였는데 溫은 본래 월지국 군주의 성이었다고 한다. 이들은 원래 기련산 북쪽의 소무파(昭武坡)에 살다가 흉노에게 패해 파미르 고원 쪽으로 이동해 대월지를 세웠다. 그런데 이때 한 사람도 빼놓지 않고 이동했을 리는 없을 것이다. 일부는 그대로 남아 있었을 것이다. 溫 성을 쓰는 사람으로 바보 온달이 유명하다. 그런데 묘하게도 온씨가 또 한 번 이동한 때가 있었는데 남북조시대 말의 일이다. 중국의 남북조 말이면 고구려는 바보온달이 활약한 평원왕 때다. 여기에서 무언가 느낌이 온다면 정말로 예리한 사람이다. 바보온달의 이야기는 뒤에 제대로 살펴보겠다.

옛날 숫자의 단위가 작았을 때는 10이 전체를 의미하고 숫자의 단위가 커지면서 100이 전체를 의미했다. 오늘 날에는 온이 100으로 쓰이는 법은 사라지고 온 누리 온 세상 온 종일 같은 뜻으로만 남아있다. 이렇게 온의 뜻이 변한 과정을 생각하면 百日의 의미를 이해할 수 있다. 다시 단군신화로 돌아간다.

爾輩食之 不見日光百日 便得人形,
이 문장의 원래의 뜻이 무엇일까?
"이것을 먹으면서 백일 동안 햇빛을 보지 않으면 쉽게 사람 꼴을 얻으리라."는 해석은 사실 내용이 맞지 않는다. 오히려 '백일 동안 햇빛을 보지 않아도'가 어울린다.
우리가 앞에서 풀이한 내용은 동굴에서 불씨를 지키느라 햇빛을 보지 못해 각종 음陰적 질환에 시달리는 사람에게 환웅이 쑥과 마늘을 주어 치료를 한 것이다. 그렇다면 햇빛을 보지 말라는 이야기를 할 이유가 없다. 그런 질환에는 오히려 햇빛이 약이 된다. 그러므로 不見 앞에 若不이 붙어야 맞는 말이다. 그런데 왜 '햇빛을 보지 않으면'이 되었을까?
곰과 호랑이가 동굴에 살았다고 해서 〈고기〉의 저자가 생각 없이 이렇게 기록했을 수도 있지만 그보다는 원래 이야기가 그랬을 가능성이 크다.
호랑이가 사람이 되지 못했다는 이야기 때문에 햇빛을 보지 않는 것이 어울린다.
그리고 햇빛을 보지 않아야 사람이 된다는 이야기가 더 그럴 듯하게 보인다. 그래서 일부러 햇빛을 보지 않아야 된다는 이야기가 만들어진 것 같다.

세이레

곰이 삼칠일 만에 사람의 모습을 얻었다는 내용을 살펴본다.
삼칠일은 세이레고, 세이레는 금줄을 떠올리게 한다.
예전에 집에서 아이를 낳던 시절에 산파産婆라는 직업이 있었다. 낳을 産에 할미 婆, 아이 받는 나이 많은 여자가 산파다. 산파는 아이를 받아주는 일만 하지 않는다. 경험 많은 전문가로서 여러 가지 뒤처리도 지휘한다. 그 중 하나가 금줄을 치는 일이다.

금줄의 금은 금한다는 禁이다. 금줄은 새끼줄로 치는데 옛날에는 새끼줄이 구하기 쉬워서 그랬을 것이다. 새끼줄에는 고추나 숯을 끼우는데 고추는 3개를 끼우는 게 원칙이다. 3이 성스러운 수이기 때문이다. 고추라도 풋고추는 안 된다. 빨간 고추를 끼워야 하는데 붉은 색이 귀신을 쫓는 색이기 때문이다.

숯을 끼우는 것은 고추가 남자를 상징하기 때문에 딸을 낳으면 고추 대신 숯을 끼우는 습속이 생기게 되었다. 숯은 시꺼먼 색이 보기 나쁘니 우리 집에 예쁜 아기 같은 건 없다고 귀신을 기만하기 위해서다.

그런데 금줄로 치는 새끼줄은 일반 새끼줄이 아니다. 오른손잡이가 자연스럽게 새끼줄을 꼰 것은 오른쪽으로 돌아가는 새끼줄인데 금줄에 쓰는 새끼줄은 왼새끼다. 왼새끼는 왼쪽으로 꼰 새끼줄인데 왼쪽이 귀신의 세계를 뜻하기 때문이다.

금줄을 걸어두는 기간이 세이레다. 세이레가 탄생의 기간이기 때문이다. 아이가 태어나면 세이레 동안은 아이를 데리고 외출도 하지 않는다. 이는 위생적으로도 일리가 있다. 면역력이 약한 아이가 세상에 나오면 세균 등에 쉽게 감염될 우려가 있기 때문인데 원래는 세이레가 탄생의 기간이기 때문에 그렇게 한 것이다.

티베트에 세이레에 대한 흥미로운 민속이 있다. 아이가 태어나면 세이레 동안은 캄캄한 어둠 속에서 지내게 하는 풍습이다.

이는 세상에 나왔어도 세이레가 지나기 전에는 아직 완전히 태어난 것이 아니기 때문에 어머니의 자궁 같은 어둠 속에 있어야 한다는 논리인데 어쩐지 동굴에서 태어나 걸을 수 있을 정도로 성장한 다음에 밖으로 나오는 곰을 생각하게 한다.

거기에는 부수적인 이점도 있나보다. 티베트 사람이 세계에서 가장 시력이 좋단다. 몽골 사람들의 시력이 6.0인데 티베트 사람들은 7.0이라고 한다. 몽골 사람들은 먼 초원을 바라보며 살아서 시력이 좋고 티베트 사람들은 먼 산등성이를 바라보며 살아서 그렇게 시력이 좋다고 하는데 혹시 갓 태어나 어둠 속에서 세이레를 지내서 그런지도 모른다는 생각을 해본다.

어쨌든 세이레는 우리민족에게 새로운 탄생을 의미한다. 여자들이 산후조리를 잘못하여 몸 상태가 시원치 않으면 일부러 다시 임신하는 경우도 있었다. 이는 아이를 낳은 여자도 새로 태어난다는 믿음의 결과다. 상식적으로 이해가 되진 않지만 세이레가 탄생의 기간이라는 믿음을 엿볼 수 있다. 곰이 삼칠일만에 여자의 몸을 얻었다는 이야기도 여기에서 비롯되지 않았을까.

3과 7에 대하여

이제 세이레를 구성하는 3과 7에 대해 살펴보기로 한다.

석 三 자, 3은 지금까지도 널리 쓰이는 숫자다. 아마도 하늘과 땅 그 사이의 인간을 의미하기 때문에 옛날부터 3을 신성한 숫자로 여겼던 것 같다. 기독교에서도 삼위일체 등으로 3을 신성한 숫자 비슷하게 취급한다. 어떤 학자들은 동서문물교류대에 위치한 유목민들이 3을 신성한 숫자로 생각했기 때문에 3이 성수가 되었다고 주장하기도 한다. 당연히 3은 샤머니즘에서도 신성하게 여기는 숫자가 되었다. 뿐만 아니라 기독교의 성수聖數인 7도 샤머니즘에서 성스러운 숫자다. 7이 신성한 숫자가 된 내력이 바이칼에서 비롯되었다는 이야기를 했지만 샤머니즘의 본산인 바이칼 부근에서는 지금도 3과 7을 각각 구르반, 돌로온이라 하면서 특별한 신성을 부여한다.

1과 2와 3은 각기 많은 의미를 지니고 있다. 1은 출발이고, 2는 짝을 이루는 수이며 3은 남녀가 만나 자식을 낳고 가족을 이루는 수다. 그러나 사람들은 오히려 1과 2보다 3에 보다 큰 의미를 부여하는 경향이 있다. 4는 동양에서는 死와 발음이 같아 느낌이 좋지 않은데 기독교에도 심판

의 네 가지 벌(칼, 기근, 맹수, 전염병)이 있다. (에스겔 14장 21절)
5는 2, 3, 5, 8로 나가는 피보나치수열의 중요한 숫자로 생명의 수이며, 별의 모양을 상징하는 수이기도 하다.
6은 완전수로 수학자들이 매우 좋아하는 수이기도 하지만 악마의 숫자로 더 유명하기도 하다.
6이 악마의 수가 된 사연은 정확히 알 수는 없지만 기독교의 성수인 7보다 하나 작은 수인데서 연유하지 않았나 싶다. 악마가 신보다 더 큰 수를 가질 수는 없으므로 신보다 하나 작은 수가 악마의 수가 되었을 것 같은 생각이다.
6이 악마의 수라는 것이 널리 알려진 이유는 요한계시록 때문이다. 여기에 악마의 수가 666이라고 했는데 이는 네로의 이름이 666이 되기 때문이라고 보는 것이 합당하다. 기독교인들을 심하게 박해한 네로를 이르는 암호가 Neron Caesar다. 서양인들은 알파벳을 숫자로도 사용했기 때문에 이를 숫자로 표시할 수 있는데 네로의 암호를 히브리어로 표시하면 666이 되고 라틴어로 표시하면 616이 된다. 616은 그리스어로 된 성경에 나온다.

사실 요한계시록은 7의 향연이다.
요한은 전도활동을 하다가 체포되어 에게 해의 밧모 섬에서 유배생활을 했다. 유배생활 중에 나팔소리 같은 음성과 기이한 환상을 보게 되고 자기가 보고들은 것을 아시아의 일곱 교회에 편지로 보낸다.
요한이 처음 본 것은 일곱 개의 금 촛대 사이의 인자였다. 인자의 오른손에는 7개의 별이 있었는데 일곱 개의 별은 7명의 사자를 말함이고, 일곱 촛대는 7개의 교회를 뜻한다는 해석이다.
요한이 하늘의 문으로 들어가자 하나님 주위로 24장로가 있고, 하나님 앞에는 일곱 등불이 있는데 그것은 하나님의 7영靈이었다.
하나님 오른손에는 7개의 인으로 봉한 두루마리가 있었는데 그 7개의 봉인을 뜯을 수 있는 이는 예수를 상징하는 어린 양이었다.
어린 양은 일곱 개의 눈과 일곱 개의 뿔이 있었고…
여하튼 요한계시록에는 7이라는 숫자가 한없이 이어진다. 그리하여 어린 양이 떼어낸 7개의 봉인과 7개의 대접과 7명의 천사가 악의 화신인 바빌론을 철저히 파괴하고 거룩한 성 예루살렘을 세운다는 내용이다. 악의 화신 바빌론은 로마를 뜻한다. 이것이 묵시록이라고도 하는 요한계시록이다.

7이 중요한 숫자가 된 내력을 알아본다.
수학적으로 7은 별 의미가 없는 수다. 4는 2를 두 번 더한 것과 두 번 곱한 값이 같은 수고, 5는 피타고라스학파가 신성시한 펜타곤이다. 7바로 앞의 6은 완전수고 7다음의 8은 2의 세제곱인데 7은 그저 소수일 뿐 수학적으로는 평범한 수다. 하지만 인간사에서 7은 특별한 의미를 지닌다.
7은 천지창조의 수다. 창세기는 6일 만에 천지창조를 하고 7일째는 쉬어서 일부러 7에 맞춘 느낌이 들 정도다. 7은 수메르에서도 가장 신성하게 여긴 수였다. 그들은 하늘도 7개, 지옥의 관문도 7개, 위대한 신들의 수도 7, 그들의 대홍수도 7일간 계속되는 등 7을 매우 신성시했다.

7로 찾는 고대사

우리말은 어떨까? 국어사전까지 찾아보았지만 7에 관계되는 말이 별로 없다. 칠성판, 칠성각, 북두칠성 등이 있을 뿐이었다. 오히려 불교용어에서 7이 많이 등장한다. 칠보七寶, 칠난七難, 칠당七堂, 칠대七大 등의 용어가 있다. 그런데 한민족의 역사도 고대로 거슬러 올라가면 7이 조금씩 등장한다. 주몽은 7세가 되자 스스로 활과 화살을 만들고 신궁이 되었으며, 주몽을 죽이려던 북부여 금와왕 아들이 7명이며, 장군총이 7층 피라미드다.
신라로 내려오면 박혁거세를 왕으로 모신 육부 촌장의 이야기도 혁거세를 더하면 7이 된다.

혁거세는 61년을 다스리다 하늘로 올라갔는데 7일 후 시체가 땅으로 떨어져 흩어지고 왕후도 세상을 떠났다고 한다. 사실 경상도 지방의 토착민들은 6을 신성하게 여겼던 것 같다. 가야의 건국신화도 보자기로 싼 금합에서 황금알이 6개 나왔고 그들이 각각 왕이 되니 6가야가 되었다.

그런데 가야에서도 7이란 숫자가 등장하니 김수로왕이 왕궁 터를 잡을 때 땅이 비록 좁으나 하나에서 셋이 되고 셋에서 일곱이 생기는 원리가 있는 땅이라 일곱 성인이 머물만한 곳이라 말한다. 그리고 가야 왕족 출신인 김유신이 태어날 때 해와 달의 정기를 받아 등에 7星 무늬가 있었다고 했다.

원래 신라나 가야에서는 토착민족의 6을 신비한 수로 여겼는데 신라는 하늘에서 내려온 혁거세, 가야는 바닷길을 통해서 온 수로왕이 각각 7이란 숫자를 성수로 들고 온 것 같다. 동해 용왕의 아들이라는 처용의 형제도 역시 일곱이었으니 7이란 숫자는 내려온 숫자라고 하겠다.

이중 가야의 일이 흥미롭다. 가야나 가락이라는 말은 드라비다족의 언어고, 또 허황후의 일이 있어 가야는 남방계로 여겨졌다. 그렇다면 김수로왕의 일에 7이란 숫자가 나온 것은 이해하기 어려운 일이다. 그런데 1991년 김수로왕릉 곁에 있는 금관가야의 시조묘로 추정되는 29호분을 발굴해보니 거기에서 동복銅鍑(청동솥)이 나왔다. 청동솥은 유목민들이 유乳제품을 끓이거나 의식을 거행할 때 사용하는 것이다.

동복(청동솥)/가야29호분 출토

학계에서는 29호 고분에서 동복이 발견되는 바람에 가야의 유래를 파악하기가 더 곤란해져 머리를 싸매고 있다고 하지만 유물을 파지 않아도 7 때문에 북방과의 연관성을 짐작할 수 있다.

조금 더 거슬러 올라가면 환인이 7대 환인이다. 《환단고기》의 기록을 전재하면 안파견安巴堅, 혁서赫胥, 고시리古是利, 주우양朱于襄, 석제임釋提壬, 구을리邱乙利, 지위리智爲利 이렇게 7명의 환인이 있다. 환국의 역년이 3,301년 혹은 63,182년이라고 했는데 어느 쪽이건 7명의 환인이 다스리기에는 너무도 긴 세월이다. 그러므로 실제로 환인이 7명이 있었던 것이 아니라 7명의 환인을 설정했다고 하겠다.

7을 신성시하는 문화가 바이칼 같은 고위도에서 발생했다는 점은 앞에서 이야기했다. 유력한 후보지는 스칸디나비아의 핀란드 지역 아니면 바이칼 호수 주변이다. 핀란드에서 바이칼까지는 초원의 길로 통하기 때문에 3과 7에 대한 신앙을 공유할 수도 있다. 그러나 중국은 다르다. 중국은 북경지방을 통해서만 북방 초원의 길로 연결된다. 같은 아시아인이지만 중국과 북방 유목민족과는 언어의 구조 자체가 달랐다. 중국어는 주어, 동사 목적어 순이고, 북방 초원의 길로 통한 언어는 주어 목적어 동사의 순서로 나간다. 중국어를 굳이 북방계와 남방계로 나누면 북방계 중국어 중에는 주어 목적어 동사의 순이 되는 경우가 우세하다고 하는데 이는 북방 유목민족의 영향 때문이지 고유의 중국어는 아니다. 그리고 북방유목민족의 언어는 어미의 변화도 심하다.

바이칼 주변에 사는 사람들은 지금까지도 3과 7에 특별한 의미를 두고 있으나 중국인들은 3은 중요하게 생각하지만 7엔 별다른 의미를 두지 않는다. 여기에서도 단군신화의 주인공들이 원래의 중국과는 관계가 없음을 확인할 수 있다.

6. 신단수

천부인

천부인天符印 3개에 대해서는 보통 청동검, 거울, 방울이라고 추측한다. 난해한 해석을 좋아하는 사람들은 천지인의 3재才, 원방각圓方角의 3묘妙, 인지용仁智勇의 3달達을 들기도 하지만 이런 식의 해석은 도무지 신뢰가 가지 않는다. 천부인이 신표信標라면 하나로 충분하므로 3개여야 하는지 의문이다. 아마 셋이 있어야 완전하다는 사상에서 나온 것이 아닌가 한다.

天符印을 글자 그대로 해석하면 하늘이 준 도장이다. 다르게 해석해야할 필요가 있는지 모르겠다. 글자 그대로 도장이라고 하면 무엇이 이상한가? 도장은 우리가 생각하는 것보다 훨씬 오래 전부터 사용되어왔다. 수메르에서는 원통형 인장을 사용했는데 원통형 인장은 지금 도장처럼 위에서 아래로 찍는 것이 아니라 옆면을 굴려 거기에 새겨진 그림을 나타내는 것으로 도장을 찍은 효과를 나타내었다. 이렇게 도장을 찍으면 찍는 도장은 동그란 원통형 인장이지만 찍힌 도장은 네모난 그림이 된다.

수메르의 원통형 인장은 B.C. 4500년의 것이 발견되었을 정도로 그 역사가 오래되었다. 수메르의 원통형 인장을 주목하는 이유는 그 인장에 새겨진 무늬가 대체로 자기가 모시는 신의 상징이나 형상이었기 때문이다. 환웅 무리의 인장이라면 거기에 신의 형상, 즉 환인의 형상과 신비로운 여러 상징들과 함께 새겨져 있었을 것이다. 그것이 천부인 아닐까? 그런 천부인이라면 3개에 그다지 큰 의미를 둘 필요는 없다고 본다.

여하튼 환웅은 삼천의 무리를 이끌고 태백산정 신단수 아래로 내려왔다고 했다.

무리의 수가 3,000인 것은 고대인이 워낙 3이라는 숫자를 좋아했기 때문이 아닐까 싶다. 그리고 천 단위의 숫자도 고대인에게 매우 큰 숫자였기 때문일 것이다. 환웅의 시대보다 2,000년 이상 지난 다음 주나라가 은나라를 칠 때 동원한 병력이 융거(전차) 300대, 호분虎賁(용사) 3,000명, 갑사甲士(무장한 병사) 45,000이라 했다.

신단수

환웅은 太伯산정으로 내려왔는데 여기서도 우두머리 伯 자를 썼다. 흰 白의 오기가 아님이 분명해진다. 태백산 꼭대기 신단수 아래에 내려왔다고 했는데 이 부분은 음미할 만하다. 태백산 꼭대기에 신단수가 있었다는 말이 된다.

여기서 신단수神檀樹의 檀은 박달나무의 뜻인데 의문의 여지가 있다. 박달나무는 대개 산 중턱보다 낮은 쪽에서 자란다. 해발고도로는 1,000m 이하에서 자란다고 한다. 그러니 산꼭대기에 박달나무가 있었다고 생각하기 어렵다.

신단수에 박달나무 檀 자를 쓴 이유를 생각하면, 밝은 언덕이라는 뜻을 나타내기 위하여 밝다는 뜻의 ᄇᆞᆰ, 그리고 언덕을 뜻하는 달, 이 둘이 합쳐진 ᄇᆞᆰ달이 박달나무로 와전되어 檀 자로 표기된 듯하다.

박달나무는 자작나무과에 속하는데 목질이 매우 단단해 방망이 등을 만드는데 썼다. 혹시 박달나무로 만든 제단을 쌓은 것이라고 해석할 수도 있겠다. 하지만 제단을 만드는 데는 자작나무를 쓰는 것이 오랜 전통이다. 자작나무는 한반도에도 많이 자라고 있지만 기본적으로 추운 지방에서 잘 자라는 한대寒帶성 수목이다. 재질이 단단하고 화력이 좋다. 불을 땔 때 자작자작 소리를 내면서 탄다고 자작나무가 되었단다.

만주벌판에 이 자작나무가 얼마나 많은지는 철기 이범석 장군의 회고록인 《우등불》을 보면 알 수 있다. 《우등불》에 흰벚나무라는 말이 많이 등장하는데 그것이 자작나무를 칭하는 말이다. 자작나무를 흰벚나무라고 표현한 까닭은 북한에서 자작나무를 봇나무라고 부르기 때문이다.

만주의 한대 산림은 가도 가도 자작나무 숲이다. 자작나무 숲은 눈이 덮여도 하얗고 나뭇가지에 쌓였던 눈이 바람에 날려도 자작나무 껍질이 하얗기 때문에 자작나무 숲은 순백의 향연이다. 그런 곳에서 독립군을 지휘하여 전투를 하였으니 장군이 야영한 이야기를 할 때마다 봇나무 숲이 나올 수밖에.
장군이 구술한 것을 정리한 작가가 봇나무를 벚나무로 알아듣고 벚꽃이 피는 벚나무와 구별하기 위해 흰벚나무라고 기록한 것으로 짐작하지만 《우등불》에 나오는 흰벚나무는 자작나무다.

자작나무는 샤머니즘의 신목神木으로 신성하게 여겼으며 북방계통 민족들의 민속설화에 수없이 등장하기도 한다. 껍질이 하얀 색이라 겨울에 특히 아름다운 느낌을 준다. 그 껍질은 벗기기 쉬운데다 병충해를 물리치는 힘이 있어 자작나무 껍질을 이어 붙여 그 위에 그림을 그린 고분벽화는 1,000년이 지나도 잘 보존된다. 고구려 고분 벽화 중 이렇게 그린 고분벽화가 많다. 요즘에는 자작나무 껍질에 연서戀書를 쓰면 사랑이 이루어진다는 말이 있다.
자작나무는 향이 좋아 연어나 돼지고기 훈제를 할 때도 자작나무를 때서 그 연기로 그슬려 건조시킨다.
북방 초원지대에 사는 사람들은 종교의식을 치를 때 자작나무 기둥 40개를 세워놓고 제의를 지냈다. 여기에 나오는 40이란 숫자가 흥미롭다. 기독교에서 그렇게 중요하게 생각한 숫자 40이 북방 샤머니즘의 세계에서도 신성한 숫자로 쓰였던 것이다.

신단수는 神壇樹로도 쓴다. 이렇게 쓰면 산 위에 흙이나 돌로 단을 쌓고 그 위에 나무를 세웠다는 내용이 된다.
신단神壇은 신에게 제사를 올리는 단인데 거기에 나무 樹가 들어갔으니 나무를 심거나 나무로 기둥을 올린 것인데, 나무는 북방 샤머니즘에서 하늘과 통하는 신성한 존재다. 나무가 땅에서 나와 하늘을 향해 곧게 자라기 때문에 하늘과 땅을 이어주는 존재로 여긴 때문이다. 새도 역시 하늘의 전령사로 신성하게 여겨 새와 나무가 결합한 것이 솟대다. 그런데 여기에 壇이 들어간다. 단을 쌓을 때 올라가는 계단을 설치하면 계단식 피라미드가 된다.

피라미드가 원래 신을 만나러 올라가는 계단이었던 만큼 환웅의 무리도 하늘로 올라가는 계단이 설치된 단을 쌓았을 것이다. 그리고 토착민들의 신앙인 샤머니즘과 결합하여 거기에 기둥을 세운 것이 신단수이므로 神檀樹가 아닌 神壇樹라는 생각을 하게 된다.

7. 왕검과 임금

《삼국유사》는 환웅이 잠시 사람으로 변해 웅녀와 혼인하여 아들을 낳았으니 '號曰 檀君王儉'이라고 기록 하였다.
'號曰 檀君王儉'을 단군왕검이라고 불렀다기보다는 '그가 단군왕검이다.'고 이해함이 맞을 것 같다.

단과 하늘

檀君王儉의 뜻을 풀어보면 재미있다.
단군은 檀의 君, 단의 임금이라는 말이다. 檀은 박달나무의 뜻이지만 뜻과는 관계없다. 음을 빌려온 글자이기 때문이다. 단은 tangry에서 온 말이다. 수메르에서 하늘이나 신을 뜻하는 말이 dingir였다. dingir가 중앙아시아 초원에서는 tangry로 쓰였고 그것을 한자로 檀으로 표현한 것이다. 그러므로 단군은 하늘의 임금이란 뜻이다.
단군과 비슷한 표현으로 탱리고도撑犁孤涂가 있다. 탱리고도는 흉노의 임금인 선우單于의 명칭이다. 탱리는 물론 tangry의 한문 표현이다. 그리고 시베리아 퉁구스 계통에서는 아들을 gutu, utu 등으로 불렀으므로 탱리고도는 하늘의 아들이라는 뜻이다.
이것으로 그럴듯한 해석이 나올 수도 있다. 고조선의 임금은 하늘의 왕이고 흉노의 임금은 하늘의 아들이니 흉노는 고조선을 계승한 나라가 된다.

흉노 임금의 정식 호칭은 탱리고도撑犁孤涂 선우單于다.
單于라고 쓰고 선우라 읽는데 중국의 單 발음은 단, 혹은 챤이다. 중국에서 單于를 챤유로 읽는 바람에 선우가 되었다고 하는데 반고班固는 《漢書》에서 선우는 광대무변한 모습을 형용한다고 설명한다. 몽골어로 추장을 뜻하는 말이 darga, 넓다는 말이 delger인데 반고는 이 의미를 해설한 것이다. 그런데 반고의 해석을 따르자면 單于는 오히려 단우로 읽는 것이 맞겠다. 그런데 복잡하게 설명할 것 없이 하늘의 신을 뜻하는 탱그리를 빠르게 말하면서 북방계 특유의 목구멍소리가 섞이면 탱후-로 들린다. 그래서 單于라 표기한 것을 챤후로 읽고 한국어로 번역하면서 선우가 된 것이라고 보면 된다. 즉 탱리고도 선우는 하늘의 아들로 단군과 같은 의미가 된다. 즉 고조선이나 흉노나 모두 신시에 그 뿌리를 두고 있는 것이다.

고조선과 흉노의 공통점 중에는 왕들을 휘하에 두고 있다는 것도 있다. 王이라는 글자를 지금은 우두머리로 해석하지만 왕은 皇에서 나왔다는 견해가 있다. 고조선이나 흉노 등의 북방유목민족 사회에서 王은 부대의 지휘관을 뜻했는데 이는 王이란 글자가 모자에서 나왔고 모자가 부대의 지휘관을 뜻했기 때문이다. 임금이 帝를 칭했던 은나라 글자인 갑골문에 王()자는 모자의 형상을 띠고 있는데 고대의 동이족이 모자를 쓴 이유는 거기에 지휘관의 표식을 꽂기 위해서다. 고구려 수렵도에서 두 개의 깃털을 모자에 꽂은 것이 바로 그것이다.

그러므로 임금이 왕들을 휘하에 두는 일은 당연하고 자연스런 일이라고 하겠다. 이렇게 고조선과 흉노는 문화적 공통점도 많았는데 북방유목민족은 모두 신시의 문화유산을 물려받았으므로 당연한 현상이라고 하겠다.

단군과 왕검

그런데 단군왕검의 호칭에서 단군은 종교지도자의 의미, 왕검은 정치지도자의 의미를 지닌다. 왕검을 王儉이라고 쓰지만 王劍, 즉 큰 칼, 혹은 으뜸가는 검을 지닌 사람으로 볼 수 있는 것이다.

칼은 두말할 필요도 없이 왕권의 상징이다. 신시의 환웅은 그 명칭에서 정치군사적 지도자의 의미는 느낄 수 없는데 고조선의 단군왕검은 신앙의 대상인 동시에 정치군사적 지도자임을 밝히고 있다. 고조선의 단군왕검은 제정분리의 움직임을 감지할 수 있는 명칭인 것이다.

사실 왕검에서는 임금의 냄새가 난다. 그런가 하면 신라 노례왕(《삼국사기》에는 유리왕으로 기록되어 있다.)과 탈해왕의 이사금(잇금)이란 칭호도 임금을 연상시킨다.

신라는 초대 박혁거세와 그 아들 2대 남해왕은 거서간이란 칭호를 사용했는데 거서간은 태양을 뜻하는 옛말 ᄀᆞᄉᆞ간이라는 해석도 있다. 남해왕은 차차웅次次雄이란 칭호도 사용했다. 《화랑세기》의 저자 김대문은 차차웅을 무당의 방언이라고 했다. 거서간은 태양이니 정치군사적 의미인 왕을 의미하고 차차웅이 巫를 의미했으니 祭와 政의 권한을 함께 장악한 호칭으로 단군왕검과 비슷하다고 하겠다. 김부식은 《삼국사기》에서 박혁거세 시대의 육부 촌장과 그 세력들을 고조선의 유민이라고 보았으니 맥이 통한다고 하겠다.

그런데 3대 노례왕은 이질금, 4대 탈해왕은 이사금이란 칭호를 쓰는데 탈해왕이 이사금이란 칭호를 쓰게 된 이유가 노례와 탈해가 치아가 많은 사람이 덕이 많다면서 잇금으로 시험을 했다는 이야기가 《삼국유사》에 있지만 별로 신뢰가 가지 않는다. 탈해에 대한 이야기는 많지만 유치한 수준이라 당시 신라가 문화의 변방이었음을 짐작케 한다.

그런데 일연스님은 탈해를 일본계로 추정했는데 이도 틀린 것 같다. 탈해 이야기에 7이란 숫자가 연속해서 등장하기 때문이다.

거대한 상자에서 나온 탈해를 고기잡이 노파가 7일 동안 대접했고, 탈해의 모친이 7년 만에 알을 낳았고, 탈해가 호공의 집을 빼앗을 때도 토함산에 올라 7일 동안 물색했다.

이렇게 7을 많이 사용한 것으로 보아 탈해는 북방계로 보인다. 잇금이란 말이 왕검과 통하는 것도 그런 추정을 뒷받침한다. 탈해가 가야에 들렀다가 수로왕과의 술법대결에서 패해 신라로 갔다는 이야기가 《삼국유사》

에 기록되어 있다. 당시는 연안을 따라 항해하던 때라 탈해가 황해와 남해를 통해 신라로 가려면 가야를 지나지 않을 수 없었을 것이다.

우리말에는 단군의 자취가 남아있다. 단골이 그것이다. 단골은 특정 가게를 자주 찾아주는 손님을 뜻하는데, 단골은 당골네에서 나온 말이고 당골네는 무당이다.
당골네는 당골에 네가 붙어서 된 말이다. -네는 여자를 뜻하는 말이다. 그리고 -네에는 어디에 소속되어 있다는 의미도 있다. 당골네는 당골의 여자니 단군의 여자다. 무당은 신을 모시는 법이니 단군이 신 중에서도 가장 높은 신으로 통용되는 말이었음을 짐작할 수 있다.

8. 여신이 있던 곳

홍산문화의 지리적 위치는 서쪽으로 난하, 동쪽으로 요하, 북쪽으로 내몽골, 남쪽으로 발해 연안에 이르는 광대한 지역이며 발굴된 유적지도 500곳이 넘는데 그중 가장 주목받는 곳이 우하량(牛河梁니우허량) 유적이다.

우하량 유적은 제단과 적석총과 여신묘女神廟로 특징지어진다. 제단은 원형圓形과 방형方形, 즉 하늘에 제사지내는 동그란 제단과 땅에 제사지내는 네모난 제단으로 이루어지는데 지상은 3층 피라미드로 만들어지고 지하에는 무덤이 있다. 그 무덤들은 흙을 파서 만드는 중국식과 달리 돌을 쌓아 만든 적석총이다.

우하량의 위치

우하량 유적은 동산취東山嘴 유적으로 연결되는데 이 두 곳은 지명만 다를 뿐 원래부터 하나의 성소로 건설되었다. 우하량 가장 높은 능선에 여신묘가 자리 잡고 여신묘 좌우로 나란히 흐르는 능선에는 적석총들이 있으며 그 아래로 넓은 공터가 이어지는데 그 끝에 동산취의 원형 제단과 방형 제단이 위치하기 때문이다.

여신상의 정체

여신묘가 있는 곳은 노로아호산努魯兒虎山의 산등성이인데 10km정도 길게 이어지는 그 능선이 주변 십여 능선의 주능선이다. 여신묘는 그 주능선의 정상에 있는데 높이는 해발 671m다.

B.C. 3000년에서 3500년으로 추정되는 이 유적에서 등신대等身大의 여신

상과 실물 두 배와 세 배 크기의 여신상을 비롯한 7개의 여신상이 나왔다. 벽체는 回자 문양으로 장식되었고 숱한 빗살무늬 토기와 사슴과 양의 뼈 그리고 곰 모양 진흙 동물상이 나왔다. 이렇게 신상을 모신데다 각종 부장품으로 장식된 건물에 왜 신전이 아니고 여신묘란 이름을 붙였을까?

廟는 신주를 모신 사당을 뜻한다. 요즘도 웬만한 종가집이면 사당이 있으니 묘는 신전에 비해 격이 많이 떨어진다. 게다가 이 여신묘는 B.C. 3000년 이전 고대문명의 유적이다. 규모도 길이가 22m나 되고 그 아래 벌판의 면적도 4만km^2나 되니 문화재적 가치도 엄청나다. 그런 위풍당당한 신전에 사당이라고 이름을 붙인 까닭이 무엇일까?
이는 홍산문화 발굴 작업의 지휘자인 소병기(蘇秉琦쑤빙치)가 이 여신상을 조상신이라고 주장했기 때문이다. 당연히 논란의 대상이 될 일이지만 중국의 일인 것이 문제다. 그리고 당시는 문화혁명의 여진이 계속되던 때니 중국 공산당의 임명을 받은 사람의 말에 토를 달 수 없는 분위기였을 것이다.
여기에서 한자의 帝, 정확하게는 갑골문의 帝 이야기를 해야만 하겠다. 갑골문 제()는 시렁 위의 여자 성기로 풀이된다. 성기는 물론 여성의 상징이므로 시렁 위의 여성이 帝인 것이다. 시렁 위의 여성은 높은 곳에 있는 여성을 뜻하므로 帝가 우하량의 여신상임을 단박에 알아차릴 수 있다. 이것만 보아도 소병기가 얼마나 무책임한 결정을 했는지 짐작이 갈 것이다.

여신상에 대한 추정 중에는 다산多産을 바라는 원시인들의 열망이라는 것도 있었다. 그러나 다산을 기원하는 여신상은 가슴과 음부를 특히 강조하는 법이고 게다가 다산을 상징하는 임산부상은 이미 동산취(東山嘴 둥산쭈이)에서 발견된 바 있었다. 이 주장이 특히 마땅치 않은 이유는 홍산문명, 즉 신시를 이룩한 사람들을 원시인으로 취급했기 때문이다.

우하량의 여신상은 오히려 그리스의 비너스처럼 실물과 비슷하게 만들어 날씬한 몸매를 하고 있으니 다산을 비는 일과는 관계없음이 명백하다. 게다가 이

우하량 출토 여신상을 복원한 모습

여신상들은 가부좌를 틀고 앉았다. 명상의 자세인 것이다.

중국인들이 이 여신상을 복원해 놓은 모습을 보면 의도가 보다 잘 드러난다. 더벅머리를 붙이고 호피를 입혀 말괄량이 선머슴처럼 만들어놓았다. 자기들이 실효적으로 지배하고 있는 지역에서 출토된 여신을 이렇게 비하한 목적은 인정하고 싶지 않은 마음의 발로일 것이다.

우리가 관심 가질 부분은 이 여신이 살아있는 신으로 실제로 통치를 했던 여인의 동상이냐는 것이다. 갑골문 帝는 여신이 높은 존재라는 것을 말하고 있지만 살아있는 신으로서 군림하며 통치했는지, 단순한 신앙의 대상인지는 밝히지 않는다.

단군신화는 신시의 지배자가 환웅이며 환웅은 웅녀와 결혼하여 단군을 낳은 남성임을 밝히고 있다. 그러나 수메르의 경우처럼 신시의 지배자도 초기에는 여성이었다가 후기에 남성으로 바뀌었을 수도 있다.

그런데 《산해경》을 살펴보면 帝의 시대가 있었고 제준帝俊의 시대가 있었음을 알 수 있다. 그리고 《산해경》의 帝는 구약에 나오는 여호와처럼 자신을 따르는 민족에 대해서는 한없는 애정을 보여주지만 타민족에 대해서는 무자비한 탄압을 하는 무서운 존재였다. 그리고 제를 이은 제준은 사람들에게 도움을 주는 존재로 묘사된다. 이로 미루어 신시도 帝의 시대에는 무력으로 정벌하고 제준의 시대에는 높은 문화로 주변 유목민

족들을 자연스럽게 흡입하여 神의 도시를 건설한 것으로 생각된다.
정복은 무력으로, 통치는 문화로! 이런 준엄하고도 당연한 원칙이 그 옛날의 신시 건설에 적용되었다는 것이 신기할 따름이다.
우하량의 여신상을 웅녀상熊女像이라고 주장하는 사람들도 있지만 여신상이 발굴된 터에서 곰의 상像도 따로 발견되었으므로 그 주장은 의미가 없다고 하겠다.

남으로 문을 내는 전통

여신묘에서 멀리 건너보이는 곳이 동산취(東山嘴둥산커우) 언덕인데 취嘴는 부리나 끝의 뜻이므로 우하량 유적의 끝이라는 의미로 풀이할 수도 있겠다. 그런데 동산취 유적의 대부분이 제단이다. 이 유적지의 북쪽에는 사각형 기단이 있고 남쪽에는 원형 기단이 있는데 남북으로 나란히 배열된 것이 처음부터 계획을 갖고 건설한 것으로 보인다. 또 어떤 원형 기단들은 3개가 서로 연결되어 있다.

이렇게 제단들이 위치한 아래턱에는 드넓은 벌판이 시원하게 펼쳐지고 그 아래로는 대릉하(大凌河다링허)가 굽이쳐 흐른다. 가히 명당자리가 아닐 수 없다. 그런데 이 원형제단과 방형제단을 건축한 솜씨가 만만치 않다. 바깥쪽 부분의 돌을 교차시켜 쌓은 솜씨나 돌을 떼어 내 기단석을 만든 기술이 상당히 발달된 수준이다. 그런 솜씨로 만든 원형제단의 크기가 큰 것은 60m×40m나 된다. 방형제단은 좀 작지만 12m×9.5m다. B.C. 3500년 즈음에 이런 규모의 시설물을 만든 것도 대단하지만 이런 시설물을 만들려면 상당히 많은 인력이 필요했을 것이다.
하늘은 둥글고 땅은 네모났다는 것이 옛사람들의 생각이니 圓形제단은 하늘에 제사지내고 方形제단은 땅에 제사 드리는 곳임을 짐작할 수 있다. 원형제단과 방형제단은 일부러 남북 방향으로 맞추어놓은 흔적이 역력한데 이것도 의미가 있다.

바이칼의 빙하지대에서 살던 사람들은 남쪽으로 내려와서 그랬는지 꼭 남쪽으로 문을 내었다. 그들의 의식 속에서 나아가는 방향은 언제나 남방이었던 것이다. 그런데 환웅 무리는 서에서 동진을 해왔으므로 그들의 의식세계는 동방이었다. 이 두 가지가 북방유목민족의 정신세계를 지배한다. 영어의 right가 오른쪽이며 옳은 쪽을 의미하는 것은 우리말과 같고 이는 오른손잡이가 다수이기 때문이다.

다시 살아나 하늘에 오른 예수의 자리가 전능하신 하나님 우편인 것도 이런 의미에서 당연한 일이지만 북방유목민족의 세계에서는 한 가지 다른 점이 있으니 주인의 왼편 자리가 오른편 자리보다 상석이다. 이는 주인이 남쪽을 향해 자리 잡으면 왼쪽이 동쪽이 되기 때문이다.

북방 유목민족의 대표격인 흉노도 선우가 남쪽을 향해 앉으며 그 다음 자리는 왼편에 있는 좌현왕이고 그 다음이 오른쪽에 있는 우현왕이었다. 이는 좌현왕이 동쪽에 있기 때문이다.

중국에서도 천자는 항상 남쪽을 향해 앉았다. 이는 고대 중국을 지배한 자들이 북방유목민족이었기 때문이다. 중국의 문물을 받아들인 조선 역시 좌의정이 우의정보다 서열이 높았다.

원중국인들의 문명인 앙소문명의 주거지는 방향성이 없다. 그들의 주거유적지를 조사한 결과 모든 집이 마을 가운데의 광장을 향하여 문을 내었다. 그렇게 동그랗게 마을을 만들었기 때문에 오른편은 방향에 관계없이 항상 오른편이었다. 그러므로 중국의 황제가 남면하여 앉는 풍습도 그들의 지배자가 북쪽에서 내려온 유목민이었음을 증명하는 또 하나의 증거가 되는 것이다. 우리 조상들이 남향으로 집을 짓던 전통도 이에서 비롯되었을 것 같다.

여하튼 원형제단(하늘)에서 방형제단(지상)으로 나아가는 방향이 남향한 데서 환웅 무리가 비록 지배세력이었지만 기존에 있던 곰 계통 유목민들의 세력이 만만치 않았음을 알 수 있다.

요하문명 개략

이 우하량과 동산취 일대는 좁은 의미의 신시고 신시의 개념을 확대하면 요하문명이 된다.

요동반도 서쪽으로는 발해만에 이어진 요동만이 있다. 요동만으로 흘러오는 강이 요하遼河로 이 요하의 동쪽이 요동遼東, 서쪽이 요서遼西다.

이 요동과 요서에 동북아에서 가장 오래된 문명의 유적지들이 있다. 이곳의 유적지들은 발굴된 곳만 500곳이 넘는다.

가장 오래된 유적이 흥륭와(興隆洼싱룽와)고 비슷한 시기의 유적으로 사해(査海차하이) 유적이 있다. 이 둘을 합해서 흥륭와사해(싱릉와차하이) 문명이라고 부르기도 한다.

이 유적은 지금부터 8,000년 전, 정확하게는 B.C. 6200년의 문명이라 하니 마지막 빙하기가 끝나고 2,000년 후에 이룩된 문명이다. 단군 신화에 나오는 곰과 호랑이가 이룩한 문명인 것이다. 곰과 호랑이의 정체를 《환단고기》는 原住者爲虎新住者爲熊, 원래 살던 주민은 호랑이, 새로 온 주민은 곰이라고 밝혀놓았다.

요하문명은 지금부터 8000년 이상 오래된 것이기는 하지만 일부 사람들의 주장처럼 세계에서 가장 오래된 문명은 아니다. 성경에도 나오는 예리코(여리고)성은 무너진 성벽의 잔해 밑에서 더 오래된 성벽의 잔해가 나오는데 1만년도 더 오래 전의 것이었다. 하지만 요하문명의 유적을 조사해보면 흥미로운 사실이 나타난다. 요하문명의 내용이 획기적으로 변한 시기가 있는데 그때가 B.C. 3600년에서 3000년 사이다. 이 시기는 수메르 사람들이 메소포타미아에서 전성기를 구가하던 시기와 동일하다.

사해는 남으로는 발해, 북으로는 내몽골의 초원이 펼쳐져 있으니 유목도 가능하고 농사도 가능한 곳이다. 사해뿐 아니라 흥륭와 등 홍산 문화권은 모두 비슷한 입지조건을 갖고 있으나 농사는 기후가 맞아야 하는 법. B.C. 6000년부터 B.C. 4000년까지는 지구의 기후가 따듯하여 이곳에서 기장 등의 농사를 지었으나 그 후 점차 기온이 내려가 B.C. 3000년경에는 농사를 짓기가 곤란하게 되었다. 그때 목축으로 전환하는 사람들도 있고 따듯한 곳을 찾아 남쪽으로 내려가는 사람들도 생기게 되었다. 기후 변화로 인해 이른바 민족의 이동이 시작된 것이고 그들 이동한 사람들이 중국의 지배종족으로 군림하면서 중국 고대세계의 틀이 형성되기 시작했다. 이에 대해서는 중국의 역사를 다룰 때 자세히 알아보기로 하고 지금은 이곳의 문명에 대한 설명을 계속한다.

홍산문화는 전기와 후기로 나눈다. 후기는 환웅의 무리가 당도하여 새로운 문화를 구축한 때와 일치한다. 홍산문화를 연구한 중국학자들은 이 시기에 신비의 왕국이 있었으며 여왕이 다스렸을 것이라 추측한다.

단군신화는 환웅이 降於太伯山頂 神檀樹下, 태백산정 신단수 아래로 내려왔다고 했다. 여기서 壇(檀) 위에 樹가 있음은 에덴의 지구라트 문화와 샤머니즘의 결합이라는 이야기를 한 바 있다. 홍산문화의 유물 중에는 그것을 상징하는 유물들이 나온다. 옥으로 된 뱀이 있는가 하면 옥으로 된 새도 나온다.

우하량의 동쪽 심양(沈陽선양)시 근교 신락에서 나온 권장權杖은 지도자가 지니고 있던 지팡이로 추정되는데 여기엔 정교하게 조각된 새의 모습이 조각되어 있다. 그런데 이 새의 몸통에 뱀처럼 비늘이 붙어 있다. 에덴과 북방 샤머니즘의 융합이다.

우하량에는 또 하나의 기념비적인 건축물이 있으니 7층 피라미드가 그것이다. 7층 피라미드는 돌을 쌓아 만들었고 형태는 계단식 피라미드다. 이것 또한 전형적인 지구라트라고 볼 수 있다.

우하량의 피라미드가 관심을 받는 것은 서기전 3500년 즈음에 건설된 때문이다. 이는 이집트의 피라미드보다 1,000년이 앞선 것이다.

우하량 피라미드의 형식은 장수왕의 陵으로 추정되는 장군총과 매우 흡사하다. 장군총도 3계단씩 묶은 7층 피라미드 형식인데 우하량의 피라미드도 같은 형식이다. 다만 크기가 장군총이 한 변의 길이가 50m인데 비해 이것은 100m로 넓이가 네 배로 넓은 것이 다를 뿐이다. 여하튼 우하량의 능이든 장군총이든 계단식 적석총이란 점 외에도 에덴과 바이칼의 성수聖數인 7이란 숫자와 관련 있는 것이 흥미롭다.

노로아호산을 이루는 능선들에는 제단 겸 무덤인 유적들이 있는데 능선마다 하나둘씩 자리를 잡은 이것들은 모두 남향했으며 지상은 3층 피라미드 형태의 제단이고 지하에는 유골들이 묻혀있다. 모든 제단의 정면에는 불에 탄 흙들이 넓게 흩어져 있어 신에게 올린 제사의 형식이 번제였음을 확인할 수 있다.
번제는 필연적으로 소를 떠올리게 된다. 소의 머리를 태워 신께 올리고 몸통은 사람들이 먹는 모습을 상상하게 된다. 그러면 이곳의 지명인 牛河梁이 심상치 않게 보인다. 이곳의 지명은 대릉하의 지류인 우아하牛兒河가 근처를 지나 우하량이 되었다고 설명하지만 그 반대였을 가능성을 배제할 수 없을뿐더러 우아하라는 이름은 어떻게 생겨났느냐는 질문이 이어질 수밖에 없다.

무덤의 형식

이 고분군은 적석총積石塚이다. 돌을 쌓아 무덤을 만드는 적석총 방식은 동이족 고유의 매장 습속이다. 화하족은 흙을 파서 그 안에 시신을 넣는 토갱묘土坑墓 방식을 사용했다. 풍습 중에서 가장 변하지 않는 풍습이 장례 풍습과 무덤의 축조방식이다.
요즘은 한국에서도 흙을 다져 쌓아 봉분을 만드는데 이것이 본래는 중국식이다. 고구려 신

백제 초기에 만들어진 석촌동 고분군

라의 옛 고분은 모두 적석총 방식이었고, 백제도 초기에는 땅을 파고 그 위에 돌을 쌓아서 봉분을 만드는 적석총 방식을 사용했다. 잠실 석촌동에 있는 고분들이 그 좋은 예로 모두 돌을 쌓아 만든 적석총이다. 중원의 묘가 모두 토갱묘 방식인데 비해 요하 유역의 묘는 모두 적석총 방식인 것에서 요하 일대에 문명을 건설한 사람들이 황제의 핏줄과는 다른 민족이었음이 더욱 확실해진다.

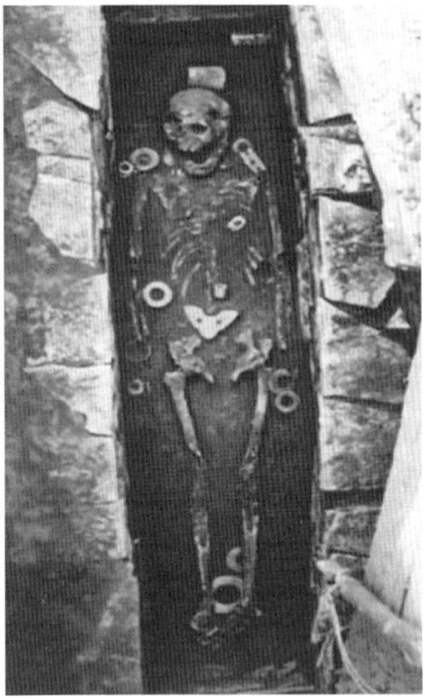

각종 옥기가 부장된 중심대묘

각 무덤은 중앙에 중심대묘가 있는데 주능선 고분 주인공의 머리에는 옥베개, 손에는 옥거북 등 머리에서 발끝까지 20여 개의 옥장신구들이 배열되어 있다. 여기 묘에서 출토된 유물로는 옥거북 외에 말발굽 모양을 한 마제형馬蹄形 머리꾸미개, 구운형옥패勾雲形玉佩, 옥조저룡玉雕猪龍 등이 출토되었다.

그 아래에는 묘실들이 차례로 배열되어 있는데 그 배열은 죽은 자의 신분 서열인 것 같다. 부장품은 옥만 넣은 것이 옥이 내세에 중요한 역할을 한다고 믿었던 모양이다.

중국인들은 옥에 관심도 높을뿐더러 대단한 자부심을 갖고 있다. 옥이 중국인의 독창적인 문화라고 생각했기 때문에 옥문화가 북방 이민족에게

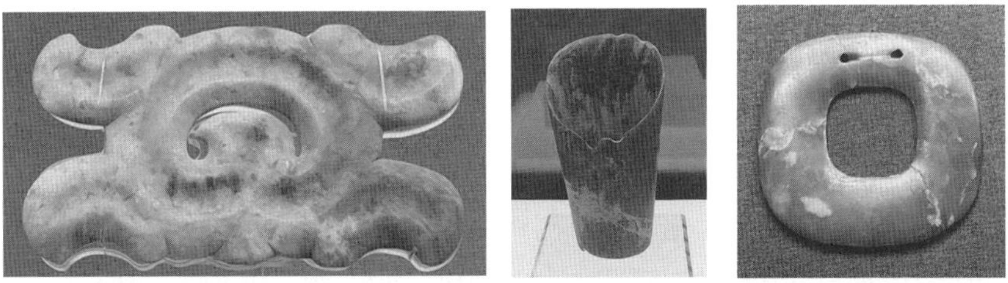

우하량에서 출토된 여러 가지 옥 장신구/좌측부터 구운형(勾雲形)옥기, 옥고(玉箍), 옥벽(玉璧)

서 전래되었을 것이라곤 꿈에도 생각하지 못했다. 그런 중국인들이 청나라 이전까지 이민족의 영토였던 이곳 만주의 홍산문명에서 나온 옥으로 만든 용 장신구에 중화제일용이란 이름을 붙였다. 청나라가 망할 때까지 중국인은 발도 못 들여놓던 곳에서 출토된 유물에 '중화'라는 수식어를 붙이는 행태야말로 후안무치의 전형이지만 그 내막을 보면 연민의 정까지 느껴진다.

중화제일용

중국 적봉(赤峰츠펑)시의 북쪽 행정구역에 옹우특기(翁牛特旗웡니웃기)라는 곳이 있는데 그 변두리에 아름다운 초원의 뜻을 지닌 새심탑랍(塞沁塔拉세퀸타라)이란 마을이 있다.

1971년 그곳에서 밭을 갈던 가난한 농민이 녹슨 쇠붙이 같은 것을 발견하였는데 당시는 문화혁명 와중이라 중국이 매우 가난한 때였다. 농민은 그것을 고철로 팔아 돈을 만들 생각이었는데 팔 곳이 마땅치 않아 일단은 줄을 묶어 아들 장난감으로 주었다.

어린 아들이 그것도 장남감이라고 이리저리 끌고 다니며 놀았더니 묵은 때가 벗겨지며 녹색의 밝은 옥색깔이 드러났다. 보통 물건이 아님을 직감한 농부가 켜켜이 묵은 때를 벗겨보니 범상치 않은 물건이었다, 크기도 23cm로 제법 크고 정교한 조각이 새겨져 있어서 문화재 당국에 신고하였다. 그런데 문화혁명 와중이라 관에서는 그것을 15년이나 묵혀두었다. 그러다 1983년 우하량의 유적이 발견되면서 학자들의 관심을 끌게 되어 그 가치를 알게 되었고 1986년 대대적으로 보도되면서 홍산벽옥룡이란 이름을 얻게 되었다.

그 귀한 물건을 15년이나 묵힌 사연이 괴이하다.

농부에게서 이 유물을 받아든 문화관 관장도 귀중한 문화재임은 알아보았다. 그래서 자기 월급을 몽땅 털어주면서 물건을 보관했다. 그리고 74년에는 홍산문화 발굴의 책임자였던 소병기까지 찾아와 이 물건이 귀중한 문화재라는 것을 인정하기도 했다. 그러나 거기까지였다. 그들은 중원이 아닌 만주에서 그런 유물이 나왔다는 사실을 받아들일 준비가 되지 않았던 것이다. 그래서 그냥 귀한 물건이라고 얼버무리다가 1983년 우하량의 고분에서 옥 장신구 등이 쏟아져 나오자 요하유역이 옥룡의 고향임을 인정할 수밖에 없었다.

중국이 이렇게 귀중한 문화재를 인정하는 일을 망설인 데는 또 다른 이유가 있었다. 그 물건이 黃帝가 천하를 제패했다는 설명에 위배되었기 때문이다. 그동안 황제 시대인 B.C. 2600년경의 유물인 황패가 황하유역의 앙소문화권에서 출토된 사실을 가지고 황제가 천하를 평정한 물적 증거라고 설명해왔기 때문이다.

《공자가어》에 황제가 염제炎帝와 싸워 이기고 처음으로 옷을 길게 내려 입고 보불黼黻(임금 도포자락의 장식)을 수놓았다는 이야기가 나온다. 그리고 갑골문의 黃()자는 두 개의 조그만 옥 막대를 나란히 늘어트려 부딪치면 맑은 소리가 나게 하는 장신구 모양이다. 이것으로 중국인들은 황제의 나라가 복식제도마저 완비한 최고의 이상사회였다고 설파해왔고 그 물적 증거로 앙소문화권에서 출토된 황옥을 내세웠던 것이다.

그런데 황제보다 훨씬 이른 시기에 명나라 때까지는 중국인들이 발도 디뎌보지 못했던 요하유역에서 엄청난 옥장식이 나왔으니 대처할 방법이 떠오르지 않았을 것이다.

홍산벽옥룡 / 옹우특기 출토

사실 중국에서는 홍산문화권의 발굴을 서두르지 않는다. 파면 팔수록 그들이 주장하던 바와 다른 유물이 쏟아져 나오니 두려워서 그럴 것이다. 그래서 비교적 얕은 층에 있는 홍산문화 말기의 유물만 발굴했을 뿐 보다 깊은 곳에 묻힌 중기나 초기의 유물은 제대로 발굴하지도 않는다. 그런데 보물을 향한 인간의 욕심까지 막을 수는 없으니 파면 보물이 나온다는 사실을 아는 사람들이 유물을 찾아내곤 한다. 특히 옥으로 용과 봉황을 조각한 유물이 많이 나온다고 한다.

하지만 이렇게 발견된 유물은 제대로 된 학술조사를 거치지 않아 유물로 고대사를 연구하는데 도움이 되지 않을 뿐더러 유적지가 훼손될 가능성이 많다. 최근에 홍산벽옥룡의 두 배나 되는 커다란 옥룡을 발굴했다고 하는데 어떤 경로를 통해서 발견되었는지가 궁금하다. 또 앞에 설명한 홍산벽옥룡에 중화제일용이란 이름을 붙였기 때문에 새로 발견된 더 큰 유물에는 어떤 이름을 붙일지도 궁금하다.

또 하나의 중화제일용

홍산문화는 가장 오래된 집터도 소장하고 있다.

1983년에서 94년까지 발굴된 흥륭와의 유적지에서는 175채의 집이 10채 단위로 계획적으로 배치된 B.C. 6200년의 집터 유적이 발굴되었다. 대부분 집터는 18평 규모인데 가운데 두 채의 집터는 42평이나 되었다. 계급사회의 흔적이 아닐 수 없다. 그런데 왜 두 채였을까? 정치와 종교가 분리되기에는 너무나 오래된 옛날이다. 그래서 두 부족이 연합해서 살았을 거라는 추측을 한다. 두 부족이 연합한 까닭은 외적의 침입이 두려워서 그랬을 것이다. 역시 마을 주위에 방어용 도랑을 파놓았다.

이렇게 모여 살았다면 농사를 지었다고 추측할 수 있을 텐데 농업의 흔적은 발견되지 않고 돼지 뼈와 사슴 뼈와 물고기 뼈가 많이 발견된 것으로 보아 수렵과 어업을 하며 돼지도 길렀던 모양이다. 흥미로운 것은 무덤이 집터 안에 있는데 돼지를 같이 묻었다는 점이다. 돼지를 순장한 셈인데 저승에서 돼지를 식량으로 쓰라는 뜻으로 짐작된다. 돼지를 숭배했다는 주장도 있는데 그런 설화도 없을뿐더러 집에서 기르는 돼지를 숭배했다는 이야기는 납득이 되지 않는다. 그리고 돼지를 식량으로 썼음은 수많은 돼지 뼈가 출토된 것으로 보아 확실한데 식량으로 쓰는 짐승을 숭배했다는 이야기도 앞뒤가 맞지 않는다.

집에서 돼지를 기른 것은 한자의 家를 생각하게 한다. 아마도 이들이 한자를 만든 은나라 사람들의 조상이 되었을 것이다.

흥륭와는 내몽골 자치구 적봉(츠펑)에 있는 마을인데 이 사람들은 이 마을에 중화시조취락이란 이름을 붙였다. 만주 한가운데 있는 마을에 중화라니 심히 거슬린다. 그런데 중화제1촌이란 유적지도 있다. 흥륭와와 어느 쪽이 더 오래된 유적인가를 다투는 사해(차하이)마을이다. 여기도 주거지가 있는데 규모는 55채로 좀 작다. 그런데 여기에 중국에서 가장 오래된 석룡이 있다.

용이 어떤 동물인가? 중국인들이 가장 경외하는 상상의 동물이 아닌가? 거기에도 얽힌 이야기가 있다.

애초에 하남성 서수파西水波에서 조개껍질 같은 것으로 만든 쌍용雙龍이 발견되었다. 하남성 서수파는 중국인들이 자랑하던 황하문명 즉 앙소문명에 해당하는 지역이다. 여기에서 길이가 1.78m이고 B.C. 4000년 즈음의 용이 발견된 것이다. 이에 중국인들은 자랑스러운 황하문명의 산물이라고 천하제일룡이란 이름을 붙였다. 그런데 경솔한 처사였다.

1973년 양자강 하류 부근의 유적을 발굴하기 시작했는데 B.C. 5000년 이전의 벼농사 흔적과 짐승 뼈로 만든 쟁기 등이 출토되었다. 이것이 이른바 하모도 유적이다. 여기에서도 석룡이 발견되었다. 연대가 서수파의 용보다 1000년이 빠른데다 크기도 4.46m로 배 이상 컸다. 고민 끝에 그냥 장강 제일룡이란 이름을 붙였다.

그리고 1983년 요하유역의 유적을 발굴하기 시작하였고 사해의 석룡이 발견되었다. 연대도 서수파의 것보다 2000년이나 앞서고 크기도 10배나 컸다. 그들은 더 이상 화이문화론(중국의 문명이 발달한 다음에 그 문명이 주위의 오랑캐들에게 전파되었다는 학설)을 주장할 수 없음을 절감했다. 그 대안으로 그들은 사해의 석룡에 중화제일룡이란 이름을 붙였다.

천하제일룡이 아니고 중화제일룡이었다. 아예 요하문명을 자기들 것이라고 우기기로 결정한 것이다.

중국의 고민

사실 요하문명은 중국인에게 계륵 같은 존재다. 버리자니 한국이 냉큼 주어먹을까 걱정이고 챙기자니 황제黃帝를 정점으로 하는 중화민족주의의 권위가 훼손될까 걱정이다. 그들이 요하문명을 대한 태도를 보면 그 고민이 여실히 묻어난다.

만주의 고고학 조사를 처음 시도한건 일제였다. 그들은 조선을 합병하는 작업이 마무리되지도 않은 1908년 학술조사팀을 파견했다. 물론 만주를 중국에서 떼어낼 그럴듯한 이유를 찾기 위한 것이었다. 그러나 청일전쟁에서 패배한 무능한 청조는 이에 아무런 대응도 하지 못했다. 그러나 청나라 농상부 고문으로 왔던 스웨덴 지질학자 앤더슨과 프랑스 팀이 발굴에 나섰는데 훗날 북경원인을 발견하여 세계적 명성을 떨친 앤더슨이 1921년 사과둔(沙鍋屯사궈툰)에서 발견한 유물 가운데 귀때기가 두 개 달린 붉은 토기가 있었다고 한다. 그 토기의 사진을 보지 못했지만 귀가 달린 토기는 이집트나 수메르에서 발견된 토기처럼 귀에 막대나 끈을 꽂을 수 있는 것일 수밖에 없다. 바이칼에도 그런 토기가 있었다는 기록을 보았던 것 같은데 누군가 그 연구를 한다면 인안나를 정점으로 하는 문명의 이동을 증명하는 또 하나의 단서가 될 것이다.

앤더슨 팀에서 북경원인의 두개골을 직접 발굴했던 배문중(裵文中페이원중 1904-1982)도 홍산문화가 앙소문화의 영향을 받아 형성된 아류문명이라는 것을 증명하려고 덤벼들었던 전력이 있지만 1990년대 들어 요하문명의 실체가 본격적으로 드러나면서 홍산문화를 설명하기 위해 가장 고심한 사람은 소병기였을 것이다. 소병기는 고심 끝에 만천성두滿天星斗, 밤하늘 가득 별이 반짝였다는 이론을 내세웠다. 신석기시대의 중국은 숱한 문명들이 밤하늘 가득한 별처럼 수준이 비슷한 문명들이 산재했었다는 이론이다.

이제는 중국에서 황제 이동설까지 나온다. 황제가 요하문명을 이룩하고 황하로 이동하여 앙소문명을 건설했다는 주장이다. 그런데 황제의 연대는 생각하지 않았던 모양이다. 황제가 B.C. 2600년 사람이라고 하면서 어떻게 B.C. 3000년 이전의 요하문명을 건설했다는 말인가?

황하문명은 양자강 유역의 양저문명에 미치지 못했고 양저문명은 홍산문명에 미치지 못했다. 이런 명백한 사실 앞에서 화이문화론을 어떻게든 살려보려는 안타까운 몸부림이 아닐 수 없다.

요하유역이 어떤 땅인가? 청나라 때까지는 중국인들이 발도 들여놓지 못하던 지역이다.

'중화'의 뜻은 무엇인가? 중화는 황제와 공자로 대변된다. 영원무궁토록 황제와 공자를 끌어안고 살 것처럼 황제와 공자의 미화에만 열을 올리던 그들이 요하문명을 중화라고 강변하는데 이렇게 언 발에 오줌누기식의 대응으로 일관하는 중국의 입장이 학문의 세계에서 어떻게 정리될지 궁금하다.

9. 순장으로 보는 역사

여신묘 아래 있는 무덤에는 돌로 쌓은 유구遺構가 있는데 커다란 석실에 모두 26개의 크고 작은 석관이 들어차 있었다. 석관의 크기는 다양해서 큰 것은 길이가 2m고 작은 것은 55cm다.
이것은 순장의 흔적이었다. 중심대묘는 우두머리의 묘였고, 나머지는 살았을 때의 서열에 따라 배치한 것으로 이들 26개 관의 주인은 모두 순장을 당한 것이다.
순장에도 계급의 차이가 명백하게 보인다. 중국학자 곽대순(郭大順궈다순)은 5개의 등급이 있다고 추정했다.

순장은 산 사람을 죽여 무덤에 묻는 풍습이다. 잔인한 일이다. 나는 순장을 곰을 토템으로 하던 종족이 만든 풍습일 것이라고 생각했었다. 그들은 곰이 겨울잠을 자고 봄에 나오는 것을 곰이 무덤에 들어갔다가 부활하는 것으로 여겼던 사람들이다. 그것과 신성한 북두칠성의 큰곰자리를 연결시키면 지극히 신성한 사람에게 순장을 해주는 풍습이 생겨날 만도 하다고 여겼다. 그 추론에 따르면 환웅의 무리에게도 순장의 풍습이 있을 수밖에 없다. 실제로도 메소포타미아와 이집트에도 순장의 풍습이 있었다. 수메르 사람들이 바이칼에서 기원한 것을 생각하면 순장은 양쪽 공통의 장례습관이었을 수밖에 없는 것이다.
그런데 순장 풍습을 통해 역사를 검증할 수도 있다.

북한에서는 1993년 평양에서 단군릉이 발견되었다고 대대적으로 선전했다. 무덤의 연대가 B.C. 3000년 이전이라고도 하였다. 그러나 남한 학계에서는 그들의 보고서를 검토해보더니 고구려 무덤(횡혈식석실분)이라고 주장했다.

B.C. 3000년이라면 고구려 무덤일 수는 없으니 북한 학계의 B.C. 3000년 이전이라는 주장이 틀렸다는 이야기다. 하지만 연대 측정은 현대 과학으로는 비교적 간단한 방법에 속하니 북한의 주장을 무조건 틀렸다고 단정할 수도 없다. 하지만 평양의 단군릉은 진짜 단군릉일 수가 없다.
사실 평양은 고조선의 영역이 아니었다. 그렇기 때문에 단군릉이 아닐 것이다. 하지만 순장의 흔적이 없기 때문에 단군릉이 아니라고 단정할 수도 있다. 그 이유는 순장의 역사를 살피면 이해가 갈 것이다.

고조선은 홍익인간을 이념으로 하는 나라라 순장이 없었다고 주장하는 순진무구한 사람도 있지만 요동반도의 강상묘에서 140여 명 등 만주에서는 순장을 한 묘들이 다수 발견되었으므로 고조선에 순장이 있었다고 보는 것이 합당하다. 고조선 후에 등장한 부여에서도 순장을 했고 100여 명이나 순장을 한 무덤도 발견되었다.
고구려 백제 신라 가야도 마찬가지다.
고구려에서는 동천왕이 죽자 순사하는 사람이 많아 중천왕이 이를 금지하였다는 기록이 있다. 신라는 그전까지는 왕이 죽으면 남녀 5명씩 순장하는 전통이 있었으나 지증왕이 순장을 금지시켰다고 하고 가야는 오히려 순장을 지속적으로 시행했다. 남방계로 알고 있던 가야에도 순장이 있었으니 가야의 지배족도 남방계가 아니었음을 짐작할 수 있다.
이는 가야만의 현상이 아니다. 고구려가 북방계임은 논란의 여지가 없고 백제도 지배종족은 남하한 사람들이다. 신라도 임금들의 체격이 유난히 장대했다는 기록이 많이 나온다. 북방에서 남하한 사람들이 왕족이 되었기 때문이다. 즉 한반도에는 남방계인 原한국인이 살고 있었는데 북방계가 내려와서 지배종족으로 자리 잡았기 때문에 순장의 풍습이 내려온 것이다.
중국의 역사도 순장에 비추어 보면 지배종족이 어디에서 왔는지 명백해진다.

중국의 순장은 은나라와 진나라에서 이루어졌다.

은나라는 사실상 중국의 첫 번째 왕조다. 중국인들은 중국의 고대사는 요순시대 이후 하은주로 이어진다고 주장하지만 하夏나라는 고고학적으로는 왕조의 실체가 없다. 사마천의 《사기》에도 하나라에 대한 기록은 지극히 부실하다. 그리고 은나라는 B.C. 2000년경 기온이 내려가면서 신시에서 남쪽으로 이주한 민족인데 황하일대를 무인지경으로 쓸고 다녔다. 이는 당시 중국에는 은나라를 대항할만한 세력이 없었다는 증빙이니 하왕조의 실체를 더욱 의심할 수밖에 없다.

은나라는 신시에서 내려간 세력이니 순장의 풍습을 지니고 있었다. 그런데 은나라의 순장은 특이하다. 순장이 매우 흔하고 대규모로 이루어졌다. 은나라는 귀족의 묘에서도 순장이 발견되는데 이는 주인이 사망하면 부리던 노예들을 순장했기 때문이다. 은나라의 수도가 있었던 안양安養의 어떤 대형 묘에서는 330명이 순장을 당했고 임금의 묘에서는 2,000명이 순장을 당했었다.

은나라는 제사에도 사람들을 희생물로 바쳤다. 소나 양 등의 동물과 함께 사람을 바치는 데 적으면 5명 많으면 100명까지 희생으로 삼았다고 한다. 그리고 벌제伐祭라고 사람의 목을 잘라 바치는 일도 있었는데 머리 없는 유골이 1,200개나 발견된 적도 있었다.

노예는 보통 집안에서 부리는 노예와 집 밖에서 농사일 등을 하는 노예로 나뉘고 순장을 하는 노예는 아마 집 안에서 부리는 노예들이었을 것이다. 실제로 갑골문에도 노예의 명칭이 다양하게 나타나는 것으로 보아 노예들의 사역 용도가 다양했음을 알 수 있다.

집 안에서 부리는 노예라고 모두 순장을 하지는 않았을 것이다. 가족들에게 상속하는 노예들도 분명히 있었을 것이다. 그런데도 이렇게 많은 노예들을 순장했다면 은나라 사람들은 노예를 매우 쉽게 획득했다는 이야기다.

노예는 정벌을 통해서 얻어진다. 은나라 사람들이 쉽게 노예를 얻었다면 당시 중국에는 은나라에 대항할 만한 상대가 없었다는 것이다. 은나라 사람들이 길흉을 점 친 갑골문에는 유난히 사냥에 대한 것이 많은데 그 사냥이 노예를 획득하는 사냥일 수도 있다는 생각이 든다.

진秦나라는 반대로 특별한 경우에만 순장을 했다. 《사기》에는 단 두 사람의 임금, 무공武公과 목공繆公의 기록만 나온다.
진나라가 중국의 역사무대에 등장한 때는 주나라의 동천이 일어났을 때였다. 그 사건의 배경과 진행된 추이를 살펴보면 이상한 점이 한둘이 아닌데 자세한 내용은 뒤로 미루고 여기서 한 가지만 밝히면 주나라가 혼인관계를 맺은 나라가 중국 역사에 등장하는 중원의 나라들이 아니라 북방유목민족들과 혼인관계를 맺고 있었다는 점이다.
여하튼 주나라가 북방민족의 공격을 받아 왕이 죽고 나라가 거의 망했는데 그때 역시 북방유목민족 중의 하나인 秦나라의 양공襄公이 주나라의 왕자를 구해 동쪽으로 호송하여 목숨을 부지하게 하여주었을 뿐 아니라 그를 왕(평왕)으로 세워 주나라를 보존하게 해주었다. 이 사건을 '주의 동천'이라고 하는데 주나라 평왕은 그 대가로 진양공을 제후로 봉해주었다.
이렇게 등장한 진나라는 양공 다음의 임금인 문공이 50년 동안 나라를 잘 다스려 나라의 기틀을 제대로 잡고 문공의 아들이 먼저 죽어 손자가 대를 이었는데 나이 10세에 즉위하여 12년 만에 죽었다. 그가 영공이고 영공의 아들이 무공인데 무공의 즉위는 순탄치 않았다.
무공은 영공의 장자로 태어났으나 22살에 죽은 아버지의 아들이 몇 살이나 먹었겠는가?
무공은 부왕의 생전에 태자로 책봉되었으나 아무런 소용이 없었다. 진나라는 본디 유목민족의 나라였으니 영공 때부터 신하들의 전횡이 심했다. 그리고 영공이 젊은 나이에 죽자 신하들이 세력 다툼을 벌려 무공을 제쳐두고 막내인 출자를 임금으로 세웠다. 그런데 5년 후에 삼보라는 자가 세력을 얻어 임금인 출자를 죽이고 다시 장남인 무공을 세웠다. 그때까지 무공은 어린애였다. 하지만 보통 어린애가 아니었다. 그는 장성할 때까지 숨을 죽이고 있다가 장성하여 세력을 잡자 삼보를 임금을 시해한 죄로 처단해버린다. 무공은 녹록한 어린애가 아니었던 것이다.

그렇게 권력을 장악한 무공은 재위 20년 동안 나라의 기반을 확실하게 다지는 한편 종횡무진으로 활약하여 나라의 영토를 크게 넓혔다. 그리하여 진나라 임금으로는 처음으로 순장을 실시하는 영광을 누려 66명을 순장하였다.

이렇게 무공이 순장의 문을 활짝 열었지만 무공을 이은 무공의 동생은 2년 만에 죽고 그의 두 아들이 연이어 임금이 되었으나 재위 기간도 짧고 큰 공로도 없어 순장의 영예를 받지 못했다. 그러나 뒤를 이은 목공은 39년 동안 재위하면서 당시 막강한 세력이었던 서융을 정벌하여 진나라 영토를 서쪽으로 1,000리나 넓혔고 동쪽으로는 晋의 내란을 평정하여 황하까지 영토를 넓혔다. 또한 인재등용에도 힘을 써서 백리혜를 비롯한 수많은 인재를 등용했고 진나라의 면모를 일신하여 당대의 최강국으로 군림하였다.

목공은 이렇듯 대단한 임금이었기에 목공이 죽은 후에는 177명을 순장하는 성대한 장례를 치렀다. 그런데 순장을 당한 사람들 중에는 목공의 충신들도 많이 포함되어 있었다. 그리하여 착한 사람들과 어진 신하들을 백성들에게서 빼앗아 갔으니 진이 더 이상 동방을 정벌할 수 없을 것이라는 비아냥을 들었다.

이후로는 秦나라에서 순장을 했다는 기록은 나오지 않으나 《사기》에는 목공 사후 15대 217년이 지난 헌공 원년에 순장제도를 폐지하였다고 나온다. 이런 사정을 알고 나면 진시황의 무덤에 8000병마용을 합장한 이유가 잠작이 갈 것이다. 진나라는 중국의 문화와 타협하느라고 순장을 폐지했지만 왕가에서는 여전히 그들이 북방유목민족의 후예라는 자부심을 지니고 있었던 것이다.

10. 신시와 장

단군신화에 신시에 대한 설명은 환웅이 내려온 곳이라는 것밖에 없다. 그런데 환웅이 한 일이 심상치 않다. 풍백 우사 운사를 거느렸다고 했다. 또 곡식, 생명, 질병, 형벌 선악 등 360여 가지 일을 주관하고 세상을 다스렸다고 한다.

이 말은 환웅 시대에 관리를 두었으며 전제군주의 권한을 행사했다는 것이다. 사실 우하량에서 출토된 유물들은 강력한 전제군주의 존재를 시사하고 있어 《삼국유사》의 기록에 신빙성을 부여한다. 굳이 중국인들이 언급한 신비의 왕국이 아니더라도 이 시대에 신시가 국가의 체제를 갖추고 있었음은 의심의 여지가 없다 하겠다.

흔히 국가의 삼요소로 영토 주권 국민을 꼽지만 B.C. 3000년 즈음의 세상에선 이런 상식을 적용하기 어렵다. 당시는 세상은 넓고 사람 수는 적은 시절이라 소유의 의미가 있는 땅은 주거지로 쓰이거나 경작을 하는 땅에 국한 되었을 뿐이다. 무엇보다 당시에는 경계로 삼아야 할 다른 나라가 없었으니 영토의 개념만 없는 게 아니라 국민의 개념도 모호할 수밖에 없었다. 구태여 구분을 짓자면 찾아오면 국민이고 떠나면 국민이 아닌 시절이었다.

하나 남은 것은 주권인데 주권은 主權, 가장 중요하고 으뜸가는 권력이다. 이는 우하량에서 발굴된 순장의 흔적만으로도 主權이 존재했음을 확실히 확인할 수 있다. 다만 우리가 궁금한 것은 주권의 유무가 아니라 주권의 크기인데 신시 주권의 크기는 우하량에서 동산취에 이르는 벌판의 크기로 가늠할 수 있다.

앞에 살펴본 우하량에서 동산취로 이어진 유적의 가운데에는 100만m^2의 드넓은 벌판이 있었는데 발굴 결과 그 넓은 벌판에 주거지의 흔적이 나오지 않았다.

생각해보자. 북쪽의 우하량 유적에는 (아무리 여신묘란 이름을 붙였지만) 신전이 서있고 남쪽의 동산취 유적에는 하늘과 땅에 제사 지내는 제단이 있다. 이런 심상치 않은 공간에 주거지가 전혀 없었다는 것은 무엇을 의미하는가? 이곳은 신성한 장소였다. 신에게 경배하고 하늘과 땅에 제사를 지내는 신성한 장소였던 것이다.

그런데 이것이 왜 신시의 주권 크기와 상관이 있을까? 그곳은 광장이며 야영 장소이며 시장이었기 때문이다.

흉노의 재정

여기서 흉노 이야기를 꺼낼 수밖에 없다. 고대의 유목민족 중에서 비교적 사료가 많이 남아 있기 때문이다.

흉노는 서기전 2세기부터 300여 년 동안 한나라와 치열한 각축전을 벌였다. 그동안 한나라의 피해는 막대했다. 당시 한나라는 인구가 1억이 넘는 대국이었고 물자는 풍부했다. 북방의 유목민족인 흉노가 무슨 재력이 있어 그런 한나라와 장기간 전쟁을 치르는 군비를 조달했을까?

물론 흉노는 저비용으로 전쟁을 치룰 수 있는 나라였다. 당시 한나라는 말과 식량을 마련하고 식량을 운반하는데 막대한 인력과 비용을 지출해야 했는데 흉노는 이 비용이 한나라에 비해 무척 적게 들었다. 유목민인 흉노는 말이 넘쳐날 정도여서 병사들이 스스로 자기 말을 끌고 왔고 식량은 건포와 유제품이 주식이었기 때문에 부피가 작아 전투병들이 자기 양식을 직접 가지고 다녔다.

그러니 기병 1명에 10명의 보병이 따라가고 그 병사들의 식량을 운반하기 위해 그에 맞먹는 노무자를 동원하고, 그들 노무자들의 식량과 전마戰馬와 우마牛馬의 건초까지 준비하는 중국에 비해서는 훨씬 저렴한 비용으로 전쟁을 치를 수 있었다. 하지만 흉노의 전비도 만만한 경비는 아니다.

흉노에는 왕을 포함하여 장군의 역할을 하는 24장이 있었는데 이들은 각각 적게는 수천에서 많게는 만 명 정도의 기병을 거느리는 장수들이었다. 24장은 휘하에 각각 수십 명의 벼슬아치들을 거느리고 있었다. 또 흉노의 선우도 고대의 다른 임금들과 마찬가지로 많은 부인을 두고 있었다. 흉노는 이런 경비를 어떻게 해결했을까?

중국의 농민들은 세금을 많이 걷는다고 논밭을 떠메고 도망갈 수 없지만 흉노의 유목민들은 다르다. 그들은 세금을 걷지 않아도 이동해 다닌다. 누가 어디에 있는지 알 수도 없고, 안다고 해도 그들이 세금을 낸 사람인지 안 낸 사람들인지 알 수 없다. 세금을 걷는다고 해도 문제다. 운반하려면 엄청난 비용과 위험이 뒤따른다. 중국의 역대 왕조들은 다투어 엄청난 비용을 들여 운하를 만들었는데 이는 국민들의 교통을 편하게 하려고 만든 게 아니라 세금으로 받은 곡물을 쉽게 운반하기 위한 것이었다. 그만큼 조세를 징수하여 그것을 안전하게 가지고 오는 일은 지난한 일이었다.

흉노가 중국과의 전쟁을 시작한 일도 이익을 탐한 때문이었다. 흉노는 국가의 수입을 올리기 위해 중국의 변방을 약탈하고 한나라는 흉노의 약탈을 방지하기 위해 그들이 약탈하는 물량 보다 후한 선물을 주어 흉노를 달랬으나 흉노의 공격을 완전히 막을 수는 없었다. 이는 흉노의 또 하나의 재원 조달 방법이 기술을 지닌 한인들을 납치해서 제철, 직조, 제염 등의 노동을 시켜 그것을 시장을 통해 팔아 이득을 챙기는 것이었기 때문이다. 흉노는 이를 통해 중국에서 받는 조공 못지않은 막대한 이익을 챙길 수 있었다. 그런데 흉노의 땅은 광활했고 사람 수는 적었는데 어떻게 그런 물건들을 팔 수 있었을까?

《사기》에 흉노의 축제에 대한 내용이 있다.

흉노는 5월에 대집회를 열어 조상과 천지신명과 귀신에 제사를 지냈고 가을에 대집회를 열어 백성과 가축의 수효를 조사한다고 하였다. 5월의 집회는 이해할 수 있는데 가을 대집회는 세금을 부과하려는 것인데 사람들이 자진해서 식솔들과 가축을 끌고 멀고 먼 길을 온다는 이야기라 수

긍하기 어렵다. 하지만 동맹과 충성과 유대를 확인하기 위해 모이는 자리에 가축의 일부를 가지고 왔음은 충분히 짐작할 수 있다. 유목민들도 필요한 숱한 물건들이 있었을 것이니 그것들을 장만하기 위해 가축을 끌고 왔을 것이고 흉노의 지배층은 유목민들이 필요한 물건을 팔아서 막대한 재정을 확보했을 것이다.

신시의 장

신시시대는 흉노의 시대보다 3,000년이나 앞선 시기다. 그러나 유목민들의 생활은 크게 달라질 것도 없다. 신시시대를 산 유목민들도 흉노시대를 산 유목민들이 필요로 했던 것과 똑같은 것들을 필요로 했을 것이다.

《환단고기》에 이런 글이 있다.

後桓雄氏繼興 奉天神之詔 降于黑水白山之間 鑿子井女井 於天坪 劃井地 於靑邱

후에 환웅씨가 계속 일어나 천신의 부름에 따라 백산과 흑수 사이에 내려와서 자정과 여정을 파고 하늘의 땅이라 하였으며, 그 땅을 정지하여 청구라 하였다. 〈삼성기전 상〉

일견 상투적으로 보이는 이 글은 파고들면 비밀의 문으로 안내한다.

이 글은 환국에 환인이 있었다는 이야기 다음에 나오니 단군신화로 치면 환웅이 태백산정 신단수 아래 내려온 상황의 다른 설명인데 단군신화에 없는 내용이 있다.

첫째가 天坪, 하늘의 땅이란 설명이다. 坪은 평편하다고 했으니 신시는 우하량과 동산취 사이의 넓은 벌판과 일치한다.

두 번째 착자정여정鑿子井女井, 자정과 여정을 팠다고 했다.

子井은 무엇이고 女井은 무엇일까?

자정은 샘물이고 여정은 우물이다. 저절로 나오는 샘물은 남성의 성기에서 소변이 나오는 것과 같으니 자정이요, 우물은 여성의 그것처럼 깊이 들어가 있어서 여정이다. 이렇게 우물을 많이 만든 이유는 짐작이 갈 것이다. 사람과 가축이 많이 모였기 때문이다.
그렇다면 사람들이 모인 이유가 또 궁금하다. 그에 대한 설명이 〈태백일사〉 신시본기에 있다.

十月祭天遂爲天下萬世之遺俗 此乃神州特有之盛典而非外邦之可比也
시월에 하늘에 제사 지내는 일은 마침내 천하만세에 남는 풍속이 되었다. 이는 신주神州 **특유의 성대한 행사로써 다른 곳에서는 이와 비교할 행사가 없었다.**

지금의 음력 시월이면 한겨울이다. 하지만 여기 신시의 시월은 가을이었다. 그 설명은 잠시 미루지만 여기 말하는 시월은 농민은 추수를 끝내고 유목민들은 말들의 짝짓기와 양육을 끝내고 겨울 준비를 하는 가을이다.
그들이 여기 모인 이유는 신시의 살아있는 신에게 제사지내기 위해서다.
그들이 모신 신은 환인과 환웅이었을 것이다. 그리고 환인과 환웅은 살아있는 신이었다. 그 권위가 중세시대 로마교황보다 못했을 리 없다. 우리는 중세의 교회가 막대한 재산을 모았던 것을 잘 알고 있다. 신시와 비슷한 시대의 메소포타미아에서는 신전에 재물을 바친 일을 기록하기 위하여 문자가 생겨났다고 한다. 그러니 신시도 신앙만으로 엄청난 부를 만들 수 있었을 것이다. 그런데 그 넓은 땅에 사람들이 모이면 거대한 유통의 장이 만들어진다.
문제는 여기에서 팔 수 있는 물건이 있느냐는 것이다. 여기에서 신시의 옥문화를 생각할 필요가 있다. 옥을 가공하는 일은 힘든 일이다. 대나무를 사용하여 옥을 가공하려면 간단한 구멍을 뚫는데도 30시간이 걸린다고 한다. 그러므로 옥을 세공하는 일은 노예들이 맡았음을 짐작할 수 있다.

가능한 상품

옥을 다루는 노예가 있었으면 다른 일에 종사하는 노예도 있었음을 짐작할 수 있는데 중요한 일은 옥의 원석이 만주 일대에서는 전혀 출토되지 않았다는 것이다.

신시의 옥은 세 곳에서 가져온 것이라고 한다. 가장 많은 곳이 압록강 가까운 수암(岫岩슈옌)이고 다음이 바이칼이고 파미르 고원에서도 많은 양을 가져왔다는 것이다. 신시의 세력 범위가 상상을 뛰어넘을 정도로 넓었던 것이다.

그리고 유목민족에게 꼭 필요했던 물품은 바늘이다. 동물의 가죽을 이어 붙이는 일에는 필수품이기 때문이다.

어떤 학자는 바늘이 있은 다음에 인류가 빙하시대에 북방으로 진출했다고 기록했는데 의문의 여지가 있는 표현이다. 짐승의 가죽을 꿰는데 바늘이 필요하다는 것은 현대인의 생각이다. 고대인들은 뾰족한 나무나 돌로 구멍을 뚫고 질긴 넝쿨 같은 것을 실 삼아 옷을 기웠을 것이다.

금속류로는 구리 송곳을 들 수 있다. 구리는 녹이는 데는 높은 열을 필요로 하지만 두들겨 송곳처럼 만드는 일은 구석기 사람들에게도 쉬운 일이었다.

하지만 신시시대의 바늘은 차원이 다른 물건이었을 것이다. 청동기로 바늘을 만들 수 있음은 물론이다. 또 하나 생각나는 것이 돌바늘이다.

《사기》 陳세가에 공자가 숙신의 화살임을 귀신같이 알아맞히는 장면이 나온다. 그 기록의 신빙성은 여기서 논하고 싶지 않지만 숙신의 돌은 특별한 특산물이었다. 숙신의 화살촉은 돌을 연마해 만든 것이라서 회자되는 물건이었다.

화살촉을 만들 수 있는 돌이라면 바늘도 만들 수 있다. 신시에서 옥을 가공했음을 감안하면 더구나 그렇다. 중요한 점은 그런 돌은 만주에서만 원석이 나왔던 모양이다. 동이족의 침 이야기가 더 분명한 증거가 된다.

중국의 의학은 내륙은 본초, 즉 약물이 발달했고 동방은 침이 발달했다.

이를 중국의 동해안에 사는 사람들은 해물을 많이 먹어서 침구가 발달했다고 해석하는 사람들이 있지만 그것도 틀린 이야기다. 의학에 관한 일은 필자가 설명할 자격이 없지만 동이족에게 특별히 발달한 한의학이 침구학이다. 이는 침을 만들 수 있는 특이한 돌이 동이족의 영역에서 나왔기 때문인데 그 석재가 춘추시대에 고갈되었다고 한다. 그래서 어쩔 수 없이 금속(청동기)으로 침을 만들기 시작했는데 금속으로 만드니 녹도 잘 슬고 깨끗하게 닦기도 불편했다고 한다. 여하튼 침을 만들 수 있는 돌이라면 바늘도 만들 수 있었을 것이고 신시시대 때는 그 돌이 풍부했었으니 바늘도 특산품이 되었을 것이다. 바늘은 그 가치가 화살촉에 비할 바가 아닌 귀중품이었다.

무엇보다 중요한 것은 청동기다.

신시는 청동기를 지닌 나라였다. 동산취東山嘴 유적에서 청동기 찌꺼기와 거푸집이 출토된 바 있다. 신시의 청동기가 그렇게 빠른 것도 아닌 것이 메소포타미아도 B.C. 3000년 이전이고 태국에서도 B.C. 3500년 이전의 청동기 유적이 나온 바 있다. 그런데 청동기를 제작하는 일은 기술보다 노동력이 문제였던 것 같다. 구리, 주석, 아연 등 청동기의 재료는 광산의 채굴이라는 힘든 과정을 통해 얻어지기 때문에 많은 사람을 강제로 노역에 종사하게 만드는 권력이 있어야 가능한 일이다. 그래서 청동기가 출토되면 국가의 체계가 갖추어졌다고 말하기도 한다.

이렇게 만들어진 청동기는 거울, 화살촉, 제기 등의 제품이 되고 이는 독점 생산품일 수밖에 없어 비싼 값을 받을 수 있었을 것이다. 또 있다. 신시에서 발해까지 이어지는 지역은 비옥한 농토가 있고 발해에서는 소금이 만들어진다. 이런 곡물과 소금, 그리고 질 좋은 활과 화살, 그리고 유목민들이 가져온 모피와 말린 고기와 유제품, 그리고 가축들. 이런 것들이 우하량에서 동산취로 이어지는 벌판을 더욱 풍성하게 만들었을 것이다.

이해를 돕기 위해 활 이야기를 덧붙인다. 활도 만들기에 따라 품질이 달라진다. 산악지대에 살던 사람들은 주목으로 활을 만들었는데 주목은 바깥 부분에서 얻은 목재는 당기는 힘을 잘 견디고 중앙부에서 나오는 목재는 수축하는 힘을 잘 견디는 성질이 있다. 이것을 앞뒤로 붙여서 활을 만들면 강력한 활이 만들어진다. 그런 활은 만드는 공정도 복잡하다. 《고공기考工記》 궁인弓人편에 각궁角弓을 만드는 과정을 "겨울에는 나무를 자르고, 봄에는 뿔을 물에 담그고, 여름에는 시위를 위한 심줄을 다스리며, 가을에는 재료를 합하고, 다음 봄에 시위를 달아야 완성한다."고 하였다.

사실 활은 요즘으로 치면 전략무기와 같다. 노예를 다수 소유하고 있던 신시에서 이런 일을 전문으로 하는 공인들을 두고 그 물건들을 이용하여 정치적, 경제적 이익을 취했을 가능성도 있다.

마늘과 삼도 상품으로 팔았을 것 같다. 마늘의 경우는 널리 알려졌을 단군신화를 고려하면 의약품으로 팔았을 개연성이 있다. 그런데 마늘 보다는 삼이 더 귀중한 상품으로 팔렸을 지도 모른다.

대문구문명의 유적지에서 발견된 화분이 마늘이나 삼을 귀중품으로 취급했던 증거일 수 있다.

대문구 화분의 문양

대문구문명의 화분은 매우 유명한데 이는 화분의 문양 때문이다. 여기 새겨진 문양은 산위로 그믐달을 누르고 해가 떠오르는 형상이다. 당연히 새벽을 연상하게 하니 중국학자들 중엔 이것이 한자 새벽 旦의 원형이라고 주장한 사람들이 많다.

이에 대해서는 旦 자는 수평선 위로 해가 떠오르는 모습이고, 화분의 문양은 산 위로 해가 떠오르는 근본적인 차이가 있다는 점을 지적하고 싶다. 그리고 산동반도는 전국시대까지는 섬이었기 때문에 새벽을 상형하는 모습은 당연히 바다 위로 해가 떠오르는 모습이었을 것이다. 그런 이유 때문에 대문구문명의 화분은 다른 지역에서 만들어진 것이라 결론 내릴 수 있는데 그 다른 지역으로 신시가 유력하다.

신시에 있는 홍산은 화강암으로 이루어져 있어 아침 햇살을 받으면 밝게 빛난다. 그중에 압권은 그믐 때였을 것이다.

이른 새벽 그믐달이 걸린 산 위로 여명이 밝아오는 모습은 인상적인데 대문구문명의 화분이 바로 그 형상을 상징하는 그림이기 때문이다. 이 화분은 B.C. 4300-2200년의 물건으로 추정하는데 연대의 폭이 너무 넓긴 하지만 신시의 물건이 건너간 것으로 잡는 데는 아무 문제가 없다.

이런 화분에 있는 또 다른 문양이 식물의 형상인데 마늘 모종 형상 같기도 하고 삼의 모종 같기도 하다.

마늘도 그렇지만 삼도 아시아에 널리 퍼진 작물이다. 그런데 이 둘의 공통점은 자연적으로 널리 퍼진 것이 아니라 사람의 손길을 통해서 그렇게 퍼졌다는 점이다. 그리고 마늘은 서남아시아가 원산지지만 삼은 중앙아시아가 원산지다. 두 가지 모두 환웅 무리에 의해 퍼졌을 가능성이 높다고 하겠다. 그리고 마늘보다는 삼이 더 고가의 상품이었을 것인데 그 이유는 묘족의 전설을 이야기할 때 설명하겠다.

음력의 주인공

민족의 명절인 추석은 그 유래가 신시까지 올라가는 것을 짐작할 수 있는데 문헌의 기록도 있다. 둔황에서 발굴된 기록에는 고조선에도 10월에 무천舞天의 풍습이 있었다고 한다. 춤출 舞, 하늘 天이니 하늘에 제사 지내고 모두들 춤추며 즐기는 풍습이다. 무천은 신시의 10월 제천과 같았을 거다. 그런데 음력 시월이면 당시 기후가 지금보다 따듯했다 해도 북방에선 겨울이 깊어가는 때라 성대한 행사를 치르기에는 계절이 맞지 않는다. 오히려 추석처럼 음력 8월이 북방의 계절에 알맞다. 하지만 음력은 시대에 따라 여러 번 바뀌었다. 《사기》 역서曆書에 이런 말이 있다.

"아주 오래 전부터 내려오는 고대의 역법은 새해의 시작이 초봄에 시작된다고 하였다."

그리고 이런 말도 있다.

"하나라 때는 정월에 한 해가 시작되었고, 은나라 때는 12월, 주나라 때는 11월, 진나라는 거기서 두 달을 당겼다."

정월은 동지가 드는 때를 말한다. 그러니 주나라 때의 10월이 지금의 음력 8월에 해당될 것이다. 주나라의 역이 흉노의 역이나 환웅시대의 역에 맞추었다고 생각하면 시월의 제천의식이 자연스러워진다. 또한 유목민들은 특히 보름을 좋아했으므로 신시의 10월 제천祭天도 달 밝은 보름에 행해졌을 것이므로 시월제천이 한가위의 기원임을 알 수 있다.

그런데 양력은 서양에서 오고 음력은 중국에서 나온 것으로 알고 있는데 과연 맞는 말일까?

중국은 농경사회다. 농사는 달이 아니라 해를 보고 한다. 양력은 태양의 주기에 맞춰져 있으므로 농사에 맞는 달력은 양력이다.

낮이 길고 태양이 뜨거울 때 곡식이 자라도록 때맞추어 파종하고 날이 추워지기 전에 추수를 하는 것이 농사일이므로 음력은 농사에 맞지 않다. 농사에 맞는 것은 24절기가 어울린다.

《사기》에 나오는 요임금의 공덕은 두 가지다. 하나는 희중 희숙 화중 화숙의 네 사람에게 각각 춘분, 하지, 추분, 동지를 명확하게 정하게 한 것이고 다른 하나는 순을 후계자로 지명한 것이다. 이로 미루어 24절기는 농사를 중요시하는 중국 사람들이 만든 것이 맞다. 그런데 음력도 과연 그럴까?

명협蓂莢이라는 풀이 있다. 전설에 의하면 이 풀은 요임금 때 조정의 뜰에 나타났으며 초하루부터 보름까지 매일 한 잎씩 나고 보름이 지나면 매일 한 잎씩 떨어지고 작은 달에는 하나 남은 잎이 떨어지지 않고 남아 있어 책력풀이라고도 불렀다고 한다.

이 이야기는 자체가 의심스럽기도 하지만 하나 남은 잎은 어떻게 되는지 해결하기 어려운 숙제까지 남기니 실제가 아니라 만든 이야기임이 분명하다. 왜 이런 이야기를 만들었을까? 중국인들 스스로 음력을 만든 이야기를 설명할 수 없었기 때문이리라.

농민보다는 사리나 조금을 살펴 바닷가에서 조개나 고기를 잡아먹는 사람들이 달의 변화를 중요시했다. 그러나 그들보다 훨씬 달의 변화에 민감한 사람들은 수렵이나 목축을 하는 사람들이었다. 그들의 적은 곰 늑대 호랑이 같은 맹수들이었고 그것들은 인간보다 밤눈이 밝았다.
빛이 있을 때는 무기를 지닌 인간이 그들을 물리칠 수 있지만 어두움이 깔리면 인간은 불리한 처지에 몰릴 수밖에 없다. 그때 인간을 도와주는 빛이 환한 달빛이다. 그래서 그믐이 가까워지면 목축을 하는 사람들은 가축들을 안전한 곳으로 옮겨놓고 사냥을 하는 사람들은 먼 곳으로 가기를 포기한다. 하지만 보름이 가까워지면 목축을 하는 사람들이나 사냥을 하는 사람들 모두 멀리까지 나아간다.
이렇게 달의 성쇠는 유목민들의 삶에 지대한 영향을 미쳤기에 그들은 달의 변화에 지극히 민감하여 음력을 만들었던 것이다.

윤달의 시행

농경을 위주로 하는 중국 사람들이 음력을 널리 쓰게 된 것은 그들이 음력을 가지고 온 유목민들에게 지배당했기 때문이다. 후에 문명이 발달하여 그들이 양력을 만들 능력이 생겼을 때도 중국인들이 음력을 사용한 이유는 농민들을 지배한 정복자들은 직접 농사를 짓지 않고 남들이 농사지은 것을 빼앗아 먹기만 하니 음력이 농사에 불편한 것을 몰라 달력을 고칠 필요를 느끼지 못한 때문이고 기존의 제도를 바꾸는 일도 그리 간단치 않았기 때문이다. 중국의 지배자들이 농민들을 위해 기껏 도입한 것이 윤달이다.

윤달을 집어넣는 일이 언제 시작되었는지 확인할 수 없으나 은나라 중기에는 윤달을 넣은 것은 확실하다. 처음에는 윤달을 한 해의 마지막에 13월을 만들어 넣었으나 농사에 지장이 있어 한 해의 중간에 윤달을 넣어 계절에 근접하게 하였다. 주나라가 은나라를 멸한 다음에는 윤달을 다시 한해의 마지막에 넣었다가 전국시대에 개선하였는데 이것도 주나라가 본디 유목민족이어서 농사에 소홀했던 때문이다. 여하튼 역법이 변한 과정만 보아도 고대에는 문명의 저울추가 북방유목민족 쪽으로 많이 기울었음을 확인할 수 있다.

달력뿐 아니라 바둑도 이와 같다. 모두들 바둑의 발상지가 중국이라고 이야기한다. 그러나 바둑은 기본적으로 상대를 둘러싸서 잡아먹는 놀이다. 포위를 해서 상대를 잡아먹는 일은 농사꾼의 일이 아니라 사냥꾼의 일이다. 그러므로 바둑도 유목민의 소산일 수밖에 없다.

청구의 유래

시장 이야기를 조금 더 이어간다.

지금은 시장市場이라고 하지만 예전에는 우물 井을 써서 市井이었다. 시정잡배市井雜輩라는 말이 아직 남아있듯이 시장이라면 필히 우물이 있어야 했다. 예전에는 우물이 있는 곳을 상인들이 찾아와 가져온 물건을 씻어서 물건을 팔았기 때문에 시정이라고 했다는데 신시의 내력을 보면 신시에 자정과 여정이 있어 시장이 되었다고 하겠다. 신시의 시장은 가장 오래된 시장이면서 동북아의 유목민들이 모두 모여들었으니 가히 독보적인 시장이라고 아니할 수 없다. 그런데 시장의 기능은 물건을 사고파는 외에 또 다른 기능이 있으니 시골 오일장을 생각하면 될 것이다.

시골사람들에게 장날은 손꼽아 기다리는 날이다. 무언가 내다 팔 것이 있으면 팔 수 있는 날이 장날이고, 그 돈으로 필요한 물건을 구할 수 있는 날이 장날이다. 하지만 이것은 장날의 기본적인 기능일 뿐 장날의 모든 것은 아니다. 장날은 장을 보는 일 외에 견문을 넓힐 수 있는 날이고, 세상 돌아가는 소식을 들을 수 있는 날이고, 그리운 사람을 만나는 날이다. 그러기에 장날이 오면 물건을 살 돈이 없어도, 팔아먹을 물건이 없어도, 굳이 필요한 물건이 없어도 무슨 핑계를 대서라도 장에 나오는 사람들이 많다. 그렇게 장을 한 바퀴 돌며 사람들 만나 수인사 하고, 시시콜콜 이야기를 나누고, 운 좋으면 술 한 잔 얻어먹고 기분 좋으면 술 한 잔 사고, 그렇게 거나한 기분으로 고개 넘어 집으로 돌아가는 그런 곳이 장이다. 장날이 있어 서로 다른 골짜기에 사는 사람들이 교류를 하고 이웃이 된다. 장은 그렇게 사회 구성원으로서의 유대감을 확인하는 기능을 발휘한다.

신시의 기능이 이와 같았다.

물론 당시 사람들은 시골 사람들이 5일에 한 번 장에 들리는 것처럼 수시로 신시에 들리지는 않고 일 년에 한 두 차례 들렀을 것이다. 하지만 한번 올 때의 규모는 대단했을 것이다. 부족장이 직접 인솔하는 무리가 수백 마리의 가축을 몰고 와서 수백 수십 마리의 가축을 팔고 그들이 필요로 하는 온갖 물건을 사갈 것이다. 사냥꾼들은 가축과 가죽을 가져오고, 농사꾼들은 곡식을 바리바리 실어왔을 것이다. 그리고 신시에서 필요한 온갖 물품과 신기한 물건들을 구입해 갔을 것이다. 그곳의 이름을 이렇게도 기록했다.

於天坪 劃井地 於靑邱, 그 땅을 하늘의 땅이라 하였으며, 그 땅을 정지하여 청구라 하였다.

신시의 다른 이름을 청구라 했다는데 청구는 우리 귀에 익은 말이다.

靑丘는 푸른 언덕이라는 뜻이지만 나중에는 동이족이 사는 지역에 일반적으로 붙이는 명칭이 되어 중국 동해안을 따라 내려가는 광대한 지역을 청구라고 부르기도 하였다. 그것이 세월이 흐르며 뜻이 바뀌어 청구는 중국에서 한반도를 지칭하는 말이 되었다. 그 유래가 신시에서 비롯된 심히 오래된 이름인 것이다.

다시 後桓雄氏繼興 奉天神之詔 降于黑水白山之間 鑿子井女井 於天坪 劃井地 於靑邱 (후에 환웅씨가 계속 일어나 천신의 부름에 따라 백산과 흑수 사이에 내려와서 자정과 여정을 파고 하늘의 땅이라 하였으며, 그 땅을 정지하여 청구라 하였다.)라는 문장을 돌아보자.
흑수백산이란 표현이 멋들어진다. 신시는 홍산과 서납목륜(西拉木倫시라무렌)을 끼고 있는 지역이다. 홍산은 화강암으로 되어있어 아침 햇살을 받으면 밝게 빛나니 백산이고 시라무렌의 시라는 몽골어로 검다는 뜻이고 무렌은 강이라는 뜻이다. 이것이 묘하게도 오행사상에 맞아떨어진다.

오행설에 따르면 물은 북방에 해당하고 북방의 색은 검은 색이다. 그리하여 강을 멋들어지게 표현한 말이 黑水가 된다. 흰색은 오행에서 서방에 해당하고 金이다. 금은 일반적으로 금속으로 해석하나 바위로도 해석하여 산도 金에 속한다. 그래서 흑수백산이 관행어가 되었는데 묘하게도 신시의 입지조건이 꼭 그렇다.
백산은 배달민족이란 말과 관계가 있다는 사실을 앞에 밝혔지만 홍산은 배달민족에게만 의미 깊었던 산은 아닌 것 같다. 동이족은 물론이고 선비나 오환 같은 민족의 신화에도 적산赤山이 자주 등장한다. 그만큼 홍산은 동아시아에 우뚝 솟은 성지聖地였던 것이다.

11. 명도전의 국적

신시의 경제를 살폈으니 화폐에 대한 일도 살펴보자.
사람들이 오해하고 있는 것이 또 있으니 화폐를 농경민들이 만들었을 것이란 짐작이다.
화폐는 교환의 척도라는 기능 외에 휴대하기 편하다는 이점이 있다. 그런데 농경민들은 한 곳에 정착하고 생활하기 때문에 휴대의 편의성을 절실하게 느끼지 못한다. 그렇기 때문에 농민들은 물물교환으로 필요한 물건을 장만하는 것을 선호한다. 반대로 유목민들은 계절마다 짐을 싸서 이동해야 한다. 그러므로 부피나 무게가 크고 무거운 물건들을 거추장스럽게 여긴다. 그래서 가볍고 부피가 작으면서도 교환 가치가 큰 화폐를 선호하게 된다.
물론 화폐는 자본주의의 꽃이기도 하다. 상업이 발달하면 화폐의 필요성이 높아진다. 그 대표적인 경우가 송나라다. 송나라는 거란의 요나라에 밀려 양자강 남으로 피난 갔지만 덕분에 양자강 유역의 저습지를 개간하여 물산이 풍부해졌다. 그리하여 도시가 발달하고 상업이 발달하여 세계 최초의 지폐를 만들어냈다. 그러나 송나라의 지폐는 엄밀히 구분하면 어음이다. 발행의 주체를 국가라고 보기 어렵기 때문이다. 발행의 주체가 많았기 때문에 종류도 많았고 위조지폐도 많았다.
나라에서 가만있을 리가 없다. 지폐발행권을 사들였다는 이야기가 있는데 왜 그랬는지는 이해 할 수 없는데 결국은 송나라가 전쟁을 치르느라 지폐를 남발하여 송나라 지폐는 결국 휴지조각이 되었다고 한다.
지폐의 정통성은 몽골에 있다고 봄이 합당하다. 몽골은 상상을 초월하는 대제국을 건설하였기 때문에 부피와 무게가 작은 지폐를 만들 필요가 있었다. 그들은 지폐의 신용도를 높이기 위해 태환지폐를 발행했다. 금을 받고 지폐를 지급한 것이다. 이는 지폐의 신용을 보증하는 방법이기도 하지만 금을 챙기는 실익이 탐나서 그랬을 가능성이 더 높다. 나라에서 돈을 만들면 나라에 돈이 되니 돈을 찍어내는 것이다. 하지만 몽골 역시 결국은 지폐를 남발하여 송나라와 똑 같은 결말을 보고 말았다.
여하튼 화폐는 농경민이 아니라 유목민의 발명이라고 보아야 한다. 그런데 논란이 되는 것이 명도전이 어느 민족의 화폐냐는 것이다.
명도전은 칼의 모양을 본떠 만든 금속화폐다. 이것이 출토되는 범위는 상당히 넓다. 청천강 이북부터 만주 요하유역에 이르는 고조선 영역과 산동의 제나라와 북경 서쪽과 남쪽의 연나라 지역에서도 발견된다. 그런데 이렇게 광범위한 지역에서 발견되고 특히 고조선의 영토였던 곳에서 다량으로 발견되는 화폐가 정말로 연나라의 화폐였을까? 이런 문제는 당연히 의심을 하고 살펴보아야 하는 일이 정상이다. 그런데도 지금까지 명도전은 연나라 화폐라고 말들하고 있다. 과연 맞는 말일까?

과거에는 고조선의 영역이 한반도 대동강 중심이었다고 했으니 명도전을 연나라 화폐라고 말하는 것이 당연해 보였을 것이다. 그런데 고조선의 영역이 요하 유역인 것이 확정된 지금도 여전히 명도전을 연나라 화폐라고 주장한다. 게다가 명도전이 연나라 화폐라고 주장하는 근거 또한 어처구니없다. 언급할 가치도 없지만 그 주장들의 요체는 1. 북경부근에서 명도전의 거푸집이 발견되었으므로 연나라 돈이다. 2. 진나라의 반량전과 비슷하니 연나라 돈이다. 3. 제나라와 조나라 영역에서도 다량의 명도전이 발견되니 고조선의 돈이 아니고 연나라 돈이라는 것이다. 이 주장은 순전히 사대주의적 발상 그 자체다. 명도전은 연나라 화폐는 단언코 아니다. 그렇다고 고조선의 화폐라는 주장도 엄밀히 말하면 틀린 주장이다. 이 시기에는 화폐발행의 주체가 국가가 아니었다. 이를 이해하기 위해서는 화폐의 변천사를 살펴보아야 한다.

화폐의 변천

초기의 화폐는 물물교환의 범주에 속하는 교환의 수단이었다고 할 수 있다. 구석기시대나 신석기 초기에는 도구를 만들 수 있는 돌덩이도 교환의 대상이 되었으므로 이것들도 넓은 의미의 화폐라고 말할 수 있겠다.

신석기나 청동기 들어와서는 곡물이나 조개껍질이 화폐로 사용되었는데 곡물은 실질적 가치가 있었고 조개껍질은 빛깔이 보석처럼 영롱하여 가치를 인정받았다. 이 시기에는 화살촉이나 창을 만들 수 있는 철괴도 화폐로 쓰였다. 화폐라고는 하지만 물물교환의 의미가 짙다.

화폐를 가치의 척도가 되는 것으로 기준을 삼는다면 청동기시대에 화폐가 등장한다.

고조선에서는 언제 청동화폐가 등장했는지 알 수 없으나 중국의 경우는 약간의 기록이 있어 그것을 살펴본다.

중국의 청동기는 은나라 때 상당히 높은 수준으로 발전했다. 그런데 은나라 청동기는 종교적 목적에 치중한 경향을 보인다. 화폐는 청동기뿐 아니라 상업의 발달을 전제로 한다. 그런데 은나라는 노예 경제라 시장이 활성화 되지는 않았던 것 같다. 주나라 초기에 조개나 귀갑이 화폐로 쓰였는데 이것들은 은나라 때부터 내려온 것으로 짐작하고 있다.

중국의 청동화폐는 춘추시대부터 발전하기 시작했는데 제나라에서 가장 먼저 발달한 것으로 추측한다. 제나라의 시장경제가 가장 먼저 활성화되었기 때문이다.

춘추오패 중 첫 번째 패자인 제환공을 보좌한 관중이 상인 출신이다. 관중은 제나라의 각종 제도를 완비한 출중한 인물이지만 그가 가장 역점을 두었던 것이 나라를 부강하게 만든 것이다. 이때는 지금의 산동반도가 아직 육지에 붙지 않아 섬으로 있었으니 제나라는 내해를 바다로 끼고 있어 생선과 소금이 풍부했다. 관중은 생선과 소금을 중심으로 상공업을 장려해서 나라의 부강을 이루었고 제나라의 수도 임치는 중국 경제의 중

전국시대 중국의 청동화폐/좌측부터 칼 모양의 도전(刀錢), 농기구 모양의 포전(布錢), 의비전(蟻鼻錢)

심지로 성장 했다. 전국에서 임치로 수많은 상인이 몰려오고 수많은 상인이 전국으로 떠날 정도로 상업이 활성화 되니 화폐가 필요할 수밖에 없었고 이때 만들어진 것이 칼 모양의 도전刀錢이다.

춘추말기로 가면서 중국 전역에서 청동화폐가 만들어졌는데 제나라와 제나라 인근의 조나라 연나라는 칼 모양의 도전을 만들어 사용했고 농업을 위주로 하는 秦나라를 비롯한 중서부 나라들은 농기구 모양의 포전布錢을 만들었고 강과 바다를 끼고 있는 남부지방에서는 조개 모양의 화폐를 만들어 사용했다.

그런데 이런 화폐를 국가에서 발행한 것이 아니었다. 상인들이 필요해서 만들었고 그들의 편의에 따라 사용했다. 그리고 각 지역의 화폐가 모양은 달랐어도 지역에 구분 없이 널리 통용되었다. 이런 상태가 전국시대까지 계속되었다.

춘추전국시대 때는 각국이 나라의 부강을 위하여 민심 안정과 세수증대에 전력을 다하던 때이지만 화폐의 발행에는 신경을 쓰지 않았다. 이는 화폐의 발행이 국가의 이익에 별 도움이 되지 않는다는 판단 때문이었다. 여기에서 당시의 화폐는 그 제조비용이 교환력에 버금갔음을 짐작할 수 있다.

중국을 통일한 진시황은 도량형과 화폐를 통일 했는데 당시 진나라에서 사용하던 원형의 화폐를 전국적으로 사용하게 하였다. 이것이 반량전半兩錢이다. 16냥이 1근이니 반량전은 근 19g이 된다. 진나라가 망하고 한나라가 섰을 때 화폐를 만들 청동이 부족하여 진나라의 반량전이 무게가 무겁다는 핑계로 동전의 무게를 낮추었다. 그 무게가 3수銖(1냥은 24수)

였으니 반량전의 1/4로 줄어들었는데 여전히 반량전이라는 이름을 붙였다. 화폐 값어치를 기준으로 하면 물가가 4배로 뛴 것이다. 그런데 재력 있는 상인들이 돈을 마구 찍어내면서 그 무게를 속여서 더 얇게 만들었다. 이것이 나뭇잎처럼 가볍다고 느릅나무 葉, 명아주 萊를 써서 엽래전이라고 불렀거니와 이렇게 만든 돈으로 물건을 사재기하자 물가가 천정부지로 뛰었다. 이 일로 해서 서민들이 큰 고통을 겪자. 한고조 유방의 정부는 상인들에게 엄청난 세금을 걷어 들였다. 결국은 상인과 황실만 거금을 장만한 셈이다. 그 후로도 한나라에서는 백성들이 화폐를 찍는 일이 허용되었다가 한무제 바로 앞 임금인 경제景帝 때에 비로소 사적으로 화폐를 주조하는 일을 금지시켰다. 이때부터 중국에서 중앙은행권 제도가 시작된 것이다. 그리고 이어진 한무제 시대에 화폐의 치부가 한껏 드러난다.

진(秦)나라의 반량전

한무제의 화폐개혁

한무제가 즉위하자 나라는 태평하고 홍수나 가뭄도 없었다. 나라 금고에 쌓인 돈은 억만금에 그 돈을 묶은 줄이 낡아 끊어진 것이 많아 셀 수도 없었고, 나라의 곳간은 곡식을 층층이 쌓아도 넘쳐나 노천에 방치했다가 썩어나곤 했다. 그런 태평성대에 부족할 것이 없는 부자들이 오만방자하여 제멋대로 날뛰고 가난한 사람들의 토지를 교묘한 방법으로 빼앗으며 모두들 사치를 다투었다.

그러다 황실의 어른인 두태후가 죽고 한무제 유철이 자기 정치를 시작했다. 흉노를 비롯한 사방의 이민족을 정벌하고 곳곳의 험한 산지에 군마가 다닐 수 있는 길을 내는 토목공사를 했으며 봉선을 하고 궁전을 신선이 가히 찾아올만한 곳으로 화려하게 만들었다. 이에 엄청난 비용이 들어갔다.

흉노를 정벌하는 일을 예로 들어보자. 군사를 동원하기 위하여 각 군郡에 모집인원을 할당하면 군사들이 군 소재지로 모여든다. 당시 한나라의 군郡 중 큰 것은 남한 면적보다도 컸다. 그 길을 병사들이 자기 먹을 식량을 짊어지고 말을 타거나 걸어서 와야 한다. 할당된 인원이 모이면 집결지로 이동을 시작한다. 중국은 땅이 넓으니 이동하는 거리도 상상을 초월한다. 그렇게 각지에서 출발한 군사들이 모이면 비로소 정벌에 나서는데 그 규모가 어마어마하다. 기병 10만이 나서면 보병 20만이 뒤를 따른다. 그런데 그들이 가야 할 길은 멀고도 멀다. 그 먼 길을 가는 동안 말과 사람이 먹을 식량도 운반해야 한다. 식량을 운반하는 사람이 보통 70만이다. 식량을 운반하는 사람도 먹어야 하고 그들이 부리는 우마도 먹어야 하고 길을 가다가 도적들에게 약탈을 당하는 것도 감안하니 사람이 그렇게 많이 동원된다.

전쟁에 승리하면 병사들에게 후한 보상을 주어야 사기가 올라간다. 포로로 잡은 흉노의 병사들에게도 후하게 상을 주었고 투항한 흉노의 병사들에게는 더 후하게 상을 주었다. 적의 투항을 장려하는 목적도 있었지만 유목민들의 전투력을 높이 산 때문이기도 했다. 한무제는 투항한 병사나 포로로 잡은 병사들로 부대를 편성했는데 그들이 나중에는 최고의 정예부대가 되어 각종 전투에서 선봉에 서곤 했다.

자세한 일은 한무제 편에서 얘기하겠지만 전쟁에만 병사들과 말이 수십만씩 죽어나가고 재화는 무한정으로 들어가곤 했으니 나라의 곳간이 빌 수밖에 없다. 그리하여 온갖 방법을 동원하여 백성들의 재화를 약탈하여 곳간을 채워놓고도 또 곳간이 비자 동원한 방법이 요즘말로 하면 화폐개혁이었다.

처음에 만든 화폐는 세 가지였다.

가장 고가의 화폐는 황제의 사냥터인 상림원에서 잡은 흰 사슴의 가죽이었다. 이것을 가로세로 한 자 길이로 잘라 사방을 색실로 자수를 하여 한 장에 40만 전의 가격을 매겼다. 제후들이 황제를 배알 할 때 (제후들은 매년 2회씩 황제를 배알해야 했다.) 반드시 이것으로 옥구슬을 싸서 바치도록 했는데 당시 옥구슬 가격이 수천 전이었다.

다음에 은과 주석을 섞어 白金을 만들어 이것으로 화폐를 만들었는데 무게가 8냥으로 용무늬를 넣은 것은 백선白選으로 3,000전, 무게가 조금 가볍고 말 무늬를 넣은 것은 500전, 더 가볍고 거북 무늬를 넣은 것은 300전으로 하였다.

그리고 위폐가 많은 기존의 반량전을 폐하고 삼수전을 만들었다.

이때 위조화폐를 만드는 일을 엄격히 금지하여 위폐를 만든 사람은 사형에 처했으나 몰래 주조하는 자를 헤아릴 수 없었다고 한다.

한나라 오수전

그 다음해 삼수전은 무게가 가볍고 위조가 쉽다는 이유로 삼수전을 폐하고 오수전을 만들었다. 그리고 5년이 지난 후 위폐를 만들다 적발되어 사형선고를 받은 사람 수십만을 사면하였는데 그 사이 죽은 자는 헤아릴 수 없이 많았고 그 후에 자수한 사람 수가 백수십 만이었는데 그때는 세상 사람들 대부분이 위폐를 만들었으니 자수한 이가 절반도 안 되는 숫자라고 사마천이 《사기》 평준서에 기록했다.

백금과 삼수전을 만들고 몇 년 후에 백금 대신 테두리를 적동赤銅으로 만든 적동전赤側錢을 만들었는데 이는 백성들이 사용을 거부하여 2년 만에 역시 퇴출시키고 기존의 모든 화폐를 녹여 삼관전을 만들었다. 이 삼관전은 위조하는데 많은 공력이 들어 부호들만 위조했고 일반 백성들은 위조하기를 포기했다고 한다.

명도전에 비친 중국 사랑

지금까지 살펴본 대로 명도전은 진나라 반량전과는 전혀 관계가 없었다. 거푸집이 북경 부근에서 발견되었으므로 명도전이 연나라 화폐라는 주장에 대해서는 할 말이 더 있는데 그런 거푸집은 심지어 반량전이 거의 출토되지 않는 고조선 영역 남쪽인 평양 부근에서도 발견된 바 있다. 누구나 만들 수 있었으니 거푸집은 어디에서든 나올 수 있는 것이다. 그리고 중요한 사실은 당시 북경 지방은 연나라 영토도 아니었다는 점이다.

연나라는 수도 개념도 희박한 유목민족인데다 그 수도인 계薊는 북경 한참 남쪽에 있었다. 지금의 천진시에 계현薊縣이 있는데 한자도 같으므로 그 장소가 아닌가 싶다.

그리고 전국시대 당시 중국은 영역 자체가 지금의 난하 서쪽이었다. 요하문명은 요동뿐 아니라 요서도 포함한 지역이고 그곳은 물론 고조선의 영향권이었다.

명도전은 고조선의 영역에서 많이 출토되었다. 그것으로 확인할 수 있는 것은 명도전이 고조선의 화폐라는 것이 아니라 고조선 지역에서 상거래가 활발했다는 것뿐이다.

명도전은 그 원판이 많다. 국립중앙박물관에만도 수많은 종류의 명도전이 있다. 명도전 중에서 내가 사진으로 처음 보았던 명도전은 해와 달 문양이 있었다. 그러므로 明도전이 아니라 日月도전이라고 해야 할 것이다. 해와 달을 표시하는 것은 한자를 쓰던 중국인이 아니라 유목민족인 고조선에서 만들었다는 심증이 간다.

사실 제나라에서 칼 모양의 화폐를 만든 일은 무언가 의심의 여운이 남는다. 해산물이 풍부한 제나라에서 하필 칼 모양의 화폐를 만들었을까? 이상한 일이다.

지금도 화폐의 문양은 사람들의 호감을 살 수 있는 것으로 디자인하지만 초기의 화폐는 가치가 공인되지 않았기 때문에 값을 더 받을 수 있도록 사람들이 좋아하거나 요긴한 물건의 모양으로 만들었다. 그런 의미에서 제나라의 도전刀錢은 남의 것을 따라했을 가능성을 남긴다. 고조선의 모체인 신시는 청동기의 원조다. 그리고 우하량의 드넓은 벌판이 말해주듯이 시장이 일찍부터 형성되기도 했다. 게다가 칼은 고조선의 자랑이다.

은나라에서 청동기로 제사용품을 만들 때 고조선에서는 비파형동검을 만들었다. 물론 명도전이 양날의 검이 아닌 한쪽만 날이 있는 도刀라는 것이 마음에 걸릴 수도 있을 것이다. 그러나 검은 제왕 혹은 군장의 상징이다. 그런 모양을 함부로 주조하기에는 문제가 있었을 것이다.

중국에서 고조선의 유목민과 접촉이 가장 많았던 나라가 제나라다. 제나라는 육로와 해로 모두 고조선과 연결된다. 게다가 제나라는 원래가 동이족의 나라였다. 그런 것들을 생각해보면 맨 처음 청동화폐를 만든 곳이 고조선이었을 가능성이 높다.

명도전이 연나라 화폐였다는 주장은 중국 사랑에서 나온 것이다. 내가 살펴본 한국의 권위 있는 저자들이 저술한 중국 관련 서적 중에는 중국에 대한 애정을 노골적으로 드러내는 책들이 다수였다. 예로 장건은 대월지에 갈 때 흉노에 10년 동안 붙잡혀 있었고, 올 때도 다시 붙잡혔다가 흉노가 선우 계승문제로 내전이 벌어져 감시자가 없어지는 바람에 탈출해서 한나라로 돌아왔다. 그것을 "한나라가 흉노에게서 오르도스 지방을 회복하던 해에..."라고 기록한 책도 있었다.

중국에 사대하던 조선시대의 인식을 지닌 사람들이 아직도 어느 분야에는 많은 모양이다.

국립박물관의 명도전 / 귀한물건이
아님을 전시상태로 알 수 있다.

5장. 북방유목민족의 흥망

1. 위만조선의 멸망
2. 한사군의 위치
3. 동호와 번조선
4. 연나라와 선비족
5. 단군조선의 실체
6. 번조선과 위만조선
7. 흉노제국의 탄생
8. 끝없는 공방전
9. 흉노의 소멸
10. 흉노와 훈
11. 바보온달과 북방의 역사

大荒(대황)연가

5장. 북방유목민족의 흥망

중국의 지형은 가마솥 같다는 느낌이 든다. 오른쪽의 산동반도가 솥뚜껑 손잡이처럼 보이기도 하지만 서쪽에서 북쪽으로 험준한 산맥들이 가로막고 있으니 그쪽이 솥뚜껑 같기도 하다. 여하튼 나는 중국이 가마솥 같다는 생각을 한다. 땅덩이는 동그랗고, 남쪽은 밀림이 가로막고, 동쪽은 바다가 트이긴 했지만 땅덩어리로 볼 때는 빈약한 편인데다 자세히 살피면 대양으로 나가는 길 요소요소에 장애물이 존재한다. 결정적인 가마솥 인상을 주는 곳은 서북방향의 험준한 산맥이다. 히말라야와 파미르 고원에서 곤륜산맥과 기련산맥 음산산맥으로 이어지는 험준한 산악지대는 외부세계와의 교통로인 초원의 길로 가는 길을 단단히 가로막고 있다. 그런 지형 때문인지 중국은 숱한 격변을 겪었지만 중국의 격변이 세계사에 영향을 끼친 일은 없었다. 비록 가마솥 안에서는 생지옥이 되어 엄청난 인명의 희생이 있었어도 가마솥 밖으로는 씩씩거리는 하얀 김밖에 나오지 않았던 것이다.

그 생각을 하면 중국인들이 자기 나라를 천하라고 했던 것이 이해가 되기도 한다. 자기들만의 천하였던 것이다.

또 그들의 임금을 천자라고 불렀던 것에는 미소를 지을 수도 있다. 天子는 하늘의 아들인데 고조선의 임금은 단군이다. 고조선의 임금은 하늘의 왕이었는데 중국의 임금은 하늘의 아들이니 격이 다르다.

그 이름 때문은 아니겠지만 신시와 고조선의 후예들인 북방유목민족은 스케일이 달랐다. 그들이 한번 크게 요동치면 중국과 유라시아 대륙 전체에 영향이 미쳐 격변이 일어나곤 했다.

돌이켜 보면 초유의 대제국을 건설한 징기스칸의 일은 오히려 사소해 보인다. 가장 오래된 일은 인안나를 모신 환웅 무리의 이동으로 동아시아의 지배 계층이 바뀌었고, 요하유역의 기온이 차츰 내려감에 따른 무리의 이동으로 중국에 살던 사람들은 피지배종족이 되고 말았다.

북방에 흉노가 새로운 강자로 등장하여 월지를 공격하자 월지의 이동이 게르만족의 대이동이란 연쇄반응을 불렀고, 서흉노의 잔여 세력인 훈족의 서방 이동은 유럽을 진동시켰다.

더욱 놀라운 일은 북방유목민족의 숫자다.

흉노의 인구는 한나라의 한 郡보다도 적은 인구였고, 징기스칸이 몽골을 통일했을 때도 기병은 10만이 되지 않았다. 훈족의 기원은 수백 명 수준이었고, 17세기에 여진족은 100만의 인구로 1억5천만이 넘는 중국 한족들을 지배했다. 조금 다른 이야기지만 조선 땅에서도 유목민족의 강함을 여실히 보여주는 사건이 있었다. 병자호란 때의 이야기다. 《연려실기술》에 의하면 남한산성에 포위된 인조를 구하려고 경상 좌병사 허완과 우병사 민영이 4만의 군사를 이끌고 남한산성을 향하다가 경상군 쌍령에서 청나라 요토가 이끄는 300의 기병에게 걸렸다. 이때 전사한 조선군 병사가 8,000이고 중상을 입은 병사가 1만이었다고 한다.

말갈의 거란도 유목민족이지만 거란은 일찍이 여진의 부대가 병사 1만이 되면 천하무적이 되리라고 경계했다고 한다. 그 예언대로 거란의 요나라는 여진의 금나라에 멸망당했다.

전쟁과 사랑의 신인 인안나를 들먹이지 않더라도 북방유목민족의 전승사는 화려하기 그지없다. 이렇게 엄청난 유목민족의 역사를 살펴보는 일은 유목민족의 피가 흐르는 한국인들의 심장을 두근거리게 만들 것이다. 앞에서 단군신화를 살펴보았지만 거기에서 위만조선의 멸망을 다루지 않아 그에 대한 일부터 살펴보기로 한다.

1. 위만조선의 멸망

전쟁의 배경

B.C. 121년 한무제는 곽거병을 시켜 흉노의 우측을 두 번에 걸쳐 공략했다. 기련산祁連山 일대의 이 지역은 동서교통의 요충지였고 흉노의 대규모 방목장이 있는 곳이었다. 이로 인해 흉노는 심대한 타격을 받았고 한나라는 말을 대규모로 방목할 수 있게 되었다.

B.C. 119년 한나라는 흉노의 본거지를 뿌리째 공략할 계획을 세운다. 위청과 곽거병에게 각기 5만의 기병을 주어 고비사막 북쪽 흉노의 본거지를 공격한 것이다. 수십만의 말과 수십만의 보병이 뒤를 따랐다. 이때 한나라도 손실이 컸지만 흉노는 엄청나게 피해를 입었다. 십만이 넘는 기병을 잃었을 뿐 아니라 그들의 본거지를 상실하고 음산산맥 북쪽 몽골고원으로 패퇴해야만 했다.

B.C. 110년 한나라는 남으로 남월과 동월을 정복한다. 이것으로 한나라의 정세는 북으로 흉노를 멀리 내쳤을 뿐 아니라 남으로 南越과 東越을 정복했고, 서쪽으로는 촉 지방의 西夷와 南夷로 통하는 길을 개척함으로써 그곳의 많은 작은 나라들이 스스로 속국을 자처하였다. 북쪽과 서쪽 남쪽이 모두 평정 되었던 때라 한나라 입장에서는 동북 방면 요하 쪽만 남아 있었다.

당시 요하를 경계로 하고 있던 조선과 중국은 서로 소 닭 보듯 하는 사이였다. 당시는 아직도 황하의 수량이 풍부했던 때라 양국 사이에 교통이 많이 불편했고 동북방면의 고조선도 양식과 물산이 풍부하여 굳이 중국을 넘볼 이유가 없었다. 그러나 위만조선 동쪽에 있는 진번에서 위만조선이 길을 막아 조공을 할 수 없다고 하자 무제는 흉노를 지리멸렬하게 만든 김에 사방의 이민족을 모두 제압하고 싶은 마음이 생긴 모양이다.

현실적인 이유로는 흉노를 확실하게 견제하는 방법이기도 했다. 흉노가 말을 키워 힘을 기르려면 동쪽의 후룬베이얼 벌판으로 진출해야 하는데 위만조선이 장악하고 있는 그 지역을 미리 우호세력으로 만들면 흉노가 힘을 회복할 가능성을 원천봉쇄할 수 있다.
봉선에 대한 미련을 완전히 떨치지 못했을 수도 있다. 동북방면의 조선에서 조공을 받으면 명실 공히 천하를 호령하는 제후가 되고 봉선을 통해 하늘로 올라갈 희망도 가졌을 법하다. 또 예맥의 땅에 창해군을 설치하려다 실패한 적이 있었으므로 동북방에 대한 미련도 있었을 것이다.

B.C. 109년 섭하를 사신으로 보내 한나라에 조공을 바치라고 했는데 조선왕 우거右渠가 완강하게 거부해 섭하는 빈손으로 돌아오게 된다. 당시 한나라의 법이 매우 엄격해 천자의 명을 수행하지 못하는 것은 죽을죄에 해당하기 때문에 사신으로 갔던 섭하는 입장이 다급하게 되었다. 그리하여 섭하는 국경에 이르러 마부를 시켜 자신을 호송하던 조선의 비왕裨王을 죽이고 재빨리 국경을 이루는 강을 건너 돌아와서는, "조선의 장수를 죽였습니다."라고 보고하였다.
섭하는 교섭에는 실패했지만 전공은 세웠다는 변명을 한 것이다. 무제는 섭하더러 외교적 수완을 발휘하여 조공을 받아오라고 보냈는데 하라는 일은 하지 않고 엉뚱하게 사람만 죽이고 왔으니 섭하를 곱게 볼 리가 없다. 그런데 전공을 인정하여 섭하를 요동동부도위로 임명하였다. 무슨 꿍꿍이였을까?

그전에 한무제의 정책에 반대하여 흉노와의 화친을 주장한 적산狄山이란 사람이 있었다. 거기까지는 있을 수 있는 일이었다. 그런데 너무 나갔다. 적산은 한무제가 아끼는 신하인 장탕이 민심을 이반하게 하는 역적이라고 주장하기까지 했다. (장탕은 백성들을 무자비하게 수탈하는 법률을 만들어 한나라의 국고를 채워놓았다.)

한무제는 그를 투옥하거나 벼슬을 박탈하지도 않았다. 단지 적산을 흉노의 침입이 빈번한 접경지대 요새의 책임자로 부임하게 했을 뿐이다. 적산이 부임한지 한 달도 되기 전에 흉노가 요새에 침입하여 그의 목을 베어갔다. 그리하여 조정의 신하들이 장탕을 두려워하게 되었다.
아니나 다를까. 조선의 장수를 죽인 전과가 있는 섭하가 부임했다는 소식을 들은 조선 사람들은 며칠이 지나지 않아 성을 넘어가서 섭하의 목을 베어 버렸다. 그러자 한무제는 기다렸다는 듯이 조선의 정벌을 명령했다.

병력 동원

한무제 시대의 맹장으로는 위청과 곽거병을 꼽지만 이때 위청은 위세가 떨어진데다 늙었고 곽거병은 이미 죽은 다음이라 양복楊僕과 순체荀彘를 파견하였다. 양복은 남월을 정벌한 장군으로 수전水戰에 능했다.
《사기》에 나온 전쟁의 경과를 요약한다.
순체는 무제의 총애를 받던 요동 출신의 장수로 연燕과 대代 지역에 있는 병사들을 거느렸다. 연과 대의 병사들은 원래 선비족들이라 사납고 용맹한데다 북방의 추위에 익숙했다.
먼저 순체의 선발대가 공격에 나섰다. 다多라는 장수를 선봉에 세워 첫 교전을 벌였으나 한나라군이 패하고 말았다. 이에 多는 군법을 어겼다는 이유로 처형되었다.
누선장군 양복 또한 승리를 서둘러 군사 7,000을 이끌고 먼저 상륙하였으나 군사가 적은 것을 본 우거가 공격하여 지리멸렬되고 양복은 산에 숨어 10여일을 도망 다녀야 했다. 다시 순체가 군사를 동원하여 조선의 서쪽을 공략하였으나 조선의 방어진을 돌파할 수 없었다. 전선이 교착상태에 이르자 한무제는 조선을 다시 구슬려 보기로 하고 위산衛山을 파견했다.
위산은 우거왕을 만나 한나라의 강함을 설명하고 한나라의 신하가 되면 좋은 점을 설명했다. 설득이 주효하여 위산은 우거의 사과를 받아내었다. 우거는 말을 좋아하는 무제를 위해 말 5,000필을 예물로 보내기로 하고 태자에게 군사 1만을 이끌고 위산을 호위하여 한나라에 사신으로 가라고 했다. 그런데 위산이 태자에게 병사들의 무장을 해제할 것을 요구하자 태자는 의심이 들어 그냥 돌아가 버렸다. 위산이 빈손으로 돌아와 사실대로 보고하자 무제는 위산을 죽였다. 그리고 양국은 다시 전쟁에 돌입했다.

사실은 여기에서 한나라 군대가 조선을 이길 수 없다는 점을 간파해야 한다.

우거가 위산을 호위하는 군사를 1만 명을 보낸 것과 한무제에 대한 선물로 말 5,000필을 보낸 것에서 위만조선의 세력을 짐작할 수 있다. 한나라로 보내는 호위병이 만 명이면 조선의 군사가 10만은 되었다고 보아야 한다. 게다가 말 5,000필은 대단한 물량이다. 이 시절 중국에서는 말 한 마리의 가격이 비단 40필 정도였다고 한다. 요즘 사람들은 비단의 가격에 둔감한데 당시 한나라에서 말 한 필을 바치면 장정 세 사람의 부역을 면제해 주었다는 것을 생각하면 그 가치가 짐작될 것이다. (부역은 군사로 동원되거나 토목사업이나 군량 수송 등으로 동원되는 일을 말한다.) 이는 한나라가 그만큼 피폐했기 때문이다.

한나라는 계속된 흉노와의 전쟁으로 국고가 고갈되었고 인명과 말의 피해가 컸다. 더구나 고갈된 국고를 채워 넣느라 벼슬을 마구 팔아 병사 등 요역으로 동원할 인력이 급격히 줄어들고(벼슬을 사면 세금과 요역이 면제되었다.) 법령을 하도 엄하게 만들다 보니 도적과 죄수들만 넘쳐났다. 그래서 사람이 필요하면 죄수들을 병사나 노동자로 동원 했었고 조선을 공격할 때도 역시 죄수들을 대거 사면하여 병사로 차출했다. 그런데 죄수들의 특징은 틈만 보이면 도망가는 것이다.

《사기》에는 양복이 제나라로 가서 죄수들 5만을 징집하여 발해를 건너 요하로 진입하였다고 했는데 이를 두고 학자들 가운데는 순체의 병력이 5만이고 양복의 병력이 7000으로 모두 5만7천의 병력이 조선을 공격했다고 주장하는 사람들이 있는데 이는 이상한 해석이다.

죄수들은 육로로 이동시킬 수 없었다. 조선을 공격하기 2년 전에 남월을 공격하면서 복파伏波장군 노박덕路博德은 죄수로 구성된 병사 수만 명을 이끌고 육로로 남월을 공격했는데 이동 중에 다 도망가고 남월에 도착했을 때는 겨우 1,000여 명의 병사만 남았다고 한다. 그렇기 때문에 죄수로 구성된 병사들은 도망치지 못하게 선박으로 이동했을 것이다.

양복이 7000의 병사를 이끌고 갔다가 공격을 당해 풍비박산 된 것은 1차로 움직인 병사들이었을 것이다. 이들은 배로 이동했는데 당시 한나라에는 배가 충분히 없었다고 한다. 징발할 배가 없었던 것이다. 당시에 선박을 지니고 있으면 2算의 세금을 물어야 했는데 상당히 부담 되는 무거운 세금이었던 모양이다. 조세가 하도 가혹하여 배를 운용하는 사람이 없어 복식卜式이란 사람이 선박에 부과되는 세금을 없애자는 건의를 하는 바람에 한무제의 눈 밖에 나던 때가 조선을 공격한 바로 전해의 일이다.

양복의 선발대도 그렇다. 배에서 내려 공격을 받아 이기지 못하면 열에 팔구 명은 죽거나 포로로 잡히는 법이다. 용케 도망간다고 해도 신분이 죄수들인 그 병사들이 본대로 돌아갈 리 없으니 나중에 구성된 양복의 군사는 제나라로 돌아간 선박들이 나머지 죄수들을 운반해온 병사들일 수밖에 없다.

제나라는 산동반도 일대에 있는 나라였는데 한무제 당시에는 중국에서도 가장 살기 힘든 곳이었다. 한무제 유철이 봉선을 한다고 수시로 제나라 땅에 들락거린 데다 특히 가뭄이 잦아 길바닥에 사람들의 시체가 굴러다닐 정도였다. 그러니 범죄자가 많을 수밖에 없고 당시의 법은 엄혹하여 웬만한 범죄는 다 사형에 해당되었으니 사형수 5만 정도 만들어 내는 건 일도 아니었다.

누선 / 복원도

당시 양복의 군사들은 누선을 이용했다. 그리고 산동반도를 출발하여 발해로 나가 위만조선으로 이동했다고 기록되어 있다. 누선은 길이가 30m에 가깝고 높이가 3-4층이나 되는 배다. 높이가 높으니 인원은 많이 실을 수 있어 1,000명을 태울 수 있었는데 무게 중심이 높아 풍랑에 매우 취약하여 먼 바다로는 나갈 수 없었다. 그런데 발해로 나가 요하로 진입했다는 기록으로 보아 왕검성은 묘도군도가 이어지는 바닷가에 있었던 것으로 추측된다. 이런 배로는 황해를 건너 대동강으로 도저히 넘어갈 수 없다. 위만조선은 평양에 있었을 수가 없는 것이다.

여하튼 양복의 죄수 병사가 5만이고 순체의 병력이 5만이었으니 위만조선 공격에 동원된 병력은 10만이었다고 보는 것이 합리적이다.

전쟁의 경과

전쟁의 양상은 순체가 성의 서북쪽을 압박하고 양복은 성의 남쪽을 공략하였으나 몇 달이 지나도록 아무런 공을 세울 수 없었다. 양복은 어떻게 해서든 조선을 설득하여 항복을 받아내자는 입장이었다. 전에 남월을 공격할 때 정예병을 데리고 무자비하게 공격하였더니 남월 병사들이 양복을 피하여 복파 장군에게로 귀순하는 바람에 애만 쓰고 공은 세우지 못했던 과거가 있는데다 양복의 병사들이 죄수로 이루어져서 우거의 병사들이 나타나면 도망가기 바빴기 때문이다.

그에 비해 좌장군 순체는 용맹한 군사들을 거느리고 있는 탓인지 강공으로 일관했고 양복이 조선과 교섭을 벌이는 것을 눈치 챈 다음에는 자기도 사절을 보냈으나 조선은 순체를 신용하지 않고 양복 쪽하고만 교섭에 응했다고 한다. 그러나 간단한 사안이 아닌데다 양복에게 전권이 있는 것도 아니어서 차일피일 세월만 흘러가고 있었다. 이런 소식이 한나라 조정에 들려오자 무제는 조정관으로 공손수를 파견했다. 공손수는 무제의 애정이 총신 출신인 순체에게 있는 것으로 생각해서 먼저 순체를 방문하고 순체의 의견을 따라 양복을 체포했다. 그러나 양복의 발을 묶고 돌아온 공손수가 복명하자 무제는 공손수를 그대로 처단해 버린다.

그 소식을 들은 순체는 어떤 심정이었을까?

실제로 전쟁이 끝나고 돌아온 순체를 한무제는 그대로 처단해 버린다. 당시 사형에 해당하는 죄를 지었을 때 50만전을 내면 사형을 면해주는 제도가 있었고 양복은 50만전을 내고 목숨을 구했다. 그러나 순체에게는 그런 기회도 주어지지 않았다. 오히려 기시棄市의 형벌을 받았다. 시체를 뭇사람이 볼 수 있도록 걸어놓는 형벌을 받았으니 한무제의 노여움이 대단했음을 알 수 있다.

전쟁은 잘 알려진 대로 조선의 내분으로 종결되었다.

먼저 한음韓陰, 왕협王唊, 노인路人, 세 명의 비왕裨王이 한나라로 도망친다. 왕검성 내부에서는 또 반란이 일어나 삼參이라는 인물이 우거왕을 죽이고 한나라에 항복한다.

이 정도 되면 한나라 군대는 손쉽게 왕검성을 점령해야만 했다. 그러나 한나라 군은 그럴 능력도 없었다. 그렇게 힘으로는 왕검성을 함락시키지 못하자 순체가 나서 협상을 시도했다. 죽은 우거왕의 아들에게 한나라로 귀순할 경우의 이점을 말하며 설득했다. 그것이 주효하여 우거의 아들 장항長降과 노인의 아들 최最는 백성들을 달래는 한편 주전파의 우두머리 성사成巳를 살해했다. 이로써 위만조선은 멸망했다. B.C. 108년이었다.

전쟁 이후

이 전쟁에서 한나라 군은 한 번도 승리한 적이 없다. 붙으면 붙는 족족 한나라 병사들만 깨졌다. 사마천도 《사기》에 패전만 거듭한 사실을 분명히 밝혔다.
이런 점 때문에 조선열전이 조선의 승리를 한나라의 승리로 억지로 바꿔 놓은 것이라는 주장도 있으나 그런 주장은 타당성이 없다. 전투와 전쟁은 다르기 때문이다.
냉정히 살펴보면 한나라가 고조선과의 전쟁에서 승리할 가능성은 아예 없었다. 이때 한나라에는 위청이나 곽거병 같은 명장은 없었으나 이는 큰 문제가 아닌듯하다. 가장 큰 문제는 흉노와는 달리 위만조선에는 왕검성이란 단단한 성이 있었다.
일반적으로 성을 공략하려면 수비하는 병사들 10배의 군사가 필요하다고 한다. 위만의 군사들 숫자는 기록에 나와 있지 않으나 태자가 항복의 예를 갖춘다고 이끌고 가던 군사의 수가 1만이었던 것에서 병사들의 숫자가 최소 10만은 되었을 것 같다. 한나라에서 동원한 순체의 병사가 설령 10만이 넘었다고 해도 간단히 해결된 문제가 아닌 것이다. 그럼에도 불구하고 원정을 감행한 일은 무모한 도박으로 볼 수밖에 없다.
문제는 우거의 위만조선이다. 한나라에서 조공을 바치라고 하면 조공은 몰라도 사신이라도 보냈어야 했다. 훗날 고구려 신라 백제는 중국의 먼 나라 가까운 나라 가리지 않고 조공을 열심히 보내곤 했다. 신라와 백제는 고구려를 견제하기 위해 조공을 보냈지만 고구려는 달랐다. 고구려는 전쟁을 하는 일방 사신을 조공의 명목으로 뻔질나게 보냈는데 이는 적의 허실을 정탐하기 위한 것이었다. 자고로 북방유목민족의 강점은 정보에 빠르다는 것이었는데 우거의 위만조선은 정보를 등한시했다. 당시의 한나라가 극도로 피폐했음을 알았다면 아무리 우거에게 정통성이 없었어도 그렇게 심각한 내분이 일어나지 않았을 것이다. 게다가 항복하겠다고 하고 그것을 번복하고 그리고 또 다시 항복 교섭을 하고 있었으니 군사들이나 지휘관들이나 전투에 나갈 의지가 있었을까?
죄수로 이루어진 양복의 군사들은 조선 군사가 나타나면 앞장서서 도망가기 바빠서 서로 놀려대곤 했다는데 그런 군사들을 전멸시키지 못한 건

우거의 잘못이 크다고 할 수밖에 없을 것이다.

그런데 조선을 배반하고 한나라 편에 붙은 사람들에 대한 논공행상은 어떻게 되었을까?

《사기》에 그들이 받은 봉작이 자세히 나와 있다. 5명이 제후로 임명되었는데 봉작 명칭이 매우 생소하다. 획청후, 적저후 그런 이름들이다. 그런데 설치했다는 군현의 이름은 없다.

나는 그것이 참 신기하다. 조선을 멸망시키고 4군을 설치했으면 그 4군의 이름이 중요하다고 보는데 4군의 이름은 없고 그들이 받은 봉작 명칭은 기록했다는 것이다. 반고의 《한서》는 한 술 더 뜬다. 그들이 받은 식읍을 일일이 기록하고 있다. 많게는 1,480호에서 적게는 540호까지 받았으니 후하게 받았다고 하겠다. 반고가 이렇게 기록한 것은 식읍을 내린 것은 황제의 은혜이기 때문에 그랬으리라. 춘추필법은 임금을 위한 기록법이고 반고는 춘추필법을 충실하게 따른 사람이다.

여하튼 위만조선의 멸망에 공을 세우고 한나라로 항복하여 제후로 임명된 인물들의 그 후 행로를 살펴보자. 화이문화론의 입장에서는 황제에게 충성한 인물이므로 좋게 기록하겠지만 유교적 정신에 의하면 자기 군주를 배반한 사람들이다. 그리고 한민족 입장에서는 매국노(당시와 국가 개념은 다르지만)가 된다.

그들이 받은 직함을 통하여 漢나라의 지명을 샅샅이 조사한 사람들이 있어 그들이 넓은 중국 땅에 뿔뿔이 흩어져서 봉지를 받은 것을 확인했다. 이를 두고 의심 많은 한무제가 그들이 모반할 수 없도록 분리시켰다는 해석이 있지만 의문이 생길 수밖에 없는 자료도 있다.

우거를 죽이고 획청후로 책봉된 참은 영지가 산동반도에 있었다고 하는데 조선에서 달아난 포로를 숨겨주었다는 죄로 감옥에 갇혔다가 죽었고, 우거의 아들은 멀고도 먼 한나라 수도인 낙양 부근에 봉토를 받았는데 조선 백성들 반란을 사주했다는 죄목으로 맞아죽었다. 이들이 거리도 지극히 멀고 산지사방으로 분산된 봉지에 갔다면 이런 죄목을 뒤집어쓸 이유가 없다.
그래서 한무제처럼 머리가 비상하면서 냉혹한 사람의 입장이 되어 생각해 보았다.
한무제는 흉노와의 오랜 전쟁을 통해 유목민의 땅을 차지하고 그곳을 다스리는 일이 매우 어렵다는 것을 잘 알고 있었다. 게다가 황제에게 지극한 충성을 바치면서도 그런 어려운 일을 무난히 처리할 만한 유능한 인재는 그리 흔하지도 않았고 그런 인재는 가급적 자기 주변에 두려고 했다. 그렇기 때문에 한무제는 조선과의 전쟁에서 공을 세운 인물들에게 명목상의 봉지만 주고 그대로 조선에서 백성들을 다스리게 하는 방법을 택했을 것 같다.
그것이 이이제이以夷制夷, 조선을 반역한 사람들로 현지인을 다스리는 방법이다. 또한 그들에게 후한 봉지를 내렸다는 사실을 조선인들에게 널리 알리면 조선을 배반하고 한나라에 붙은 사람들에게는 영화를 보장한다는 선전이 된다.
그리고 그 배반자들에게는 후한 봉지를 내렸다는 명목으로 충성을 강요할 수 있다. 당시 한나라는 변방에 둔전제를 실시했는데 이는 그 지역의 주민들을 쫓아내고 군대가 그 지역에 주둔하면서 농사를 지어 자급자족하면서 적의 공격을 방어하는 방식이다. 그런데 조선인에게 조선인을 다스리게 하고 한나라 군사들을 주둔시키면 병사들이 굳이 농사를 지을 필요가 없으니 직업군인으로 활용할 수 있다. 조선인이 이들의 양식을 대고 한나라 군사는 편히 얻어먹으면서 감시를 하고 나아가 한나라로 보낼 말 등의 물품을 수탈까지 할 수 있다. 그러다 안정적인 지배체제가 구축되면 한나라의 엄격한 법률로 사소한 잘못을 들어 그들을 숙청하면 되는 것이다. 결론은 한나라로 귀순한 사람들이 받은 칭호와 봉지에는 아무런 의미를 부여할 가치가 없다는 것이다.

2. 한사군의 위치

일제는 조선총독부 직속의 조선사편수회를 내세워서 한사군이 한반도 북부에 있었다는 결론을 내렸다. 이는 조선은 원래 식민지로 시작한 나라였으니 다시 식민지가 된 것에 억울해하지 말고 식민지 백성의 삶을 받아들이라는 조선총독부의 입장에 부합하는 결정이었다.

고려와 조선시대의 견해

일제보다 앞선 시대인 조선시대의 입장은 어땠을까?
정도전은 명태조 주원장에게 나라 이름을 점지해 달라고 청을 올리면서 "오로지 조선만이 거룩한 주나라 무왕의 명을 받아 조선후에 봉해진 아름다운 이름입니다."라는 설명을 붙였다. 이는 조선 건국의 시조가 기자이며 기자는 주나라 무왕에 의해 조선후에 임명되었다는 설명과 같은 뜻이다. 정도전은 《조선경국전》에 이 내용을 그대로 옮겨 실었고 그것은 다시 조선의 헌법에 해당하는 《경국대전》에 그대로 수록되었다. 일제의 입장과 다를 바가 없는 해석이었다.

일연스님 표준 영정

조선보다 앞선 고려 때는 어땠을까?
평양에 기자묘가 만들어진 때가 고려 충숙왕 12년인 1325년이다. 그보다 앞선 1280년대 말에 편찬된 《삼국유사》 고조선조에 일연스님은 환웅이 내려온 태백이 묘향산이라고 註를 달아놓았다.
《삼국유사》 앞에 《삼국사기》가 있었다.
《삼국사기》의 저자 김부식은 해동에 나라 있

은지 오래 되었는데 기자에서 위만까지의 사적은 알 수가 없다고 기록해서 기자가 조선의 시조라고 밝혀놓고 있다.

김부식 표준 영정(부분)

그 김부식이 《삼국사기》의 편찬을 명한 인종에게 《삼국사기》를 올리면서 고려의 학사 대부들이 중국의 일에 대해서는 널리 알고 자세하게 말하나 우리나라의 일에 대해서는 망연하여 그 시작과 끝을 모르고 있다고 기록하고 있다.

《삼국사기》가 사대주의에 충실했음은 누구나 인정하고 있는데 그 김부식마저도 이런 글을 올릴 정도였으니 참으로 사대란 골수에 깊은 병이었다.

그런데 김부식은 여지를 남겨놓았다. 인종에게 올리는 글에 "又其古記 文字蕪拙 事迹闕亡 是以君后之善惡 臣下之忠邪 邦業之安 危人民之理亂 皆不得發露 (**또 고기**古記**는 글이 거칠고 서투르며 사적이 빠지고 없어져서 임금의 선악과 신하의 충사**忠邪**와 나라의 안위와 위급한 백성들을 다스리거나 어지럽게 한 일들이 제대로 나타나지 않았다.**"고 적어놓았다.

여기의 고기는 이암이나 이맥이 〈단군세기〉나 〈태백일사〉를 쓸 때 참고한 자료들이 아니라 《구舊삼국사기》《삼한고기》, 《해동고기》, 《신라고기》 등이라고 한다. 이것들은 고려 때 편찬된 책들로 알려져 있는데 이것들도 신용하지 않았다는 말이 된다. 《삼국사기》의 내용을 검토하면 당시에 《화랑세기》나 《김유신행록》 등 신라의 기록은 온전히 보존되어 있었고 《유기留記》나 《신집新集》 같은 고구려의 역사서나 《서기書記》 같은 백제의 역사서는 당시에 이미 없어졌을 가능성이 높다고 한다. 그러나 어찌되었던 김부식은 중국의 사료는 철저히 신뢰했으나 신라나 고려 사람이 쓴 역사서는 중국의 기록에 부합될 때만 참고했던 것이다.

당시의 역사관이 이러했으므로 동방의 중국(小中華)을 지향하던 조선에서는 《세종실록지리지》에도 낙랑이 현재의 평양에 있었다고 기록되었고 실학을 숭상하던 정약용도 한사군이 한반도에 있었다고 믿었다. 그러나 정약용 당시에도 연암 박지원을 비롯한 많은 사람들이 한사군이 한반도에 있었다는 것은 어부성설이라고 주장했고 특히 정약용과 같은 남인 계통의 실학자인 성호 이익도 낙랑과 현도군이 요동에 있었다고 주장하여 정약용은 그의 저서 《아방강역고我邦疆域考》에 "많은 사람들이 요동에 있었다고 생각한다."는 사실을 부기해 놓기도 했었다.

낙랑군과 낙랑국

그런데 정약용이 낙랑이 평양에 있었음을 믿을 만도 한 것이 《삼국사기》에 신라가 초창기에 낙랑의 공격을 받았다는 기록이 빈번하게 나오기 때문이다. 이는 김부식이 의도적으로 넣은 것이 아니라 김부식이 참고한 각종 古記에 그렇게 기록되어 있었기 때문일 것이다. 여하튼 한반도 동남쪽에 치우친 신라의 위치를 생각하면 신라를 공격한 낙랑(낙랑국)은 한반도에 있었음이 확실할 것이다.

그런데 낙랑이란 이름은 고대에 참으로 자주 등장한다. 신라왕이나 고구려왕이 중국에 조공을 하고 받은 이름에 '낙랑'이 들어가는 경우가 매우 많았다. 그런데 고구려 대무신왕 때의 일은 주목할 만하다.

《삼국사기》의 기록에 의하면 대무신왕은 그 아들 호동왕자가 낙락왕 최리崔理의 사위가 된 일을 이용하여 낙랑(낙랑국)을 공격하여 서기 33년에 낙랑왕의 항복을 받고 38년에 다시 습격하여 완전히 멸망시켜 버린다. 이에 낙랑 사람 5,000여 명이 신라에 귀순하여 유리(노례) 이사금이 6부에 나눠 살게 한 일이 있다. 그런데 한사군의 낙랑은 서기 313년에 멸망하였다. 그렇다면 박혁거세 때부터 신라를 공격한 낙랑은 평양에 있던 최리의 낙랑이지 한사군의 낙랑군일 수는 없다.

대무신왕 27년(45년)에 이상한 기사가 있긴 하다. 후한 광무제가 바다 건너 낙랑을 쳐서 그 땅을 군현으로 만들어서 살수薩水 이남은 漢에 속하게 되었다는 것이다.

그런데 45년은 광무제 유수가 중국을 통일한지 8년 되는 해였다. 내전의 뒤치다꺼리에 바쁘고 북방에는 흉노의 위협이 기세등등했던 그 시절에 한나라가 황해를 건너는 원양선단을 꾸렸다는 건 어불성설이다. 그러므로 이때 살수 이남이 漢에 속했다는 말은 살수가 지금의 요서 지방에 있었다는 단서가 된다. (요동에 있었다면 남쪽이 아니라 서쪽이 漢에 속했다고 할 것이다.)

보충설명을 하면 왕망의 신新나라 때 왕망이 고구려에게 흉노를 치라는 조서를 내린 적이 있었다. (고구려가 언제부터 한나라에 조공을 하기 시작했는지는 알 수 없다.) 그런데 왕망은 유학을 철저하게 숭상하는 중화주의자여서 자신이 즉위하자 주변의 이민족들에게 공문을 보내며 왕의 칭호를 취소하고 후侯로 강등시켜버렸다. 고구려도 이때 고구려후로 강등되었기 때문에 대무신왕은 불쾌한 감정을 갖게 되었는데 왕망이 흉노를 친다고 고구려에 원군을 보내라고 하자 대무신왕은 오히려 한나라를 공격했고 왕망은 화가 나서 高句麗를 下句麗라고 불렀던 일이 있다. 그때 고구려가 점령했던 영토를 광무제가 수복한 일을 김부식이 이렇게 기록한 것이 아닐까 한다. 그리고 바다를 건넜다는 말은 두 가지 가능성이 있는데 하나는 김부식이 자기 생각대로 집어넣었을 가능성이다. 김부식과 《삼국사기》의 성격에 관한 일은 뒤에 상세히 설명하지만 고구려가 중국을 공격한 일은 언급도 하지 않은 것에서 김부식의 집필 방향을 짐작할 수 있을 것이다. 그리고 여기에서 낙랑(낙랑군)은 물론이고 살수도 중국의 요서지방에 있었음도 확인할 수 있다. 그리고 실제로 광무제의 군대가 연안을 따라 배로 이동했을 수도 있다. 육로보다는 바다를 통해 군대를 이동시키는 일이 훨씬 용이하지 않은가. 김부식의 생각대로 살수를 청천강이라 하면 백제와 신라가 증발해버린다.

날조의 증거

고려나 조선조의 유학자들이 한사군이 한반도 북부에 있었다고 믿거나 믿고 싶어 했던 것은 순진하거나 멍청해서 그랬지만 일본제국주의의 행적은 차원이 달랐다. 그들은 자신들이 천년만년 조선을 지배할 수 있다고 믿었는지 한사군이 한반도에 있었다는 확실한 증거를 만들어댔는데 그것은 악랄한 범죄행위였다.

문성재는 《한사군은 중국에 있었다》에서 조선총독부의 협조를 받아 일제의 식민 지배를 정당화하는 이론을 정립한 일본 관변학자들의 작업 내용을 폭넓게 파헤쳤는데 그중 관야정(關野貞세키노 다다시)의 일기는 주목할 만하다.

관야정은 동경제국대학교 공학부 교수로 건축을 전공한 사람이다. 한국에 와서 건축과 미술을 공부해서 1915년 《조선고적도보朝鮮古蹟圖譜》를 출판했고 그 공로로 프랑스 학술원상을 받기도 했다.

그가 구한말에 노새를 타고 경주를 찾아 그곳 군수에게 불국사를 물었으나 경주 군수는 불국사를 몰랐다고 한다. 그 이야기를 나도 수십 년 전에 들었으니 꽤 유명한 이야기인 듯하고 그 이야기를 들은 외국인들이 조선이란 나라가 그들의 문화재를 간직할 자격이 있는 나라인지 의심이 들었을 만도 하다.

전하는 말로는 조선의 문화재를 관야정만큼 많이 본 사람이 없다는 이야기도 있었으니 그가 조선의 문화에 애착을 갖고 있었음은 분명한 것 같다. 그렇게만 알고 있던 나에게 관야정의 일기 내용은 충격적이었다.

그는 1911년에는 황해도 사리원역 부근을 조사하여 그곳이 한나라 때 대방군이었다는 선언을 하고 1913년에는 평양 대동강변 구두진의 토성을 발굴하여 그 일대를 낙랑군 치소로 선언했다. 1915년에는 《조선고적도보》를 발간하는 한편 조선총독부 박물관을 개관하였고 그 이후 행적은 골동품 수집에 열을 올렸다.
그런데 1918년 3월 20일에는 북경 유리창의 골동품점을 둘러보고 조선총독부 박물관을 위하여 한나라 시대의 발굴품을 300여 엔에 구입하고 3월 22일에 다시 유리창에 가서 골동품을 사는데 낙랑 출토 유품이 대체로 갖추어졌기에 적극적으로 그것을 수집했다고 일기에 적고 있다.
1921년의 물가는 신입 은행원의 월급이 50엔 정도였다고 한다. 그리고 당시에는 골동품 가격이 지금과는 비교할 수 없을 정도로 헐했을 때다. 3월 20일에 300여 엔을 썼고, 22일에 또 다시 적극적으로 수집했다니 상당히 많은 골동품을 구매했을 것이라고 생각된다.
주목할 일은 이 분이 낙랑의 유물을 북경에서 구하러 다녔다는 점이다. 조선총독부의 유물을 북경에서 구하러 다녔다면 결론은 뻔하다. 낙랑이 북경 부근에 있었음을 본인도 알고 있었다는 것이다.
관야정의 다른 행적도 의심의 눈으로 볼 필요가 있다. 1921년 일본인 도굴꾼 산전재치랑(山田釘治郎 야마다 사치로)이 평양에서 낙랑태수장이 찍힌 봉니를 도굴하고 관야정은 산전재치랑이 도굴했다는 그 지역을 정밀조사하고 총독부는 그 봉니를 150엔의 거금을 주고 구입한다. 무언가 향기롭지 못한 냄새가 나는데 관야정은 그 뒤에도 수상한 방식으로 발견된 미심쩍은 봉니들을 구입하는 일에 계속해서 관여한다.

낙랑군이 평양에 있었다는 이론을 확립하는데 관야정보다 더 혁혁한 공(?)을 세운 인물이 백조고길(白鳥庫吉 시라토리 구라키치)이라는 평도 있다. 백조고길은 동경제국대학에 사학과를 개설하기도 한 인물인데 1908년에 조선에 와서 한국사 관련 문헌자료를 소장하고 있는 서점에서 5,000여 권의 자료와 책이 있는 것을 확인하고 일제의 침략 첨병인 남만주철도주식회사(만철)에서 오륙천 원을 지원받아 그 자료들을 모두 구입한다. 당시 《고려사》 한 권 가격이 20원이었다고 한다.
그가 이렇게 남만주철도주식회사의 전폭적인 지원을 받은 데는 그럴만한 이유가 있다. 남만주철도주식회사는 러일전쟁 승리 후 만주에 대한 지배권을 행사하기 위해 1906년 만들어진 반관반민의 회사인데 실질적으로는 일본의 만주 침략 첨병이었다. 일본은 만주를 차지할 그럴듯한 명분이 필요했는데 백조고길은 그 일을 훌륭하게(?) 해낸 인물이었다.

그는 1913년 몇 사람의 동료와 함께 《만주역사지리》 2권을 펴내 소위 만선사관의 이론적 배경을 만들어냈다. 만선사관은 조선과 만주는 하나라는 주장인데 이것이 일본과 조선이 하나라는 내선일체와 결합하여 만주에서 한반도를 거쳐 일본열도까지가 한 묶음으로 묶여 일본의 만주 점령의 명분을 만들어낸 것이다.

백조고길의 만선사관은 참으로 교묘한데 그는 먼저 만주를 장악한 고조선이 한반도 북부를 지배했다는 사실을 내세운다. 이것으로 만주와 한반도는 뿌리가 같다는 주장을 한다. 만주와 한반도는 원래 같은 민족이었으니 한반도를 점령한 일본이 만주까지 점령함은 당연하다는 논리를 만든다.

그런 다음 만주를 장악한 세력이 중국까지 지배했다는 역사적 사실을 내세운다. 거란의 요나라가 그랬고 여진의 금나라가 그랬고 몽골의 원나라 역시 만주를 장악하자 중국을 지배했고 청나라도 만주를 장악하자 중국을 지배했으므로 한반도를 차지한 일본이 만주를 넘어 중국까지 점령하는 것이 역사의 순리라는 주장이다.

참으로 희한한 논리가 아닐 수 없지만 당시의 일본은 힘으로 밀어붙일 무력이 있었다. 그러니까 일본의 무력만 제압할 수 있다면 이런 논리는 쓰레기통으로 직행할 것이지만 그 과정에서 한사군을 거론한 것이 아팠다. 한무제도 위만조선을 멸망시키고 한사군을 설치해서 동북아시아를 장악했다는 결론을 내린 것이다.

이것은 일제의 필요에 의한 점이라는 것을 간파해야 한다. 한무제가 만주를 먹었기 때문에 한반도까지 먹었다는 것은 만주와 한반도를 한 묶음으로 묶자는 의도인 것이다. 그래야 일제의 만주 침략을 합리화되기 때문이다.

그런데 일제는 내선일체와 만선사관을 거쳐 만주로 들어가는 것이 약간 거추장스럽게 여겨졌던 모양이다. 1931년 만주사변을 일으켜 만주에 대한 지배권을 장악하자 발해를 꺼내들었다. 익히 알려진 대로 통일신라시대에 신라는 당나라와 밀접하게 지내면서 발해와는 적대시했고 발해는 일본과 가까워졌다고 한다. 그런데 일본열도와 만주는 뱃길이 간단치 않다. 그러니 교류가 있었으면 얼마나 있었겠는가? 그런데도 일본은 발해를 이용하고자 흑룡강성 영안(寧安닝안)시에 있는 발해의 수도였던 상경성(동경성) 유적에 일본 최초의 화폐인 화동개진和同開珍(와도카이친)을 파묻고(이는 함께 발굴에 참여했던 중국인 학자가 폭로했다.) 만주와 일본은 역사적으로 오랜 유대의 관계를 유지하고 있었다는 선전에 이용하기도 했다.

백조고길의 수법은 정치적 목적으로 진실을 재단하여 왜곡한 것이다. 만주를 차지했던 세력이 한 시대를 호령했던 것은 사실이긴 하지만 그것이 일본의 중국 침략을 정당화하는 논리가 될 수는 없다. 그래도 백조고길의 연구 중에 소중한 성과가 하나 있었으니 만주가 우리 한민족의 고향이었다는 것이다.
고조선의 법통(신시부터 이어진)은 고구려가 이었음은 명백하다. 같은 지역 같은 민족의 국가였음이 너무도 명백하기 때문이다. 그리고 고구려의 법통은 통일신라가 아니라 발해가 이은 것도 맞다. 하지만 발해로 갔던 그 법통은 발해가 망하면서 발해를 멸망시킨 거란이 아니라 국호까지 고구려를 이은 고려가 가져왔던 것이다.

점제현 신사비

한국고대사 조작사건에서 빠질 수 없는 인물이 조선총독부 조선사편수회의 핵심인물인 금서룡(今西龍 이마니시류)이다. 식민주의 역사관에 기여한 그의 공로는 명성이 자자하거니와 그중에서도 가장 돋보이는 업적(?)은 이른바 점제현秥蟬縣 신사비라고 불리는 비석의 발견일 것이다. 그는 평안남도 용강군에서 이 비석을 발견했으므로 이것으로 평양이 한나라의 낙랑군 소재지였음은 움직일 수 없는 사실이 되었다고 선언한다.

점제현 신사비

그런데 점제현 신사비의 문제에 대해서도 《한사군은 중국에 있었다》에서는 심각한 문제가 있음을 지적한다. 그 주장을 간단히 요약하면 한나라 때까지는 비석에 글을 새기는 법이 없었고 현지의 바위에 암각으로 글을 새겼는데 점제현 신사비는 바위에 새겨져 있던 암각을 떼어낸 흔적이 여실하다는 것이다. 발견된 위치 문제도 지적한다. 진산鎭山의 은덕을 기리는 신사비는 마땅히 웅장한 산의 어느 명당자리에 있어야 하는데 점제현 신사비가 발견된 평안도 용강 부근에는 웅장한 산도 없고 그 비석이 발견된 장소도 사방이 탁 트인 평야였다는 것이다.

화강암의 재질 문제도 언급했다. 화강암은 지역에 따라 조금씩 성분에 차이가 있는데 1995년 북한에서 이 신사비의 화학성분을 분석한 결과는 점제현 신사비의 화강암은 평안도 일대의 화강암과는 그 성분이 다르고 요하지방의 화강암과 비슷했다고 한다.

점제현 신사비에 새겨진 글자 문제도 언급했는데 점제현 신사비는 새겨진 글자 자체가 세월의 풍상에 의해 마모되기는 했지만 그 중 위치를 추적할 수 있는 중요한 글자는 인위적인 손상을 가해 알아보기 힘들게 만들었고 그런 와중에도 글자 수나 글자 모양이 평안도의 산 이름에는 끼워 맞춰볼 이름이 없었다고 한다. (문성재는 그 글이 새겨진 바위가 원래 있던 장소가 북경과 진황도 중간의 옥전현玉田縣에 있는 서무산徐无山이라고 주장한다.) 그리하여 점제현 신사비는 다른 큰 산(서무산)의 바위에 새겨져 있던 암각글씨를 금서룡이 사람을 시켜 떼어온 것이 확실하다는 결론을 내린다.

이렇게 한나라의 낙랑군이 평양에 있었음을 확실히 증명한다는 유물이 확실한 가짜로 판명되었으면 "낙랑군이 확실히 평양에 있었다."는 주장도 "낙랑군은 평양에 확실히 없었다."로 바뀌어야 하지 않을까?

봉니의 문제

봉니 / 국립박물관 소장

낙랑군이 평양에 있었다는 또 다른 증거로 내세우는 것이 봉니封泥다. 봉니는 문서를 쓴 죽간을 넣는 통으로 진흙으로 만든 물건이다. 문서가 기록된 대나무 죽간은 세월이 흐르면 흙 속에서 썩어 사라져도 흙으로 만든 봉니는 남고 그 통에 쓴 글자도 남는다. 그 봉니가 평양 지역에선 유난히 많이도 나온다. 그런데 묘하게도 봉니는 평양 지역에서만 집중적으로 출토되었다. 그리고 1920년대부터 1930년대까지만 출토되고 꼭 관야정과 금서룡 같은 일본 학자들을 통해서만 발견되었다.

위당 정인보

점제현 신사비 발견 당시에도 여러 의문점을 날카롭게 지적한 바 있는 위당爲堂 정인보鄭寅普는 중국에서도 특정 군 속현들의 봉니가 한곳에서 집중적으로 쏟아진 예가 없으며, 작은 충격에도 쉬이 깨어지는 진흙 재질의 봉니가 대부분 양호한 상태로 발견되었으며, 다른 시기의 봉니들이 동일한 서체로 기록되었다는 점을 지적했다. 또 봉니는 우편물과 같아 보내진 곳에서 발견되어야 하는데 낙랑의 봉니는 보낸 곳에서 발견되었다는 문제를 지적하면서 이렇게 질타한다.

낙랑의 속현이 25개인데 그중 7개현만 제외하고 18개 현의 이름이 들어간 봉니들이 모두 빠짐없이 발견되었다. 그것도 한나라나 오랑캐들의 봉니는 하나도 없이 유독 낙랑군과 그 속현의 것들만 나왔다. (중략)
《한서》나 《후한서》를 놓고 대조해가면서 새긴 것이 아니라면 어떻게 봉니들이 이렇게 온전한 상태로 발견될 수 있겠는가?
당시 위조자들은 낙랑 이외 지역의 봉니까지 위조해야 효과적인 기만술이 된다는 것에는 생각이 미치지 못한 것 같다.

한사군의 소멸

한사군은 위만의 조선이 멸망한 B.C. 108년 낙랑과 임둔과 진번을 설치하고 26년 후인 B.C. 82년에 진번은 낙랑에 임둔은 현도로 편입된다. 그리고 현도군은 그 7년 뒤인 B.C. 75년 서북지역으로 축출되었다고 하는데 이는 현도군이 함경도 부근에 있었다고 생각했기 때문에 나온 이야기 같다. 고구려가 낙랑군을 멸망시킨 4년 뒤인 317년에 현도 성을 쳐서 깨뜨렸기 때문이다.
《삼국사기》에 의하면 고구려는 2대 유리왕 때부터 서방 세력과 끊임없는 전쟁을 벌였는데 그 중 절반 이상이 현도와의 전쟁이었다. 그러므로 현도군이 한나라의 4개 군 중 가장 늦게까지 남았다고 봄이 옳을 것 같다. 다만 한사군이 어떤 체제로 운영되었는지는 의문이다. 한나라 때의 관례는 조정에서 태수를 임명하긴 했는데 부임하지는 않았다고 한다. 이는 남월이나 서남이의 경우도 그러했는데 한나라가 군을 설치했어도 거리가 멀어 제대로 통치할 수 없었기 때문일 것이다.

고구려 초창기의 주된 전쟁 상대는 현도였으나 현대에 문제 되는 것은 낙랑의 존재다《삼국사기》에는 낙랑의 멸망에 대해 단 한 줄의 기사만 나온다. 미천왕 14년(313년) 낙랑군을 침범하여 그곳의 남녀 2000여 명을 포로로 잡았다(侵樂浪郡 虜獲男女二千餘口)는 기록이 전부다. 참으로 간단하다.
낙랑이 망한 기사는 이렇게 간단한데 낙랑군이 평양에 있었다는 주장의 여파는 간단하지 않다.

한사군이 한반도에 있었다는 주장은 중국과 일본 학계만의 공식 입장이 아니다. 이른바 한국 강단사학계의 공식 입장도 그와 같다. 한국이 인정하니 당연히 세계적으로도 한사군이 한반도에 있었다고 인정할 수밖에 없다. 미국 유명 지리학자의 책을 보았더니 한나라 때의 지도가 한반도 전체까지 한나라의 영토로 표시되어 있었다. (개정판에서는 그 지도가 없어지고 한반도의 허리까지 한나라 영토로 표시되었다.) 그런 책들을 접한 사람들은 한때는 한국이 중국의 식민지였다고 믿을 수밖에 없다.
이건 학술적인 문제라고 하자. 세월이 가면 언젠가는 고쳐질 것이란 희망을 품을 수도 있다. 그런데 외교 안보적으로 문제가 되는 것은 누가 책임질 것인가?
2017년 미중정상회담에서 시진핑이 트럼프에게 한때는 한국이 중국의 영토였다는 말을 했다. 물론 한사군을 근거로 이런 이야기를 했을 것이다. 뜬금없이 이런 이야기를 왜 꺼냈는지 생각해 보았는지 모르겠다. 중국 최고 지도자에게 한무제 때의 영광을 재현하고 싶은 꿈이 있고 그 꿈을 실제로 실현시키려는 의지를 지니고 있기 때문이 아닐까?

3. 동호와 번조선

위만조선의 멸망은 사실 매우 싱거운 바 있다. 한나라는 전투에서 승리하지 못했을 뿐 아니라 고작 왕검성 하나를 함락시켰기 때문이다.
사실 《사기》에서 조선열전의 분량은 미미하기 그지없다. 고대에 조선이라는 나라는 작은 나라가 아니었다. 그런데 조선에 대해 고작 몇 페이지의 기록만 남아 있다는 것은 뭔가 조작의 냄새가 짙게 풍기는 것도 사실이다. 그리고 조선 같이 큰 나라가 고작 왕검성 하나 함락되었다고 나라가 망했다는 것도 믿기 어렵다.
《사기》 조선열전에는 연나라가 그 전성기 때 조선과 진번을 공격하여 연나라에 귀속시켰다는 말도 있다. 그렇다면 조선이 이미 망한 다음에 위만이 조선을 다시 세웠다는 이야기가 된다. 물론 잘못된 것으로 이 문장은 후세에 필사하면서 끼워놓은 것임을 짐작할 수 있다. 그런데 이 내용을 첨언한 사람도 나름대로 이유가 있었다. 《사기》 흉노열전에 묘한 내용이 있기 때문이다.

진개 이야기

其後燕有賢將秦開爲質於胡 胡甚信之 歸而襲破走東胡라는 문장, 연나라에 진개라는 유능한 장수가 있었는데 胡에 인질로 있다가 그들의 신임을 얻어 풀려난 후 동호를 공격하였다는 말이 있다.

사실 이 내용은 자체로도 문제가 있다. 일반적으로 인질로 갔던 장수가 인질에서 풀려난 뒤 공격하는 나라는 인질로 갔던 나라다. 인질로 있는 동안 증오가 쌓이는데다 그 나라의 지리와 허실을 파악할 수 있기 때문이다. 이런 일반적인 상황과는 달리 흉노에 인질로 갔다가 인질에서 풀려난 후 동호를 공격했다는 말이니 납득하기 어렵다.

그리고 이 내용이 들어간 자리가 또 문제가 된다. 趙나라에 무령왕武寧王이 있었는데 무령왕은 조나라 중흥의 군주다. 무령왕이 조나라를 강력한 나라로 만든 비결이 군사들에게 호복을 입히고 말 타고 활 쏘는 것을 가르친 것이다. 호복胡服은 북쪽 유목민족이 입던 옷을 말한다.

중국의 북부지역에서는 조나라 무령왕 다음에 연나라 소왕이 강자로 등장한다. 그런데 진개 이야기를 무령왕과 연소왕 사이에 기록한 때문에 진개가 연소왕 때 사람인 것 같은 인상을 주었다.

또 하나 문제는 연소왕 때는 흉노의 세력이 지극히 미미했다는 것이다. 인질을 잡을 정도로 세력이 강하지 않았음은 물론이고 존재 자체가 알려지지 않았을 때였다. 흉노가 일어난 때는 전국시대가 끝나고 그 다음의 진나라도 망하고 항우와 유방이 각축을 벌일 때였다. 그런 사실을 감안하면 연나라에서는 흉노에 인질을 보낼 일이 전혀 없었다. 그렇다면 진개의 인질 이야기는 그 진위여부를 떠나 그 자리에 들어갈 수 없는 내용이다. 그래서 사마천이 기록한 것이 아니라 후세 사람이 필사하면서 자신이 알고 있는 잘못된 정보를 끼워놓았다는 의심을 할 수밖에 없다. 앞뒤 문맥을 훑어보아도 끼워놓은 정황이 확연히 드러난다.

조나라가 북방을 견제하기 위하여 요새를 쌓고 군을 설치했고, 연나라도 장성을 쌓아 경계했다는 내용이 이어지는 중간에 뜬금없이 진개 이야기를 집어넣은 것이다.

그러므로 흉노열전의 진개 기사는 아무런 사료적 가치도 없다고 결론지을 수 있다. 또한 조선열전의 연나라가 조선을 멸망시켰다는 기사도 신뢰할 수 없다고 하겠다.

이 두 가지 기록이 엉터리이긴 하지만 고려할 점은 있다. 진개 이야기를 집어넣은 사람이 알고 있던 정보의 출처문제다. 그도 뭔가 이야기를 들은 게 있으니 그 이야기를 넣었을 것이 아닌가.

북방유목민족의 호칭

《위략魏略》이라는 책이 있다. 여기에 연나라가 진개를 파병하여 조선의 서쪽을 공격하여 땅을 2,000리 얻고 만번한을 설치하여 경계로 삼았다고 나와 있다.

《위략》은 전국시대가 아니라 위촉오의 삼국시대 때 魏나라 사람인 어환魚豢의 저작인데 본인이 들었던 잡다한 내용을 모두 기술해 놓아 신뢰할 수 있는 저작이 아니라는 평을 듣지만 그때 조선에서 뺏은 땅 2,000리가 우북평右北平, 요동遼東, 요서遼西, 상곡上谷, 어양漁陽이라고 기술했다. 《사기》에 동호라고 표기한 것이 여기서는 조선이다.

《사기》에 동호라고 기술된 것이 또 있는데 흉노의 영웅 묵돌이 동호를 공격하여 대파한 이야기다. 이때 흉노가 승리하여 북방의 패권이 동호에서 흉노로 넘어갔는데 사마천은 흉노가 공격한 나라를 동호라고 기록했다.

그런데 동호는 동녘 東 오랑캐 胡니 동쪽 오랑캐가 나라 이름이다. 이는 서융西戎, 북적北狄, 동이東夷, 남만南蠻처럼 동쪽 이민족의 총칭인 말로 나라 이름으로 보기에는 문제가 있다. 또 하나 《사기》에 조선이란 나라 이름은 조선열전이 나오기 전에는 기자를 봉한 때가 유일하다. 사마천은 위만의 조선만 조선으로 기록하고 있는 것이다.

《사기》에 기록된 북방유목민족의 이름을 살펴보면 흐름을 알 수 있다.

B.C. 770년 周(서주)나라를 공격하여 유왕을 살해한 세력을 견융犬戎이라 했다. 개 犬에 오랑캐 戎이다.

B.C. 705년 제나라를 공격한 세력은 북융北戎, 북쪽 오랑캐라 했다.

B.C. 662년 연나라를 공격한 세력은 산융山戎, 산에서 내려온 오랑캐.

B.C. 657년 위衛나라를 공격하여 도성을 점령하고 당시 임금인 의공懿公을 살해한 세력은 적翟(위세가) 혹은 북적北狄(흉노열전)이라고 기록했다. 翟은 狄과 통한다고 하는데 翟의 뜻에는 꽁지가 긴 꿩이란 뜻이 있으니

두 개의 깃털과 연관이 있을 가능성이 있다.

B.C. 643년 周(동주)나라를 공격한 세력은 융戎, B.C. 626년 제나라를 공격한 세력은 적翟이라 했고.

B.C. 606년 제나라를 공격한 세력은 장적長翟이라 했다. 장적은 머리에 꽂은 깃이 유난히 길어서 그렇게 불렀던 것은 아닐까?

이 이름들의 공통점은 자기들 멋대로 붙인 이름들이라는 것이다. 여기서 B.C. 770년 주나라를 공격한 세력 외의 나머지는 모두 동북방의 나라들이 공격을 받은 것이니 조선의 영향권인데 조선은 고사하고 동호라는 이름도 나오지 않는다.

그러다 느닷없이 동호가 등장하는데 흉노가 북방의 강자로 등장하는 때였다.

흉노의 서쪽에는 월지가 있었고 동쪽에는 동호가 있었는데 월지도 세력이 강하여 흉노에서 인질을 보내곤 했지만 동호는 세력이 월등하였다고 한다. 그 동호를 흉노의 영웅 묵돌이 제압하면서 동호가 등장한다. 그런데 이 전쟁의 원인이 둘 사이에 있는 1,000리의 영토 때문이었다. 그 영토를 동호가 흉노에게 넘겨달라고 요구한 것이다. 동호가 넘겨달라고 했으니 당시 1,000리 영토가 흉노의 소유였음을 짐작할 수 있다. 이 전쟁에서 동호는 방심하고 있다가 참패를 해서 북방의 패권이 흉노에게 넘어갔거니와 동호는 무슨 근거로 그 땅을 넘겨달라고 했을까? 필시 이유가 있었을 것이다.

1,000리라고 했으니 떠오르는 것이 있을 것이다. 진개가 동호를 물러나게 했던 거리가 1,000리다. 연나라 장수 진개가 취했던 땅이 어째서 흉노의 땅이 되었을까? 그 답이 《환단고기》에 있다. 묘하게도 〈단군세기〉가 아니라 〈북부여기〉에 진개의 이름이 나온다. 북부여는 해모수의 나라로 해모수는 단군을 칭했다.

〈단군세기〉에 의하면 해모수는 기비箕丕와 모의하여 단군의 도읍인 백악산을 기습점령하고 천왕랑天王郎이라 칭했다고 한다. 이때의 형세는 반란의 일이 자주 언급되곤 했으니 종교지도자로서의 단군의 입지가 흔들리고 단군조선의 명이 다해가던 것 같다.
그런데 해모수가 천왕랑을 칭한 이유가 궁금하다. 천왕랑의 郎에는 젊다는 뜻과 아들의 뜻이 있으니 하늘의 임금을 뜻하는 단군보다는 격이 떨어진다.
아니나 다를까. 해모수는 처음에는 천왕랑天王郎을 칭했다가 B.C. 232년 무리를 이끌고 오가를 만나 담판을 짓고 단군의 지위에 오른다. 그러나 권위는 대단치 않았던 모양이다. 즉위한지 3년만에 북막의 추장이 쳐들어와 약탈을 하고 갔다는 기사가 있다.

번조선과 진개

단군의 조선보다 더 궁금한 것이 번조선이다. 조선 앞에 番이 붙었으니 단군조선을 호위하는 역할을 맡았다고 짐작되는데 원래 단군조선과 하나였다가 둘로 나누었다는 느낌이 든다.
해모수가 기비와 모의하여 본인은 단군이 되고 기비는 번조선을 차지하기로 했다는데 〈단군세기〉에 약간의 설명이 있다.
B.C. 341년 번조선왕 해인解仁이 연나라가 보낸 자객에게 암살당했다. 이에 기후箕詡가 병력을 끌고 입궐하여 스스로 왕에 오르고는 단군에게 윤허를 청했고 단군이 이를 승낙했다고 한다.
여기에서 번조선 왕은 원래 단군이 임명하는 자리였음을 알 수 있다. 다만 한번 차지한 기득권은 인정하지 않을 수 없었을 것이다.
그로부터 103년이 지난 다음 기비가 번조선의 왕이 된다. 그 17년 후인 B.C. 221년 기비가 죽고 그 아들 기준箕準이 번조선의 왕위를 이어받는다. 그런데 바로 이 해에 번조선은 진개의 공격을 받는다.
진개의 일에 연대가 붙은 기록은 〈북부여기〉밖에 없다. 연나라가 진개를 파견하여 서쪽을 침략해서 만번한으로 국경을 삼게 되었다는 이야기가 명백하게 기록되어 있는 것이다. 이것이 문제를 심각하게 만든다.

왜냐하면 그 전해인 B.C. 222년에 연나라는 이미 멸망했기 때문이다.
사실 연나라 수도인 계薊는 그 4년 전에 점령당했다. B.C. 222년은 진나라 군대가 연나라 왕인 희喜를 붙잡아 끌고 갔기 때문에 그때 망했다고 하는 것이다.

진개의 일도 유목민의 관점에서 파악함이 맞을 것이다. 진개에 대한 단서는 진개가 조선을 공격하여 1,000리의 땅을 얻었다는 것 외에는 확실한 것이 없다. 나는 진개의 공격이 있던 해를 《환단고기》의 B.C. 221년이 맞는다고 생각하니 그를 두 번째 단서로 놓자. 그리고 20여 년이 지난 다음 흉노의 묵돌과 번조선의 기준 사이에 1,000리 영토에 대한 분쟁이 벌어지는데 그 1,000리는 양국 사이에 있는 황무지였다고 한다.
이 세 가지를 연결시키면 그림이 그려진다.

B.C. 222년. 연나라의 마지막 왕 희喜가 진나라에 붙잡히고 이로써 연나라가 공식적으로 종언을 고한다.
B.C. 221년. 번조선의 애왕(기준)이 즉위했다. 국가에 경사가 있다고 인질인 진개를 풀어주었을 가능성이 농후하다.
진개가 연나라로 돌아가니 유민이 된 선비족들이 왕족이었던 진개를 찾아와 세력을 이룬다. 이때 연나라 도읍이었던 계薊는 진나라가 차지하고 있었는데 진개로써는 강력한 진나라를 어찌할 도리가 없었다. 그리하여 자신이 허점을 잘 아는 번조선으로 말머리를 돌려 1,000리의 땅을 점령한다.
번조선에서는 연나라가 망한 것을 모르고 진개의 점령지를 연나라 영토로 인정한다.
진개로서는 연나라가 망한 상태라 뒷감당이 걱정된다. 그래서 흉노와 어떤 식으로든 관계를 맺었을 것이다. 진개가 진무양의 할아버지라는 《사기》의 기록이 맞는다면 나이가 상당했을 것이고 진개가 사망하자 진개가 점령했던 땅의 소유권을 놓고 흉노와 번조선 간에 분쟁이 벌어진다. 이런 진개의 일이 전설처럼 중국에 전해져서 진개가 흉노에 인질로 갔다는 이야기가 나왔을 것 같다.

연과의 교전 기록

죽은 연나라가 살아있는 번조선을 공략한 일이 미심쩍어 고조선과 연나라의 교전기록들을 찾아보았다. 《사기》에는 연나라와 조선의 전쟁에 대해서는 전혀 언급이 없고 〈단군세기〉에는 고조선 말기에 연나라와 교전한 기록이 상당히 많이 나온다.

《사기》 연세가는 사마천이 연나라 기록을 그대로 필사한 것이 아니냐는 의혹을 받는데 사실은 그 반대일 것이다. 《사기》에 연나라와 조선의 교전 기록이 없는 것은 연나라의 선비족이 유목민족이어서 자기들 사서史書를 만들지 않은 나라였기 때문일 것이다.

B.C. 707, 653, 380, 365, 364, 350, 343, 341. 이것들이 〈단군세기〉에 나오는 연나라와 교전이 있던 해들이다. 〈단군세기〉는 B.C. 2333년부터 B.C. 238년에 이르는 무려 2,095년의 기록이지만 내용이 매우 단출한데 그 빈약한 기록 중에도 교전 기록이 이 정도로 많이 남아 있던 이유가 있을 것이다.

첫 번째 기록인 B.C. 707년과 653년의 기록을 대조하면 차이가 있다. 707년의 일은 주나라의 동천이 있고 70여년이 지난 다음이다. 이때 35세 단군 사벌沙伐 때인데 사벌의 재위 기간이 무려 68년인 것이 의아하기는 하지만 여하튼 재위 66년 되는 해에 조을祖乙을 파견하니 연나라의 서울을 함락하고 제나라의 수도인 임치까지 내달렸다고 한다. 그즈음 제나라는 희공僖公 때였는데 《사기》에 북융北戎의 침공을 맞아 鄭나라의 도움을 받았다는 기록이 있다. 양쪽의 기록이 일치하는데 조선이 북융으로 바뀐 것뿐이다. 양쪽의 기록이 일치함으로 신빙성 문제는 따질 필요도 없다. 여기에서는 조을을 파견하였다고 했다. 즉 단군의 군대를 파견한 것이다.

653년의 기록은 병력을 보냈는데 수유의 군대와 함께 연나라를 정벌하여 제나라에서 구원을 나왔다고 되어 있다.

이 일이 《사기》에는 내용의 차이는 없으나 연도가 662년으로 나와 있다. 10년의 차이가 있는 것은 《환단고기》의 착오라고 쳐도 상관없다. 관심을 가질 일은 '수유의 군대와 함께'라는 점이다. 여기서 수유는 번조선의 유력한 세력자로 짐작된다. 단군조선의 힘이 약화된 결과다.

그리고 〈단군세기〉에 의하면 단군조선은 43세 물리勿理 때 크게 약화된다. 물리 36년 B.C. 426년에 우화충于和沖이라는 자가 군사를 일으켜 단군조선을 치는데 그 공격을 막지 못해 도성을 빼앗기고 단군은 피난길에 사망한다. 이 우화충의 세력이 강대하여 응징하지 못하더니 다음 해에 큰 수해가 나고 도성이 물에 잠겨 우화충의 부대가 우왕좌왕할 때 구물丘勿이 1만의 병사를 이끌고 지리멸렬한 적을 토벌하고 그 공으로 단군에 오른다.

이때 나라 이름을 大夫餘로 고치고 三韓을 三朝鮮으로 바꾸어 부르기로 했다고 한다.

이로써 단군조선은 실질적인 종말을 고한 셈이다. 우화충을 물리친 공로로 구물이 단군이 되었다고는 하지만 조선의 단군이 아니고 대부여의 단군이 되었고, 과거에 韓이라고 했던 세 나라가 조선의 법통을 나누어 받는다는 이야기니 단군조선은 이때 아주 종말을 고한 것이다. 이때부터 전쟁의 권한도 분산되었다고 했으니 유목민족의 맹주였던 단군조선의 위세는 이 시점에 이미 와해되었던 것이다.

B.C. 396년, 45세 단군 여루余婁 17년에 연나라가 국경을 어지럽히더니 B.C. 365년에 연나라 사람 배도倍道가 쳐들어와 요서를 함락시키자 번조

선이 앞장서고 진조선과 막조선도 군사를 보내 연나라와 제나라의 연합군을 크게 이겨 빼앗긴 영토를 수복했다고 한다. 이때는 연나라의 환공桓公 시절인데 사마천의 《사기》에 환공 시기의 사적에 대해서는 한 글자도 쓰인 것이 없다. 내용을 음미하면 연나라의 실질적인 승리인데 왜 기록을 하지 않았을까? 사마천이 연나라의 기록을 수집하지 못해서 (원래부터 없었을 가능성도 있다.) 그런 것이다.

연나라 사람 배도가 연나라의 정식 군대가 아니었을 수도 있다는 의문이 생기지만 그럴 가능성에 대해서는 다음에 살핀다.

이후 단군조선과 연나라의 전쟁을 기록한 기사에서는 단군조선이 수세에 몰리는 느낌이 확연하다. 연나라의 공격을 막는 일도 온전히 번조선에 의지하고 있다.

여하튼 여기에서 확인한 것은 연나라와 번조선 사이에 다른 세력은 아무것도 없었다는 것이다. 즉 동호는 실재하지 않았던 것이다. 그런데도 대부분의 제도권 역사서는 동호와 조선이 따로 있었다는 식으로 기술하고 있다. 공부를 제대로 했다는 사람들이 아닌 것을 아니라고 말하지 못하고 없는 것을 있다고 말하고 있는 것이다.

4. 연나라와 선비족

단군신화는 환웅의 무리가 이동해 왔을 때 곰과 호랑이가 살고 있었다고 전한다. 이들은 빙하시대를 북쪽 바이칼 부근에서 보낸 곰을 토템으로 하는 무리와 타이가 숲에서 사냥을 하며 지낸 호랑이를 토템으로 하던 선비족의 무리를 말한다.

곰족 중에 환웅의 무리가 오기 전에 이동한 무리는 바다 건너 산동 섬에 대문구문명을 건설했고, 동이족 중 초기에 이동한 무리는 중국 동해안을 따라 내려가 용산문화의 주인공이 되었고 중원으로 가서 은나라를 건설했으며 그 다음에 이동한 무리는 중국의 동해안을 따라 이동하여 오나라와 초나라의 지배종족이 되었다.

그런데 선비족도 만만치 않다. 중국 북방 곳곳에 선비산이 있음은 그곳이 선비족의 세력권이었음을 말하고 있으며 무엇보다 '시베리아'가 선비족의 땅이란 뜻인데서 선비족의 위상을 짐작할 수 있다.

연소공의 선비족

《환단고기》는 밀기를 인용하여 환국의 말기에 호랑이 무리(선비족)를 四海로 내쫓았다고 하는데 선비족의 역사는 오랜 세월이 지난 다음 주나라가 은나라를 멸망시킬 때 홀연히 나타나고 그 주인공은 연소공이다.

은나라를 멸한 세력은 동이인 강태공의 세력과 서이인 주무왕이라 했지만 또 하나의 동맹군이 있었으니 연소공의 선비족이다.

주나라 초기의 역사를 찬찬히 뜯어보면 강태공의 동이족은 선선히 자기 본거지로 돌아가 동방의 강국으로 군림했다. 그러나 연소공은 다르다. 무왕이 죽은 다음 주나라를 실질적으로 통치했던 주공 단을 괴롭힌 흔적이 《사기》에 여실히 남아 있다.

무왕이 죽자 성왕이 즉위한다. 그때 自陜以東者周公主之 自陜以西者召公主之, 섬陜의 동쪽 지역을 주공이 관할하고 서쪽 지역을 소공이 관할했다고 한다. (동쪽과 서쪽이 바뀌었다는 느낌이 있다.) 해방 이후 한반도를 미소가 양분한 형세와 같다. 연소공의 위상이 소련과 같았다고 짐작할 대목이다. 그리고 소공이 주공을 의심하자 주공은 〈군석君奭〉이라는 글을 써 소공의 오해를 풀려고 했고 그도 모자라 은나라 때의 훌륭한 신하들 예를 들어 자신의 마음을 표현하려했다고도 한다.
그런데 의심스러운 것은 소공의 감당수甘棠樹 이야기다. 감당수는 팥배나무로 번역되는데 소공이 지방을 순시할 때는 감당수 아래에서 백성들의 송사와 생활과 관련된 어려운 문제들을 해결해주는 선정을 베풀었다는 것이다. 그런데 거기까지다. 그 뒤의 소공에 대한 이야기가 없을뿐더러 그 후손에 대한 이야기도 9대가 지난 후에야 나온다.
흥미로운 것은 연소공의 성이다. 희姬씨다.
황제가 姬, 주나라의 성도 姬, 그리고 선비족인 연소공의 성도 姬다. 성姓은 원래가 부족을 구분하는 말이었다. 그런데 서기전 3,000년 즈음에는 황제가 중국을 석권하고 서기전 1,000년 즈음에는 주나라가 중국을 석권하고 서기 300년 즈음에는 선비족이 중국을 석권했다. 그렇게 희라는 姓을 기준으로 하면 호랑이가 곰에 비해 모자랄 것도 없다하겠다.

소공이 역사에서 슬며시 사라진 다음 그의 후손은 그로부터 9대가 지난 후에 나타나는데 그때가 묘하게도 주나라가 혼란에 빠진 共和(주 여왕이 폭정을 일삼다 백성들의 난을 맞아 도피하고 신하들이 통치하던 시절) 때다. 여기에서 9대가 지났다는 것은 요임금이 큰 덕을 밝혀 9족을 친하게 했다는 것처럼 관용적인 표현임을 짐작할 수 있다. 그 동안 세월이 300년 가까이 지났기 때문이다.
주나라는 이때 혼란에 빠지기는 했지만 여전히 중원에서 가장 강력한 세력을 지니고 있었는데 다른 제후국 임금은 모두 公을 칭했는데 연나라의 임금은 候(혜후惠候)다. 이렇게 격이 떨어지는 칭호를 받은 이유가 뭘까? 일찍이 초나라가 격이 낮은 자남子男의 작위를 받은 이유는 이민족이라는 이유 때문이었다. 유왕 때 혼인 관계를 맺을 정도로 막강한 세력을 지닌 신후가 후의 칭호를 받은 것도 이민족이었기 때문이었다. 마찬가지로 연나라가 후의 칭호를 쓴 이유도 연나라를 이민족 취급했기 때문이라고 볼 수밖에 없다. 그리고 연나라는 그로부터 근 200년이나 지난 후에 비로소 다른 제후국과 동등하게 公(장공莊公)을 칭하게 된다. 이것도 확신할 수 없는 것이 세가世家에는 公이라고 했지만 열전列傳에는 候라고 기록했기 때문이다.

이런 일들을 참고하고 또 이익이 있으면 새떼처럼 모여들고 곤경에 처하면 구름처럼 흩어지는 유목민의 특성에 주목하면 주나라에서 주공이 군사를 일으켜 동방을 토벌할 때 그 세력에 눌린 선비족이 다시 유목민족으로 돌아갔다는 생각을 하게 된다. 그러다가 주나라가 약해지자 먹이를 찾는 하이에나처럼 돌아왔는데 주나라를 연보다 더 강력한 세력의 유목민족인 秦이 뒷배를 봐주고 있어 겉돌았을 것이다. 그런 선비족의 연나라가 차츰 중국화 되어간 것은 춘추전국시대 중국의 발전 특히 농경의 발전 때문이었을 것이다.

이때 농경기술은 농지정리, 철기와 우경의 사용으로 정리할 수 있겠다. 여기에 은나라 때 시작된 관개농업의 발전이 연나라의 영토에서도 농사를 가능하게 했을 것이다. 춘추시대 때는 수공업과 상업도 크게 발달했는데 이것도 연나라의 중국화를 유도했을 것이다.

화려한 등장

춘추시대 때 연나라는 다른 제후국을 공격하지도 않고 공격을 당하지도 않는다. 이는 당시 연나라의 농업 생산성이 낮아 다른 나라가 크게 탐을 내지 않았기 때문이라 추측할 수 있다. 그랬던 연나라가 전국시대에 중국의 역사 무대에 본격적으로 등장하는데 그 등장이 자못 화려했다.

서쪽의 秦나라가 최강으로 떠오르면서 동진하여 많은 나라가 위기감을 느끼던 B.C. 334년. 6국이 연합하여 진나라에 대항하자는 소위 합종설을 주창한 소진이 연나라 文公을 찾는다. 그리고 "연나라는 동쪽에 조선 요동이 있고..."로 시작하는 천하의 형세를 논하는 유세를 펼친 끝에 문공을 설득하여 지원을 받는다. 그리고 소진이 한바탕 뛰어다니자 불가능해 보였던 6국의 합종이 이루어지는데 그때 6국의 맹주를 연나라가 맡는다. 당시 서쪽에 진나라가 있다면 동쪽에는 제나라가 있다고 할 정도였는데 연나라가 제나라를 제치고 맹주를 맡은 것은 불가사의하기까지 하다. 뿐만 아니라 진나라 혜왕은 서둘러 자기 딸을 연나라 태자에게 시집보내 연나라의 위상을 드높였다. 이렇게 연나라가 중국 무대에 화려하게 등장할 수 있었던 배경은 단군조선의 쇠퇴에 기인한 것이었다.

단군조선은 B.C. 707년과 653년 두 차례에 걸쳐 연나라를 공격하였다. 이때는 그래도 단군조선의 힘이 어느 정도 있었으나 B.C. 426년 우화충의 공격을 받아 단군조선은 실질적으로 멸망하고 우화충을 섬멸한 구물이 단군에 오르면서 나라 이름도 대부여로 바꾼다. 그때부터 분위기가 바뀌는 것을 다음의 기사로 짐작할 수 있을 것이다.

B.C. 396년 낭산에 성을 쌓다.

B.C. 380년 연나라 사람이 변두리 군을 침범하매 수비 장수가 이를 쳐부수었다.

B.C. 365년 연나라 사람 배도가 쳐들어와서 요서를 함락하고 운장에 육박해 왔다. 번조선 대장군에게 이를 막게 하고 진조선 막조선도 군대를 보내어 연나라 제나라의 군대를 오도하에서 쳐부수고 요서의 여러 성을 남김없이 되찾았다.

B.C. 364년 연나라 사람이 싸움에 지고도 연운도에 주둔하여 배를 만들고 장차 쳐들어올 기세였으므로 장수를 보내 추격하여 적장을 쏘아 죽였다.

B.C. 350년 북막의 추장이 말 200필을 바치고 연나라를 칠 것을 청하여 번조선의 장수가 만 명의 군사를 이끌고 합세하여 연나라 상곡을 공격하고 성을 쌓게 하였다.
B.C. 343년 연나라가 해마다 침범해오더니 사신을 보내 화해를 청하므로 허락하고 조양의 서쪽을 경계로 삼았다.
B.C. 341년 번조선 왕이 연나라가 보낸 자객에게 시해당하니 오가가 다투어 일어났다.

문장 자체는 싸울 때마다 승리했다고 되어있지만 방어에 급급한 모양새로 수세에 몰려 있음을 여실히 짐작할 수 있다.
연나라가 B.C. 3세기 후반 중국 무대에 화려하게 등장할 수 있었던 것은 이렇게 동부전선에 여유가 생겼기 때문이다.
소진은 운 좋게도 이런 시점에 연나라를 찾았던 것이다. 그리고 문공(열전에는 문후라고 되어 있다.)의 지원을 받아 秦을 제외한 조, 한, 위, 초, 제나라를 유세하여 모두 6국의 동맹을 맺고 소진 자신은 6국의 재상을 모두 맡는 영예를 누렸다.

연소왕

그러나 바로 다음 해 진나라의 공작에 의해 6국의 동맹은 깨어지고 소진의 든든한 후원자였던 문공이 사망하자 제나라가 그 틈을 타서 연나라를 공격하여 11개의 성을 빼앗아갔다.
소진은 외교적 수완을 발휘하여 제나라가 그 성들을 돌려주게 만들었는데 이때 묘한 일이 발생한다. 소진이 문공의 부인, 즉 연나라 이왕易王의 모친과 정을 통하게 된 것이다. 소진은 이 일이 발각될까봐 전전긍긍하는데 연나라 이왕은 소진이 자기 모친과 정을 통하고 있는 것을 알고 나서도 소진을 더욱 후대한다. 그래도 당사자인 소진은 마음이 편하지 않았는지 제나라로 갈 것을 청해 연나라 왕의 허락을 받고 제나라에 가서 연나라를 위해 일한다.

소진은 연나라 왕이 자신의 모친과 정을 통했는데도 후대하는 까닭을 이해하지 못했을 것이다. 하지만 남편이 죽으면 다른 남자를 찾는 것은 유목민의 오래된 풍습이었다. 즉 이것도 연나라가 유목민의 나라라는 증거다. 반면 소진은 죽은 문공이 자신에게 베풀어준 은혜와 이왕의 배려에 감격하여 연나라를 위해 목숨을 버릴 각오로 제나라로 갔고 그곳에서 연나라를 위해 일하다가 죽었다.

소진이 죽은 후에 연나라에서 어이없는 일이 벌어진다. 선무당이 사람 잡는다고 섣불리 중국인 흉내 내다 망신당하고 나라 망친 임금이 나타난다.

이왕이 즉위 12년 만에 죽고 그 아들 쾌噲가 임금이 되는데 쾌가 요임금이 성군이라는 이야기를 들었다. 그리고 요임금의 가장 큰 공덕이 순에게 임금 자리를 물려준 것이라는 이야기도 들었다. 그때부터 쾌는 임금 자리를 물려줄 사람을 찾았다. 그리하여 자기 신하인 자지子之에게 임금 자리를 맡아달라고 사정하기 시작한다. 자지는 교활한 술책으로 임금의 모든 권한을 빼앗고 쾌에게 신하 노릇을 하게 만든다. 일이 이렇게 되자 태자가 반기를 들었고 연나라는 태자파와 자지파가 격돌하는 내전에 휩싸였다. 제나라가 그 틈을 타고 침입하니 나라가 망하기 직전까지 갔다. 뒤늦게 자신의 잘못을 깨달은 쾌는 목을 매어 자살하고 자지는 제나라에 포로로 잡혀갔다가 군주를 농락한 죄목으로 처형당하고 육신은 육젓이 되었다.

그렇게 멍청이 쾌와 교활한 자지가 죽는 바람에 태자가 임금이 되어 간신히 정국을 수습한다. 그가 연소왕으로 나라의 재건을 위해 널리 인재를 구하고 등용하여 나라를 다시 부강하게 만드는데 연소왕을 찾아온 사람 중에 명장 악의가 있었다.

연소왕이 즉위하여 국정을 돌본지 28년. 나라가 부강해지자 악의와 소왕은 때가 되었다는데 합의하고 군사를 일으켜 제나라를 쳤다. 당시 최강으로 군림하던 제나라는 악의의 군대 앞에 풀잎처럼 쓰러져갔다. 5년 만에 악의는 제나라 수도 임치를 비롯한 중요한 성 70여 개를 모두 빼앗고 제나라를 구하러 온 초나라 병사들이 지키는 성 하나와 제나라의 전단田單이 지키는 성 하나 그렇게 두 개만 남았는데 안타깝게도 연소왕은 더 이상 기다려주지 않고 세상을 떠나갔다. 연소왕의 뒤를 이어 즉위한 혜왕은 악의를 질시한 신하들의 모함과 제나라의 이간질에 넘어가 악의를 소환하고 다른 장군을 보낸다. 그러자 악의는 자기 조국인 조나라로 돌아가 버리고 그때부터 제나라의 반격이 시작된다. 그리고 연나라 군대는 5년 동안 점령했던 그 많은 성을 몇 달 만에 하나도 남김없이 다 빼앗겨 버렸다. 그런 다음 연나라는 약소국으로 전락하여 동네북처럼 얻어맞다가 결국은 진나라에 의하여 멸망하고 만다.

조선시대 사대에 물든 사람들이 연나라가 신하를 칭할 때는 고조선이 연나라와 사이좋게 지내다가 연나라가 무엄하게도 왕을 칭하자 고조선이 그를 응징하기 위하여 연나라를 공격했다고 했는데 《위략》에서 비롯된 그 말은 정말 얼토당토않은 이야기다.

마지막 태자 단

목숨을 초개처럼 버린 연나라 사나이들의 이야기 하나 소개한다. 선비족의 기질을 느낄 수 있을 것이다.

연나라의 마지막 태자 단丹은 원래 조趙나라에 볼모로 간 일이 있었다. 그때는 진시황의 아버지인 자초子楚가 아직 조나라에 인질로 있을 때라 그 아들 정政(진시황)도 역시 조나라에 살고 있었고 단과 정은 사이가 좋았다. 그런데 자초가 진나라의 왕이 되니 그가 장양왕莊襄王이다. 장양왕이 즉위 3년 만에 죽자 정이 진나라의 임금이 된다. 이때 秦나라가 강대해져서 단은 다시 진나라에 볼모로 갔다. 어릴 때 친구였던 정은 강국인

진나라의 임금이 되었는데 자신은 그 나라에 볼모로 가야하니 단의 심정은 말할 수 없이 비통했으리라. 그런데 진나라에 도착하니 어린 시절의 친분에도 불구하고 秦왕 정이 단을 홀대했다. 이에 분노한 단은 도망쳐 연나라로 돌아왔다. 그래도 분을 삭이지 못한 단은 정과 진나라에 복수할 방법을 생각하였으나 나라의 힘이 약하여 뜻을 이룰 수 없었다.

그런데 단이 진나라에 인질로 있었을 때 사귀었던 진나라 장군 번오기樊於期가 진왕 정에게 죄를 짓고 도망하여 태자 단을 찾았다. 단은 주위의 만류에도 불구하고 번오기의 망명을 받아들이고 진나라는 연나라와 태자 단을 더욱 미워하게 되었다. 이리하여 단은 진왕을 암살할 결심을 하게 된다.

태자 단이 노심초사하자 그의 태부가 함께 일할 사람으로 전광田光을 추천한다. 단이 전광을 만나 주위 사람을 물리고 절대 비밀로 해줄 것을 당부하며 진나라에 복수할 방법을 묻자, 전광은 자신은 늙었다며 형가荊軻를 추천한다. 형가가 그 일을 수락하자 전광은 “이로써 비밀이 누설될 걱정은 사라졌다는 말을 태자에게 전해 달라.”는 말을 남기고 스스로 목을 찔러 자살한다.

형가는 진시황을 만날 방법을 찾다가 진시황의 미움을 받아 연나라에 망명한 번오기를 찾아가 이렇게 말한다.

“진나라가 장군을 대함이 참으로 잔인하다고 들었습니다. 부모와 온 집안이 몰살되었고 장군의 목에 황금 1,000근과 만호의 식읍을 걸었다고 합니다.”

이에 번오기가 진왕에 대한 뼈에 사무치는 증오를 표명하니 형가는 번오기가 목을 주면 그걸 바치는 핑계로 진왕을 만나 그를 죽이겠다고 말한다. 그러자 번오기는 “이는 내가 밤낮으로 이를 갈며 가슴 태우던 일이었으나 이제 비로소 가르침을 받게 되었습니다.”며 절을 하고 칼을 뽑아 스스로 목을 찔렀다.

단이 소식을 듣고 달려와 시체에 엎드려 통곡하고 번오기의 목을 사용할 것을 허락한다. 그리고 황금 100근으로 천하에서 제일 예리한 비수를 사들이고, 진왕이 탐내는 연나라 남쪽의 비옥한 땅인 독항督亢의 지도를 싸들고 진나라로 향했으나 운이 닿지 않아 진왕의 소매만 베고 말았다. 형가는 죽기 전에 웃으면서 이렇게 말하였다.

"일이 실패한 까닭은 진나라 왕을 사로잡아 협박하여 약속을 받아내 태자에게 보답하고자 한 때문이다."

이때 동행했던 형가의 조수가 진무양이다. 진개의 손자라고 흉노열전에 기록된 진무양이지만 그 사실을 확인할 방법은 없다. 진무양은 13세에 사람을 때려죽인 용사라서 이 일에 선발되었으나 진시황에게 지도를 바칠 때 겁에 질려 안색이 변하고 벌벌 떨었다고 한다.

이 일이 있은 때는 진나라가 조나라를 멸망시킨 다음 해였는데 분노한 진시황은 조나라를 멸망시킨 왕전王翦에게 곧바로 연나라를 공격하게 하였다. 그리하여 연나라의 수도인 계薊는 함락되고 태자 단은 그 아버지 연왕 희가 참수하여 그의 머리가 진시황에게 바쳐졌다.

이때 연왕 희喜가 요동으로 도주하였으므로 연나라가 완전히 망한 것은 아니었으나 태자 단의 목을 얻었으므로 진나라는 더 이상 추격하지 않았다. 그러나 중국을 완전히 통일 한 뒤에는 요동까지 쫓아와 연왕 희를 잡아갔고 연표는 이때(B.C. 222)를 연나라의 멸망으로 기록하고 있다.

형가의 친구 중에 축筑이라는 악기를 잘 연주하는 고점리高漸離가 있었다. 그가 숨어 살다가 그만 재주를 들켜버렸다. 그의 명성이 진나라에 알려지자 진시황이 고점리를 불렀다. 진시황은 고점리의 연주를 좋아하여 고점리를 장님으로 만들어 축을 타게 하였다. 고점리는 축 속에 납덩어리를 숨겨 가서 진시황에게 던졌는데 빗나갔다. 진시황은 고점리를 죽이고 그 후로는 평생 동안 연나라 사람은 물론 다른 제후국의 사람들을 일체 근처에 오지 못하게 했다.

형가는 연나라 사람이 아니지만 전광이나 고점리는 연나라 사람이다. 그들에게서 목숨을 걸고 신의를 지키는 북방 유목민족의 기질을 느낄 수 있다. 그리고 진나라가 연나라의 화폐 모양을 흉내 내어 반량전을 만들었다는 이야기는 있을 수 없음도 확인할 수 있다.

연나라 이후의 선비족

연나라가 선비족의 나라였지만 연나라가 망했다고 선비족이 사라진 것은 아니었다. 연나라 영토를 차지한 진나라나 한나라가 그 땅의 선비족을 품었지만 그들은 선비족의 일부였을 뿐이었다.

연나라가 망한 다음 중국이 혼란에 빠지자 그 틈을 이용하여 북방의 강자로 흉노가 떠오르기 시작했고 흉노는 300여 년 동안 북방의 강자로 군림했다. 흉노는 지배층은 퉁구스지만 선비와 투르크 계통의 유목민을 망라한 대제국이었다. 그러나 흉노의 깃발 아래 살고 있었지만 선비족은 그들이 선비족임을 잊지 않았다. 그것이 중국에 흡수된 선비족과는 다른 점이다.

선비족이 흉노의 깃발 아래 살던 세월은 무려 300년이나 되었다. 그러다 흉노가 내분으로 힘이 약해지자 선비족이 일어나기 시작했다. 흉노가 한나라의 견제에 시달리는 동안 선비는 계속해서 흉노의 배후를 찔러댔다. 그러다 서기 87년 쇠약해진 남흉노를 전면 공격하여 북방 초원의 흉노 깃발을 선비의 깃발로 바꾼다. 이것이 북방 유목민족의 정신이다. 지금도 중국의 소수민족이 여전히 건재하고 있는데 모두들 북방 유목민족의 후예들이다. 그들 역시 언젠가는 자신의 깃발을 내걸 의지를 간직하고 있으리라.

여하튼 세월이 300여년이 지난 서기 87년. 밤사이 내린 폭설이 온 세상의 색깔을 바꿔버리듯이 북방 초원에 살던 유목민들은 흉노의 깃발을 모두 선비족의 깃발로 바꾸어 단다. 그리고 과거의 흉노가 그러했듯이 중국을 약탈하기 시작했는데 중국에서는 차라리 흉노가 설치던 옛날이 나았다고 했다. 북방유목민족이 강해진 것이 아니라 후한 때 한나라의 힘이 약해서 그랬을 것이다.

혼돈의 시대를 거쳐 서기 189년 한나라가 망하고 위촉오의 삼국시대가 있었고, 280년 오나라가 망하여 잠깐의 위魏나라 시대, 그리고 위를 찬탈한 진晋나라 시대가 열린다. 그리고 4세기에 들어서자 흉노, 선비, 저, 갈, 강의 오호십육국시대(304-439)가 펼쳐지는데 그 시작은 흉노가 열었지만 최후의 승자는 선비족의 북위였다. 선비족은 이어진 위진남북조 시대(439-589)에도 광활한 중원을 지배했고, 기어이 晋나라 유민들이 이주한 남조를 무너트린 세력도 선비족의 북주北周를 찬탈한 선비족의 수隋나라였고 이어진 당나라의 李씨 왕조 역시 선비족이라고 보아야 한다. 당나라가 907년 망했으니 그 기나긴 세월 동안 수많은 선비족 사람들이 지배계층으로 군림하면서 중국에 얼마나 많은 씨를 뿌렸을까?

5. 단군조선의 실체

동이족 혹은 한민족의 연원을 따지려면 신시로 그 기원이 올라가야 한다. 그러나 유적으로 신시가 확실히 있었다는 것만 확인할 수 있을 뿐 문헌으로는 신화 내음 물씬 풍기는 전설 같은 기록만 전해질 뿐이다.

단군의 등장

〈삼성기전 하편〉에 신시역대기가 전해지는데 그 내용은 배달환웅이 신시에 도읍하였다가 청구로 옮겨 18세 1565년을 이어갔다는 것이다.
1세가 거의 100년에 가깝다. 9세 양운환웅은 재위 96년에 139세까지 살았다고 한다. 가장 유명한 인물이 치우천왕이라고 불린 자오지환웅인데 재위 109년에 151세를 살았다고 한다. 18세를 거치는 동안 100세를 살지 못한 사람이 4명밖에 없는데 그들의 나이도 94, 99, 97 82세다. 가히 신선의 일가가 아닌가 한다.
그런데 〈태백일사〉에 흥미로운 내용이 있다. 13세 사와라 환웅 초기에 웅녀군熊女君의 후손으로 여黎라는 사람이 단허檀墟에 책봉 받아서 왕검이 되었다는 것이다. 그리고 그의 세력이 커지자 여러 지역의 왕검들이 귀화하기 시작하여 큰 세력이 되었는데 여黎로부터 460년이 지나 신인 왕검이 나타났고 이 신인神人 왕검이 단군조선의 시조가 된다. 사와라 환웅은 B.C. 2774년부터 재위했다고 했으니 최소한 이때부터 환웅은 세속적인 권한을 상실했음을 확인할 수 있겠다.
〈태백일사〉는 신인 왕검이 14세에 비왕이 되어 섭정한 지 24년에 웅씨의 왕이 전쟁에 나가 전사하여 왕검이 단군왕검이 되었다고 하는데 〈단군세기〉에서는 왕검이 무리 800을 이끌고 신성한 터(檀木之墟)에 나타나 삼신께 제사를 올림으로써 하늘의 뜻을 계승하는 천제의 화신으로 추대

되었다고 한다.

물론 〈단군세기〉의 기록이 더 현실적이다. 그리고 〈태백일사〉는 조선조 중종 때의 사람이 편찬한 것으로 유교적 색채가 은연중에 스며든 흔적이 있다. 그에 비해 〈단군세기〉는 고서의 기록을 충실히 옮긴 느낌이다.

〈태백일사〉의 저자 이맥李陌은 〈단군세기〉의 저자 이암李嵒의 후손이다. 이맥 스스로 집안에 보관되어 있는 책과 내각에 비장되어 있는 책들을 읽고 〈태백일사〉를 지었다고 했으니 그 둘이 참고한 서적은 같은 것이 많을 것이다. 그런 사실을 모르고 보아도 같은 자료를 참고한 흔적이 드러날 정도다. 그런데 선조인 이암이 지은 〈단군세기〉에는 역대 단군들의 즉위와 재위 연도가 나와 있는데 후손인 이맥이 지은 〈태백일사〉에는 역대 단군들의 이름만 나온다.

이맥이 그렇게 기록한 뜻을 정확히 알 수는 없지만 한 가지 이유는 알 수 있다. 역대 단군들의 재위기간이 비현실적으로 길어서 그랬을 것이다.

평균 42년

〈단군세기〉에 의하면 단군조선은 B.C. 2333년부터 장장 2,095년 지속되는데 역대 단군의 수는 47명이고 재위기간이 평균 42년이다. 신시의 환웅들이 100년이었던 것에 비하면 획기적으로 짧아졌지만 그래도 길다. 조선왕조는 518년에 27명으로 평균 20년에 미치지 못했음을 참조할 필요가 있다. 평균수명이 짧았던 당시에는 20세 이전에 혼례를 치렀을 텐데 장자를 20세에 낳고 재위기간이 40년이 되려면 장자 상속이 아니라 장손 상속이 되어야 한다. 그런데 평균이 40년이 넘을 뿐 8년, 10년, 20년 언저리의 기간 동안 재위한 단군도 상당수 있어 너무 기나긴 세월 동안 재위한 사람이 많다. 심지어 초대 단군은 93년을 재위했다. 38세에 등극했으니 131세를 산 것이다.

이렇게 된 이유를 곰곰이 생각해 보았다.

〈단군세기〉의 내용은 매우 단출하다. 2,000년이 넘는 세월의 일이 불과 몇 시간이면 읽을 수 있는 분량밖에 되지 않는다. 그러면서도 별로 중요하지 않은 기사들도 많다. 그 이유를 생각해보니 자료가 너무 빈약했기 때문이라는 결론에 도달한다. 소실된 기록이 많아 기록이 없는 단군들이 사라진 것이다.

22대 단군 색불루에 대한 기록은 그런 흔적이 역력한 경우다.

색불루는 할아버지에게서 우현왕을 물려받더니 바로 그해에 단군(21세 소태)을 핍박하여 단군의 자리를 빼앗는다. 그리고 몸소 군대를 이끌고 은나라를 치는 등 위세를 떨치어 정복군주의 모습을 보여준다.

그런데 20년 후에는 남국藍國이 매우 강성하여 위세를 떨쳤다는 기록이 있다. 그리고 36년에는 변방의 장수가 난을 일으켜 영고탑으로 피한다. 전반부의 왕과 후반부의 왕이 다르다는 느낌이 물씬 풍긴다. 48년에 태자가 즉위했다고 하는데 색불루의 아들일 가능성은 없다.

그 뒤를 이은 23세 단군 아홀도 그렇다. 즉위하자마자 대단한 성과를 거둔다. 그런데 즉위 후 2년까지의 기사만 그렇다. 즉위 5년에는 도읍을 옮기는 문제를 의논하는데 도읍의 이전은 세력이 약해졌을 때 논의하는 법이니 이것도 이상하다. 그런데 76년 동안 즉위했다니 이것도 이상하다.

76년을 즉위한 임금의 아들이면 거의 노인에 가까울 나이일 것이다. 그런데 태자(연나)는 즉위하면서 숙부를 섭정으로 삼는다. 76년을 즉위한 임금의 아들이 아님을 알 수 있다. 여기에서 〈단군세기〉에는 누락된 기록이 많다는 것을 확인할 수 있다. 일부러 단군들의 재위기간을 늘인 것이 아니라 남아 있는 기록들만 옮겨 적다보니 많은 단군들의 존재 자체가 사라져서 단군들의 재위기간이 길어진 것을 짐작할 수 있다.

《환단고기》에 수록된 〈단군세기〉를 퍼즐 판에 비유한다면 퍼즐 조각의 반 이상이 없는 퍼즐 판이다. 여기에서 남아 있는 퍼즐 조각들은 원래의 퍼즐 조각들이라는 것이 분명해진다. 이것으로도 〈단군세기〉의 위서 논란은 종지부를 찍을 수도 있다 하겠다.

권위의 소멸

21세 단군 소태 때의 기록을 살펴본다.

단군과 은나라 사이에 귀방鬼方이란 나라가 있었는데 B.C. 1291년 은나라가 귀방을 공격하여 승리했다. 은나라가 내친 김에 대군을 이끌고 색도 영지 등을 공격하자 단군의 세력이 반격을 가했고 은나라는 대패하여 물러갔다.

2년 뒤인 B.C. 1289년 개사원蓋斯原의 욕살褥薩 고등高登이 귀방을 공격하여 멸망시키니 일군국과 양운국이 고등에게 조공을 바쳤고 고등은 서북 지역의 강자로 등장한다. 그리고 단군에게 우현왕으로 임명해달라는 압박을 가하자 단군은 어쩔 수 없이 허락한다.

그로부터 3년 뒤인 B.C. 1286년. 고등이 죽자 그 손자 색불루索弗婁가 우현왕을 물려받더니 군대를 이끌고 와서 단군의 자리를 강탈한다.

여기에서 단군의 권위가 사실상 소멸되었음을 확인할 수 있다. 그리고 이때부터 역대 단군들의 업적을 적은 기록들이 확연히 짧아진다. 단군들의 활약상이 사실상 사라진 것을 짐작할 수 있다. 그리고 최소한 B.C. 1300년 즈음에는 부족국가 단위의 나라들이 전쟁을 통하여 부족연맹체 내지 고대국가의 틀을 만드는 등의 새로운 질서를 만들어가기 시작했다는 것도 짐작할 수 있다.

은나라가 동이의 제나라, 서이의 주나라, 선비족의 연나라의 협공에 의해 멸망한 때가 B.C. 1134년이니 약육강식의 세월이 닥친 것도 북방유목민족의 세계가 200년 정도 빨랐다. 그리고 B.C. 1300년 즈음에는 단군조선의 절대적인 권위는 크게 손상되기 시작했음도 짐작할 수 있다.

약육강식의 세월 속에서

사실 단군의 자리는 원래 대물림이 아니었던 것 같다. 초기에는 태자가 단군을 이어받은 일이 절반이 되지 않는다. 글의 분위기로 보아 합의에 의한 추대였던 것으로 보인다. 그러다가 29대(B.C. 943년)부터 43대

(B.C. 426년)까지는 계속해서 태자가 대를 이었다는 기록이 있다. 무려 517년 동안이다. 게다가 이 시기는 약육강식의 세월이었다. 그런 세월에 어떻게 500여 년 동안 별 탈 없이 단군의 자리가 보존되었을까? 이는 군림하되 통치하지 않거나 그냥 존재만 하고 있었기 때문에 가능했다고 볼 수밖에 없다.

그러다가 B.C. 426년. 우화충于和沖이 병력을 일으키자 단군이 피난길에 올랐다가 사망한다. 그리고 백민성白民城의 욕살(부족장으로 추정되는 단어) 구물丘勿이 병력을 일으켜 우화충을 쳐서 죽이고 단군이 된다. 그러나 구물은 나라 이름을 조선에서 대부여로 바꾼다. 부여라는 명칭이 史書에 처음 나타나는 때가 이때인데 부여는 그전부터 존재했음이 분명하다. 그러기에 大를 붙여 대부여라 했을 것이다.

사실은 35세 단군 사벌 때와 36세 단군 매륵 때에 군사의 일에 대한 기록이 있다. 35세 때는 재위 66년 되던 해(B.C. 707년)에 연나라를 공격하고 내친김에 제나라까지 공격한 일인데 《사기》에 북융北戎, 북쪽 오랑캐라고 기록되어 있다. 36세 단군 매륵 때도 재위 52년째(B.C. 653년)에 연나라를 공격한 기록이 있는데 이는 《사기》에 산융山戎, 산에서 나온 오랑캐라고 기록되어 있다.

그런데 이 두 일이 모두 단군이 장수로 나서서 공격한 것이 아니라 장수를 파견한 것으로 나와 있다. 아마도 대규모의 공세였기 때문에 기록된 것으로 보인다. 그리고 B.C. 653년 연나라를 공격했을 때는 군사를 보내 수유須臾의 군대와 함께 연나라를 공격했다고 하는데(遣兵與須臾兵伐燕) 수유는 지명이지만 부족의 명칭으로 보아도 될 것이다. 고대에는 부족의 명칭으로 지명을 삼는 일이 일상적이었기 때문이다.

이렇게 연나라를 공격한 사건을 제외하면 〈단군세기〉의 기록은 단군이 죽고 태자가 즉위하는 일의 반복이다. 그리고 B.C. 426년 43세 단군이 우화충에게 실질적인 멸망을 당한다.

법통의 계승

고대의 발음을 연구하는 사람들은 夫餘의 옛발음은 ᄇᆞᄅᆞ였는데 ᄇᆞᄅᆞ는 바람이나 뱀을 뜻하는 말이었다고 한다.

그런데 일반적으로는 夫餘가 벌판(벌)이나 불을 뜻한다고 알려져 있다. 이중에서 불을 의미한다는 주장이 일리가 있어 보인다. 불은 태양을 의미하는데 북방계 민족은 그들이 하늘에서 내려왔나는 의식을 지니고 있었기 때문이다. 부여족에는 특히 解씨 성이 많은데 해의 상고음은 kre였는데 k가 kh로 되었다가 k가 탈락해서 h가 되었다고 한다.

부여가 뱀을 뜻하는 말이라면 에덴에서 넘어온 환웅족들의 나라일 것이고, 불이나 태양을 뜻한다면 북방에서 내려온 사람들의 언어일 것이다. 그런데 부여라는 국호를 고집한 사람들은 만주의 서쪽이 아니라 동북방에 많다. 그래서 나는 부여가 태양을 뜻하는 언어라는 설을 지지한다. 그래서 새로이 단군으로 즉위한 구물 역시 동북방에서 내려온 세력이라고 추측한다.

여하튼 나라 이름이 대부여로 바뀌었기 때문에 43세 단군 물리가 우화충에게 도읍을 빼앗기고 사망한 B.C. 426년을 단군조선의 시대가 종언을 고한 때로 보는 것이 합당하다.

그렇게 되면 단군조선에서 대부여, 대부여에서 해모수의 북부여로, 북부여에서 동명왕의 졸본부여로 단군의 맥이 이어지는 것도 자연스러워진다. (졸본부여는 주몽이 상속하여 고구려가 된다.)

단군조선이 종언을 고한 뒤에는 번조선에서 위만조선의 시대가 이어진다. 그러나 《환단고기》의 〈단군세기〉나 〈태백일사〉는 번조선이나 위만조선을 신시의 법통을 이은 나라로 인정하지 않는다. 《환단고기》에서는 신시의 법통을 단군에서 부여, 그리고 삼한에서 고구려로 전승되는 것으로 보고 있다. 그리고 고구려의 법통은 신라가 아니라 발해를 통해서 고려로 이어진다고 기록하고 있다. 사실 발해의 법통을 고려가 이었다는 점은 논란의 여지가 있다. 하지만 발해를 멸망시킨 거란은 몽골 계통의 이민족이므로 고려에 고구려 발해의 법통이 전해진다는 견해도 일리가 있다고 하겠다.

6. 번조선과 위만조선

번조선과 위만조선은 단군의 지위를 잇지는 못했지만 혈연적으로는 같은 민족인데다 중국이나 북방세력과의 전쟁에서 최전방에서 맞닥트렸던 세력이다. 특히 번조선은 단군조선의 세력이 약해졌을 때 단군조선의 실질적인 수호자로서의 임무를 충실히 이행했던 세력이므로 오히려 번조선이 고조선의 알맹이고 단군조선은 간판에 지나지 않았다고 평가할 수 있겠다.

번조선이 〈단군세기〉에 처음 등장하는 때인 B.C. 365년은 단군조선이 실질적으로 멸망하고 국호를 대부여로 바꾼 지 60년이 되던 해다. 〈단군세기〉 기록으로는 45세 단군 여루 때인데 온통 연나라와의 전쟁 이야기만 기록되어 있다.

그 와중에 가장 비중 있는 기사는 여루 32년(B.C. 365년)에 연나라 사람 배도가 쳐들어와 요서를 함락하고 운장을 위협했다는 내용이다. (燕人培道入寇陷遙西逼雲障)

이때 번番조선이 상장군 우문언을 보내 공격을 막고 진眞조선 막莫조선도 군사를 내어 연나라와 제나라의 군사를 오도하에서 섬멸하여 요서 지방의 성을 모조리 되찾았다고 한다. (《사기》에는 나오지 않는 일이다.)

이 일을 시작으로 연나라와의 분쟁에는 어김없이 번조선이 등장하여 방패막이 역할을 한다. 그러다가 B.C. 341년 연나라가 보낸 자객에게 번조선 왕 해인解仁이 살해당하자 기후箕詡라는 인물이 군대를 끌고 입궁하여 스스로 번조선의 왕에 오르더니 단군에게 윤허를 청해 승낙 받는다.

이 기후라는 인물에 대해서는 더 이상 기록이 없는데 이로부터 100여년이 지난 B.C. 239년 해모수가 북부여를 일으킬 때 수유의 기비라는 인물이 해모수와 호응하여 번조선의 왕이 된다. 그리고 B.C. 221년 기비가 죽고 그 아들 기준이 번조선의 왕에 오른다. 그리고 진개의 침공을 받아 만번한까지 국경이 밀려난다.

이것이 의문투성이인 진개의 동호 공격으로 《사기》에 1,000리나 밀려났다고 기록되어 있다.

그 다음 두 번째는 B.C. 209년 흉노에게 크게 얻어맞은 일로 그 내역 또한 매우 한심한데 이는 흉노에 대한 설명 때 밝힌다. 더 결정적인 실수는 위만에게 나라를 빼앗긴 일인데 이제부터 그 내용을 살펴본다.

위만의 상투

《사기》에 위만衛滿이 연나라 사람이면서 조선으로 갈 때 椎結蠻夷服했다고 기록했는데 추결椎結은 상투를 틀었다는 뜻이고, 만이복蠻夷服은 오랑캐 옷을 입었다는 뜻이다.

《사기》에 상투를 튼 내용이 세 군데 나오는데 하나는 위만과 위만을 따르는 사람들이 조선으로 갈 때 상투를 틀었다는 것이고, 두 번째는 남만의 위타가 상투를 틀고 한고조 유방의 사신 육고를 맞았다는 것이고, 세 번째는 서남이의 사람들이 상투를 틀고 있었다는 이야기이다.

상투를 트는 것은 이夷족의 고유한 풍습이다. 그러므로 식민사관의 태두인 이병도 박사도 이 구절을 근거로 해서 위만이 조선 사람이라고 주장한 바 있다. 그런데 후세 학자의 논문 중에 위만이 상투를 튼 것으로는 조선인이라는 증거가 될 수 없다는 주장을 한 것이 있다. 그의 논거는 위타尉佗가 상투를 틀었으므로 중국 사람도 상투를 튼다는 것인데 《사기》 남월열전에 그 내용이 나온다.

진나라 말기에 중국이 혼란에 빠졌을 때 양자강 남쪽 지방인 남월은 진나라의 남해군 용천령이었던 위타가 진나라에서 파견한 관리들을 죽이고 자리를 잡더니 항우와 유방이 다투는 사이에 주변 지역까지 평정하고 스스로 남월의 무왕을 칭했다. 이에 한고조 유방은 위타를 남월왕으로 봉한다며 육고陸賈를 사신으로 보낸다. 이때 위타가 상투를 튼 모습으로 육고를 맞이한다.
위만이 상투를 틀었어도 중국 사람이라고 주장하는 근거가 이것이다. 위타가 중국 사람인데 중국 사람도 이와 같이 상투를 튼 예가 있으므로, 위만이 상투를 튼 것으로는 조선 사람이라는 증거로 삼을 수 없다는 것이다.
그러나 그 논리는 위타가 상투를 튼 이유를 간과했다. 위타가 육고를 맞을 때 상투를 멋으로 튼 것이 아니다. 위타가 상투 머리로 육고를 맞은 것은 자신을 중국 사람으로 보지 말고 남월의 왕으로 보아 달라는 표현이었다.
위타는 남월을 평정하고 스스로 남월의 무왕武王으로 즉위하였다. 그런데 한고조 유방은 위타를 새삼스럽게 남월왕으로 임명하겠다고 육고를 사신으로 보냈다. 이는 한나라에 조공을 바치는 속국이 되라는 의미였고, 위타는 남월은 한나라와는 근본과 풍속이 다른 나라니 그런 이야기는 꺼내지 말라는 뜻으로 상투를 틀고 육고를 맞았던 것이다.
참고로 밝히면 육고와 위타의 협상의 결과는 위타가 한나라의 무력을 내세우며 위협하는 육고에게 설득당해 남월은 한나라의 속국으로 들어갔다. 그런데 남월, 즉 양자강 남부의 사람들은 왜 머리에 상투를 틀고 있었던 것일까? 이는 그들, 특히 그들 중 지배 계층은 원래 중국의 동쪽 해안을 따라 이주해온 동이족이었기 때문이다. 앞의 주장은 남월의 지배 계층이 동이족이었던 사실을 몰랐거나 무시했기 때문에 벌어진 착각이다.
위타의 경우는 한나라 사신 앞에서 위세를 과시하려고 상투를 틀었는데 위만의 경우는 어떨까?

위만의 귀순

《사기》에 위만이 연나라 사람이면서 천여 명의 무리를 이끌고 상투를 틀고 만이의 복장을 하고 동쪽으로 갔다고 했다. 사실 이 부분이 이해하기 어려운 부분이다. 상투를 트는 것이 夷족 고유의 풍습이다. 또 만이의 복장을 했다고 했는데 이것은 옷깃을 왼편으로 하면 중국인이고 옷깃을 오른쪽으로 하면 동이의 복장이라고 공자가 일찍이 강조했던 바 있다. (옷깃을 오른쪽으로 하면 활쏘기가 편하다는 이유가 있다.) 그렇기 때문에 이병도는 후세 사람이 위만을 연나라 사람으로 조작했다고 보았다. 또한 위만이 고조선을 먹고서도 조선이란 나라 이름을 바꾸지 않았고 고조선의 통치체제를 그대로 이어받았으므로 위만이 원래 고조선 사람이라는 근거로 내세우기도 한다. 그러나 이 주장은 신뢰가 가지 않는다. 당시 조선은 나라 이름에 관심이 없을 때다. 그리고 통치체제를 바꾸는 일은 매우 번거롭고 곤란한 일이기 때문에도 그대로 둘 수도 있는 것이다.

《환단고기》는 위만이 노관盧綰의 무리라고 하여 위만이 연나라 사람인 것 같은 인상을 준다. 사실 《사기》에서 위만이 연나라 사람이라고 기술한 배경도 위만이 노관의 무리였기 때문이다.

노관은 한고조 유방과 고향이 같고 부친끼리 친구며 같은 날 태어났다. 그리하여 유방의 가장 가까운 측근이 되었으며 그 인연으로 그다지 큰 공을 세우지도 않았건만 연나라 왕이 되었다. 그러나 유씨가 아닌 왕들이 하나둘 참살 당하는 것을 보고 불안을 느끼던 터에 판단을 잘못하여 흉노와 사사로이 밀약을 맺었다. 그 일이 들통 나 한고조의 문책을 받을까 두려워 흉노로 귀순했다.

노관은 흉노로 갔는데 위만은 번조선으로 귀순하였다. 왜 그랬을까?

더 이상한 것은 위만이 귀순하려고 하자 조선에서 이를 허락지 않았다는 것이다. 연나라와 국경을 맞대고 있는 번조선에서 허락하지 않은 것이 아니라 단군이 허락하지 않았다는 것이다. 단군이 허락하지 않고 병에 걸려 결단을 내리지 못하고 있는데 번조선의 왕인 기준이 위만을 받아들였다는 것이다.

여기서 위만이 연나라 사람이 아니라는 단서가 잡힌다. 순수한 귀순자라면 환영을 하는 것이 마땅하다. 당시는 토지보다도 사람이 중요했다. 그리고 번조선은 진나라의 학정을 피해서 이주해온 많은 난민을 받아들여 세력을 키워왔다. 그런데 단군은 위만을 받아들이는 일을 반대했다. 이는 위만이 과거에 조선을 배반하고 연나라에 붙은 전과가 있었다는 이야기다.

위만이 원래는 조선 사람이었는데 조선을 배신하고 흉노나 노관에게 붙은 것이라면 그들이 상투를 틀고 夷족의 복장을 하고 귀순한 것과 단군이 그의 귀순에 망설인 이유가 충분히 설명이 된다. 위만이 조선인이라는 이병도의 주장이 근거는 잘못 대었어도 결론은 맞을 가능성이 크다.

번조선의 멸망

번조선 왕 기준은 위만을 받아들여 서쪽 국경 지대에 영지를 마련해 준다. 아마 영토뿐 아니라 국경의 수비를 맡았던 정예 병사들까지 넘겨받았을 거다. 그 군사력과 자신이 데려온 병사들을 수중에 넣고 위만은 기준을 공격한다.

B.C. 194년 위만은 한나라 군사가 10개의 길로 나누어 쳐들어오고 있다는 보고를 올리고 도성에 들어가 임금을 지키겠다며 성으로 들어온다. 물론 거짓보고다. 그리고 기습공격을 해서 준을 쫓아내고 임금이 된다.

준은 발해로 나가 돌아오지 않았다. 마한으로 갔다는 이야기도 있다. 그리고 기箕씨와 함께 번조선을 지탱하던 여러 부족들은 대장군 탁卓을 모시고 산을 넘고 넘어 멀리 월지에 나라를 세웠는데 그 나라가 중마한中馬韓이라고 한다. 그리고 위만은 번조선을 먹은 것에 만족하지 않고 동방진출을 노렸는데 북부여의 2세 단군 모수리가 연타발을 파견하여 위만의 무리를 방비하게 하니 위만도 싫증을 느껴 다시는 침범하지 않았다는 것이 〈북부여기〉에 나온 기록이다.

번조선의 마지막 왕인 준은 고대사의 빈약한 기록 중에서도 중대한 세 가지의 잘못을 저질렀다. 진개에게 얻어맞아 1,000리나 후퇴했고, 흉노에게 북방의 패권을 빼앗겼고, 위만에게는 아예 나라를 빼앗기기까지 했다. 이런 일은 상당히 이례적이다. 고대의 왕들에게는 세 번의 중대한 잘못을 저지를 시간이 주어지지 않았다. 고구려 백제 신라 초기의 왕들을 보면, 고대의 왕은 자리만 차지하는 왕이 아니라 전쟁이 나면 앞장서서 전장에 나가고 그 책임을 지는 자리였기 때문이다.

왕에게 그런 책임을 묻지 않았기 때문에 준은 위만에게 나라를 빼앗기기까지 하는 세 가지 치욕을 B.C. 221년부터 B.C. 194년까지 불과 27년 사이에 저질렀다. 준을 슬픈 哀를 써 애왕이라 하는데 그보다는 부끄러울 恥를 써 치왕이라 했어야 후세에 경고가 되었을 것이다.

7. 흉노제국의 탄생

유라시아 대륙의 동경 30도에서 120도까지, 남북으로는 북위 35도에서 50도 사이. 이 드넓은 공간이 유목민족의 터전이다. 끝없이 초원이 펼쳐지는 이 지역은 아득한 옛날 환웅의 무리가 이동해온 통로이면서 문명의 이동통로였다. 하지만 이곳의 자연은 그리 친화적이 아니다. 남쪽으로 거대한 산맥이 계속 이어져 있어 여름에는 극심한 가뭄과 엄청난 더위가 계속되고, 북으로는 평원이 펼쳐져 겨울에는 혹한과 함께 엄청난 폭설이 쏟아진다.

이런 혹독한 자연이 오히려 강인한 사람들을 창조했다. 겨울에는 영하 40도의 추위를 견디고 오아시스나 강이 없는 초원에서는 몇 날 몇 달 동안 갈증을 견뎌내야 한다. 그들은 그런 혹독한 환경에서 단련된 사람들이다.

그들은 마차에서 태어나 말 위에서 먹고 자고 자란 사람들로 달리는 말 위에서 활쏘기와 창던지기를 마음대로 구사할 수 있다. 항상 말과 함께 생활하고 달리는 말 위에서 안장 밑에 눌러놓은 육포(말의 등을 보호하는 목적이었다고 한다.) 등으로 식사를 해결하기에 기동력도 믿을 수 없을 만큼 빠르다.

농경사회의 사람들은 그들을 야만인이라 말하지만 초원의 길은 시원하게 터져 있다. 그래서 그들은 정보를 수집하는 능력도 탁월하다. 이런 이유 때문에 유목민들의 힘이 모아지면 대륙의 지도가 달라졌다.

징키스칸 이전에 지도를 바꾼 세력이 있었으니 중앙아시아 유목민족의 집합체인 흉노였다. 그들은 본래 몽골고원을 남쪽에서 떠받치고 있는 음산산맥 남쪽 기슭의 목초지를 기반으로 생활하고 있었다.

사마천은 흉노열전에서 요임금 시대 이전의 북방 유목종족의 명칭을 산융山戎, 험윤獫狁, 훈육葷粥이라 했고, 춘추시대 秦 문공文公 때는 융적을 적적赤翟과 백적白翟으로 구분해서 불렀으며, 秦 목공穆公 시절에는 면제緜諸, 곤융緄戎, 적원翟獂, 의거義渠, 대려大荔, 오지烏氏, 구연朐衍, 임호林胡, 누번樓煩, 동호東胡, 산융山戎 등이 있었는데 그들 무리 100개가 합치는 일은 있어도 모두가 통일되는 일은 없었다고 했으니 북방유목민족의 무리는 수백으로 나뉘어져 있었던 것이다.

그러던 이들이 이합집산을 거듭하며 전국시대에는 상당한 위협으로 등장했다. 그것은 중국 역사에 서융, 견융, 산융 등의 용어가 자주 등장하는 것과 燕, 趙, 秦에서 북방의 오랑캐를 막기 위한 장성을 쌓은 것으로 알 수 있다. 그러므로 북방유목민족이 과거와는 달리 상당한 규모로 융합하고 있었음을 짐작할 수 있다.

진시황은 진나라를 망하게 하는 것이 胡라는 말을 듣고 몽염에게 10만 대군을 주어 흉노를 공격했다. 이때 유목민족들이 동으로는 단군조선과 그 제후국, 중앙에는 흉노, 서쪽으로는 월지로 삼분되어 있었으니 그것은 묵특에 대한 이야기로 짐작할 수 있다.

흉노의 지배종족

묵특은 두만頭曼의 아들이다. 만주어나 몽골어의 tuman은 10,000을 뜻한다. 투르크어는 1만을 10개의 1,000이라 하여 Aunn min이라 한다. 두만의 병력이 10,000명일 때 붙여진 이름이라고 볼 수도 있지만 10,000이 많다는 뜻으로 통용되던 시절에 붙여진 이름이라고 해석하는 편이 맞을 것 같다.

묵특冒頓(묵돌)의 한자음은 모돈冒頓인데 modo로 읽는다고 한다. 만주어의 mogotor와 몽골어의 mokto는 강인하다, 고집이 세다는 뜻이므로 이에서 붙여진 이름이라고 한다. 또 퉁구스어로 추장의 존칭이 만돌이므로 여기에서 나온 이름이라는 설도 있다.

흉노가 투르크 계통인지 퉁구스 계통인지는 오랫동안 논란이 되어 왔다. 중앙아시아 고대사의 대가라는 프랑스의 르네 그루세(Rene Grousset 1885-1592)가 흉노를 투루크로 주장하는 대표적인 학자다. 그는 hung(사람)이란 말이 투르크 계통의 언어라고 흉노를 투르크로 단정한 것 같다. 이는 "너는 누구냐?"라는 질문에 "나는 사람이다."라는 답을 투르크어로 했기 때문에 흉노가 투루크라고 단정하는 식이다. 하지만 투루크 사람들이 퉁구스를 보고 "아! 사람이네!"라고 한 말이 그대로 굳어질 수도 있는 것이다.

르네 그루세의 저술을 보면 고대문명도 서쪽에서 동쪽으로 들어왔다고 확신하는 느낌이다. 그래서 흉노도 서양에 가까운 종족인 투르크로 단정짓는 것 같다. 이는 북경원인을 발견한 스웨덴의 앤더슨의 견해와 궤를 같이 한다. 앤더슨은 아마추어 고고학자로서 북경원인을 발굴하는 성과를 올렸으나 그 다음의 연구는 실패하고 만다. 그는 "미개한 아시아에서 어떻게 문명이 발생할 수 있을 것인가?"라는 신념을 갖고 채색토기가 서방에서 전래된 증거를 찾으려고 했으나 헛수고에 그치고 말았다.

르네 그루세도 앤더슨과 같은 선입견을 갖고 있을 뿐 아니라 동아시아 문명도 모두 중국인들이 만들었고 유목민들은 중국의 것을 따라했을 뿐이라는 견해를 피력한다.

하지만 르네 그루세의 견해에 반대하는 사람도 많다. 대표적인 학자가 일본의 백조고길(白鳥庫吉 시라토리 쿠라키치)인데 그는 흉노를 몽골계라 주장한다. 물론 흉노는 대제국이라 투르크는 물론이고 여진, 선비, 몽골에 인도유럽인종까지 모든 종족이 망라되어 있었지만 흉노의 지배종족은 두만이나 묵특의 이름으로 보아도 퉁구스였던 것 같다.

그런데 퉁구스란 말 자체가 투르크어다. 17세기에 러시아 사람들이 시베리아에 왔을 때 투르크어를 사용하는 야쿠트족이 이웃의 에벤키족(바이칼에서 대흥안령으로 이주한 종족)을 '퉁구스'라고 부르는 것을 듣고 기록한 것이 그대로 학술용어로 고착된 것이다. 투르크어로 아홉이

Tughuz다. 아홉이 퉁구스족을 부르는 말이 된 유래를 정확하게는 알 수가 없는데 9개의 강에 사는 사람들이란 설과 9개의 姓(씨족)을 말하는 것이라는 설이 있다. 그리고 위구르는 10개의 강, 혹은 10개의 姓이라는 뜻이다.

9는 익숙한 숫자다. 구이九夷가 동이족을 말하는 것이며 고구려가 九夷 중에 가장 높다고 해서 붙은 이름이라는 것 등에서 9가 동이를 상징하는 숫자가 되는데 투르크족도 동이족을 9라는 숫자를 써서 불렀다는 것이 흥미롭다. 이제 흉노를 강국으로 만든 영웅 묵특의 이야기를 시작한다.

묵특의 등장

두만頭曼이 새 부인에게서 귀여운 아들을 얻자 두만은 왕위를 새로 얻은 아들에게 물려주고 싶어서 묵특을 월지에 인질로 보내고 월지를 공격한다. 인질로 잡은 묵특을 죽여 달라는 이야기다. 그런데 묵특은 그대로 당하는 게 아니라 오히려 월지의 좋은 말을 훔쳐 흉노로 탈출한다.

이 이야기가 널리 퍼지면서 묵특의 명성은 크게 올라가고 그를 따르는 무리가 많아진다. 아버지 두만도 묵특의 용맹을 칭찬하여 군사 만 명을 붙여준다.

묵특은 이렇게 모인 부하들을 데리고 훈련을 시키면서 자기가 명적(鳴鏑·효시)을 쏘면 부하들이 일제히 그곳으로 화살을 날리도록 훈련을 시킨다. 그 훈련이 어느 정도 됐다 싶을 때 묵특은 자기 애마愛馬를 향해 명적을 날린다. 의외의 일에 머뭇거리는 사람이 나올 수밖에. 그러자 묵특은 머뭇거린 사람들을 모두 잡아 죽인다. 그것으로 끝이 아니라 다음에는 자기의 애첩을 향해 명적을 날린다.(이 여인은 월지에서 데려온 부인이라는 설이 있다.) 두목이 사랑하는 여자를 차마 쏘지 못하고 망설였던

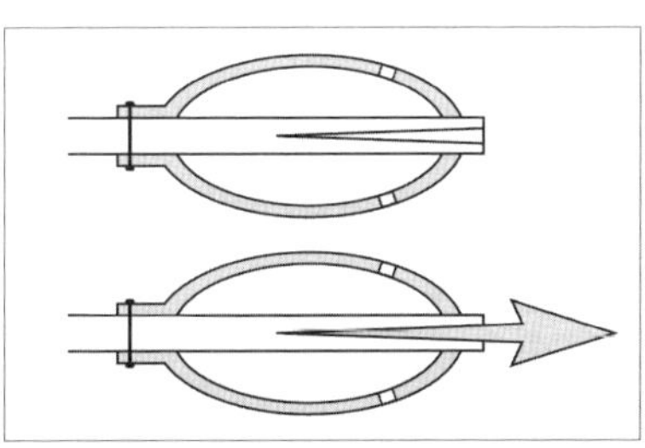

(위) 명적 / (아래) 화살촉 꽂은 명적

부하들도 모두 목숨을 잃는다. 그러자 부하들은 묵특이 명적을 날리면 부하들 모두가 활을 날리게 되었다.

명적은 소리만 내는 화살이 아니다. 고구려 무용총 벽화의 두 개의 깃털을 꽂은 장수는 사슴을 사로잡으려고 끝이 둥그런 화살을 쏘아 소리만 요란하게 효시를 날렸지만 묵특이 쏜 명적은 거기에 화살촉을 꽂은 것으로 요란한 소리를 내며 날아가 목표물에 박히기 때문에 적군에게는 공포감을 안겨주고 아군은 용기백배하게 만들어주는 전쟁의 신호탄 같은 것이다.

묵특은 부하들을 그렇게 훈련시킨 다음에 아버지 두만을 사냥터로 유인하여 두만에게 명적을 날린다. 그러자 모든 부하가 망설임 없이 일제히 두만을 향해 화살을 날리고 두만은 고슴도치 꼴로 그 자리에서 숨을 거둔다.

묵특은 이렇게 하여 흉노의 왕인 선우가 되었고 다음에 번조선(동호라고 기록되어 있음)을 공략하는데 그 과정을 살필 필요가 있다.

번조선 공략

번조선 왕 준은 흉노에서 묵특이 정변을 일으켜 왕권을 잡은 것을 알고 묵특에게 사절을 보내 그 아버지 두만이 타던 천리마를 달라고 요구한다. 조선의 요청을 받은 묵특은 부하들과 의논한다. 조선에서 두만이 타던 천리마를 달라고 하는데 어떻게 하는 게 좋겠냐는 것이다. 부하들은 무례한 요구라고 말하면서 조선과 한바탕 붙자고 주장한다. 그러나 묵특은 이렇게 말한다.

"그냥 말을 주자. 천리마이긴 하지만 기껏 말 한 마리인데 그것 때문에 이웃나라와 우의를 상할 수 있겠느냐."

묵특은 그렇게 결정을 내리고 조선에 두만이 타던 천리마를 준다. 그러자 조선왕 준은 재미를 느꼈는지, 아니면 묵특을 다시 한 번 떠보자는 생각인지 이번에는 묵특의 여자(연지)를 달라고 한다.

말을 달라 하고 다음에 여자를 달라고 하는 것에는 의미가 있다. 묵특이 처음에는 자기 말을 희생시켰고 다음에는 자기가 사랑하는 연지를 희생시켰으니까 네가 그리 가볍게 여기는 것인데 주면 어떠냐는 조롱의 뜻이 담긴 것이다. 묵특이라고 준이 천리마 다음에 연지를 요구하는 속내를 모를 리 없다.

웬만하면 불같이 노해 조선과 전쟁을 벌일 만하지만 묵특은 이번에도 부하들을 모아놓고 회의를 한다. 화가 난 부하들이 이번에는 참을 수 없다고 떠들지만 묵특은 또 이렇게 이야기한다.

"주고 말자. 여자 하나 때문에 이웃나라와 우의를 상할 수 있겠느냐."

그렇게 말하고 기준의 요구대로 자기 여자를 조선에 보낸다.

중국에 이와 같은 사례가 있다. 한비자가 〈세난說難〉편에서 소개한 이야기인데 정나라의 무공武公이 호胡나라를 정벌할 뜻을 품고 자기 딸을 호나라 군주에게 시집보냈다. 그리고 회의를 열어 대신들에게 어느 나라를 치면 좋겠느냐고 의견을 구했는데 관기사關其思라는 신하가 호나라를 쳐야 한다고 주장했다. 무공이 화를 내며 "호나라는 형제의 나라인데 어찌 호나라를 치라고 하는가?"라고 말하고는 관기사를 죽였다. 이에 호나라는 정나라에 대한 방비를 소홀히 하다 정나라의 침공을 받아 멸망당한 일이 있었다.

이런 역사의 교훈이 있는데도 조선은 방심하는 정도가 아니라 묵특을 완전히 겁쟁이로 보고 또 다시 사절을 보내 이번에는 조선과 흉노 사이에 1,000리에 걸쳐 아무도 사용하지 않는 황무지를 조선이 가지겠다고 요구한다.

묵특이 또 다시 회의를 소집하자 부하들이 이력이 났는지 이렇게 말한다.

"그들이 요구하는 땅은 쓸모없는 땅인데 주어버리고 화친을 도모합시다."

그러자 묵특은 불 같이 화를 낸다.
"땅은 나라의 근본이다. 너희들은 나라의 근본을 타국에 바치라는 말이냐?"
그러면서 화친을 주장했던 부하들을 즉각 처형하고 곧바로 조선을 공격한다. 그리하여 방심하고 있던 조선은 여지없이 패하고 그것으로 북방의 패자가 조선에서 흉노로 바뀐다.

여기에서 조선이 달라고 했던 땅이 어떤 땅인지 살필 필요가 있다. 《사기》에 쓸모없는 황무지라고 했는데 두 나라 사이에 1,000리에 걸쳐 아무도 살지 않는 쓸모없는 그런 땅이 있었을까? 1,000리는 400km다. 폭이 400km면 남한 땅이 그 사이에 옴폭 들어갈 정도다. 과장이 있었다고 해도 말이 되지 않는 이야기다.
설명할 방법은 하나다. 진개가 점령했던 땅인 것이다. 원래 조선의 영토였는데 진개의 선비족이 그 땅을 점령하고 흉노에 귀순하는 바람에 그 땅이 흉노의 영토가 된 것이다. 조선은 바로 그 땅을 돌려달라고 요구한 것이다.

묵특이 동호(조선) 공격을 성공적으로 마치고 말머리를 돌려 바로 월지를 공격하여 패퇴시키고 누번을 돌아 燕과 代를 공격하여 秦나라에 빼앗겼던 땅을 모조리 되찾으니 활 잘 쏘는 병사가 30만이 넘었다고 한다. 그 아버지인 두만은 1만을 칭했는데 30만 대병을 만들었으니 북방의 패자로 단단히 자리매김 한 것이다. 때마침 유방도 항우를 물리치고 중국을 통일하여 흉노와 漢 사이에 전운이 무르익고 있었다.

8. 끝없는 공방전

묵특은 동으로 조선, 서로 월지, 남으로 진시황에게 빼앗겼던 지금의 오르도스 지방, 북으로 몽골고원과 시베리아의 작은 나라들을 모조리 굴복시켰다. 그리고 내친 김에 한나라의 마읍馬邑으로 쳐들어갔다. 그곳은 한나라의 제후국인 代의 도읍으로 한왕 신信이 왕으로 있었다. 信은 마읍이 흉노에 포위되자 중과부적을 깨닫고 항복한다. 묵특은 마읍을 품고 내친 김에 남하를 계속한다. 이에 한고조 유방이 32만의 군사를 이끌고 묵특을 맞으러 나간다.

백등산 전투

유방의 대군을 맞은 흉노는 구름처럼 흩어져 도망가기에 바빴다. 흉노를 업신여긴 유방은 틈을 주지 않고 뒤를 쫓아나갔다. 그것이 흉노의 전략이었다. 유방이 백등산에 이르렀을 때 흉노는 역습을 가하여 본대와의 연락을 차단하고 유방을 겹겹이 포위하였다. 마침 겨울이라 큰 눈이 내려 천지가 하얀데 흉노의 깃발만 끝이 보이지 않을 정도로 늘어져 있어 유방은 감히 반격할 엄두도 내지 못하고 일주일 동안 갇혀 있었다. 이때 동원된 흉노의 병사가 40만이고 동서남북 방향으로 각각 청마, 백마, 적마, 흑마의 기마진이 배치되었었다고 《사기》에 기록되어 있다.

유방은 흉노의 연지(왕비)에게 후한 선물을 보냈다. 일설에 의하면 미인의 초상화도 들고 갔다고 한다. 한나라에는 이런 미인이 많으니 묵특 선우가 한나라를 먹으면 선우의 총애를 잃고 말 것이라고 연지를 설득했다고 한다. 연지는 선우에게 한나라 땅을 얻어 그곳에서 살겠냐고 따지면서 포위를 풀어달라고 했다. 맞는 말이었다. 한나라의 땅은 초지가 아니라 농경지인데 이제 막 기세등등하게 기가 오른 병사들에게 농사를 짓게 할 노릇은 아닌 것이다. 묵특은 못 이기는 척 포위망을 터주어 유방을 귀환시켰다.

화평의 시대

유방은 돌아온 후 패전의 책임을 물어 10여명의 신하를 처형했는데 그들은 모두 흉노에 사신으로 다녀온 자들이었다.

유방은 전쟁을 시작하기에 앞서 흉노에 10여 차례의 사신을 보냈는데 이는 흉노의 전력을 탐색하기 위함이었다. 이들은 사신을 다녀온 후 한결같이 흉노의 말은 비루먹었고 거리에는 노약자들이 즐비하다면서 흉노를 공격할 수 있다고 했다. 오로지 유경劉敬이라는 신하만 다르게 복명했다. 유경은 "흉노에 가서 여위고 지친 노약자들만 보았습니다. 이는 필시 자기들 약점을 보이고 복병을 숨겨두었다가 승리를 얻으려는 것이니 흉노 공격은 단념하시는 것이 옳을 듯 합니다."라고 하였다. 그러나 그때는 이미 유방의 군사가 출격을 시작한 다음이었다. 유방은 노하여 유경을 옥에 가두고 출병 하였던 것이다.

유방이 흉노에 패하고 돌아오자 흉노의 묵돌 선우는 한나라의 북방을 사정없이 노략질하였다. 이에 유방이 유경에게 대책을 물으니 유경은 가능한 대책이 있긴 하지만 유방이 결코 실행할 수 없는 것이라며 이렇게 말한다.

"폐하의 장녀를 묵돌에게 시집보내고 후한 예물을 묵돌에게 준다면 묵돌은 필시 공주를 연지로 삼을 것이고 그러면 폐하의 외손자가 선우의 대를 잇게 될 것입니다. 폐하께서 철따라 많은 선물을 보내고 사신을 보내 선우에게 예를 가르친다면 군대를 보내지 않고도 그들을 신하로 만들 수 있습니다."

유경은 이어 덧붙이기를 만일 종실이나 후궁의 딸을 장녀로 속여 선우에게 보내면 그들이 필시 눈치 챌 것이라 아무 소용이 없을 것이란 말도 덧붙인다.

유방이 그 말을 듣고 장녀를 선우에게 시집보내려 하였으나 여태후가 밤

낯으로 울면서 사정하는 바람에 황족 중에 한 사람을 뽑아 장녀라고 속여 시집보내고 유경을 사신으로 보내 화친을 맺었으나 결과는 유경의 예측대로 되었다.
그때부터 흉노는 사나운 늑대가 되고 한나라는 순한 양이 되었다.

철따라 한나라에서 흉노에 보내는 물자는 마차의 행렬이 끝이 보이지 않을 정도로 이어지곤 했다. 거기에는 맛있는 음식과 의복 비단 등이 실려 있었다. 그런데 그것이 흉노의 국력 신장에 도움이 되었을까?
한나라의 의복은 흉노와 달랐다. 흉노는 짐승의 털가죽으로 옷을 만들어 입었는데 짐승 가죽을 이어 붙여 몸에 맞게 옷을 만들었다. 한나라의 의복은 삼베나 비단을 짜서 만드니 사각형의 천이 나온다. 그것을 재단해서 만드는데 천의 낭비를 줄이려다 보니 소매도 풍성하고 바지도 풍성하게 나오기 마련이다. 이렇게 의복을 만드니 한나라의 의복은 거추장스러울 수밖에 없다. 음식도 마찬가지다. 한나라에서 보내주는 음식은 맛은 있지만 그런 음식을 먹다보면 유목민의 강인한 기상은 잃어가게 되어있다. 하지만 이는 후대에 나타난 영향이고 당시의 흉노는 거칠 것이 없었다.
묵특이 죽은 다음 아들 노상 선우가 뒤를 이었는데 노상 선우는 서쪽의 월지를 쳐서 월지 왕의 두개골로 술잔을 만들었다. 월지는 중앙아시아로 이동하여 쿠샨 왕조를 세웠는데 그 자리에 있던 스키타이는 서쪽으로 쫓겨나서 우크라이나로 이동했고, 우크라이나에 있던 게르만족은 서쪽으로 이동해 유럽에 지각변동이 일어났다. 이것이 첫 번째 게르만족의 대이동이다.
여하튼 크고 작은 충돌이 있긴 했지만 그렇게 60여 년이 흘러 한나라에서 한무제 유철이 황제로 등극했다. 한무제도 처음에는 협약을 잘 지켜 흉노로 물자를 바리바리 실어다 주었다.
그러나 한무제는 야망이 큰 사람이었다. 거기에 20대의 끓는 피가 그냥 그대로 바치는 일을 용납하지 않았던 모양이다.

승전의 시대

한무제 7년인 B.C. 133년. 한고조 때 교전이 시작되었던 마읍에서 다시 교전의 신호탄이 올랐다. 한나라는 마읍에 30만의 복병을 숨기고 흉노를 유인한다. 흉노의 군신 선우는 10만 기병을 이끌고 마읍을 공격하러 오다 들판에 가축은 잔뜩 있는데 사람은 없는 것을 수상히 여겨 방향을 돌린다. 한나라의 흉계를 알아챈 선우는 발길을 돌리고 한나라는 헛심만 쓴 꼴이 되었다.

그런 일이 있은 다음부터 흉노는 노골적으로 한나라의 영토를 침공하여 노략질을 자행하고 한나라는 그냥 보고만 있는 듯 했다. 그러다 5년이 지난 후 한나라는 위청과 이광, 공손하, 공손오 등 4명의 장수를 출격시켜 교전하였으나 위청만 승전하였을 뿐 이광과 공손오는 패해서 별다른 성과는 얻지 못하였다.

그러나 2년 후 위청이 출격하여 지금의 오르도스 지역을 탈취하는 최고의 성과를 올렸다. 이 지역은 원래 흉노의 땅이었는데 진시황이 몽염을 시켜 빼앗은 것을 묵특이 탈환했고 그것을 위청이 다시 탈환한 것이다.

이 패배의 충격이 컸든지 군신 선우는 그 다음해 세상을 떠났고 흉노는 선우 자리를 놓고 내분이 벌어졌다. 흉노는 그동안 장자 상속을 이어왔는데 이번에는 동생인 이지타伊穉斜가 스스로 선우를 선언하고 자리에 올랐다. 이에 태자인 오단於單이 반발하여 격렬한 전투를 벌어지고 패배한 오단은 한나라로 항복해 버렸다.

이때의 혼란을 틈타 월지에 사신 갔다 흉노에 잡혔던 장건이 몸을 빼서 한나라로 돌아왔거니와 이렇게 흉노의 태자가 한나라 편에 선 뒤로 한나라의 전략이 흉노의 허를 찌르기 시작했다.

그전까지 선우가 있던 흉노의 본진만 공략하던 한나라였다. 그러나 B.C. 121년 봄에 곽거병은 기병 1만을 이끌고 하서주랑 좁은 길을 통해 흉노의 우측을 기습적으로 치고 들어왔다. 과거에 없던 작전인 것이 그전에는 기병 뒤에 수많은 보병과 보급대가 따랐는데 곽거병은 기병만 이끌고 가는 길의 식량만 가지고 공격했다. 그들은 식량을 확보하기 위해 결사적으로 싸웠고 이 기습으로 흉노는 막대한 피해를 입었다. 숱한 왕(부족장)들이 전사하고 혼야왕은 포로로 잡혔다. 흉노의 수급과 포로만 8,000이었다. 거기에다 흉노의 神物인 제천금인祭天金人도 빼앗아 왔다. 물론 한나라의 희생도 컸다. 1만의 기병 중 3,000명만 무사히 귀환할 수 있었다.

그해 여름 흉노는 또 한 번 허를 찔렸다. 곽거병이 또 쳐들어왔다. 2년에 한 번씩 쳐들어오던 한나라가 숨 돌릴 틈도 없이 재차 쳐들어올 줄 예상도 못한 흉노의 우현왕은 또 대패를 당했다. 사상자가 3만2천이나 되었다.

패전의 보고를 들은 이지타 선우는 대노했다. 패전의 책임자인 휴도왕休屠王을 잡아 죽이려고 했다. 이에 휴도왕은 혼야왕과 함께 한나라에 투항했다. 병사와 백성 합쳐서 4만인지 10만인지 두 가지 설이 있지만 그때 항복을 받으러 나온 한나라 장군이 하필이면 곽거병이었다. 곽거병을 본 휴도왕이 항복을 망설이자 혼야왕이 휴도왕을 죽이고 항복한다. 그때 휴도왕의 태자였던 김일제金日磾가 한나라에 노예로 끌려갔다가 무제의 눈에 뜨여 金씨 성을 하사받는다. 金人을 보관하는 가문이라서 김씨 성을 내렸다는 설이 있다. 신라로 와서 김씨 왕족의 선조가 되는 알지閼智가 김일제의 손자라고 한다. 김일제 이야기를 조금 더 붙인다.

김일제와 김알지

한무제의 정실 아들 중 첫째와 둘째가 죽자 연燕 지방의 왕을 하고 있던 셋째가 입궁하여 무제를 보위하고 싶다는 뜻을 전하자 무제는 화가 나서 사자를 보내어 셋째를 참형에 처했다. 그리고 70에 보아 5살 된 어린 아들의 어미인 구익부인을 궁궐에 있는 감옥으로 보내 죽게 하고는 그 아들을 세자로 책봉하였다. (이때 무제의 나이가 67세고 아들의 나이가 8살이라는 설도 유력하다.)
그로부터 두 달이 지나 무제는 세 사람의 신하를 불러 나이 어린 세자를 보좌하라는 유지를 내리고 다음날 죽는데. 그 세 사람의 신하 중에 김일제가 있었다. 그러나 안타깝게도 김일제는 그 다음해(B.C. 75년)에 사망한다. 신라에 김알지가 나타난 해가 A.D. 60년이라고 하는데 손자가 되기에는 연대 차이가 너무 많이 난다. 후손이라고 믿고 싶다.

여하튼 한나라는 그때 빼앗은 2,000리의 땅을 점령하고 한나라의 통치 아래 두었다. 그곳이 기련산 일대인데 이 지역은 천혜의 목장으로 흉노가 대규모로 말을 방목하던 곳이었다. 한나라는 이 지역을 점령해서는 자기들이 가진 온갖 명마들을 기를 수 있는 대규모 목장을 만들었다. 그 시대에 말의 군사적 가치는 요즘의 탱크와 비교할 만하여 말을 대규모로 사육하기 시작한 한나라의 군사력이 크게 신장되기 시작했다. 근처에 언지산이 있었는데 언지산은 여인들 화장품인 연지(잇꽃)가 생산되던 곳이다. 그리하여 "기련산을 잃어 가축을 먹일 수도 없고 언지산을 잃어 얼굴을 물들일 수도 없다."고 한탄하는 노래가 흉노에서 유행하였다고 한다.
기가 꺾인 흉노는 한나라의 공격을 피해 고비사막 북쪽으로 본거지를 옮겼다. 한나라 군대가 광막한 고비사막은 넘지 못할 것으로 생각했기 때문이다. 그런데 한나라는 그 예측도 빗나가게 만들었다.

흉노의 패퇴

B.C. 119년 무제는 위청과 곽거병에게 각각 5만의 기병을 주었다. 그들이 고비사막을 통과하는 동안 식량과 물을 보급하기 위해 동원된 말만 24만 마리였다. 한나라의 국력을 총동원한 공격이었다. 반드시 흉노를 섬멸하고 말겠다는 무제의 의지가 엿보이는 대목이다.

그런데 위청과 곽거병에게 같은 5만의 기병을 주었지만 내용에서는 크게 차이가 났다. 곽거병의 부대에는 능숙한 길잡이와 용맹한 장수들이 줄줄이 포진하고 있었고 위청의 부대는 나머지 부대였다. 이는 무제가 곽거병을 워낙 아끼기도 하였지만 위청의 누이인 위황후가 나이 들어 무제의 사랑이 떠났기 때문이다. 그런데 이번에는 흉노가 허를 찔렀다. 선우의 본대가 정예부대인 곽거병을 피해 위청에게 들이닥친 것이다.
그러나 하늘은 흉노의 편이 아니었다. 갑자기 모래바람이 거세게 몰아쳐 한치 앞도 보기가 어려워졌다. 모래바람 광풍은 양쪽에 똑같이 적용된다. 그것이 왜 위청에게 행운이고 이지타 선우에게는 불행이었을까?

서기 624년 동돌궐의 칸인 힐리頡利가 장안을 공격했을 때 당시 왕자의 신분이던 태종 이세민이 장군들을 소집해서 이렇게 말했다.
"지금 초원이 물바다가 되었다. 곧 밤이 되고 어두워질 것이다. 돌궐이 두려운 것은 그들이 조준해서 화살을 쏠 때뿐이다. 어둠 속에서 칼과 창을 가지고 가면 그들은 힘을 쓰지 못한다. 지금이 공격할 때다."
당군은 이 전투에서 승리하여 장안을 지켜냈다. 이는 이세민 자신이 초원의 유목민 출신으로 적을 알았기 때문에 승리한 것이지만 이세민의 말에서 초원의 유목민들이 대단한 명사수였다는 사실을 확인할 수 있다.
여기에서 알 수 있듯이 한나라 기병은 칼로 싸우고 흉노의 기병은 활로 싸운다. 그런데 모래바람이 불어 시야가 나쁘면 목표를 제대로 겨눌 수 없다. 게다가 광풍이 부니 화살은 바람에 흩날려 버린다. 더군다나 바람이 위청의 뒤에서 불어왔다는 것이다. 흉노는 한 팔 묶은 다음 다리 하나 또 묶고 싸우는 형국이 된 것이다.
패배의 위기를 느낀 이지타 선우는 소수의 병력을 이끌고 도망쳐버리고 위청은 승리한다. 머리를 베고 포로로 잡은 수가 1만 9천이었다. 그러나 위청군의 희생도 커서 위청은 물론이고 이 전투에 참가해 악전고투한 휘하 장군들은 아무 포상도 받지 못했다.

한나라의 주력부대는 곽거병의 부대였다. 곽거병은 좌현왕과 맞서 엄청난 승리를 거두었다. 수급과 포로 7만을 얻었다. 이 전쟁으로 흉노는 괴멸 지경에 이르렀다. 음산 산맥 남쪽에서 쫓겨나 몽골 고원으로 도주했는데 그곳은 초지草地가 아닌 황무지였다. 그곳에서는 가축을 기를 수가 없어 멀리 서쪽으로 떠나야만 했으니 한나라 국경을 침범할 위험이 사라진 것이다.

여름에 전쟁하는 이유

내친김에 곽거병의 전술도 설명하고 넘어가자. 곽거병이 서부전선을 공격한 때는 봄과 여름이었다. 이는 중국 역사에서 매우 이례적인 일이다. 그들은 전쟁을 일으킬 때 항상 가을을 기다려 공격을 단행했기 때문이다.

한해의 덕을 生長化收藏이라 말한다. 봄에는 태어나고, 여름이면 자라고, 장마철에 변화하고, 가을이면 거두고, 겨울이면 저장한다는 것이다. 가을에 거두는 것은 곡식뿐이 아니다. 모든 생명은 가을에 거두는 것이 天理이기 때문에 전쟁으로 사람들의 생명을 거두는 일을 가을에 행하는 것이 천지의 道에 순응하는 길이라고 한다.

이런 철학도 있지만 실제적인 문제도 있다. 전쟁에 징발하는 병사들이 농민들이기 때문에 봄여름에는 바빠서 징발을 할 수 없고 군량미도 곡식이 익었을 때 충당하는 것이다. 그런데 곽거병은 봄과 여름에 공격을 했다. 왜 그랬을까? 말 때문이다.

중국을 점령한 유목민들의 나라인 타브가치의 왕 탁발도는 그들 북쪽의 유목민인 유연柔然이 타부가치를 노략질하자 그들에게 반격할 준비를 하면서 장수들에게 이렇게 말했다.

"그들은 여름에 북쪽에서 방목하고 가을에 남으로 내려와 겨울에 우리 변경을 약탈한다. 여름에 그들의 방목장을 쓸어버리면 된다. 여름 말은 쓸모가 없다. 암말은 새끼를 보느라 정신없고, 수말은 교미에만 정신이 빠졌다.”

이것이 유목민과 전쟁을 할 때의 요령이고 무제와 곽거병의 전략이었다. 곽거병은 당시로서는 처음으로 여름에 군사를 일으켰다. 이는 곽거병의 군사들이 농민을 차출한 것이 아니라 직업군인이라서 가능했다. 여름에 군사를 일으켜 흉노의 본거지를 치니 흉노가 제대로 반격을 하지 못한 것이다.

여기에서 이성계의 위화도 회군이 생각난다. 만주를 공략하려면 말들이 정신없는 여름에 그들을 공격해야 하는데 여름에는 군사를 일으키는 법이 아니라고 회군을 했다. 1,500년 전의 한무제와 곽거병도 알고 있던 사실을 최영만 알고 이성계는 몰랐단 말일까? 이것은 정도전의 사주를 받은 이성계가 병법에 무지한 사대부와 민중을 현혹시키기 위해 만들어낸 궤변일 뿐이다.

그런데 군신 선우의 태자였던 오단이 한나라에 투항한 뒤에 흉노의 허점이 찔리기 시작했다는 데서 오단이 흉노의 약점을 알려주어 그랬다는 심증을 거둘 수 없다. 하지만 오단의 이탈은 흉노 분열의 서막에 지나지 않는다. 후대로 가면서 선우의 계승을 둘러싼 분쟁은 갈수록 격화된다.

위청과 곽거병이 함께 출격한 B.C. 119년의 전쟁으로 흉노는 막대한 타격을 입었다. 하지만 한나라의 피해도 만만치 않았다. 이 전쟁에 동원된 말 24만 마리 중 14만 마리를 잃었다. 말만 14만이 죽었을까? 인명피해가 수만이라 기록되었지만 말의 피해에 비추어 볼 때 인명피해도 십 단위가 넘었을 것이다.

그리고 위청과 곽거병 두 기둥을 잃는데 위청은 나이가 들어 사라지고 곽거병은 병이 들어 다음해에 24세의 나이로 죽었다. 오염된 물을 먹은 탓이라는데 흉노에서 무당이 시키는 대로 병사한 가축들을 한나라 군사들의 주둔지에 묻었고 그때 오염된 물을 먹어 병사했다는 이야기가 있다.

이때 흉노에 결정적인 타격을 주었음에도 한무제는 흉노를 끝까지 쫓아 섬멸하겠다는 집념을 버리지 않았지만 불행하게도 이때부터 무제가 죽을 때까지 한나라 군대는 한 번도 승리를 거두지 못한다.

9, 흉노의 소멸

B.C. 121년의 공격으로 한나라는 하서주랑과 기련산맥 일대를 점령해 서역으로 진출하는 길을 확보했고 B.C. 119년의 공격으로 흉노에게 결정적인 타격을 입혔다.
웬만했으면 패주하는 적을 섬멸하기 위해 계속해서 원정대를 보낼 만도 하련만 한나라의 대규모 공격은 근 10년 가까이나 공백이 있었다. 말이 없어서 공격을 하지 못했던 것 같다.

연속적인 공격 실패

한동안 뜸했던 공격은 B.C. 111년 재개되었다. 무제는 공손오公孫吳에게 기병 15,000을 주고 흉노를 치게 하였다. 공손오는 2,000리나 나아갔으나 전투 한번 하지 못하고 빈손으로 돌아왔다. 다음해에 조파노趙破奴에게 1만의 기병을 주어 다시 흉노를 토벌하라고 했는데 이번에는 수천 리를 나아갔으나 역시 헛걸음만 하였다.
정면대결을 피하면서 경계를 늦추지 않는 흉노를 어쩔 수 없음을 알고 한무제가 직접 18만의 기병을 통솔하고 변경에 이르러 흉노에 사신을 보내 항복을 권유했다. 이지타 선우의 뒤를 이은 오유烏維 선우는 한무제의 사신이 항복하기 싫으면 나와 싸우라고 약을 올렸는데도 사신을 죽이지 못하고 유폐시키는 것으로 그쳤다. 또 한나라에 대한 공격도 하지 않고 자신의 힘을 기르는데 전력을 기울였다.
한무제는 흉노를 협공하고자 흉노의 서쪽 발하쉬 호수 부근의 오손왕에게 왕녀를 주었다. 오손왕은 노인이었지만 어쩔 수 없어 그녀를 右부인으로 삼았다. 위기를 느낀 흉노도 왕녀를 부인으로 들이밀었다. 한나라는 멀리 있는 법이고 흉노는 가까이 있는 주먹이라 오손왕은 그녀를 左부인으로 삼았다. 늘그막에 부인복은 양쪽으로 터졌으나 오손왕은 그녀들을 귀여워하지 못하고 오손왕의 손자가 그 일을 대신해 그녀들에게서 각각 아들을 낳았는데 그 때문에 오손은 둘로 갈라지게 된다.

B.C. 105년 오유가 죽고 그 아들 오사려烏師廬가 즉위하니 나이가 어려 兒선우라 불렀다. 이에 한나라는 흉노의 분열을 획책하였으나 헛수고에 그치자 무력을 행사하기 시작했다. B.C. 104년 흉노의 배후에 거점을 확보하고자 무제의 처남인 이광리를 보내 대원을 공격했다. 이광리는 좋은 말 3,000필을 획득하는 전과를 올렸다.
조파노가 B.C. 103년 2만의 기병으로 공격에 나섰다. 흉노 내부에 배신자가 있어 내응하기로 되어 있었으나 음모가 사전에 발각되어 계획은 수포로 돌아갔다. 그래도 조파노는 초전에 승리하여 3,000의 포로를 잡았다. 그러나 돌아오는 길에 흉노의 포위공격을 받아 조파노를 비롯한 2만 기병 모두가 죽거나 포로가 되고 말았다. 흉노와 전쟁을 시작한 이래 최악의 참사였다.

아선우는 즉위 3년 만에 의문의 죽음을 당하고 구리호呴犁湖 선우가 뒤를 잇는다. 의혹의 당사자로 지목됐던 구리호는 부지런히 한나라 국경을 침범하였으나 1년 만에 사망한다. 동생 저제후且鞮侯가 뒤를 이었다. 이때 한무제 유철이 재기불능의 피해를 입는다.
B.C. 99년 무제는 대원을 쳐서 공을 세웠던 자신의 처남 이광리에게 3만의 기병을 주어 우현왕을 공격하게 하였다. 서전은 승리하였으나 돌아오는 길에 흉노의 포위망에 걸렸다. 열에 일곱이 전사하는 참담한 피해를 보았다. 공손오를 다시 출격시켰으나 아무런 전과도 거두지 못하고 돌아왔다. 이릉에게 기병 5천을 주어 1,000여 리를 나가게 하였는데 치열한 전투 끝에 이릉은 흉노에 항복하고 기병 5,000과 보병 수만 중에 돌아온 병사는 겨우 400명이었다. 이때 사마천이 이릉을 변호하다 치욕스런 궁

형宮刑을 당한다.
이렇게 당하고 가만히 있을 한무제가 아니다. 다시 이광리를 출전시키면서 남은 모든 것을 다 동원했다. 이광리에게 기병 6만과 보병 10만을 주고, 노박덕에 만여 명, 한열에게 보병과 기병 3만, 공손오에게 보병 1만과 기병 3만을 주었다.
선우가 이번에는 직접 기병 10만을 동원하여 맞으러 나왔다. 10여 일의 치열한 전투는 허무하게 종결되었다. 한나라에서 무고의 난에 연루된 이광리 일가를 멸문시켰기 때문이다. 이광리는 흉노에 항복하고 그 많은 군사 중에 한나라로 돌아온 병사가 천에 한두 명이었다. 이로써 흉노를 박살내려던 한무제의 꿈이 박살나고 말았다. 이해가 B.C. 97년 한무제 즉위 44년째였다.

흉노의 분열

한나라의 위협이 사라졌지만 흉노는 급속하게 쇠락의 길을 걷게 되는데 이는 선우 계승을 둘러싼 분쟁 때문이다.
분쟁은 지제후 선우가 죽고 일어났는데 실은 그전부터 문제가 있었다. 지제후는 형에게 양위를 받았기 때문에 원래는 형의 아들에게 선우를 물려주어야 했다. 그런데 지제후는 형의 아들은 일축왕으로 임명해 서쪽 지역의 책임을 맡기고 자기 아들로 후계자로 결정했다. 그래놓고는 죽음에 임박해 마음이 흔들렸다. 자기 아들이 너무 어리니 우곡려왕을 후계자로 하라는 유언을 남긴 것이다. 이 때문에 불만을 품을 사람이 둘로 늘어났는데 여기에 지제후의 미망인인 전거顓渠 연지가 농간을 부려 일을 더 복잡하게 만들어버렸다.
전거 연지는 우곡려왕을 싫어했다. 그녀는 남편의 유언을 비밀로 부치고 아예 자기 아들 호연제를 상속자로 내세우고 자신이 섭정을 했다.(B.C. 85) 그런데 그 비밀이 새어나가 우곡려왕까지 척을 지게 된 것이다.
이렇게 흉노의 내분이 심화되자 오손이 한나라와 손잡고 흉노를 공격하여 포로 3만 9천, 가축 70만 마리를 끌고 갔다.(B.C. 71) 만만하던 오손에 허를 찔린 호연제는 대군을 이끌고 오손을 응징하러 떠났으나 오손은 완강히 버텼다. 날이 추워지자 회군을 서둘렀는데 엄청난 폭설이 호연제를 배웅했다. 하루에 눈이 10척이나 쌓이는 바람에 사람과 가축이 얼어 죽어 돌아오는 이가 없었다. 이를 본 동방의 오환과 북방의 정령도 흉노를 가벼이 보고 활시위를 흉노로 돌리니 흉노의 변방이 조용할 날이 없는데다 B.C. 71년에 이어 B.C. 68년에도 대규모 홍수와 눈사태가 일어났다. 견디다 못한 호연제는 선우 자리를 내던지고 서쪽으로 떠나버렸다. 엄마가 뺏어온 선우 자리가 아들을 행복하게 해주지는 못했던 것이다.

호연제가 물러나자 좌현왕 허려권거虛閭權渠가 선우를 계승했다. 허려권거는 한나라와 서역을 두고 다투다가 9년 후 피를 토하고 죽었다.

기승전결로 풀이하자면 지제후의 죽음은 起에 해당하고 여기까지는 承에 해당한다. 이게 극적인 절정으로 치닫는데 그 주인공은 역시 지제후 선우의 연지였던 전거연지다.

전거연지는 재빠르게 우현왕 도기당을 선우로 추천했고 심지어 그녀의 아내 자리까지 꿰찼다. 갑자기 이루어진 일이 아니라 둘이 미리 준비해 두었던 일이다. 도기당은 권력의 화신인 전거연지에게 어울리는 남자였고 그것이 흉노의 불행이었다. 도기당은 권력의지가 남달리 강한데다 현명하지 않았고 매우 잔인하였다. 도기당은 즉위하자마자 지체 없이 위험 인물들과 그 주변 사람들을 모조리 죽여 버렸다.

한때 선우 계승 1순위였던 차제후 선우의 아들 일축왕은 서쪽에 영지를 갖고 있었는데 도기당과 원래 사이가 나빴다. 그는 주저 없이 군사를 이끌고 한나라로 투항하였고 이로써 한나라에서 서역으로 가는 길이 훤하게 뚫려버렸다.

도기당의 잔악한 행태가 계속되자 동쪽 영토를 다스리던 왕들이 연합해서 반란을 일으킨다. 도기당은 부하들에게도 인심을 잃어 휘하의 병사들이 흩어지자 친동생인 우현왕에게 도움을 청한다. 그러나 친동생마저 등을 돌리자 도기당은 자살하고 호한야가 선우에 오른다.
그런데 호한야가 실수를 한다. 도기당이 자살한 것은 우현왕이 등을 돌린 덕분인데 호한야는 우현왕을 도기당의 동생이라는 이유로 처단하고자 했다. 분노한 우현왕은 자신의 사촌형인 도기를 선우로 세워 호한야에게 저항했다. 그런데 도기가 남의 모함에 속아 우현왕을 처단하는 실수를 저지른다. 일이 이런 식으로 전개되자 흉노사회가 걷잡을 수 없는 혼란에 빠져 무려 5명의 선우가 등장하게 되었다. 호한야는 용케도 이 혼란을 수습했다. 다른 4명의 선우를 정리한 것이다. 그러나 그 과정에서 군사력의 손실이 컸다.
이에 동쪽을 다스리는 자신의 형 질지에게 도움을 청했지만 질지는 스스로 선우를 칭했다. 엎친 데 덮친 격으로 서쪽에서는 사촌 윤진이 스스로 선우를 칭하고 나섰다. 다행이 윤진이 가장 약한 호한야를 치지 않고 질지에게 먼저 덤볐다. 질지는 윤진의 군사를 가볍게 섬멸하고 그 군사를 흡수하니 더 강해졌다. 그것으로 호한야를 치니 호한야는 수세에 몰려 방어에 급급했다. 그런데 이 전쟁의 틈을 이용해 서쪽에 또 하나의 선우가 등장해서 아리목 선우라 칭했는데 그쪽도 호한야보다는 세력이 강했다.

좌우에 강적들이 포진하고 있는데 등 뒤에는 세력을 회복한 한나라도 호시탐탐 호한야를 노리고 있었다. 이 위기의 순간에 호한야는 피를 나눈 형제 대신 대대로 피비린내 나는 싸움을 벌이던 한나라를 택했다. 그는 스스로 한나라로 들어가 당시 황제인 선제宣帝를 알현하여 신하될 것을 약속하고 변방에서 한나라의 울타리가 될 것을 약속했다. 사나운 늑대가 집 지키는 개로 전락하는 순간으로 이때 흉노의 맥이 끊겼다고 보아야 한다. 때는 B.C. 51년 한나라 선제 22년이었다.

질지의 여로

하지만 아직 외로운 늑대가 남아있었으니 그것은 질지의 북흉노다.

질지가 북방 유목민족을 규합하여 재기를 노리려면 동쪽 초원을 차지해서 힘을 길러야했다. 그곳은 풍요로운 초지인 후룬베이얼이 있어 말을 먹이며 세력을 키울 수 있는 곳이었다. 그러나 질지는 동쪽으로 갈 수 없었다. 그곳은 이미 한나라의 영향권이었기 때문에 서쪽으로 방향을 잡았다.

질지가 서역으로 가는 길에 첫 번째 조우한 세력은 서흉노였던 이리목 선우였다. 질지는 단한번의 공격으로 이리목 선우의 세력을 분쇄시키고 그들의 병사들을 흡수하였다. 그리고 계속 서쪽으로 나아갔다.

당시 서역의 강자는 오손이었다. 그러나 질지에게 천만다행인 것이 그때 오손이 둘로 분리되어 있었다.

일찍이 한무제는 오손과 연합하고자 왕녀를 보내 혼인동맹을 맺은 적이 있었다. 이에 흉노도 오손을 자기편으로 만들려고 공주를 보내 혼인동맹을 맺어놓았다. 그 둘의 자식들이 오손을 분할해 나눠가졌다. 한나라 왕녀의 소생은 대곤미가 되고 흉노 공주의 소생은 소곤미가 되었다. 곤미昆彌는 왕을 칭하는 말이다. 질지는 소곤미와 연합하여 대곤미를 치자는 제안을 했다. 소곤미는 질지를 환영하는 척 하면서 공격할 준비를 했다. 그러나 질지가 더 빨랐다. 질지는 소곤미를 죽이고 이시쿨 호수 동쪽의 넓은 지역을 차지해버렸다. 내친 김에 북방의 소규모 부족들도 점령하여 질지는 다시 흉노왕국을 건설했다. 질지의 흉노는 원래 北흉노였는데 이때부터 西흉노로 부르기도 한다.

질지가 오손의 땅을 차지하자 오손은 한나라에 구원을 청했는데 한나라는 구원병은 보낼 형편이 못돼 중재할 요량으로 사신을 보냈다. 질지는 호한야와 분쟁을 벌일 때 한나라가 호한야의 편을 든 것이 생각나 분을 못 이겨 한나라 사신을 죽여 버린다. 하지만 정신을 차리고 보니 한나라의 보복이 두려웠다. 그 와중에 강거康居라는 나라에서 질지를 초대했다.

강거는 오손과 파르티아 사이에 끼인 나라로 오랫동안 양쪽 나라에 시달려왔다. 그런데 질지가 오손의 절반을 점령하자 오손은 힘이 빠져 강거를 괴롭히지 못했다. 그래서 강거는 오랜만에 평화를 만끽할 수 있었는데 강거왕은 그런 평화를 계속해서 즐길 수 있는 방법을 궁리하다 아예 질지를 강거로 불러들일 생각을 했다. 강거왕이 그리로 와서 살아달라는 요청을 하니 질지는 그것을 뜻밖의 행운으로 여겼다.
질지가 강거로 갈 뜻을 밝히자 3만의 무리가 질지를 따랐다. 그러나 때가 엄동설한이라 그들은 눈보라에 갇혀버렸다. 눈은 나흘 동안 밤낮으로 쏟아졌다. 잘못하면 무리 전체가 눈에 갇혀 전멸할 판이었다. 질지는 노인과 어린아이들을 버리고 행군을 계속했다. 그래도 얼어 죽는 사람이 속출하여 강거에 도착하니 3,000명만 남아있었다.

북흉노의 멸망

강거왕은 실망했지만 질지에게 비옥한 초원을 주어 힘을 기르도록 배려하고 서로의 딸을 왕비로 교환하기까지 했다. 그런데 강거에 파르티아에서 탈출한 로마 병사들이 있었다. 이들은 크랏수스의 부하였던 자들로 파르티아에 패해 포로가 되었다가 강거로 탈출한 병사들이었다. 그들은 로마의 명예를 더럽혔기 때문에 로마로 돌아갈 수 없어 강거로 왔고 강거왕은 파르티아의 공격을 막기 위해 그들이 살 수 있는 터전을 따로 마련해주었다. 그렇게 역사의 뒤안길에서 만난 질지와 로마군의 지휘관은 서로 죽이 맞아 질지는 자기 딸을 주고 둘이 한패가 되었다.
그곳에서 질지는 또 실수를 저질렀다. 강거왕에게서 얻은 왕비와 말다툼을 하다 왕비를 죽인 것이다. 분노한 강거의 귀족들이 따지러 왔지만 질지는 그들마저 죽여 탈라스 강에 던져버렸다. 강거왕은 분노했지만 이미 세력이 커진 질지를 어쩔 수 없었다. 그래도 질지는 강거의 공격이 두려워 로마 군인들과 함께 요새를 구축했다. 탈라스 강변에 경고한 성을 구축했는데 로마식으로 성 주위에 3중 목책木柵도 건설했다. 강거의 왕은 질지가 두려워 차마 어쩌지 못하고 바라보기만 했다. 질지는 오랜만에 달콤한 휴식을 취하고 있었다.

그런 질지의 동정을 한나라 서역도호부에서 낱낱이 파악하고 한선韓宣이 질지를 토벌하자는 상소를 연달아 올렸지만 무능력한 한나라 궁중에서는 허가하지 않았다. 한선이 물러나고 서역도호부에 감연수甘延壽와 진탕陣湯이 부임했다. 이들은 질지를 칠 절호의 기회를 놓치기 싫었다. 황제의 재가가 있어야 군사를 움직일 수 있지만 그런 상소는 올리나마나 기각될 것을 아는 그들은 황제의 명을 사칭하여 군사 4만을 모았다. 그리고 기밀을 유지하기 위해 겨울에 출병했다. 선무당이 사람 잡는다고 혹독한 눈보라가 그들을 비켜갔다. 그리하여 그들은 무사히 강거에 이를 수 있었다.

질지가 한나라 군대를 발견한 때는 적들이 성벽 아래 이르렀을 때다. 늦었지만 질지에게는 이때도 기회가 있었다. 흉노의 강점은 기병이다. 질지가 성에 안주하지 않고 기병을 이끌고 나가서 교전하였다면 한나라 군대가 쉽게 이기지 못했을 뿐더러 이긴다 해도 달아난 질지를 잡지 못했을 것이다. 그러나 질지는 자신의 성을 믿었다. 로마의 지혜를 더해서 만든 성은 질지가 보아도 견고해서 쉽게 깨어지지 않을 것 같아서다.

질지의 예상대로 성은 쉽게 깨어지지 않았다. 공격하는 한나라 병사들의 피해가 늘어만 갔다. 그러나 한나라 병사들이 장작을 높이 쌓고 불을 붙이자 겨울의 매서운 바람은 질지의 성을 순식간에 잿더미로 만들어버렸다. 놀란 질지가 뛰어나와 선두에 서서 반격에 나섰지만 접전에는 한나라가 강점이 있어 질지는 그만 목이 떨어지고 말았다. B.C. 36년이었다.

감연수와 진탕은 행운이 거듭되어 질지의 목을 얻을 수 있었다. 그러나 한나라로 돌아가니 지엄한 법이 기다리고 있었다. 한나라 백성들이 모두 환호하는 승리를 거두었음에도 불구하고 그들은 황제의 명을 사칭했다는 이유로 2년 넘게 옥살이를 해야만 했다.

왕소군과 남흉노의 멸망

비파를 든 왕소군 / 왕소군의 비파를 켜는 모습이 너무 아름다워 날던 기러기가 날개짓을 멈추고 떨어졌다는 시가 유명하다.

질지가 죽었다는 소식을 들은 호한야는 B.C. 33년 한나라로 가서 한원제와의 만남을 청했다. 원제元帝는 많은 재물을 주고 궁녀 중에 마음대로 한 사람을 고르라고 했다. 그 전까지는 흉노로 보낸 여인은 왕녀였는데 궁녀로 바뀐 것이다. 흉노를 대등한 국가가 아닌 신하로 대접한 것이다.

이때 호한야가 선택한 궁녀가 중국의 역대 4대 미인으로 꼽히는 왕소군이다. 호한야가 왕소군을 고르자 헌제는 경악했다. 너무나 절세의 미인이었던 것이다.

당시 한나라 궁에는 궁녀가 너무 많아 황제는 궁녀의 실물을 보지 않고 화공이 그려준 초상화를 보고 잠자리를 선택했다. 그러자 궁녀들은 화공에 뇌물을 주기 시작했다. 원제의 전속화공인 모연수는 뇌물 받는 재미에 빠져 뇌물을 주지 않는 왕소군을 미인으로 그리지 않았고 왕소군은 헌제의 선택을 받지 못했다. 헌제는 왕소군의 실물을 보고 모연수가 자신을 기만했다는 것을 알았다. 하지만 흉노와의 화친은 중요한 일이라 차마 왕소군을 잡지 못했다. 대신 자신이 몸소 칼을 들어 모연수를 두 동강내는 것으로 화풀이를 했다,

이 일이 알려지자 중국의 많은 시인들이 왕소군의 비극을 노래했다. 왕소군을 사나운 몽골리아의 매에게 던져진 메추라기로 비유하곤 했는데 그런 시인 중에는 두보, 백거이, 왕안석 같은 유명한 인물들도 있었다.

시기와 음모와 뇌물이 판치는 구중궁궐에 갇혀 일생을 보내는 일을 아름답다고 생각하는 사람들이 시인이었다니 의아할 따름이다.

왕소군과 잠자리를 같이 할 권리가 있던 원제는 왕소군을 보낸 다음해에

죽었다. 만약 왕소군이 원제의 선택을 받았다면 그녀는 새장 속의 카나리아처럼 갇혀 지냈을 것이다. 하지만 실제의 왕소군은 흉노의 땅으로 가서 호한야의 아들을 낳고 호한야가 죽은 다음에는 흉노의 풍습에 따라 호한야의 아들에게로 가서 딸 둘을 낳고 행복하게 살았다. 나는 아들 딸 낳은 그런 사실보다 푸른 초원에서 긴 머리칼 날리며 말달리며 살았을 그 자유로운 삶이 훨씬 더 아름다워 보인다. 내가 시인이었다면 왕소군의 그런 삶을 그리는 시를 썼을 것 같다.

그런데 왕소군이 낳은 호한야의 아들은 후에 왕위 계승 1순위에 올랐다가 낙마하여 흉노 분열의 원인이 된다. 그 일이 미녀를 준 보답이라 할 정도로 한나라에는 매우 요긴했는데 그 이야기까지만 짚어본다. 왕망王莽이 원인을 제공했다.
한나라를 찬탈하고 新을 세운 왕망은 유교적 이상주의자였다. 그는 공자가 그리던 세계를 구현하려고 周나라의 정전법井田法(실제로는 실시했다는 증거가 전혀 없는)을 실시하기도 한 사람이다. 그런 취향의 사람이 예의범절을 무시하고 살아가는 북방 오랑캐를 좋아할 리가 없어 왕망은 끊임없이 흉노를 압박했고 힘이 약한 흉노는 왕망의 명령에 순순히 따랐다. 심지어는 흉노 왕족들 이름을 중국식으로 개명하라는 요구까지 다 들어주었다.
문제는 왕망의 급진적인 개혁이 중국을 도탄의 도가니에 빠트리면서 시작되었다. 곳곳에서 민란이 일어나는데 왕망은 성난 민심을 흉노를 공공의 적으로 몰아 달래려고 하였다. 그리고 아예 30만 대군을 동원해 흉노를 공격하라는 명령을 내렸다. 이것이 집 지키는 개로 살던 흉노의 야생 본능을 깨우고 말았다. 왕망이 흉노를 막다른 골목으로 몰아붙이자 흉노가 일어나 공격을 시작했고 이에 왕망의 군대는 여지없이 무너져 내렸다.
한나라로서는 다행인 것이 왕망이 흉노의 공격에 의해서가 아니라 민란에 의해 피살된 것이다. 그로써 짧았던 新 왕조는 종말을 고하고 東漢 왕조가 시작되었다. 하지만 흉노는 이미 칼을 뽑은 다음이었다. 늑대로 돌아간 흉노는 東漢에 순한 양이 되기를 강요했고 피폐할 대로 피폐해진 한나라 왕조는 힘이 없어 흉노의 요구를 들어줄 수밖에 없었다. 아마 그대로 갔으면 동한은 제대로 일어서지 못하고 혼란에 빠지고 말았을 것이다. 그것을 남흉노의 분열이 살렸다.

이때 흉노는 호한야의 아들들이 차례대로 선우로 등극했는데 마침 왕소군이 낳은 아들인 이도지아사가 선우에 오를 차례가 되었다. 그러나 어머니가 한나라의 일개 궁녀 출신인 이도지아사에게는 선우를 쟁취해낼 힘이 없었다. 그리하여 흉노는 치열한 내란에 돌입했고 덕분에 광무제는 나라를 지켜낼 수 있었다. 결과적으로 궁녀들 등쳐먹던 모연수가 나라를 살린 셈이 되었으니 중국 역사의 아이러니다.

여하튼 내전으로 힘이 약해진 흉노는 동쪽에서 쳐들어온 선비족의 공격에 무너지고 말았다. 그러자 그때까지 흉노가 지배하던 초원의 100여 개 부족들이 하룻밤 사이에 모두 선비족의 깃발을 내걸었다. 세상은 그렇게 바뀐다.

10. 흉노와 훈

흉노와 훈! 이름부터 공통점이 느껴진다.
흉노는 동아시아를 공포에 몰아넣었고 훈은 유럽을 공포로 몰아넣은 것도 공통점이다. 훈족이 유럽에 나타난 것은 질지의 살아남은 병사들이 유럽으로 들어갔을 가능성을 떠올리게 한다.
하지만 이 둘을 연결시키는 일은 간단치 않다.
질지가 강거에서 살해된 때는 B.C. 36년이다. 그리고 훈족이 서양 역사에 등장한 시기는 대략 290년이다. 연대가 300년 이상 차이가 있다.
질지가 강거로 올 때 3만 명이 출발했으나 겨우 3,000명만 강거에 도착했다. 그리고 감연수와 진탕의 공격 때 대부분 사망했고 살아 도망친 사람이 300명 정도라 한다. 이런 인원 가지고는 조그만 성 하나도 공략하기 어렵다. 이들이 병사의 숫자를 급속하게 늘릴 수 있는 방법은 있었을까? 질지가 눈보라 속에 버려둔 노인과 어린아이들을 떠올릴 수도 있으리라. 그들이 생존해서 도움이 되었다고 설명하는 사람들도 있다. 하지만 이는 나중의 일이고 사슴과 관련된 이야기가 첫 번째 디딤돌이 되었을 것이다.

늪지대와 여인국

그들 흉노 패잔병들은 늪지대에서 사냥을 하면서 연명했다고 한다. 그런데 어느 날 화살을 맞은 사슴이 늪으로 도망을 쳤다. 사슴은 묘한 습성이 있는데 도망가다가 안전한 거리에 도달했다 싶으면 꼭 뒤를 돌아보며 추격자를 확인한다. 그리고 추격자의 모습이 보이지 않으면 추격자가 나타날 때까지 풀을 뜯는 습성이 있다. 그날도 도망가던 사슴이 뒤를 돌아보며 동그란 눈으로 바라보는 모습이 마치 "나 잡아봐라!"며 약을 올리는 것처럼 보였을 것이다. 그리하여 추격대가 조심조심 사슴이 갔던 길을 따라 갔는데 한참을 쫓았지만 사슴은 결국 놓쳐버렸다. 하지만 그 사이에 늪지대를 건넜다.

이곳이 아마도 유명한 프리페트 소택지였을 것이다. 2차 세계대전 때 우크라이나로 진격하던 히틀러의 군대를 애먹인 프리페트 소택지는 뭍과 물이 뒤섞여 사람의 침입을 허용하지 않았다고 한다. 이곳에 과연 어떤 사람들이 살고 있었을까? 광대한 늪지대라면 단연 아마존을 떠올리게 된다. 실제로 이곳이 유럽인들이 아마존이라 부르던 바로 그 지역이었다. 스페인 원정대가 브라질의 엄청난 늪지대를 발견하곤 그곳에 아마존이란 이름을 붙인 것도 아마존이 엄청난 늪지대의 대명사였기 때문이다. (아마존 원주민들은 거대한 파도라는 뜻으로 아마주누라고 불렀다.)

그런데 아마존에 정말로 여인왕국이 있었을까? 있었을 것 같은 생각이 든다. 동양의 고전인 《산해경》에도 여인국 이야기가 나오기 때문이다.

대황경에는 여자국이 있다(有女子之國)는 말만 나온다. 뒷부분이 소실된 것이 틀림없다. 무언가 내용이 있었으리라.

해경에는 해외서경 15편에 "女子國在巫咸北 兩女子居 水周之 一日居一門中, 여자국이 무함의 북쪽에 있는데 두 여인이 함께 살며 물이 그곳을 둘러싸고 있다. 혹은 한 집에 거처한다고 한다."는 내용이 있다. 해외서경 13편에 의하면 무함국은 무당들이 하늘로 오르내리는 곳으로 오른손에는 푸른 뱀, 왼손에는 붉은 뱀을 쥐고 있다고 한다.

사람은 혼자서는 못사나보다. 여자들만 사는데도 짝을 이뤄 산다. 물이 그곳을 둘러싸고 있다는 말이 의미심장하다.

여기에 곽박이 註에 이런 설명을 붙였다.

"황지黃池라는 못이 있는데 부인들이 들어가 목욕하고 나오면 곧바로 임신하는데 사내아이를 낳으면 세 살이 되면 죽였다."

남아를 낳으면 바로 죽일 일이지 왜 세 살까지 기다렸을까?

미운 세 살이라고 아이들이 세 살이 되면 때를 쓰는 것은 옛날에도 마찬가지였던 모양이다.
이런 상념이 떠오르지만 곽박의 이야기는 사실일 수도 없지만 사실이라도 상관없다. 다만 여인국이 황당한 전설만은 아닌 것 같다. 유럽의 역사에도 여인국이 등장하니까.

약진

훈족이 유럽에서 처음으로 조우한 세력은 알란족이었다. 알란은 본래 카스피 해로 흘러드는 돈 강과 드네프르 강 사이에 살고 있다가 북흉노가 강거로 들어갈 때 드네프르 강 서쪽으로 이동했다고 한다. 알란은 인도유럽인종으로 키가 크고 머리칼이 노란색이었다고 한다. 용맹한 부족으로 전투 중에 희생하는 일을 명예로 생각했고 늙을 때까지 살아남는 일을 수치로 여겼다고 한다.
이 두 부족은 돈 강을 사이에 두고 치열한 접전을 펼쳤는데 알란족의 전차부대가 훈족의 기마병을 당하지 못해 알란족은 무참히 살육을 당하고 일부는 카프카스 산맥으로 도망가고 남은 병사는 훈족과 합쳐졌다고 한다. 이들 연합군은 돈 강 서쪽으로 진출하여 사우로마타이족을 간단히 제압했는데 사우로마타이는 스키타이와 아마존족 사이에 생긴 후손이라 한다.

훈족이 알란족과 사우로마타이족을 제압한 것은 역사적 사실인데 여기에서 의문이 생긴다. 질지의 패잔병은 300명이었는데 이 숫자로 알란족을 상대할 수는 없었을 것이다. 그렇다면 이들은 어떻게 부족의 숫자를 늘렸다는 말인가?
강거의 전투에서 질지가 사망한 해가 B.C. 36년이고 훈족이 알란을 공격한 때는 350년이다. 근 400년의 세월이 흐른 다음이다. 이 400년 동안 질지의 부하들이 아마존 여인의 품에서 자식들을 낳아 그 수를 불렸을까? 거기에 선비족에 패한 잔병들이 합류했을까? 알 수 없는 일이다.

여하튼 훈족이 알란을 공격한 이래 유럽은 극심한 혼란에 빠진다.

훈족이 프리페트 소택지를 건너 우크라이나 초원에 이르러 374년과 375년 두 차례 동고트를 공격하자 동고트가 무너졌다. 동고트는 서쪽으로 이동할 수밖에 없었는데 서쪽에는 서고트가 있었다. 서고트는 동고트족을 따듯하게 맞아주었다. 그리고 동고트의 경험을 빌려 훈족을 막아내고자 했다.

서고트의 아타나리크 왕은 드네스트르 강 유역에 자신의 부대를 배치하고 주변에 투항해온 동고트의 부대를 배치했다. 그리고 프리티게른 장군을 20리 앞에 세워 훈족을 맞아 싸우게 했다. 그러나 정보에 빠른 훈족은 프리티게른 부대를 우회하여 아타나리크 왕을 공격했다. 그들은 달이 뜨기를 기다려 드네스트르 강 상류를 건너 아타나리크의 진영을 직접 공격했다. 아타나리크는 대패하고 숲으로 몸을 피했는데 훈족은 더 쫓지 않았다. 그들은 수많은 전리품을 챙겨 우크라이나로 귀환했다.

훈족은 물러갔지만 서고트의 혼란은 그치지 않았다. 서고트는 로마 황제 발렌스를 찾아가 로마법을 따를 테니 로마군에 합류하게 해달라고 청했고 발렌스 황제는 이를 허락했다. 그로부터 도나우 강을 건너는 서고트의 행렬이 밤낮으로 그치지 않았고 우기를 맞아 도나우 강이 범람하자 수많은 사람이 급류에 휩쓸려 목숨을 잃었다.

발렌스 황제의 초상이 새겨진 은화

이때 서고트족들은 부패한 로마 관리들 때문에 사상 최악의 고통을 겪었다. 발렌스 황제는 서고트 난민을 위한 식량을 내어주었으나 이는 모두 부패한 관리들 주머니로 들어가고 서고트족들은 식량을 위해 자식을 노예로 내어주고 부인과 딸들을 매춘으로 내보내야 했다.

서고트 사람들 불만이 고조되어 흉흉한 분위기가 돌자 로마는 선수를 치기로 하고 서고트의 프리티게른 장군을 초대해 연회를 베푼다. 그러나 연회장 밖에 몰려온 서고트 난민들이 폭동을 일으켜 음식을 탈취하는 등 난동을 부리기 시작했다. 혼란이 점점 커지자 로마군은 서둘러 프리티게른을 살해하려 하나 서고트 위병들이 이를 결사적으로 방어했다. 로마는 작전을 바꿔 프리티게른을 석방하고 그들을 뒤쫓아 섬멸하려 하였으나 전투의 결과는 로마군의 전멸이었다.

378년 로마의 발렌스 황제가 4만의 정예병을 이끌고 서고트 군과 맞섰다. 로마의 승리로 기울어갈 무렵 동고트와 알란의 연합군이 나타났다. 이들은 로마군을 향해 화살을 쏟아 부었고 로마는 이날 4만의 정예병과 함께 황제의 목숨을 내주어야 했다.

훈족이 서고트족을 한번 공격한 충격파가 이렇게 나타난 것이다.

약탈

384년 훈족이 서아시아에서 가장 부유한 도시인 지중해 연안의 인구 50만 안타키아(안티오키아, 성서에 나오는 안디옥)를 함락시켰다. 이 부유한 도시는 순식간에 지옥으로 변해버렸다. 성전 기둥에는 사람들의 목이 걸렸고 그들의 딸들은 발가벗긴 채로 말에 태워져 떠난 후 다시는 돌아오지 않았다.

395년 로마의 테오도시우스 황제가 죽고 동로마와 서로마로 분리되었다. 그리고 게르만족의 대이동이 본격적으로 시작되었다. 이 해 훈족이 발칸 반도를 점령했다.

396년 훈족이 사산조의 수도인 크테시폰을 포위하고 약탈을 계속한 뒤 카프카스 산맥을 넘어 그들의 본거지로 돌아갔다.

400년 훈족 사절단이 동로마제국의 수도 콘스탄티노플에 도착했고 동로마는 훈족이 동로마제국 최고의 동맹국임을 선포했다.

405년 인구 10만의 동고트족이 서로마제국을 압박하자 서로마는 훈족에 응원을 청했다. 훈족의 지도자 울딘과 서로마군의 연합 공격에 동고트

대군은 전멸에 이르렀고 포로들이 노예로 팔려가면서 노예 값이 폭락해 가축보다 싸졌다.

408년 훈족에 밀린 알라리크의 서고트족이 로마를 포위했다. 식량이 떨어진 로마는 굴욕적인 강화조건을 받아들여야만 했다.

410년 알라리크의 서고트가 다시 로마를 공격해왔다. 8월 24일 밤 로마가 무너졌다. 알라리크는 폐허가 된 로마를 버리고 북아프리카에 새로운 왕국을 세우려고 메시나 해협에 배를 띄웠으나 폭풍을 만나 침몰하고 말았다. 알라리크도 말라리아에 걸려 죽었기 때문에 서고트족의 행군은 아펜니노 반도에서 끝났다.

408년 훈족은 동로마를 공격하여 엄청난 전리품을 챙긴다. 돌아오던 길에 동맹군이었던 게르만족의 변심으로 훈족의 지도자인 올딘이 부상을 당하고 411년 세상을 떠난다. 올딘이 죽은 후 조정기간을 거쳐 430년 루아가 훈족의 통합 지도자로 등장한다. 루아는 동로마의 테오도시우스 2세를 압박하여 매년 350만 파운드의 황금을 받기로 한다. 이때부터 훈족은 무력을 행사하는 대신 위협으로 국고를 채워나가기 시작한다.

433년 훈족은 서로마의 내분에 아이티우스를 지원한다. 반대편은 서고트에 지원을 요청했으나 강력한 군사력의 서고트도 훈족과는 대결을 피하고, 훈족의 지원을 받은 아이티우스는 로마의 최고 사령관에 복귀한다. 그 답례로 아이티우스는 판노니아를 훈족에게 준다. 판노니아는 발칸반도 중서부를 말한다. 오늘날의 오스트리아에서 헝가리를 지나 보스니아헤르체고비나를 잇는 광대한 지역이다.

훈제국 전성기의 지도

434년 루아가 죽고 블레디와 아틸라가 훈족의 왕국을 동부와 서부로 나누어 다스리게 되었다. 형 블레디는 성질이 불같아 무력을 행사하기를 좋아한 반면 동생 아틸라는 군사적 재능은 신통치 않지만 외교적 수완이 좋았다.
형제는 동로마를 향해 남하했고 동로마는 서둘러 사신을 보냈다. 아틸라가 훈족의 왕이 둘이 되었으니 앞으로는 조공을 두 배로 바치라고 말했고 이는 그대로 받아들여졌다.
435년 동로마에 굴욕적인 마르구스 조약이 체결되어 로마를 제외한 동부와 중부유럽 전부를 훈족이 지배하게 되었다.
436년 아이티우스가 훈족의 지원을 받아 서고트족의 지원을 받는 부르군트족을 공격하여 두 명을 제외한 모두를 죽였다. 이 이야기가 후에 니벨룽겐의 노래가 나오는 배경이 되었다.
443년 동로마가 조공을 지연시키자 블레다와 아틸라가 다시 동로마를 공격했다. 이에 동로마는 자기들이 지킬 능력도 없는 아드리아노플 조약을 체결할 수밖에 없었다.
445년 블레디가 죽어 훈족 전체가 아틸라의 수중에 들어갔다. 훈제국의 영토는 서쪽으로 라인강, 동으로는 카스피해, 남으로는 도나우 강과 카프카스 산맥, 북으로는 발트해에 이르렀다. 이때가 훈제국의 전성기였다.

멸망

서로마의 공주 호노리아가 동로마에서 아틸라에게 서신을 보내 자신이 원치 않는 결혼을 하게 되었으니 구해달라는 편지를 보냈다. 447년 아틸라는 호노리아를 구한다는 명분으로 동로마를 침범했다. 동로마는 서둘러 호노리아를 서로마로 보냈으나 아틸라의 침공을 막을 수 없었다. 군사적 재능이 부족한 아틸라는 막대한 피해를 입었으나 결국은 콘스탄티노플에 이르렀다. 동로마의 운명은 풍전등화였으나 아틸라는 황금알을 낳는 거위를 죽이고 싶지 않았다. 동로마는 귀족들의 재산까지 쥐어짜내 아틸라에게 줄 조공을 마련해야 했다.

451년 아틸라는 50만의 군대를 일으켜 서쪽으로 나아갔다. 명분은 로마의 지분 절반을 갖고 있는 호노리아 공주와 결혼할 터이니 지참금으로 서로마 영토의 절반을 달라는 것이었다.

이 전쟁에서 아틸라는 실패했다. 당시 아틸라를 막을 수 있는 세력은 지금의 스페인에 있는 서고트와 로마뿐이었는데 서고트는 로마와 협력하기를 거부하고 있었다. 그런데 갈리아(프랑스)에 도착한 아틸라가 오를레앙을 공격하자 서고트는 아틸라가 자신들을 목표로 한다고 생각하고 서로마와 동맹을 맺었다. 아틸라는 오를레앙의 포위를 풀고 퇴각했다. 퇴각 도중 벌인 전투가 카탈라우우니아 전투다. 이 전투에서 양군은 막대한 사상자를 내었다. 아틸라는 퇴각했고 로마와 서고트의 연합군도 더 이상 추격하지 않았다.

452년 아틸라는 다시 로마를 공격했다. 이번에는 갈리아로 나가지 않고 로마로 직진했다. 중간에 인구 20만의 대도시 아킬레이아를 3개월 동안 공격하여 함락시켰다. 파도바, 베로나, 밀라노 등은 힘도 쓰지 못하고 무너졌다. 드디어 로마를 포위하자 로마가 사절단을 보냈다. 아틸라는 막대한 전리품을 챙겨 귀환했다.

453년 아틸라는 부르군트 출신의 젊은 공주를 신부를 맞아들이더니 다음날 아침 그녀를 과부로 만들었다. 자기가 흘린 코피가 목으로 들어가 질식사 한 것이다.

아틸라가 죽자 형제 싸움이 벌어지며 제국이 분열되었고 468년 아틸라 아들의 머리가 콘스탄티노플에 있는 원형 경기장에 전시된다. 유럽을 공포로 몰아넣었던 훈족의 시대는 이렇게 종결되었다. 훈족이 350년 알란을 공격한지 118년만이었다.

11. 바보온달과 북방의 역사

유목민족의 이야기를 하면서 온달을 빼자니 허전한 느낌이 든다. 위구르족을 상징하는 숫자가 10이란 이야기를 앞에 했는데 10을 뜻하는 투르크어가 온(Aunn)이다. 그런데 기련산 북쪽에 康이라는 곳이 있었고 그곳 군주의 성이 溫이었다고 한다. 이들이 돌궐족에게 밀려 파미르고원 쪽으로 남하했는데 그때가 6세기 중반으로 고구려 평원왕 때다. 때맞춰 고구려에 바보온달이 나타난다. 溫達, 溫씨다.

김부식의 깊은 뜻

온달 이야기는 김부식의 《삼국사기》에 소개되었는데 온달 이야기를 보고 감동한 사람들이 많았나보다.
한국 최초의 미학자로 꼽히는 문일평文一平의 평은 유홍준의 글에서 읽었다.

"나는 온달 이야기는 시답지 않은 옛날이야기로만 알고 있다가 바보온달 이야기의 주인공은 평강공주라는 호암(湖巖) 문일평 선생의 글을 읽고 큰 깨우침을 받았다. 그런 시각에서 보면 평강공주는 아주 진보적이고 평민적이고 영웅적인 왕녀였다.
이 이야기는 바보 남편에 장님 시어머니를 모신 지극한 사랑, 끝까지 신의를 지키는 믿음, 자기 능력을 극대화하는 인간적 성실성, 바보 남편을 전쟁영웅으로 보필하는 훌륭한 아내, 그리고 처연히 떠나는 대범한 죽음, 저승으로 가는 순간에도 변치 않는 사랑, 거기에다 최고의 지배층과 최하의 평민이 만나는 사회적 일체감을 다른 사람 아닌 평강공주를 통해 나타냈다는 것이다. 그러니까 고구려 사람들은 요즘 영국인들이 다이애

나 왕세자비를 그리듯 평강공주를 그렸다는 것이다." 《나의 문화유산답사기 남한강편》

문일평은 1939년에 작고했으니 최소한 마지막 줄은 유홍준의 주장일 것이다. 하지만 문일평이 평강공주를 당시 한국 남자들이 생각하는 이상적 여인상에 맞춰 본 것은 확실하다.

그런가 하면 온달의 충성에 감탄하여 글을 남긴 사람도 있다.

아차산성의 온달과 평강공주 상

구한말에 창강滄江 김택영金澤榮이란 한학자漢學者가 있었다. 을사조약을 당한 나라 사정을 한탄한 끝에 1908년 중국으로 망명하는데 그때 지은 글이 《여한구가문초麗韓九家文抄》다. 이 글은 이제 조선은 망하지만 우리에게는 찬란한 문화가 있으니 이를 잊지 말고 독립을 기원하자는 뜻에서 지은 글이다. 그런데 그가 꼽은 문장가 중에 김부식이 있었고 김부식의 대표작으로 〈온달전〉을 꼽았다. 그런데 김택영의 내력이 심상치 않다.

김택영이 중국에 가서 몰두했던 일이 《삼국사기》의 교정본을 내는 일이었다. 김택영이 술회한 바에 의하면 당시 전해진 《삼국사기》는 빠진 글자와 글귀가 많고 주석으로 보이는 것이 본문에 들어가 있는가 하면 김부식의 것과는 다른 기록 방법들이 들어 있었다고 한다. 짐작하겠지만 그렇게 엉망이 되어버린 것을 바로잡아 고치는 일은 쉬운 일이 아니다. 고증은 물론 원작자의 의도까지 살려야 한다. 게다가 김택영은 김부식의 문장을 높이 샀다. 《삼국사기》의 문장이 龍門에 근접하다고 했는데, 용문은 사마천을 말하는 것이다. 김부식의 문장이 아닌 것처럼 보이는 것을 김부식의 문장체로 바꾸는 일까지 했을 것이니 오히려 새로운 역사서를 편찬하는 편이 수월했을 것이다.

그는 1915년 교정을 마치고 1916년 《교정삼국사기》를 출판한 것으로 보이는데 그때 책을 출판하는 비용을 모으기 위해 보낸 편지에서 《삼국사기》의 문장 중에 특히 〈온달전〉은 《사기》에 버금간다는 칭찬을 붙였다. 문장에 대한 일이야 나의 영역 밖이지만 "〈온달전〉은 《사기》가 자랑하는 백이열전에 결코 뒤지지 않는다."는 평에는 절로 한숨이 나온다.

백이가 어떤 인물인가?
임금이 아무리 잘못을 반복해도 반역은 안 된다는 사람이다. 나라를 망친 폭군에 충성하기 위해 수양산에 들어가 고사리를 먹다가 굶어죽는 충정을 바친 인물이다. 그런 인물을 그린 백이열전을 《사기》의 백미로 꼽은 것에서 김택영이 나라를 망친 왕조를 다시 부활시키는 꿈을 꾸고 있었던 것을 알 수 있다. 나라를 잃은 학자의 순결한 뜻과 노고는 참으로 높이 평가하지만 나라가 망한 이유가 무엇인지 원인 파악을 하지 못한 것에는 한숨을 내 쉴 수밖에 없다.
호암 문일평은 남성으로서는 감히 실천할 수 없는 여인의 덕을 이야기하고 창강 김택영은 군주에게 무조건 충성을 바쳐야 하는 신하의 일을 이야기하고 있는데 이 두 가지가 김부식이 〈온달전〉을 쓴 의도일 것이다.

온달산성의 주인

단양군 영춘면에 온달산성이 있다. 온달이 쌓아서 온달산성이라는 생각을 갖고 온달산성에 오르면 온달이 정말로 바보라는 생각을 하게 된다. 온달산성은 영월에서 흘러나온 남한강이 크게 한번 굽이도는 그 안쪽에 있다. 강 자체가 또 하나의 요새인데다 산성으로 올라가는 길은 1km 정도로 거리도 꽤 멀고 경사도 상당하고 바닥은 마사토(화강암 부서진 굵은 모래)가 깔려 상당히 미끄럽고 은폐물로 쓸 나무도 듬성듬성해서 마땅치 않다. 게다가 산꼭대기의 산성은 한국의 성 중에서 가장 견고한 성이 아닌가 싶을 정도로 강력하고 튼튼해 보였다. 한마디로 난공불락의 성으로 보였는데 온달은 거기에서 화살에 맞아 죽었다고 한다. 그것도 유시流矢, 겨냥도 하지 않고 무턱대고 쏜 화살에 맞아죽었다고 하니 이해할 수가 없었다. 저절로 튀어나오는 말이 "온달이 진짜 바보였나?"였다.

그런데 반전이 일어났다. 그 성은 온달이 만든 성이 아니라 신라에서 만든 성이란다. 신라의 축성방식으로 만들어졌고 성에서 신라 토기들도 발견되었고 강 건너 편도 남한강 북쪽으로 고구려군이 공격해 오는 방향이었다. 온달산성은 온달이 만들어서 그런 이름이 붙은 것이 아니라 온달이 그곳에서 전사해서 붙은 이름이었다. 세계 어느 곳에도 그렇게 이름을 붙이는 예가 없을 텐데 희한했다. 필시 사연이 있었을 것이다.

시대적 배경

온달이 활약한 평원왕 시대는 고구려의 형세가 급박했다. 사실 평원왕은 내우외환의 위기를 극복한 훌륭한 왕이었다. 왜 그런지 시대적 배경부터 설명한다.

고구려 전성기를 이룬 광개토대왕부터 평강공주의 아버지인 평원왕 때까지 중국은 오호십육국시대로 혼란 상태였다. 그렇다고 광개토왕의 능력을 폄하하는 것은 아니다. 392년 광개토왕은 19세의 나이로 4만의 병력을 이끌고 백제를 공격한다. 즉위 다음해의 일인데 광개토왕이 용병에 능하다는 소문을 들은 백제의 진사왕은 감히 나가 대적하지 못한다. 광개토왕은 백제 최고의 요충지인 관미성을 비롯한 10여 개의 성을 함락하고 돌아갔다.

진사왕은 굳세고 용맹하며 총명하며 지략이 많다는 평을 들었었다. 그랬던 진사왕의 명성은 광개토왕 때문에 땅으로 떨어졌다. 《삼국사기》에는 광개토왕이 돌아간 다음 진사왕이 사냥에 나갔다가 사망했다고 기록되었지만 이를 다르게 해석해야 한다는 견해가 설득력이 있다.

백제의 왕들은 고구려의 왕들처럼 대개 기골이 장대했고 전장에 직접 출정하여 싸우는 왕들이었다. 그런데 진사왕은 광개토왕의 용맹에 놀라 쥐구멍에 숨었으니 백제의 귀족들에게 용납 받을 수 없었다. 진사왕은 난국을 수습하기 위해 사냥을 소집했으나 그 사냥은 진사왕의 허물을 응징하는 마당이 되었던 것 같다.
진사왕은 조카에게서 왕위를 찬탈하고 고구려의 도곤성을 함락시키기도 한 야심만만한 인물이었으나 약관 19세의 나이로 진사왕을 영락의 길로 몰아넣을 만큼 광개토왕은 용맹한 임금이었다.

광개토왕의 뒤를 이은 장수왕(413-492)은 평양천도를 단행했다. 이는 왕권이 매우 강화되었음을 의미한다. 고구려는 원래 계루부 소노부 등의 오부 연합체로 그들 오부의 세력 기반이 국내성 부근의 만주 일대임은 쉬이 짐작할 수 있는데 그곳을 떠나 한반도 깊숙이 평양으로 천도한 것은 왕권이 귀족들의 세력을 압도했기 때문에 가능한 일이다.
그러나 문자왕(492-519)을 지나 안장왕(519-531)에 이르면 사정이 달라진다. 안장왕의 동생이 왕위를 계승한 것이다. 물론 안장왕의 재위 기간이 짧아 동생이 이어받을 수도 있지만 안장왕이 피살되어서 그랬다면 이야기가 달라진다. 《삼국사기》는 후세에 나쁜 거울이 되는 이런 일들은 적시하지 않았지만 《일본서기》에는 피살되었다고 나와 있다. 피살설이 유력한 것은 뒤를 이은 안원왕(531-545)이 무력했기 때문이다. 이는 안원왕이 귀족들에 의해 옹립되었음을 시사한다.

고구려 여인들

서기 529년 안장왕이 병석에 눕자 고구려에서는 다음 왕위를 다투기 위해 후궁들의 전쟁이 벌어졌다. 《일본서기》는 이를 후궁의 난이라고 이름 하였는데 추군麤群과 세군細群이 힘을 겨루었다고 한다. 추군과 세군이 무엇을 지칭하는 말인지는 알 수 없지만 추군은 국내성 방면의 세력이었고 세군은 평양성 부근의 세력이었다. 추군이 승리했는데 세군이 흩어지지 않아 세군의 일가붙이 2,000명을 죽였다고 한다.
특이한 것은 이 전투 쌍방 지휘자가 후궁들이라는 것이다. 과연 고구려와 백제 두 나라를 건설한 소서노(졸본부여의 왕녀로 고주몽의 부인. 주몽을 만나기 전에 온조와 비류 두 아들이 있었다.)의 후예답게 기개 높았던 여인들이라 할 수 있다. 여기서 이 여인들은 안원왕의 부인 자격이 아니라 국내성 호족의 대표와 평양성 호족의 대표로서 싸웠다는 점을 주시해야 한다. 시집에 뼈를 묻는 등의 유교사상은 비록 삼국시대에 도입되었다고 하지만 삼국시대에는 쉽게 정착할 수 없었던 사상이다. 군왕이 직접 전쟁터에 나가 전사하는 일이 비일비재했던 때가 삼국시대다. 〈온달전〉에는 평강공주가 군왕의 말에는 허언이 없다며 온달에게 시집가기를 고집했다고 해서 평강공주가 뼛속까지 유교사상에 물든 여인인 것처럼 묘사했는데 이 시대의 고구려 여인상과는 거리가 멀어도 한참이나 먼 이야기다.

장안성

여하튼 후궁들의 전쟁에서 국내성에 기반을 둔 추군이 승리하여 양원왕이 즉위했고 장안성으로의 천도가 결정되었다. 이 장안성 천도도 짚고 넘어갈 필요가 있다. 장안성을 평양으로 비정하기 때문이다.
고구려는 장수왕이 평양으로 천도했다. 그로부터 100년이 지났으면 국내성을 기반으로 둔 호족보다 평양성을 근거로 하는 호족의 힘이 강했어야 한다. 그런데 평양에서 벌어진 후궁의 난에서 어떻게 국내성파가 승리했을까?
이는 고구려가 계속해서 영토를 확장했기 때문이다. 고구려의 영토는 광개토왕 때부터 계속 확장 되어 안원왕 때가 가장 넓었을 것이라고 한다. 영토의 확장이 결과라면 그 과정에서 공을 세운 사람들이 있었을 것인데 고구려의 영토는 만주에서 서쪽으로 확장되었으니 당연히 국내성파의 세력이 확장되었던 것이다. 그 결과 후궁의 난에서 국내성파가 승리하고 그래서 장안성으로 천도작업을 시작했는데 장안성의 위치가 그냥 평양이었을까?
장안성의 위치가 아직 밝혀지지 않았다고 주장하는 사람들도 있지만 평양이라는 것이 주류파의 학설이다. 하지만 이 주장은 납득할 수 없다. 평양에서 평양으로 가는 것이 어떻게 천도이며 세력을 잡은 국내성파들이 왜 그런 일을 추진하겠는가?
이 장안성 건설은 매우 오랜 세월이 걸렸다. 양원왕(545-559) 때는 공사가 지지부진했고 간주리의 난까지 일어났다. 557년 일어난 간주리의 난에 대해서는 간주리가 국내성의 귀족이었다는 것밖에는 알려진 것이 없다. 국내성 백성들이 장안성 공사에 시달렸기 때문에 반란을 일으켰을 가능성을 배제할 수 없다. 그래서 평원왕이 즉위하자 장안성 공사를 중단했을 것이다.
그렇다면 장안성은 국내성에서 가까운 곳, 그러면서 강을 천연 해자로 이용할 수 있는 곳이 되어야 한다. 나는 의주 지역이 유력하다고 본다.
장안성이 의주 부근이었다면 수나라 양제의 침입 때 을지문덕이 수나라 30만 대군을 수장한 살수는 요동의 대양하大洋河가 되어야 하고, 영양왕의 동생인 건무가 수나라 양곡 운반을 책임진 수군사령관 내호아를 유인해 몰살시킨 곳도 대동강이 아니고 압록강이 되어야 한다.

돌궐과 고구려

양원왕은 평원왕의 선대왕이다. 그 시절에 고구려는 대외적으로 특히나 많은 수난을 겪었는데 그 시작은 551년 돌궐의 침입에서 비롯된다. 이때 고구려는 돌궐의 침입을 예상하고 백암성을 수리해놓고 기다렸더니 돌궐이 백암성을 공격했다. 그때 고흘령이 군사 1만을 이끌고 돌궐을 물리쳤다고 했는데 고작 1만의 군사로 그들을 물리쳤다는 것이 믿어지지 않는다. 왜냐면 이때는 돌궐의 기세가 하늘을 찌를 정도로 강했기 때문이다.

돌궐은 원래 북조 북양北涼의 작은 부족이었다고 한다. 북양은 439년 북위에 의해 멸망당하는데 이때 돌궐족은 유연의 영역인 알타이산으로 이동하여 철을 제련하는 일을 했다. 광산 일은 매우 고된 일이라 유연은 돌궐을 노예나 다름없이 생각했던 모양이다. 하지만 철을 제련하는 일을 하면 좋은 무기를 얻을 수 있다. 게다가 이때 돌궐에 부민(土門)이라는 영웅이 나타나 세력을 한껏 키워나갈 수 있었다.

이때 유연의 지배하에 있던 고차高車(투르크 사람들이 세운 최초의 왕조라고 한다.)가 반란을 일으키자 돌궐이 고차의 반란을 진압하고는 그 대가로 유연의 왕녀를 요구했다. 왕녀를 요구하는 것은 형제의 관계, 혹은 대등한 관계를 맺자는 것이다. 유연은 대장장이 노예 주제에 왕녀를 요구한다고 단호히 거절한다. 이에 분노한 돌궐이 서위西魏와 동맹을 맺고 546년 유연을 습격하여 552년 유연을 완전히 멸망시키고 북방의 패자로 등장한다. 돌궐은 전성기에 서쪽으로는 카스피해에서 동쪽으로는 바이칼을 품을 정도로 대국으로 성장하여 당나라를 건설한 이연도 돌궐에 신하를 칭할 정도였다.

그런데 돌궐은 외교에도 무척이나 신경을 쓴 나라였다. 유연을 멸망시킬 때는 서위(北周의 전신)와 연합하더니 에프탈(투르키스탄과 북부 아프간 지역에 있던 흉노의 후예들이 세운 나라)을 멸망시킬 때는 사산조 페르샤와 동맹을 맺었다. 그리고 사산조 페르샤를 멸망시킬 때는 비잔틴과 동맹을 맺는 외교적 수완을 발휘했다. 중국에 대해서는 당시 북방을 점령하고 있던 북주와 북제에 대해 군사력과 외교력을 능란하게 구사하여 이 두 나라는 돌궐에 공물을 바치느라 재정이 고갈될 정도였다.

한편 고구려도 만만치 않았던 것 같다. 《삼국사기》에는 수시로 중국에 조공한 사실만 나오지만 돌궐에도 수시로 사절을 보냈던 것 같다. 심지어 568년 수나라 양제가 돌궐을 방문했을 때도 고구려의 사신이 와서 돌궐과 함께 수나라를 공격하는 것을 의논하고 있다가 수양제에게 들켰다고 한다.

이런 정황을 고려하면 돌궐의 551년의 공격은 돌궐이 서위를 동맹으로 만들기 위해 짐짓 고구려를 공격하는 척했던 것일 가능성이 다분하다. 돌궐의 공격이 있은 2년 후 돌궐의 개국영웅인 부민이 죽는다. 그 장례식에 고구려가 조문 사절을 보낸 기록이 빌게 카간이 세운 비석에 기록되어 있다. 그것으로 보아 돌궐의 고구려 공격은 양쪽이 서로 약조한 연극이었을 가능성이 높다.

이때는 백제와 신라도 수시로 중국에 사신을 보낼 때였으니 북방의 정세를 감지했을 것이다. 그들은 동맹을 맺고 나란히 북쪽을 향해 진격한다. 성왕의 백제는 한강 하류를 건너 진격하고 진흥왕의 신라는 한강 상류를 건너 진격한다. 《삼국사기》는 이때 신라군의 장수가 거칠부였음을 밝히고 거칠부가 이전 고구려를 정탐하러 왔을 때 알게 된 승려 혜량이 고구려의 멸망을 예언하고 신라로 귀순하는 이야기도 실었다. 이 뒤 신라와 백제의 동맹은 와해되지만 신라 진흥왕은 친히 옥저(지금의 함경도)까지 납시어 황초령과 마운령에 순수비를 세우고 유유히 경주로 돌아갔다.
당시 중국에선 화북지방의 패권을 잡고 있던 서위와 동위가 망하고 각각 북주와 북제로 나라가 바뀌는데 552년 북제의 사신이 고구려를 찾는다. 북제의 사신 최유가 북위의 유민 5천호를 돌려달라고 하자 양원왕은 일단 그 요구를 거절하지만 최유의 우격다짐에 (최유가 양원왕에게 폭력을 행사했다는 중국측 야사를 믿을 수는 없지만 거칠게 요구한 것은 사실인 것 같다.) 굴복하여 유민들을 돌려준다.
고구려가 이렇게 약세를 보이자 이듬해인 553년 북제가 거란을 공격한다. 당시 거란은 고구려에 복속하고 있었으므로 이는 고구려에 대한 심각한 도발이었다. 이 일이 어떻게 마무리 되었는지 모르지만 고구려는 망신을 더한 셈이 되었다. 양원왕은 이렇게 온갖 수모를 당하다가 재위 15년만인 559년에 사망하고 평원왕이 뒤를 잇는다. 그런데 평원왕의 정체를 종잡을 수 없다. 일단은 나이 문제로 모든 정황이 기록과 맞지 않는다.

평원왕

평원왕은 559년 즉위해서 590년까지 31년 동안 재위했다. 매우 어린 나이에 즉위했다고 하는데 《일본서기》에는 양원왕은 8살, 평원왕은 3살에 즉위했다고 기록되어 있다.

단순 계산으로는 일리가 있다. 양원왕이 8살에 즉위하여 14년 동안 재위했으면 22살에 죽은 것이니 양원왕의 아들이 세 살쯤 되는 것은 타당하다. 그런데 평원왕이 세자로 책봉된 해가 557년이다. 이는 한 살에 태자로 책봉된 것이니 비정상적으로 빠르다. 그런데 평원왕의 아들 영류왕의 태자 책봉은 565년으로 평원왕이 11살 때다. 외계인이 아닌 이상 11세에 아들을 볼 수는 없으니 《일본서기》는 무언가 잘못됐음이 분명하다.

온달이 북주와의 전쟁에서 공을 세운 해도 문제가 된다. 그 해가 577년으로 평원왕 즉위 18년 되는 때다. 이때 평강공주의 나이를 18세로 잡으면 평원왕은 3살 때 딸을 보았다는 말이 된다. 그러므로 평원왕의 나이는 앞뒤를 도저히 맞출 수가 없다. 결국 평원왕은 양원왕의 아들 일 수는 없다. 즉위할 때의 나이도 20을 훨씬 넘긴 장부였을 것이다.

《일본서기》와는 판이한 《삼국사기》의 기록이 맞는 것으로 해도 이상하다. 안원왕의 아들이 양원왕이고 양원왕의 아들이 평원왕이라 했는데 안원왕과 양원왕 둘 다 15년씩 재위했다. 평원왕이 성년으로 성장하기에는 부족한 세월이다.

고구려 평원왕 시절의 동북아 지도

평원왕은 즉위하자마자 원성 많던 장안성 공사의 중단을 선언하고 스스로 반찬 수를 줄여 모범을 보이면서 농상을 장려했다. 왕이 즉위하고 이렇게 민심을 얻기 위한 특별한 노력을 하는 경우는 대개 왕위 계승이 순탄치 않아서다. 평원왕은 분명 출생의 비밀을 간직하고 있다 하겠다.
그리고 평원왕의 정책은 노련하기 그지없는데 이는 후견인을 잘 둔다고 되는 일이 아니라 왕 자신이 노련해야만 가능한 일이다. 그래서 평원왕이 소년왕이 아니라는 것이다.
대표적인 것이 진흥왕 순수비와 관련된 일이다. 신라 진흥왕이 옥저 땅 깊숙한 곳까지 올라와서 황초령비와 마운령비를 세웠는데 그때가 568년으로 평원왕 10년 때다. 그런데 고구려는 별다른 대응을 하지 않았다. 묘한 것은 신라군이 바로 물러났다는 것이다. 무언가 신라와의 교섭이 있었다고 볼 수밖에 없고 이런 외교적 수완은 노련한 왕의 솜씨다.
백제와의 관계도 그렇다. 고구려와 백제는 대대로 한수 유역을 다투면서 서로의 국왕이 전사하는 등 철천지원수처럼 대립했으나 평원왕 재위 시절에는 백제와 별다른 다툼이 없었다, 이는 백제가 신라에 성왕의 원수를 갚는 일에 전념했기 때문이기도 하지만 평원왕이 백제의 불리한 상황을 이용해 도발을 하지 않았기 때문이다. 이는 무능해서가 아니라 북방의 일이 심상치 않았기 때문이다. 돌궐의 기세가 하늘을 찌를 듯 강력했고 중국의 혼란도 차츰 정리되어가고 있었기 때문이다. 이때 고구려는 전력을 다해 북방의 일에 대비하고 있었고 결국은 이 판단이 맞았다. 고구려와 대립하던 북제는 북주에 흡수되고 북주는 북조를 통일한 후에 역성혁명에 의해 수나라로 넘어가고 수나라는 중국의 남조까지 장악한 후 기어이 대군을 휘몰아 고구려를 공격해왔기 때문이다.

고구려의 세 명장

어디에선가 고구려의 세 명장으로 을지문덕과 강이식과 온달을 꼽은 것을 본 적이 있다. 을지문덕은 평원왕 손자인 영류왕 때 사람이고, 강이식은 평원왕의 아들 영양왕 때, 그리고 온달은 평원왕 때 사람이다.
이중 가장 유명한 을지문덕은 일찍부터 선비족으로 추정되어왔는데 선비족의 명문가 중에 울지蔚遲씨가 있는데 이를 乙支로 기록했다고 보기 때문이다. 그런데 文德이란 이름은 김부식의 작명일 수도 있다.

《삼국사기》 을지문덕 편에는 이례적으로 을지문덕에 대해 "傳曰 不有君子 其能國乎 信哉 (전에 이르기를 군자가 있지 않으면 어찌 능히 나라를 다스릴 수 있으랴고 하였는데 참으로 옳은 말이다.)"라는 평이 붙었는데 이런 칭찬이 붙은 것은 을지문덕이 한문을 능란하게 구사했기 때문이다. 그래서 글월 文에 어질 德을 붙여서 작명했다고 보면 지나친 상상일까?

진주 강씨의 시조인 강이식은 수문제 양견이 30만 대군을 몰아 침입할 때 최고사령관인 병마원수를 맡아 수나라 군사를 섬멸하는 공을 세웠다. 그리고 온달인데 온달은 선봉장이었다. 을지문덕은 육군의 총지휘관이었고, 강이식은 총사령관이었는데 온달은 이들과는 격이 다르다. 일개 부대의 지휘관이었던 것이다. 하지만 선봉장이었다고 해도 홀홀단신으로 장수가 된 것은 아니다. 고구려의 부대는 부족 단위로 이루어졌기 때문에 혼자 귀화해서는 장수가 될 수 없었다. 홀로 귀화한 것이 아니라 자기의 군대와 종족을 데리고 귀화했다면 이들의 신분 보장은 어떻게 해주었을까? 왕가와 혼인관계를 맺는 것이 일반적인 관례였다.

조공의 목적

객관적으로 보면 평원왕은 극히 영명한 군주였다. 그런데 정사로 꼽히는《삼국사기》에는 온통 조공한 사실만 기록되어 있다.

북조北朝의 북제北齊에서 왕을 책봉 받기 위해 조공하고 또 그냥 조공하고, 남조南朝의 진陣에 왕을 책봉 받고 또 조공하는 등 평원왕이 한 일은 조공밖에 없는 것처럼 보인다.《삼국사기》를 보면 평원왕뿐 아니라 다른 왕들도 조공만 하다가 왕 노릇을 마친 것처럼 조공한 사실만 줄줄이 나열되어 있다. 이런 면에서《삼국사기》가 어떤 책인지 알 수 있지만 고구려나 백제가 다투어 중국에 사신을 보내고 왕으로 책봉 받곤 했던 것은 사실이다. 고구려 초창기 때도 사신을 보내 고구려왕으로 책봉 받곤 했던 모양이다. 왕망이 한나라를 찬탈한 서기 9년 왕망은 고구려왕의 칭호를 고구려후로 낮춘다는 통고를 했다. 이에 불만을 품은 고구려 9대 유리왕은 왕망이 흉노를 공격한다고 출병을 요구하자 오히려 한나라(新)의 동북방을 공격하였다. 그래서 분노한 왕망이 고구려를 하구려下句麗라고 불렀다는 일화도 있다.

조공을 하는 것은 물론 자국을 낮추는 일이다. 그러나 조공에는 여러 가지 목적이 있었다.

첫째는 고구려 남쪽에는 신라와 백제가 있었고 특히 백제와는 형제싸움답게 철천지원수처럼 싸웠으므로 중국의 유력한 세력과 친선을 도모할 필요가 있었다. 이는 외교적 목적이라고 하겠다.

두 번째는 중국의 발전된 문물을 받아들일 필요가 있었으니 이는 경제적 목적이라고 하겠다.

그 두 가지보다 더 중요한 목적이 군사적 목적이었다. 조공을 하러 다녀오면서 상대의 허실을 파악하는 것이다. 실제로 고구려는 일방 조공하는 사신을 보내면서 공공연히 상대의 유민을 대량으로 받아들이고 필요한 기술자들을 빼내오곤 했다.

온달과 康國

이제 온달에 대한 탐색을 시작하자.

온달에게 공연히 바보라는 수식어가 붙지는 않았을 것이다. 공주의 남편인 귀한 신분의 온달을 바보라고 부른 까닭은 가난해서가 아니라 고구려말을 잘하지 못해서 붙었을 가능성을 배제할 수 없다. 그리고 얼굴이 파리했다고 하는데 이는 온달이 백인종과 생김새가 비슷한 투르크 계통 사람이었을 가능성을 시사한다.

당시 공주와 결혼한 사람이라면, 그리고 평원왕 때의 고구려 사정과 평원왕이 펼친 정책을 감안하면 온달은 외국의 왕이나 왕자였어야 한다.

그런 왕이나 왕자가 고구려에 와서 살았다면 그 나라가 망했거나 커다란 문제가 있어야 한다. 그런데 묘하게 그런 조건을 만족시키는 나라가 있었다.

기련산祁連山 북쪽에 康이라는 나라가 있었는데 6세기 중반 돌궐족에게 밀려 파미르고원 쪽으로 남하했는데 그곳 군주의 성이 温이었다고 한다. 사실 康이라는 나라는 옛 중국 사료에 잘 나타나지 않는다. 이 지역은 원래 월지가 있었는데 흉노의 공격을 받고 박트리아(大夏, 현 아프카니스탄) 지방으로 이주했다. 그들을 대월지라 하고 원래 살던 지역에 살던 사람들을 소월지라 했는데 월지의 인종은 투르크였다. 康국은 소월지 사람들의 후예가 아닌가 싶다.

강국에 대한 일은 사실 모호하다. 7세기 우즈베키스탄의 사마르칸트에 강국이 있었다는 말도 있고 8세기 당현종 때 양귀비의 총애를 받다 난을 일으킨 안록산이 강국 출신이었다는 말도 있다. 그런데 이는 당나라에서 외국인들에게 성을 붙이게 한데서 유래한 것 같다.

당시 당나라의 수도인 장안에는 외국 상인들이 매우 많았다. 당나라는 이들을 구별하기 위해 모든 외국인에게 성을 쓰라고 지시했는데 소그드 사람들에게는 康씨 성을 쓰게 했다.

소그드 사람들은 장사에 극히 밝았고 지정학적 위치도 동서의 무역을 중개하기에 유리했다. 그리고 당나라 때는 위구르의 위세가 막강했는데 소그드 사람들은 위구르에서 중요한 역할을 담당하는 두뇌 역할을 했다. 그들은 당나라에 와서 실크로드를 통한 비단의 유통을 독점하다시피 했는데 그 소그드 사람들의 나라가 바로 사마르칸트다. 그래서 사마르칸트를 강국이라고 기록했던 것 같다.

안록산이 강국 출신이라는 말도 그와 관련 있을 것이다. 안록산은 소그드인 아버지와 돌궐인 어머니 사이에서 태어났다. 그래서 처음에 康씨 성을 썼을 것이다. 安이란 성도 당나라 때 중국인들이 부하라(우즈베키스탄) 상인들에게 붙여준 성인지만 안록산은 아버지가 일찍 사망하여 어머니(안연연)의 성으로 고치고 이름도 녹산祿山으로 고쳤다고 한다.

그런데 원래 강국이 있었던 기련산 북쪽은 대단한 요충지다. 멀리 유럽에서 만주까지 이어지는 넓은 초원지대와 만나는 곳이고 남쪽 기슭은 대규모 목초지로 유명한 곳이다. 평원왕 시대는 몽골고원에서 흥기한 돌궐이 신흥강국으로 떠오르던 때이므로 돌궐의 서쪽에 있는 康과 동쪽에 있는 고구려가 혼인동맹을 맺는 일은 자연스런 일이다. 다만 두 나라는 광대한 몽골고원을 사이에 두고 있는데 과연 그 시대에 이렇게 먼 나라끼리 혼인동맹이 가능했는지 의문을 가질 사람도 있겠지만 고구려와 기련산 북쪽은 실크로드처럼 험한 산맥과 사막을 거치는 길이 아니라 말이나 마차가 시원하게 달릴 수 있는 길이었으므로 거리가 멀다고 해도 왕래에 문제가 없었다.

7세기의 정세

그 증거로 우즈베키스탄 사마르칸트의 아프로시압 궁전 벽화를 들 수 있겠다. 1965년 발견된 것인데 7세기 소그드 왕국의 바르후만왕 즉위식 장면을 그린 것이다. 이곳은 강국이 있던 곳에서 대략 2,000km나 더 서쪽인데 머리에 두 개의 깃털을 꽂은 고구려 사신의 모습이 그려져 있었다. 여기에 당나라, 티베트, 고구려 사신이 순서대로 그려져 있다.

조우관을 쓴 고구려사신(우측 2인) / 우즈베키스탄 아프로시압 벽화

소그드 왕국은 옛 이란계 주민들의 나라로 이 지역 주민들은 전통적으로 장사수완이 좋기로 유명하다. 사마천도 《사기》대원열전에 그들이 장사를 잘한다는 것을 특별히 기록해놓을 정도였다.

여기서 이상하게 생각할 수도 있는 것은 고구려는 강국인데 티베트에 밀려 구석에 자리한 것이다. 그러나 7세기 당시의 티베트는 대단한 강국이었다. 티베트 건국의 영웅 송첸 감포는 티베트 고원을 통일한 뒤 634년 당나라에 공주를 보내달라고 요청했다. 당이 송첸 감포의 제안을 거부하자 638년에는 20만 대군을 이끌고 당나라 국경에서 무력시위를 하며 당과의 혼인을 요구했다. 당은 그때 서돌궐과 전쟁 중이라 티베트의 청혼을 받아들여 문성공주를 보내야 했다.

그런데 공주를 요구한 왕은 송첸 감포였으나 문성공주가 티베트에 당도했을 때는 송첸 감포가 아들에게 왕위를 양도한 뒤였으므로 문성공주는 그 아들 궁송 궁첸과 결혼했다.

그런데 궁송 궁첸이 죽는 바람에 송첸 감포가 다시 즉위했고 문성공주는 티베트의 풍습에 따라 다시 송첸 감포와 결혼해야 했다.

문성공주의 역할이 통했는지 송첸 감포가 살아 있는 30년 동안은 당과 티베트는 화평한 세월을 보냈으나 송첸 감포가 죽고 나서 티베트는 다시 발톱을 드러내었다.

당나라는 그들의 공격을 막으려 소정방을 보냈는데 소정방은 치명적인 패배를 당하여 동부전선으로 좌천되어 백제를 멸망시키게 된다.

당은 소정방에 이어 설인귀를 보냈는데 설인귀마저 박살이 나고 힘들게 만들었던 안서도호부까지 함락 당하여 당의 서역 지배는 종말을 고하게 된다. 당에서는 티베트를 저지하기 위해 678년 18만 대군을 보냈으나 전군이 괴멸당하고 말았다.

여기에서 우리가 염두에 두어야 할 일은 신라의 삼국통일이다. 신라는 당의 힘을 빌려 숙적인 백제와 고구려를 제압했다고 생각했지만 그건 신라 생각이고 당나라는 신라를 이용해서 한반도까지 영토를 확상하려고 했었다. 668년 고구려를 멸망시킨 당나라는 이어서 신라에 마수를 드러냈다. 그런데 티베트가 일어나 당나라는 눈물을 머금고 신라 정벌을 포기한 것이다.
김춘추는 발등의 불을 끄려고 당나라를 끌어들였지만 티베트가 없었으면 그 아들 문무왕 김법민은 순망치한의 한을 품고 당나라에 포로로 잡혀갔을 것이다. 여하튼 티베트가 7세기에는 이렇게 강국인데다 거리도 소그드와 가까웠으니 고구려가 밀려났던 것이다.

온달의 전사

다시 온달 이야기로 넘어간다.
온달은 북주와의 전쟁에서 선봉으로 큰 공을 세웠다고 했는데 이는 온달의 부대가 큰 공을 세웠다고 이해해야 한다. 북방 유목민족이 모두 그랬듯이 당시 고구려도 부족 단위의 부대로 참여했기 때문이다.
그런데 온달이 공을 세운 전투나, 강이식과 을지문덕이 싸운 전장(장안성이 압록강 부근에 있었다면)은 모두 만주의 평야지대다. 고구려나 북방유목민족들이 장기로 하는 기마전을 펼치기 좋은 환경이다. 그러나 온달산성은 남한강 깊은 물을 건너는데 말이 오히려 거추장스럽다. 그리고 온달산성을 오르는 미끄러운 비탈길의 전투에서도 말은 도움이 되지 않는다. 즉 온달의 기마부대는 그곳을 무덤으로 삼을 수밖에 없었다. 그런데 왜 온달을 그곳으로 보냈을까?
온달이 전사한 해가 영양왕이 즉위한 바로 그해인 590년이다. 영양왕은 야심이 만만한 사람이다. 또한 태자로 책봉되고 25년이 지난 후에 왕위에 올랐으니 권력의 생리도 두루 꿰뚫고 있었을 것이다.
온달은 평강공주의 남편이었다. 그리고 이미 577년 북주와의 전쟁에서 큰 공을 세웠으니 온달의 정치적 위상은 상당히 막강했을 것이다. 영양왕으로서는 견제할 필요성이 있어 온달의 부대를 사지死地나 다름없는 남한강 전선에 투입했을 것이다.

《삼국사기》에는 온달이 신라와의 전투를 자원했다고 기록되어 있다. 실제가 그랬다면 온달의 관이 움직이지 않았다는 이야기는 나오지 않았을 것이다. 그리고 평강공주가 죽은 온달을 生死決矣 於乎歸矣(죽고 사는 것이 이미 결정 났으니 그만 돌아갑시다.)라고 위로한 다음 관을 들어 장사지냈다고 했는데, 생사가 이미 결정되었다는 말은 전투의 승패가 결정되었다고 생각할 수도 있지만 운명으로 받아들이라는 뜻으로 해석할 수도 있다.

여하튼 온달산성이 온달의 성이었으면 평강공주가 신라군의 포위망을 뚫고 올 수 없었을 것이니 여기서도 온달이 온달산성을 공격하다가 전사한 것을 알 수 있다.

온달의 이야기가 500여 년이 지난 고려 중기까지 전해진 것은 온달이 이렇게 한을 품고 죽었기 때문이리라.

고구려의 민중들은 온달의 비통한 죽음을 한으로 여겨 온달의 이야기를 전하였지만 《삼국사기》를 집필한 김부식과 그의 동료들은 감히 왕에게 원한을 품고 죽은 사연을 기록에 남기고 싶지 않아 온달의 전사를 생사를 돌보지 않는 충성심으로 포장했던 것이다.

온달이 물리쳤던 북주는 중국의 화북지방(양자강 북쪽)을 석권한 강력한 세력이었다. 그 막강한 대군을 물리친 용맹한 장수가 한낱 조그만 산성을 공격하다가 최후를 맞았으니 어찌 슬픈 일이 아닌가.

이런 일을 유가가 바라는 이상적인 여인상과 무인상으로 둔갑시킨 책이 《삼국사기》다. 그야말로 춘추필법에 충실한 책이라고 하겠다. 김부식이 《삼국사기》를 집필한 배경을 살피면 춘추필법의 결과를 알 수 있다.

김부식과 《자치통감》

1116년 고려 예종 11년에 김부식은 송나라에 사신으로 가서 6개월 동안 휘종 황제에게 융숭한 대접을 받고 《자치통감資治通鑑》 한

질을 선물로 받아온다.
김부식에게 송나라는 꿈에 그리던 나라였을 것이다. 金富軾의 軾 자와 그 동생 金富轍의 轍 자가 송나라의 대문장가 소식(소동파) 소철 형제의 이름에서 따왔으니 그랬을 것이 틀림없다. 그리고 휘종에게 받은 《자치통감》 한 질이 무려 294권이다. 김부식으로서는 감격하다 못해 황홀했을 것이다.
그런데 《자치통감》은 춘추필법에 과연 얼마나 충실한 책이었을까? 나는 그 방대한 《자치통감》은 보지 않았지만 짐작할 수 있는 근거는 있다.

사마천 (B.C. 147~89 추정)

《사기》 제일 마지막에 있는 태사공자서를 읽어보면 사마천의 역사에 대한 열정을 느낄 수 있다. 사마천은 정말 역사를 있는 그대로 기록하려고 노력했던 것으로 보인다. 그러나 사마천 자신도 당대 유학의 최고봉인 동중서에게 배운 사람이라 유학적 가치관에서 자유로울 수 없었다. 하지만 더 큰 문제는 사마천이 전재한 수많은 자료에 있다. 사마천은 공자보다 400년 후의 사람이라 사마천이 인용한 그 많은 문헌들 중에 춘추필법에 의해 변형된 문헌도 상당히 많았으니 《사기》도 춘추필법을 상당히 반영한 책이라고 할 것이다. 그런데 그 정도로는 부족했던 모양이다.
후한 때의 역사서 《한서漢書》는 이름대로 전한의 역사를 다룬 것인데 사마천이 기록한 한무제까지의 역사도 다시 기록했다. 그 이유는 특별하게 추가하거나 틀린 일을 바로잡기 위해서가 아니라 《사기》의 기록이 유교의 가르침에 충실하지 못했기 때문이라고 했다. 그리고 사마천이 성인에 대한 시비판단에서 적지 않은 오류를 범했기 때문이라고 한다. 반고가 말한 성인으로 공자가 연상되지만 공자만은 아닌 것 같다. 《사기》에 기록된 "증삼(증자)은 노둔하고 자공은 천명을 받지 않고 재산을 불렸다는" 평 같은 것이 심히 거슬렸던 모양이다.

사마광司馬光이 시작하고 사마광의 책임 아래 만들어진 《자치통감資治通鑑》은 이름대로 鑑(거울)의 역할을 하도록 만든 책이다. 과거의 역사를 정치에 도움이 되게 하는 거울, 추진하는 일의 대의명분을 밝히는 거울로 삼는다는 것이다.

이는 송나라가 겪은 전란과 무관하지 않을 것이다.

송나라는 조광윤이 후주後周에서 찬탈한 이래 문약에 흘러 북쪽의 거란에 참패했다. 그리하여 막대한 배상금을 물고 있던 차에 만만하게 보았던 서하(티베트)와의 전쟁에서도 패배했다.

송나라 사람들의 충격을 짐작할 수 있을 것이다.

사마광(1019~1086)

사마광은 19세의 나이에 급제하여 서하와의 전쟁 때 이미 실세의 위치에 올라있었기 때문에 책임을 더욱 통감했을 것이다.

그러나 사마광은 그 당시 보수의 상징이었다. 그는 신종이 왕안석을 중용하여 개혁정책을 추진하는 신법을 시행하려 할 때 "조종의 법은 바꿀 수 없다."며 강력하게 반대했다. 신종이 왕안석을 지지함에 따라 구법당의 우두머리였던 사마광은 물러났고 그때 《자치통감》을 집필한다. 그는 신종이 죽고 철종이 즉위하자 재상으로 복귀하는데 신법을 폐지하고 구법을 실행하는데 너무 급진적이라 같은 구법당인 소식蘇軾이 司馬牛(사마광은 황소고집)라고 절규했다고 한다.

사마광은 재상이 된지 9개월 만에 세상을 떠나는데 《자치통감》을 보유한 송나라의 역사는 비운의 길로만 흘러간다.

여진에서 완안아구타가 일어나 금나라를 세우고 송나라와 함께 거란을 협공하는데 그때도 송나라는 거란에게 패배만 거듭했다. 거란을 뼈저리게 증오하던 송나라는 여진에게 거란만 멸망시켜주면 거란에게 주던 배상금을 여진에게 주겠다고 약조했으나 막상 거란이 무너진 후에는 그 약조를 지키지 않는다. 이에 여진의 금나라는 대군을 휘몰아 송을 공격했고 그것으로 송나라는 《자치통감》이 완성된 40년 후인 1126년에 멸망하고 만다.

1126년은 김부식이 《삼국사기》를 완성한 다음 해다. 그리고 김부식의 고려는 송나라가 간 길을 답습한다. 지나치게 文을 숭상하고 武를 홀대하니 50년 뒤 무신정변을 맞고 그때부터 고려의 나라꼴은 갈피를 잡지 못하다 멸망하고 만다.

묘하고도 묘한 것이 사마천이 《사기》를 지으면서 유학을 중시하는 왕조의 멸망을 분명히 설파했는데 이를 유념한 사람이 없었고 심지어 같은 司馬씨인 사마광도 그것을 간과했다는 것이다. 사마천은 《사기》를 마무리하면서 태사공자서에 자기 아버지 사마담이 지적한 유가의 단점을 다음과 같이 기술했다.

"유가에게 군주는 천하의 법도이므로 군주가 무엇이든 제창하면 신하는 여기에 호응해야 하고 군주가 앞서서 나가면 신하는 그 뒤를 따라가야 한다. 이처럼 행하면 군주는 힘들지만 신하는 편하다."

이는 어떤 왕조든지 유가를 정치의 근본으로 삼으면 왕이 정치의 성패를 좌우한다는 지적이 아닐 수 없다. 그런데 유가는 장자 상속을 원칙으로 한다. 그렇게 계승되는 와중에 매번 훌륭한 왕이 나올 수 없을뿐더러 왕은 무엇이든 제 맘대로 할 수 있

휘종

흠종

으니 방탕의 유혹을 이겨내기 어려울 것이다. 그러니 유가를 정치의 근본으로 삼으면, 필히 몽매한 군주가 나타나고 그때에 나라가 망할 수밖에 없는 것이다.

아니나 다를까. 김부식에게 《자치통감》을 선물한 송나라 휘종은 사치 향락에 몰두하다가 금나라 군대가 쳐들어오자 황제 자리를 자기 아들에게 넘기고 도망간다. 아들(흠종)은 얼떨결에 금나라와 결연히 싸우자는 편의 손을 들어주었다가 전쟁도 제대로 하지 못하고 황제의 일가붙이 모두 포로로 금나라에 압송되는 치욕을 당하면서 나라가 망한다.

사실 치욕으로 말하면 중국보다 더 심하게 유학에 물든 조선도 지지 않는다. 왜란은 이순신 혼자 막다시피 했고, 호란은 일방적으로 살육 당했으며 일제에는 전쟁도 못해보고 나라를 넘겼으니 그런 치욕이 어디에 있을까?

여하튼 《삼국사기》가 나온 배경이 이와 같으니 《삼국사기》가 춘추필법에 지극히 충실했음은 능히 짐작할 수 있는 일이다.

신시의 혼

上 북방유목민족의 흥망

2013년 7월 17일 초판 1쇄 인쇄

지은이 : 박영규
펴낸이 : 김미숙
펴낸 곳 : 책만드는 식물추장
등록번호 : 2000.3.15, 제 10-1940호
e-mail : bsmcj@naver.com

공급처 : 한국출판협동조합
전화 : 02-716-5616
팩스 : 02-716-2999
편집 : 이준희
가격 20,000원

ISBN 978-89-89796-31-2